キーワードで読み解く

北朝鮮 体制《レジーム》の起源とその行く末

藤井非三四 著

国書刊行会

はじめに

半世紀ほど前のことになるが、当時朝鮮半島問題を軍事的な側面から掘り下げた文献はごく限られていた。一九六六（昭和四十一）年に出版された神谷不二著『朝鮮戦争　米中対決の原型』中公新書、陸戦史研究普及会編『朝鮮戦争1　国境会戦と遅滞行動』原書房、翌六七年には民族問題研究会編『朝鮮戦争史　現代史の再発掘』コリア評論社などが主なところだろう。なつかしい一冊として記憶する方も多いはずだ。当時、支配的な反米思潮のなか、入手できる限られた資史料で、あれほどの内容に纏め上げた筆者、編者に尊敬の念を表したい。

その一方で北朝鮮のプロパガンダに沿う著作の多かった時代でもある。『金日成選集』を初めとする金日成の神格化を図る著作が日本でも多く翻訳され出版されていた。そのため朝鮮戦争は、韓国軍が先に攻撃して始まったなどという暴論がまかり通りかねなかった。こんなことでは、朝鮮半島の将来を見通す目などは望むべくもない。その結果、日本にもっとも近い外国である朝鮮半島の情勢判断は多くがはずれる結果となり、それによる日本の損失には多大なものがある。

そして今日、書店に一歩入っただけで環境が大きく変わったことを実感させられる。朝鮮半島を扱った書籍のコーナーが設けられていること自体信じられないことだが、そこから本があふれているとは驚きだ。出版点数もさることながら、内容も充実している。一九九〇（平成二）年九月、韓国とソ連が国交を樹立し、韓国の求めに応じてソ連が外交機密文書など資史料を渡したことなどから史実が明らかになったことが大きい。これとともに中国の情報公開が進めばと期待したいが、当分は望めないだろう。

内容が幅広くなっていることも好ましい。ただ、読者の覗き見趣味をくすぐるような内容が多すぎるのは気になるが、知っていて損になることでもない。金正日は築地直送のマグロのトロが好物だったそうだが、それだけでも日朝の地下ルートというものが推し量れる。日本の情報当局はそれ以上のことを知っているはずだが、情報優越を武器として北朝鮮と有利に水面下で交渉を進めているとは思えない。北朝鮮の将来動向の予測が、常にはずれてきたことはその証明になろう。

情報資料（インフォメーション）を精査して使える情報（インテリジェンス）にするためには、相手の考え方を正確に理解する必要がある。言い換えれば、相手の頭の中に入り込み、その行動や判断の規範を知ることだ。軍事用語でいえば、ＳＯＰ（standing operating procedure ＝管理運用規定、作戦規定）となるだろう。

北朝鮮の行動や判断の規範は独特だ。満州（中国東北部）における抗日パルチザン時代のものそのままで、それを厳守することを国民に強制する。それから少しでも逸脱することは、一族の死をもって償わなければならない大罪となる。その成立の経緯と現代までの歴史を知ることが北朝鮮を理解する第一歩であり、かつ朝鮮半島問題の解決策を探る手がかりとなるはずだ。個々の現象ばかりに目を向けず、歴史を大観する姿勢が今求められていると思う。そのような趣旨に沿って話を進めて行きたい。

朝鮮半島問題をテーマとする一冊としては特異な内容と思うが、それにもかかわらず出版を快諾して頂いた国書刊行会の佐藤今朝夫社長に謝意を表したい。

藤井非三四

二〇一九年七月

図1　北朝鮮要図

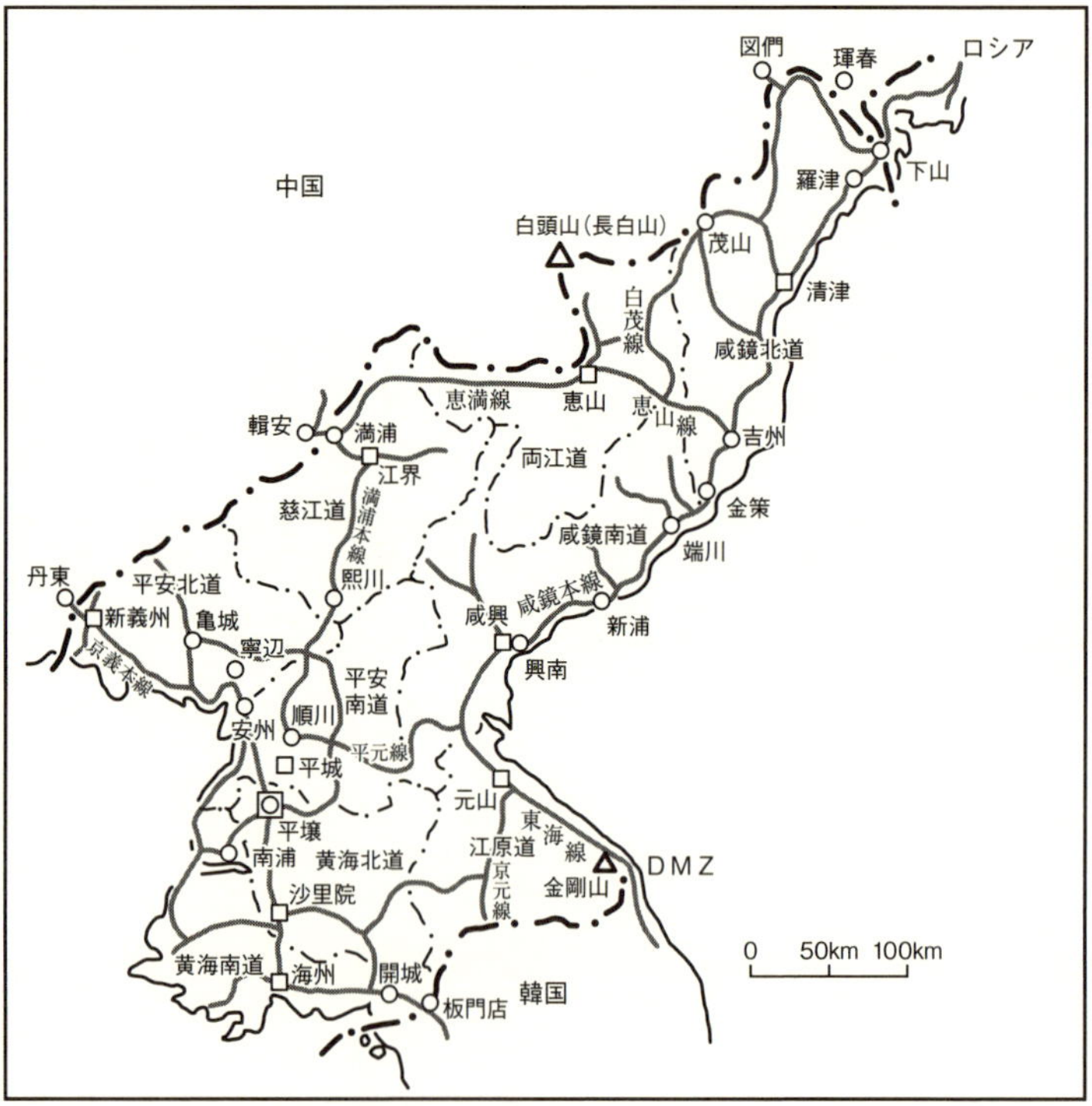

図們
琿春
ロシア
下山
羅津
中国
白頭山(長白山)
茂山
清津
白茂線
咸鏡北道
恵満線
恵山
恵山線
輯安
満浦
吉州
江界
両江道
慈江道
満浦本線
金策
咸鏡南道
端川
丹東
平安北道
熙川
咸鏡本線
新浦
新義州
亀城
咸興
寧辺
興南
京義本線
平安南道
順川
安州
平元線
平城
元山
平壌
東海線
南浦
黄海北道
江原道
DMZ
京元線
金剛山
沙里院
0
50km
100km
黄海南道
海州
開城
韓国
板門店

目次

目次

序章にかえて　北朝鮮の将来を占う五つのキーワード

金日成広場における軍事パレード

「補給闘争」――ないものは奪ってくる――

北朝鮮の行動規範で特に顕著なものは、「ないものは奪ってくる。欲しいものは取ってこい」という発想に基づくもので、これを彼らは満州（中国東北部）での抗日パルチザン時代から韓国国内での非正規戦まで一貫して「補給闘争」と称していた。これは世界各地の無法地帯でよく見られることだが、北朝鮮の補給闘争は中国古来からの匪賊、土匪、流賊にそのルーツがあり、これを抗日パルチザンが踏襲して現在に至っているのだから年季が入っている。そして国連にも加盟している国家が、外交特権まで活用して麻薬による補給闘争を展開しているのが明白なのに、だれも止められずに勝手放題になってしまったのが現状だ。

反社会的武装集団は、一定の地域に定着すれば官憲の手によって戡定、討滅されるので、常に流動していなければならない。そのため農業などの生産活動というものができない。そこで、ひとたびこの世界に入ると、略奪や人質をとっての身代金稼ぎなど、無法な補給闘争で生きて行くほかなくなる。抗日パルチザンは朝鮮民主主義人民共和国という国家が与えられたのだから、非合法な補給闘争などしないですむのに、習い性となってしまったようだ。そしてついには、核兵器と長距離弾道ミサイルで世界を人質にとったかのように恫喝し、あらゆる欲求を満たそうとしている。

北朝鮮にとっては、貿易も補給闘争の一つの手段だから、それが債務不履行となっても気にしない。早くも一九七〇年代中頃から、北朝鮮の政府保証債務の返済がとどこおりだし、貿易銀行発行の信用状（L／C）付きの債務に未払いが生じ始めた。一九七五年七月に日本の通産省は、北朝鮮の対日債務一八億円に輸出保険は適用しないことを決定した。[註1] 北朝鮮が対日債務六〇〇〇万ドルの支払いの二年延長を要請したのは、一九七六年二月のことだった。

これで北朝鮮はL／Cを組んでの銀行決済の貿易ができなくなり、現金決済のみとなった。すると北朝鮮にドルの偽造紙幣が集まり出した。八〇年代に入ってからだが、北朝鮮は日本からまとまった数の紙幣判別機を輸入したというから、北朝鮮は世界的なババを引いたことになる。雪上加霜（泣きっ面に蜂）といったところだが、転んでもただでは起きないという北朝鮮の面目を発揮した。北朝鮮はこれを契機に、一〇〇ドル札の偽造に乗り出したのではないかと語られている。当時は一ドル札と一〇〇ドル札のサイズが同じだったから、一ドル札の印字を消して一〇〇ドル札を印刷するという奇策を講じたと見られている。それがスーパーKなどと呼ばれているものなのだろう。

財源に困った北朝鮮が麻薬（アヘン、モルヒネ、ヘロイン）の生産、密輸に乗り出したことは確実視されている。抗日パルチザンは、麻薬を専門に扱う匪賊「烟匪」とも深い関係があったとされるから、これまた北朝鮮はこの稼業に年季が入っている。北朝鮮では、芥子を「白桔梗（ペクトラジ）」と呼んで国内栽培、生産を秘匿していた。これを外交官特権を使って流通させていたのだから言葉を失う。事が事だけにいつだったかはわからないが、麻薬から利幅が大きい覚醒剤に軸足を移しているとされる。ほかには大麻、コカインの密売にも手を染めている。これが外交公館による補給闘争なのだから、「ならず者国家」と呼ばれても仕方がない。[註2]

どのような手段によって得たかはさておき、手にした資本や資本財を活用して富の拡大再生産を試みるのが普通の発想だが、補給闘争を旨とする北朝鮮にはそのような考え方そのものがない。得たものを食い尽くせば、また取りに行けばよいだけの話となる。そんな体質だから、入手した生産機材などを丁寧に使おうという意識がない。だからメンテナンスなどしない。祖国の食糧難に心を痛めた在日の僑胞が、インスタント食品の生産ラインを送り込んだ。ところが乱暴に扱ったり、メンテナンスをしないのですぐに稼働しなくなる。さらにまずいことに、最近の日本製の生産ラインは電子統御されているが、電圧が一定しない北朝鮮では満足に作動しない。折角の好意もスクラップの山になるしかない。[註3]

旧ソ連や中国に向けての補給闘争は、大きな成果を収めており、それによって北朝鮮という国家が延命できたといっても過言ではない。援助の意味合いが濃い社会主義国間の友好価格、有利なバーター交易などで、北朝鮮は救われてきた。この補給闘争が成功した背景の一つが、相手が音を上げるまで続ける粘り強い交渉だったとされる。旧ソ連や中国では、「これはといったものを北朝鮮には見せるな。ねだられるだけだ。地下鉄がよい例だ」と語られていたそうだ。断られても、無視されても日参し続けるその粘りには辟易しつつも、愛国者だと感心もされていたという。

敵対してきた資本主義国相手の補給闘争でも、北朝鮮はある一定の成果を収めている。もちろん相手は敵国なのだから、踏み倒してもかまわないという意識が利益をもたらしたケースが多いのだが、主に韓国の弱みや思惑につけこんで、補給闘争が成功しかけて大きな利益が呼び込めそうになったこともある。一九九五年三月に発足したＫＥＤＯ（朝鮮半島エネルギー機構）、一九九八年十一月から始まった金剛山観光、二〇〇四年末から操業が始まった開城工営（工業団地）の三つのケースだ。

一九九四年十月に米朝枠組合意が署名され、それによって設立されたＫＥＤＯが四六億ドルを供出して、北朝鮮に出力一〇〇〇メガワットの軽水炉二基を建設するというものだ。もちろんこの建設費は北朝鮮の債務となるが、無利子・二〇年償還・完成から三年間は支払いすえ置きという北朝鮮にとって有利なもので、補給闘争の大きな勝利だった。これほどの資本財が入手できるのだから、その完成を見てから次の一手に出るのが普通だろう。ところが二〇〇二年十月、北朝鮮はウラン濃縮を進めていることを自ら表明し、ウラン型核兵器の開発をほのめかした。これでＫＥＤＯは解散、原子炉の入手は夢となった。

どうして北朝鮮は、こんな愚挙に出たのか。二〇〇〇メガワットの原子力発電所を得ることは望ましいにせよ、その電力を生かすには送電線、変電所、トランス、配電線などの整備が必要になってくる。北朝鮮の泣き所はまさにそこだ。しかし、ＫＥＤＯがそこまで面倒を見てくれる様子はない。そこで新たな圧力ということで、核兵器開発の継続をほのめかしたのだろう。さらに深く読むと、まさに匪賊の略奪を彷彿とさせる姿が浮かび上がる。原子炉建設予定地の新浦市琴湖里では、整地から基礎工事に入っており、かなりの数の建設重機や資材、燃料が搬入されていた。工事中止となっても、その多くが手に入れば、それで至上命令の補給闘争遂行となるわけだ。

金大中政権の太陽政策による一つの目玉が金剛山観光事業だった。純然たるビジネスではなく、政策的な事業だから北朝鮮にとって有利な条件が提示されていた。金剛山観光とはいうものの、対象は「海金剛」と「外金剛」で三日浦や九龍瀑布はコースに入っているが、本来の中心の「内金剛」には入れず、主峰「万物相」の頂上「天仙台」には登れないことになる。金剛山観光という看板に偽りありとなるが、それで年間二〇〇〇万ドルの入山料を取るとは、北朝鮮は辣腕なビジネスマンだ。金剛山観光が始まって七年間で、北朝鮮は二三億ドルを得たと推定されている。観光事業とは裾野の広い産業であることを再認識させられ、これをうまく育てれば巨額なドルの入手源になっただろう。

ところが、そういったビジネス・チャンスを自らの手で壊してしまうのが北朝鮮という国だ。一九九九年六月、女性の観光客が北朝鮮の係員に「亡命したら……」と言った疑いで身柄を拘束された。これで二カ月もツアーが中断した。それでなくとも観光客の自由な行動は認められず、フェンスの間を車で移動するだけの「金網観光」ではブームが去るのも無理はない。ツアーを主催した現代峨山社は、政府の支援を受けつつ営業を続けていた。そして二〇〇八年七月、散策していた韓国の女性観光客が北朝鮮人民軍（以下、北朝鮮軍）によって射殺される事件が起きた。韓国では保守派の李明博政権となっていたこともあり、ツアーは全面的に中断され、今日まで再開されていない。

観光客の身柄拘束、射殺という事件は、鉄の規律が支配する北朝鮮の社会から見て偶発的なものではない。また、北朝鮮の厳格な縦割り行政から推察するに、観光事業に当たる部署と警備に当たる軍との間になにかあったのではなかろうか。そんな背景の推察はさておき、ここで事業が中断してもよいのだという判断が労働党中央にあったはずで、そうでなければ中断するはずがない。どうして年間三億ドルもの上がりを失ってよいかといえば、事業撤退となっても韓国が残していくものがあるということだ。まずは改修された長箭港の港湾施設、海に浮かぶ「ホテル海金剛」がある。さらに韓国の巨津から北朝鮮の高城に至る整備された道路、温井里に建設された観光施設が主立った補給闘争の目標だ。とにかくプレハブ一棟、窓のアルミサッシ一つまでが国家として欲しいのだから、こちらの常識では理解できないことが起きる。

開城工営の第一期工事が着工されたのは二〇〇三年六月、これに先立つ二〇〇二年九月から京義本線の南北同時連結工事が始められ、二〇〇三年六月に臨津江、都羅山、ＤＭＺ（非武装地帯）を横断して鳳東、開城が連結された。二〇〇五年三月には送電施設が完備し、韓国電力公社による電力供給が本格化した。このようにインフラ整備から始めなければならなかったから、事前投資は巨額なものとなった。二〇一三年の時点で韓国側民間投資は約四億ドル、用意された公的資金は四〇億ドルを超えたとされる。そして生産額は月四〇〇〇万ドルと概算されている。

北朝鮮が提供する労働力は五万人、一人当たり平均月額給与は二五〇ドルだった。このうち七〇パーセントを北朝鮮政府に上納し、残る三〇パーセントはドルではなく北朝鮮ウォンで支払われた。七割を国が取るとは搾取というほかないが、渡されるウォンは公定の一ドル＝約一一〇ウォンで換算されるが、闇の実勢レートは一ドル＝八〇〇〇ウォン以上なのだから、国の搾取は徹底している。この人件費を中心に北朝鮮は、この開城工営から年間五億ドルを得ていた。ここが北朝鮮の主要なドル入手源となった。この将来性やほかの地域への広がりを考えれば、大事に育てようとなるはずだが、北朝鮮はそのような考え方をしない。

二〇一三年二月、北朝鮮は世界に挑戦するかのように三回目の地下核実験を強行した。このため同年三月、国連安保理は北朝鮮の核兵器や弾道ミサイルに関連する金融取引の凍結、停止を中心とする経済制裁を決議した。このような情勢下で韓国と北朝鮮が共同して開城工営を運営してはいられない。そこで開城工営の閉鎖が検討されるようになったが、北朝鮮の弾道ミサイルによる挑発は止まらない。そのため二〇一六年二月、韓国政府は開城工営の閉鎖を正式に発表した。これに対する北朝鮮の反発は凄まじく、韓国内の親北勢力を結集させて二〇一七年三月に朴槿恵大統領を罷免に追い込んだ。

開城工営の閉鎖は、北朝鮮の経済、政治、外交、国防の諸機能が連携していなかったことにより生じた。そこに深刻な反省がなければならないが、北朝鮮にはそんな素振りすら見せない。金剛山観光でも見せたような、抗日パルチザン時代を彷彿とさせる補給闘争を開城工営でも演じた。臨津鉄橋から開城まで直線で一六キロ、偵察衛星を使わなくとも偵察機からの側視で見える。また都羅ＯＰ（観測所）や米軍が管理しているオーレットＯＰからも肉眼で見えるはずだ。閉鎖となって韓国側の管理要員が撤収すると、開城工営は百鬼夜行の修羅場となったという。全国から集まった物資収集部隊が動かせるもの、剥がせるもの一切を車に積んで行ってしまった。これが補給闘争を旨とする北朝鮮の実態なのだ。それでいて米朝協議が始まると、金剛山観光と開城工営の再開を強く求めるのだから、常識が通じる相手ではないと痛感させられる。

このような結末を最初から予測していたのは、韓国陸軍だったという。韓国軍人の間でこんなことが苦笑交じりで語られていた。韓国と開城を結ぶ交通路は、臨津江を鉄橋で渡る京義本線、その上流に新設された統一橋を渡る国道一号線だ。ともにDMZ（非武装地帯）を横断するため休戦協定との兼ね合い、また地雷原啓開が大きな問題となるため、韓国陸軍の工兵隊が主体で作業を進めることとなった。新型の地雷処理車両も開発され、二〇〇〇年九月から作業に着手した。朝鮮戦争中に敷設した対戦車地雷、対人地雷も機能が生きている状況だから、地雷原の啓開は大変な作業となり、現場に入った将官も触雷事故に遭ったという。

そしてDMZに入り、MDL（軍事分界線）に到達して北朝鮮側の作業隊と接触する。北朝鮮側の作業を見ていると、すべて人力に頼っており、工程が遅々として進んでいない。見かねた韓国軍は、オペレータがいるならばブルドーザーを貸してもよいと申し入れた。すると北朝鮮側は、「それは感謝します。操縦手はすぐにも連れてきます」とのことで、ドラム缶入の燃料付でブルドーザー一両を貸した。いつも無愛想な北朝鮮の要員が満面の笑みで「感謝します」を連発したそうだ。動かせるかなと見ていると、結構器用に動かしており、この調子ならばこの一帯の作業は南北同時に終わるだろう、その時にブルドーザーを返してもらおうと話していたそうだ。

その作業がまだ終わらないのに、燃料の入ったドラム缶もろともブルドーザーが現場から消え、作業は再び人力だけになっている。ブルドーザーはどうしたのかと尋ねると、開城特別市の党中央だかが、もっと重要な作業に使うからとドラム缶と一緒に持って行ってしまったという。では、いつ返してくれるのかと問いただすと、それほど困った様子もなく、「わからない、いつか連絡がくるはずだ」と繰り返すだけだったという。結局、韓国軍はブルドーザー一両、燃料付で献上ということになり、これでは先行き不安だと語り合ったという。これが補給闘争の現場の実態で、なにもかにも吸い込んで、あとは知らん顔ということから、北朝鮮をバキューム国家と呼ぶようになったわけだ。

「過剰忠誠」―大道廃れて仁義あり―

今日の北朝鮮という国家を生み出した抗日パルチザンという集団は、当初から共産主義を信奉して独立運動を展開していたわけではない。古来から蒙古、満州、さらには沿海州を舞台として蠢いていた非合法集団もしくは自治・自警組織の流れの中から誕生したものだ。それに社会主義、共産主義という化粧がなされたという図式だ。

この集団は一般民衆の自警団ともいうべき保衛団に始まり、まったくの盗賊の土匪や流賊、敗残兵の兵匪、宗教団体の教匪、塩の密売人集団の梟匪、金掘人の金匪など多種多様な形態をしていた。[註4]しかし、その構成員には共通点がある。一般民衆の支援があり、身分も保証されている保衛団の構成員であっても、命の危険は常にあるから、どうしても運命論者になる。そこで仲間同士で「生まれた時は違っても、命日は同じ」だとし、「天を父、地を母、星を兄弟、月を姉妹」と語り合い一体感を醸成する。そこには道教の影響が強く見られるという。いわゆる匪賊と呼ばれる者には、帰る土地も保護してくれる者もいないのだから、この仲間うちの一体感は、より強いものとなる。

このような精神的な紐帯でつながって集団が形成されると、そこには指示する者、指示される者といった上下関係、ヒエラルヒーといったものが生まれる。稼業が稼業なだけに、ほかの集団よりも、この上下関係は重要だ。これは思考に基づく意欲である「選択意思＝ゲゼル」によって組織される「利益社会＝ゲゼルシャフト」としてよいだろう。ただし、親戚だとか同じ村の出身、道教の信者同士といったことによって成り立つ場合も多く、その点からすれば「本質意思＝ゲマイン」の共有によって成り立つ「共同社会＝ゲマインシャフト」の面も色濃く残している。従ってどれも近代的な機能集団にまで発展することなく、擬似家族的な構造に止まっていたといえよう。

擬似家族的ということは、親分、兄弟分、子分といった関係になる。親分の妻を「あねさん」と呼ぶのは、まさに擬似家族ならではだ。そのそれぞれに上下関係があるが、外部に対しては「金一家」と名乗る。稼業は人倫にもとることながら、日常的には世間のすね者が肩を寄せあって生きているように見える。しかし、集まって来る人が人、稼業が稼業だけに家族といっても緊張関係がある。そこで一致団結のために、刑法のような強制力のある規範が必要になる。とにかく無法地帯に生きるのだから、一般の法規範による制裁よりも厳しくなる。

そこで老子の警句「大道廃有仁義」（『老子』十八）となる。老子が重視する無為自然の道である「大道」が行なわれなくなったため、人為的な道徳である「仁義」が担ぎ出されたというのが真の意味だとされる。すなわち儒学が実践道徳として「五徳」（仁義礼智信）のうちの「仁」と「義」を重視する姿勢を批判する一節と解するのが通説だ。従っていわゆる任侠の徒を自称する者たちが、その行動規範の一つに掲げて違法行為を正当化する「仁義」とは違っていることになる。しかし、法が軽んぜられたり、無視されるところには、また違った規範が生まれ、それは往々にして一般の法よりも厳格とはこれいかにと皮肉った一節ともいえるだろう。

抗日パルチザンは、古来からの匪賊の厳格な規範を守りつつ、それに共産主義独特な鉄の規律を付け加えたのだから、モンスターに育って当然だ。それほどまでの規律が守られた部隊だけが、東部満州で生き残ることができ、ソ連領内に遁入できたともいえる。そして幸運にも、第二次世界大戦の結果として朝鮮半島の北部に国家が与えられた。国家ともなれば、山野を往来していたパルチザン時代とは違った統制、すなわち普遍的な法による支配に移行するのが普通だろう。チトーのユーゴスラビア、カストロのキューバ、ホーチミンのベトナムがそうだった。

ところが金日成は、また別な道を進んだように思える。核心階層を率いてパルチザン方式と大差のない統治を続けた。捏造に捏造を重ねたものにしろ神話を持つ金日成ならば相当な無理はきくだろうが、カリスマ性に欠ける二代目、三代目となれば、普遍的な法の支配に移行しなければ、国家がもたないとだれもが思っていた。ところがすくなくとも二〇一八年までは、パルチザン方式の統治で安泰のようだ。北朝鮮寄りの姿勢で知られる識者ですら、北朝鮮を「遊撃隊国家」と定義している。どうして二一世紀にこんなことが可能なのか。一体、どのような施策によって社会主義体制の下で権力世襲を可能にしたのか。

まず全国民を核心階層、動揺階層、敵対階層に三分割し、さらに五一の「成分（土台）」に細分する。[註5]そして、それぞれに無条件の忠誠を求め、その忠誠の度合いによって食糧の配給を調整する。もちろん、居住地、職場、給与、子弟の教育、これすべて忠誠度によって決定される。忠誠を誓わないと思われる者は、あれこれ罪状をあげつらって家族もろとも管理所（政治犯収容所）に送る。これが「山送り」とか「農村送り」で、ごく一般に語られている言葉になっている。配給が削られたらどうしよう、山送りにだけはなりたくない、そのためには忠誠振りを演技しなければならない。だから、党中央が泣けといえば号泣し、踊れといわれれば踊るといったロボットのような民衆となる。

さて、この「忠誠」という言葉だが、真の意味は「まごころをもって尽くす」であり、「忠義」と「誠心」が合わさったものだろう。英語でいえば、国家に対するものでは allegiance、広く一般的には loyalty となる。神に対する忠誠までを含むとなると、米海兵隊のモットーにある fidelity が適訳のようだ。どれにしても subject ＝隷属というニュアンスはない。ところが北朝鮮で求められているものは、個々人の「まごころ」から生じるものではなく、統治階層に都合がよいように、国民に強制するものでしかないから、「忠誠」という言葉は使えないはずだ。

広く一般の国民の忠誠というものは、それは表面的な形だけで、心の底にまで浸透したものでないことを支配層自体も認識していただろう。ところが、その忠誠をあらわす姿が真に迫るようになると、支配層は心まで支配したと思うようになり、忠誠を強要された民衆も洗脳されてしまい、そのことに違和感を感じないようになる。形から入り、それを反復することによって習い性になることの証明だ。その結果は、あの一糸乱れぬ分列行進であり、精緻なマスゲームとカードセクションだ。それによって各国の度肝を抜き、恐怖感を与え、その効果を十二分に活用しているのが北朝鮮という集団だ。

金日成に対する個人崇拝、それに起因する絶対忠誠というものが定着しだすと、次に起きるのが忠誠心の過剰な発露、より高い忠誠心の競争だ。まずは阿諛追従の大合唱となる。体制への迎合や盲従に多少なりとも疑問を感じている良識ある人も、連日のプロパガンダに押し流されて同類となる。この宗教的な色合いすら帯びる洗脳の効果こそが、北朝鮮が発する不気味さの源泉なのだろう。

さらに忠誠の意識が高まると、口や演技だけではすまなくなる。金正日の世襲で大きな役割を果たしたとされる北朝鮮版紅衛兵の「三大革命小組」（三大革命とは思想革命、文化革命、技術革命）の熱誠分子は、腕に「忠誠」とか「革命的義理」といった入れ墨をし、それをチラつかさせて人を威圧していたという。朝鮮半島には入れ墨という習俗がないから一層不気味に見えるだろうし、そこまでやるのかとあきれる。韓国への潜入を試みた武装工作船が逃げ切れなくなると、「首領様の天壌無窮を祈ります」と発信して自爆したことも珍しくない。

どうしてここまでやるのかと考えると、洗脳された結果だけではない。さまざまな現実の利得があるからこそ、競って忠誠心を発揮するのだ。権力の中枢部にある者ならば、篤い忠誠心を披瀝すれば、金一族の覚えめでたくなり、高価なブランドの洋酒や時計、はては高級車までポンともらえるかもしれない。それが権力を維持する原動力ということで、二〇〇六年十月に国連安保理は北朝鮮への贅沢品禁輸という珍妙な経済制裁を決議したわけだ。

一般の民衆でも高い忠誠心の持ち主と認められれば、あれこれ形になった利得を手にする可能性が生まれる。平壌に住めるようになるというのは夢にしろ、少し大きなアパートに移れる、子弟が大学に進める、さらにはあらゆる障害になっていた悪い「成分」から脱出できるかもしれない。これらのことを個人の努力で達成するには、多額の賄賂か熱誠分子であることをアピールするしかない。では、自爆する武装工作員は利得を来世に求めるしかないように思うだろうが遺族がいる。最後まで忠誠心を失わず、指示された通りに自爆したならば、遺族の生活は保証されることになる。

国家の中枢部において忠誠の競い合いが度を越すと、媚び諂いだけの佞臣ばかりとなるのが、どの国の王朝でも見られた末期症状だ。では、北朝鮮はどうかと見ると、金日成の時代からそうだったが、特に最近は粛清に次ぐ粛清で、佞臣が育つひまがない。皮肉に聞こえるだろうが、それで北朝鮮の高級人事は回っていることになる。

また、脱北者から鋭い北朝鮮批判や、「あの若造の金正恩奴が」といった声も聞こえてくるようになった。しかし、それだけをもってあの体制の崩壊は間近いとするのは早計だろう。国や故郷、妻子までも捨ててきた脱北者なのだが、なぜか金日成の批判はあまり口にしない。むしろ「金日成の時代は良かった」とし、二代目、三代目が問題なのだという話の進め方をする。

まだ、洗脳がとけていないのかという見方はできるが、より深刻な問題があるとすべきだろう。それはすなわち金日成の神格化とそれによる神権政治が確立しており、現政権をいくら批判しても、それは倒れないことを承知しているから大声で批判していると思えてならない。それだからこそ、金日成神話を打破する必要があるとの結論に至る。

「大量粛清」――継続される恐怖による支配――

独裁国家、共産主義国家によく見られた権力闘争の結果としての粛清だが、北朝鮮におけるものは、その熾烈さ、無慈悲さ、そして複雑さと頻度が際立っている。そのため、北朝鮮すなわち粛清というイメージにすらなっている。そんなに粛清したら、人材がいなくなると他人事ながら心配になるほどだ。一九八〇年十月に開催された朝鮮労働党中央委員会第六期第一回全員会議において、金正日が秘書局秘書、政治局常務委員会委員、軍事委員会軍事委員に選出されて世襲の態勢が整い、権力闘争も一段落するとの見方があったが、その一方で今度は金正日を中心とする権力構造の改編に伴う粛清が続くという見解も有力だった[註6]。

後者の予測通り、金正日が権力を継承した以降も以前に増して粛清が続いたが、それは権力闘争の結果というよりも、後述する「十大原則」に抵触した者に懲罰を科するという意味合いが濃くなったように見受けられる。行政上の失策、ノルマの未達成、対外的な面目失墜と普通の国ならば更迭、左遷で済むようなことが、北朝鮮では家族もろとも管理所送り、良くて僻地の企業所で食うや食わずの毎日を過ごすこととなる。高位層にとっての鬼門は、ノルマが厳しい石炭関連と農業だ。この両部門の責任者となった人で平穏な最期を迎えられた人はいないのではなかろうか。

北朝鮮で最悪な職場は炭鉱だとされる。元来、炭鉱は重労働の職場だが、北朝鮮の炭鉱はいないない尽くしだから大変だ。坑木、石炭運搬用のバケットを通すレールと枕木、それを地上に引き上げるワイヤー、選炭に使うベルトコンベアー、これみな皆無、あっても少ない上に老朽化が激しい。そして電力供給が安定しない。それでなくとも過重なノルマを達成できるわけがない。農業も治山、治水から始めなければどうしようもない惨状に陥っている。すぐにも「穀物六〇〇万トン高地を奪取せよ」と号令を掛けられても、現場は困惑するばかりだ。

もちろん資器材の供給や労働者への給養向上といった要望は、政府や労働党の系統をたどって上部に伝えられる。そこで内閣や労働党中央はなんと言うかだが、各レベルで補給闘争をしろと命令する。それによる自力更生に努力してきたが、もう無理だと言えば、今度は指導者同志への忠誠心が足りないとくる。そこで反論すれば、「十大原則」を恣意的に援用して粛清となる。補給闘争、過剰忠誠、そして大量粛清は三位一体の構造をしていることがはっきりと理解できよう。

北朝鮮という国家の原点となる抗日パルチザン時代に立ち戻り、補給闘争、過剰忠誠、大量粛清の三点セットについて見てみたい。一九三七（昭和十二）年六月の普天堡戦闘では、東北抗日連軍第六師のほぼ全力、加えてこの一帯に一般人を装って潜伏していた分子も動員して襲撃したが、このような全力投入は珍しいケースだった。通常は勢力の温存を図るため指揮部は山塞（密営地）にあり、そこから支隊を各地に派遣して補給闘争に当たらせる。もちろん支隊には熱誠分子を配しているが、ある一定期間、司令部の統制下にはいないことになる。そこに問題が生じる可能性が生まれる。

幸運に恵まれた支隊が、とてつもない獲物を手にしたとする。多量な医薬品や麻薬、多額な現金や金塊、そして武器弾薬だ。そもそもがこの緑林の世界に入る者は、山っ気の多い手合いだ。これだけの軍資金があるのだから、独立して一旗上げようとなっても不思議ではない。そこまで考えなくとも、お宝を抱えて山を下り、町場で平和に暮らそうという連中もいるだろう。獲物はそうたいしたものではないが、たまの骨休めと途中の密営地で奪ってきた家畜などを肴に一杯、残りを上納する連中もいるはずだ。

このどれもが組織にとって致命傷になりかねない。まずは補給闘争が成り立たず、その結果として内部崩壊となる。そこでこれらを宗派主義（分派主義）、家族主義として徹底的に取り締まる。そしてそのような疑いがある者、素振りをする者は、容赦なく粛清する。この恐怖によって金縛りにして、過剰なまでの忠誠を期待する。これを徹底していたのが、普天堡を襲撃し、一九三七年十一月に戦死した何代目かの金日成、本名金成柱だったと伝えられている。

今日ともなれば、抗日パルチザン時代には日常的だった銃撃戦を演じての押し込み強盗は昔話になったと思いきや、より手がこんだ補給闘争が行なわれ、そこではより厳しく忠誠心を求めている。それは外交官特権を活用した密輸や薬物密売だ。北朝鮮の逼迫した財政を考えれば、在外公館を維持するにも、そんな手段による自力更生しかないとは思う。しかし、問題は外交官があれこれやってようやく手にした金品を金一族の宮廷が召し上げていることだ。それが金王朝に対する忠誠心を形にする「精誠金」と「精誠品」だ。ほとんどの外交官は、家族を平壌に残して赴任しており、これが人質となるわけだ。北朝鮮の当局は、これでもまだ足りず、精誠金や精誠品の多寡で忠誠心が深いかどうかを判定している。外交官としての資質に問題があっても、一〇万ドルの精誠金を差し出せば、外交部の副部長のポストも夢ではないという話すらある。[註7]

外交官の補給闘争でも、マネーロンダリングや送金の問題が生じる。そこで北朝鮮は大城銀行、金星銀行、大城商社などを設けて、精誠金はここを通して国に送られる。そして朝鮮労働党財政経理部第三九号室に入金される。ここがいわゆる労働党の第三経済の中心であり、かつ金王朝の私的大蔵省でもある。ここのドルや買い集めた贅沢品を廷臣に配り、その忠誠心をつなぎ止めている。

もちろん、抗日パルチザンの時代と同じく、この外交官の補給闘争で得たものを私物化すれば、それこそ厳格な処分となる。高位階層であり、家族を人質に取られているのに、北朝鮮外交官の亡命事件は相次ぐ。その事情はさまざま考えられるが、精誠金に当てるはずのものを使い込んでしまい、首が回らなくなった末の亡命というケースも多いにちがいない。帰国しても家族もろとも山送り、それならば一族の血統を保つために亡命しようとなるわけだ。

外交官が個々人で行なう補給闘争よりも、金額が桁違いなのが対南、対日工作だ。一九九〇年九月、朝鮮労働党、自民党、社会党の三党合意では、日本による三六年間にわたる植民地統治に対する補償に加え、戦後四五年の損失を補償すると明記された。ではその補償金額だが、北朝鮮の要求は一〇〇億ドル、それが五〇億ドルで落ち着くのではと広く語られていた。二〇〇〇年六月に行なわれた南北首脳会談は、韓国が五億ドルで買ったものだったことは、すぐに明らかとなった。

対南、対日の問題は金額が多額なだけに、なかなか話がまとまらないため、北朝鮮の担当者は槍玉に上げられる。一九九一年一月からの日朝正常化交渉で初代朝鮮代表の田仁徹はすぐに更迭、所在不明となった。一九九七年二月、黄長燁秘書が訪日の帰途、亡命したのも対日補給闘争が停滞し、その責任追及を恐れて亡命を決意したと見ることもできよう。長らくこの部署の責任者だった金容淳秘書は、二〇〇三年十月に交通事故で死去したと新聞で報道されたが、地位に見合わないベタ記事扱いだったので疑惑が広がった。どれほどの補給闘争を見込んでいたのか判然としないが、日本人拉致問題で日本と交渉したミスターX、国家安全保衛部副部長の柳敬（柳京）も二〇一一年六月から消息不明になっている。二〇一三年十二月に処刑された張成澤の罪状の一つにも対中関係が上げられていた。とにかく対外工作、大きな補給闘争の部門は、北朝鮮の特権階層でも鬼門のようだ。

もちろん交渉の不手際から粛清されたケースが多いだろう。それと同時に、その立場で得たものを第三九号室に納めずに私物化したことが追及されての結果という場合もあるはずだ。外交の世界でも透明性が強調される現在、交渉相手を買収してしまえと菓子折りの底にドル札を敷き詰めるようなことはしないにしろ、外交の場でもなにかプレゼントを交換するということはあるだろう。その場合、ボールペン一本でもそれがブランドものならば、しかるべく申告しなければ忠誠心が疑われ、粛清されかねないような国が北朝鮮だ。

「外勢排除」──極端な対外不信──

自分の縄張りでは、よそ者の活動は許さない、入り込んでくれば断固排除する、これは満州の匪賊などの習俗に見習って、生存のために根付いた北朝鮮の体質だ。抗日パルチザン活動を展開したとされる地域の多くは、土地の生産性が低く、外部からの勢力を排除し続けなければ生きて行けないから切実な問題だった。これが習い性となり、主権国家となってからも捨て切れない体質となっている。自分だけが良ければよい補給闘争、組織維持のために過剰なまでの忠誠心を要求し、疑わしいだけで粛清するという北朝鮮の体制が根底から変革されない限り、この外勢排除のかたくなな体質は改善されず、北朝鮮は国際社会の一員にはなれないだろう。

抗日パルチザン時代の体質がより先鋭的になっているのが、この外勢排除の姿勢だから、話は厄介なことになる。中国東北部のごく限られた地域ではなく、複雑な国際中間地帯である朝鮮半島での外勢排除だから、少なくとも北東アジアでは深刻な問題をもたらす。そしてまたこの外勢排除は、朝鮮半島の長い歴史に根差す排外主義（ゼノフォビア＝xenophobia）、しかもそれは強者を排斥する色彩が濃いから、穏やかな話で終わらない。朝鮮半島の長い外患の歴史からすれば、強者を排斥することはすなわち民族の独立を形にすることだから、排外主義が正義となって信奉されるのは必然だった。そして今日、北朝鮮が高唱してきたアメリカ排除のキャンペーンをもっとも支持しているのは韓国の学生層だと聞くと、構造は複雑なのだと実感させられる。[註8]

外から見ていると、強すぎるとも思える外勢排除の思潮だが、当事者の韓国人の間では、多少強い民族主義のあらわれ程度の認識だったようだ。ところが一九六五年から七二年まで韓国はベトナム戦争に派兵したが、派遣された将兵や従軍記者など多くの韓国人がベトナム人と接触した。そこで韓国人が驚いたのが、ベトナム人の強烈な排外主義だった。フランスをようやく追い出したかと思えば、今度はアメリカか、もううんざりしたというのが一般民衆の姿勢だった。そして行き着く先が、今日では耳にすることもないが「ヤンキーゴーホーム」の大合唱だ。もちろんアメリカの国益に沿ったことにしろ、軍隊まで派遣して南ベトナムの共産化を防ぎ、莫大な経済援助をしているアメリカをなぜ排除しようとするのか、外国人には理解しにくいところがある。

さらにベトナムとその社会を観察していると、その排外主義の矛先はあくまでフランスやアメリカという強者に向けられ、地続きでさまざま問題があるカンボジア、ラオス、タイなどには向けられない。すなわち強者の排除を追求している。これを見ていると、「このベトナムは韓国を見る鏡だ」ということに思い至る韓国人が多かったという。韓国軍や韓国人はベトナムで強者として扱われなかった。その結果、排除の対象とはならず、場合によっては協力してくれることも少なくなかったという。それがベトナム戦争中に上げた韓国軍の戦果の秘密だったと語られている。

強大国に媚び諂うことで与えられる権力をもって同胞につらく当たる国や集団があることを思えば、外勢を排除して国家や民衆を守ろうとする国や集団の方がまともなのかもしれない。しかし、これは程度の問題だろう。まして世界がボーダーレス化した現在、「俺のことは放っておいてくれ、我式（ウリシク）でやるまでのこと」と開き直って通用する時代ではなかろう。北朝鮮は建国以来、この姿勢で一貫してきたが、そのように生きて行くには条件がある。とにかくまずは、食糧自給率が一〇〇パーセントを超えていることだ。朝鮮半島は常に飢餓の可能性があり、そこに一国だけでは生きて行けない理由がある。食糧が足りない、それ補給闘争の発動だとやっていては、周辺国家もそういつまでも放置してはおけない。

北朝鮮が外勢排除に凝り固まった外交音痴の国家だと断じるのは早計のようだ。北朝鮮の外交手腕についての論評はあまりなされてこなかったが、個々の事象を追うだけでも相当な能力を秘めていると思われる。平壌に招待して大歓迎という外交は、大きな成果を収めてきたことを無視してはいけない。あの国だからできることだが、民衆を大動員して沿道を埋め尽くし、造花の花束を振らせて歓迎の意を表する。大規模かつ完璧に統制されたマスゲームやカードセクションで感激させる。一九九〇（平成二）年九月、訪朝した自民党副総裁の金丸信と社会党副委員長の田辺誠らの訪朝団は、この歓迎に舞い上がり、朝鮮労働党との三党合意となった。二〇〇〇年七月、ロシアのウラジーミル・プーチン大統領が訪朝、大群衆が熱狂的に出迎え、プーチン大統領は大感激、この北朝鮮に対する好意的な印象は今日なお残っているとされる。二〇〇〇年十月には、米国務長官のマデレーン・オルブライトが訪朝、これまた大歓迎に感激、すぐにも米朝国交樹立かと語られていた。

北朝鮮の外交官個々の資質についても、軽く見てはいけないというのがソウルの事情通の共通見解のようだ。北朝鮮の外交官は、よく訓練されており、語学の能力はもとより、教養的にもかなりハイレベルだそうだ。欧米と朝鮮の諺に通じており、自在に操るとなれば、これはもう教養豊かと評価するしかない。

北朝鮮の外交官、通訳の優秀さは、一九五一年七月からの朝鮮戦争休戦会談でも見られたことだった。中朝軍側の英語通訳は、早稲田大学出の人で欧米留学の経験はないものの、英語の能力は抜群で、双方が主張したいことを理解した上での通訳は、ちょっとした言い回しまで完璧だったという。これに驚嘆した国連軍側は、「こっちに来たらどうだ」と手招きしたそうだ。ちなみにこの通訳は、休戦会談が終わるとすぐに粛清されたという。

これほどの外交陣を擁しながら、どうして北朝鮮の対外交渉は目的を達成しないまま常に立ち消えとなるのか。数限りなく行なわれた南北協議は、ほぼ例外なく穏やかな雰囲気で始まる。苦い結末ばかりを取材してきた韓国のメディアですら、今度ばかりは協議がまとまりそうだと報じるのだが、すぐさま会議の席は怒号に包まれて書類が舞い、反目だけが残って協議が終わるのが常だった。[註9]

日本やアメリカなどとの交渉も最初はスムースに進み、当事者間の信頼関係も築かれるという。ここまでは多くの場合、水面下の交渉だろうが、これは妥結にまで漕ぎ着けそうだとなると、すぐに険悪な雰囲気に包まれて終わりとなる。紳士的かつ友好的な姿勢で交渉の妥結に努力していた北朝鮮の外交官が、ある日突然に豹変して敵対的になったり、通告もなく会議をキャンセルするのを見て、こちらは困惑するしかないという場面が繰り返されてきた。すぐそこに求めている果実がぶら下がっていても、そんな態度に出るのはなぜなのか。そこに北朝鮮の特異な体質が浮かび上がってくる。

とにかく外国を不信の目で見ている北朝鮮は、だまされているのではないか、買い叩かれているのではないか、最後になってひっくり返されるのではないかと常に疑心暗鬼になっている。交渉の当事者はそうでなくとも、労働党中央や唯一至高の独裁者は常にそう考えて不安にかられている。そしてあらゆる交渉は、北朝鮮にとって補給闘争にほかならないから、そこに欲というものがからんでくる。これは上手く行きそうだ、相手の妥協が見込めるとなると、もう一歩押せば一割増しになるはずだと言い値を吊り上げるように指示をする。担げるだけ奪ってこいという発想でしかない。

外交当局としては、詰めの段階で言い値を吊り上げれば、交渉そのものが行き詰まり、得られるものも得られなくなると言いたいはずだが、そう言ったら大変なことになる。「なんという弱腰、左遷だ」で済めばまだいい。「相手に取り込まれたのか、米帝、日帝の走狗になり果てたのか」となれば家族もろともの粛清を覚悟しなければならなくなる。あれほど紳士的な人が突然暴言を吐くとはと驚かされるが、あの暴言は自分の運命を呪う悲鳴だとすれば理解しやすい。このように北朝鮮の政体、体制そのものが円滑な外交交渉を阻害しているのだから、現体制下での対話は成り立たないという結論に至る。

「十大原則」――宗教的な戒律の存在――

北朝鮮ウォッチャーの多くは、北朝鮮は国家というよりは極端に閉鎖的な宗教団体ではないかとの印象を持っているはずだ。現人神もしくは神に選ばれた預言者がいて、絶対的な支配権を行使している。人民はその指示とおりに働き、記念碑的な建造物、すなわちピラミッドや神殿を孜々として建設している。平壌を訪れた人がよく語ることだが、あそこは人が生活する町ではないとの違和感は、あれは神殿だとすれば合点がいくだろう。また、これほど北朝鮮の惨状が明らかになっても、親北の姿勢を明らかにしている識者も少なくないが、あれは信仰だとすれば納得がいく。

宗教となると、そこには法典、戒律といったものが必要になってくる。それが一九七四年に発表された「党の唯一思想体系確立の十大原則」なのだそうだ。ここに憲法などの諸法律の上に存在する不可解なものが生まれた。とにかく金日成思想の絶対化で、そこに金正日の絶対化を付け足して、社会主義下の世襲を可能にした。三代目の誕生でまた新たな理論武装すなわち超法規的な戒律が必要となり、二〇一三年六月に「党の唯一的領導体系確立の十大原則」が発表された。[註10]

以下、新しい「十大原則」の見出しだけを並べて紹介する。発表されたものには、この見出しの解説があり、続けて五項目から九項目の具体的な解説が付されている。[註11]

一、全社会を金日成、金正日主義化するために一身を捧げて闘わなければならない。
二、偉大な金日成同志と金正日同志をわが党と人民の永遠の首領として、チュチェ（主体）の太陽として高く奉じ戴かなければならない。
三、偉大な金日成同志と金正日同志の権威、党の権威を絶対化し、決死擁護しなければならない。
四、偉大な金日成同志と金正日同志の革命思想およびその具現である党の路線と政策で徹底的に武装しなければならない。
五、偉大な金日成同志と金正日同志の遺訓、党の路線と方針の貫徹で無条件性の原則を徹底して守らなければならない。
六、領導者を中心とする全党の思想意思統一と革命的団結をあらゆる面で強化しなければならない。
七、偉大な金日成同志と金正日同志に学び、高尚な精神道徳的風貌と革命的活動方法、人民的活動作風をもたなければならない。
八、党と首領がくださった政治的生命を大切に守り、党の信任と配慮に対して高い政治的自覚と活動実績で報いなければならない。

九、党の唯一的領導のもとに全党、全国家、全人民が一つとなって働く強い組織規律を打ち立てなければならない。

十、偉大な首領金日成同志が開拓され、金日成同志と金正日同志がおし進めてきた主体革命偉業、先軍革命偉業を代を継いで最後まで継承完成しなければならない。

第一の五項では、「全世界でのチュチェ（主体）思想の勝利のために最後まで闘わなければならない」とあり、好戦主義を剥き出しにすればするほど立派とされる。第二の一項では、「偉大な金日成同志をわが革命の永遠の首領として、共和国の永遠の主席として、高く奉じたてまつらなければならない」とある。

第七の七項では、「勢道と官僚主義、主観主義、形式主義、本位主義をはじめとする古い活動方法と作風を徹底的になくさなければならない」とある。良いことを主張しているように思うが、この気配があっただけで徹底的になくす、すなわち処刑、一族ごと管理所に送るとなると問題だ。金正恩の叔父の張成澤もこれに引っ掛けられて悲惨な死を遂げた。第九の九項は、「党の唯一的領導体系に反する非組織的で無規律的な現象に対しては、その軽重にかかわらず、党中央委員会を含めた各級の党組織に速やかに報告しなければならない」とある。いうまでもなく、密告の奨励だ。

金日成神話が崩壊し、このような戒律から解放された時から、北朝鮮の新しい時代が始まる。

［註1］金龍洙編『海外から見た北朝鮮』コリア・ヘラルド社、一九七六年十一月、一三一頁〜一六四頁。

［註2］金龍洙編前掲書、九二頁〜一〇八頁。

ジャスパー・ベッカー著『ならず者国家　世界に拡散する北朝鮮の脅威』草思社、二〇〇六年九月、二三六頁〜二三八頁。

［註3］李佑泓著『暗愚の共和国　北朝鮮工業の奇怪』亜紀書房、一九九〇年六月、三九頁〜四〇頁。

［註4］フィル・ビリングズリー著『匪賊　近代中国の辺境と中央』筑摩書房、一九九四年十月、二四頁。

［註5］北朝鮮の「成分」分類表は、金萬鉄著『悪夢の北朝鮮』光文社、一九八七年六月、一八四一頁〜一九六頁。

［註6］崔光石著『北朝鮮』光明文化社、一九七六年十二月、三七頁〜四〇頁。

［註7］高英煥著『平壌二五時　金王朝の内幕』徳間書店、一九九二年十月、一二八頁〜一三六頁。

［註8］李度珩著『韓国は消滅の道にある』草思社、二〇一七年九月、一六九頁。

［註9］菊池正人著『板門店　統一への対話と対決』中公新書、一九八七年十二月、四三頁〜四四頁。

［註10］朴斗鎮著『北朝鮮　揺れる金正恩のゆくえ』花伝社、二〇一六年三月、七八頁〜七九頁。

［註11］朴斗鎮著前掲書、巻末付録。

第一章　再検証されるべき「金日成神話」

抗日パルチザン

語り継がれたビッグ・ネーム

平壌でデビューした謎の人物

これまでも「金日成とは、本当はだれなのか」との疑問は提起され続け、その真実を探る研究も進められていた。特に一九九〇（平成二）年九月の韓ソ国交樹立、翌九一年十二月のソ連邦崩壊後は、旧ソ連側の資料が入手できるようになったため、金日成の実像が明らかになりつつある。それでも惰性があってか、このような動きを無視、もしくは批判するむきもあるようだ。伝説的な英雄の名前を僭称したことを事実として認めつつも、その人物が半世紀以上にわたって朝鮮半島の北部に君臨したことは歴史的事実となったのだから、ここで再びあれこれと詮索することにどれほどの意味があるのかとの疑問を呈する識者も多いようだ[註1]。

しかし、この金日成神話が完全に打破して否定されない限り、今日、より深刻化している朝鮮半島情勢の混迷は、根本から解決しえない。このビッグ・ネームが秘める心理的効果を十二分に活用したことこそが、常識が通じない異様な国家の構築を可能にしたのであり、さらには、その神話を戒律、法典とすべく定められた「十大原則」による統治が、社会主義体制下における権力世襲という奇妙なことを現実なものとし、今に至る王朝三代の礎となったのだ。

長らく鋼鉄の霊将、元帥、首領と呼ばれ、死後も「永遠の主席」とされ、平壌の錦壽太陽宮殿で永世の姿（ミイラ）でいる金日成の来歴で明らかな部分を摘記すれば、次のようになる。

一九四五（昭和二十）年八月八日に日ソ開戦となるが、朝鮮半島に向かうソ連軍は、ウォロシーロフ（現在のウスリースク、朝鮮名で雙城）に司令部を置く第一極東方面軍隷下の第二五軍で師団五個を基幹としていた。第二五軍主力は豆満江の下流部で渡河して朝鮮半島に入り、日本海沿岸の清津、漁太津、元山への上陸作戦、咸興、平壌への空挺作戦を併用しつつ急速に南下、八月二十八日までに北緯三八度線に到達し、南北の交通を遮断した。

これに先立つ八月二十四日、平壌に入った第二五軍司令部は、平壌税務署に軍政本部を設けて人民委員会を組織し始めた。この時、第二五軍司令部には、現地軍政本部要員として朝鮮系の将校が数十人いたとされる。ところが不可解なことに、その中にはのちに金日成と呼ばれることとなる人物はいなかったという。これが事実だとすれば、よくいわれるように、金日成は第二五軍の戦闘序列にあった部隊には属していなかったことになる。

後述することになるが、一九三九（昭和十四）年十月から始まった関東軍の独立守備隊と満州国軍合同による東南三省（吉林省、通化省、間島省）治安粛正作戦によって追い詰められた抗日パルチザンは、四〇年から四一年の冬にソ連領へ遁入し、ソ連軍に収容された。そして各地で厳重に審査されてから、ハバロフスク付近のビャツコエ野営地にあった東北抗日連軍教導旅団に回されたうちの一人が金日成だったとされる。この部隊はすぐに国際赤軍第八八旅団（第八八特殊旅団）に改組され、旅団長は周保中という中国系（少数民族の白族）の人だった。金日成はこの部隊で一五〇人ほどの部下を持つ営長（第一大隊長）で勤務する大尉だったとされるのが通説だ。[註2]

ではこの第八八特殊旅団は、どのような命令系統の下にあったのか。極東ソ連軍として改編されたのはノモンハン事件後のことだが、それでもまだ平時編制だったから、ハバロフスクにある極東軍管区司令部の直轄部隊だったと推定できる。その任務は満州国内から朝鮮半島に対する遠距離偵察、協力分子の獲得などの特殊工作だったと考えられる。さらにはソ満国境地帯や朝鮮半島に詳しいとなれば、国境警備の任務を与えられたとしても不思議ではない。

遠距離偵察などは、極東軍管区司令部の情報部が所掌し、ソ連軍参謀本部諜報総局（GRU）の統制下にある。国境警備は内務人民委員部（NKVD。一九三四年七月に国家政治保安本部＝OGPUを改組。五四年三月に国家保安委員会＝KGBに改組）の所掌だったから、NKVDが指揮統制する部隊だった可能性もある。一九三八年七月から五三年までNKVDは、ラヴレンチ・ベリアの管轄下にあった。GRUとNKVD双方と関係がある、しかも実力者のベリアの後押しがあったことが、多くの候補者の中から選ばれて「金日成」となったという説には頷かせるものがある。

ソ連が対日戦を決意して戦時編制に移行した際、第八八特殊旅団はハバロフスクに設けられた極東ソ連軍総司令部の直轄となったか、もしくはビャツコエ野営地に近いラザレヴァ（現在のレニンスコエ付近）に司令部があった第二極東方面軍の戦闘序列に入ったとも推察できる。このような高級司令部の直轄となっていたから、第二五軍の作戦地域にも容易に入り込めるので、日ソ開戦となってすぐに第八八特殊旅団は朝鮮半島に向かうこととなったとすれば話の筋は通る。

第八八特殊旅団の基幹要員は、ハバロフスクからシベリア鉄道本線を南下、ウォロシーロフで支線に入り満州国の綏芬河、ここから浜綏線（綏芬河～哈爾浜、五四六キロ）で一九二キロの牡丹江、ここで図佳線（佳木斯～図們、五八〇キロ）に乗り換えて朝鮮に入る予定だった。ところが牡丹江省と間島省の省境にある老松嶺トンネルが爆破されていたため、図佳線は不通となっていた。そこで引き返してウラジオストクに向かい、海路で朝鮮に入ることとなった。一九四五年九月十九日、輸送船ブガチョフで元山に上陸した第八八特殊旅団の基幹要員は、平元線（咸鏡本線高原～京義本線西浦、二一二キロ）で平壌に入った。このように迂回したため、第二五軍の軍政要員より遅れることとなった[註3]（九四頁地図参照）。

朝鮮各地に入って政治工作を始めるに当たって、ソ連軍政当局は一行にソ連軍の軍服を脱ぎ、私服に着替えるよう指示した。外勢（外国の勢力）に強い拒否反応を示す朝鮮民族の特性をよく知っていたからこその指示だった。一行は後ろ盾を失うのではないかと私服に着替えるのを渋ったというが、ソ連軍の意向には逆らえない。もしソ連軍の軍服のままで平壌の町を歩き回ったならば、いくら流暢な平壌言葉で話しても、民衆に受け入れてもらえなかっただろう。その結果として金王朝は成立しなかったはずだ。

この第八八特殊旅団の要員は全国に展開して政治工作に当たり、行政治安機関を組織した。それぞれが向かった先が興味を引く。金日成が腹心を引き連れて平壌に入るのは当然だ。同じく副大隊長の安吉は咸鏡北道清津、金策は咸鏡南道咸興だ。この事実からだけでも咸鏡道重視がうかがえよう。のちに名が知られるようになった人たちだが、金一（朴徳山）は平安北道新義州、朱道日は黄海道金川、呉振宇は平安南道安州、崔賢は平安北道江界、朴成哲は咸鏡北道吉州、許鳳学は咸鏡南道北青とされている。ほとんどが出身地ではないところに送られているが、すでにこの時から宗派主義（分派主義）や家族主義を警戒していたことになる。[註4]

日本が無条件降伏をほぼ決めた一九四五年八月十日前後から、朝鮮総督府は各地の有力人士に治安組織の維持、運営を依頼した。これを受けたのは、京城（ソウル）では呂運亨、平壌では曺晩植だった。曺晩植は朝鮮日報の社長を務め、非暴力運動を貫いて「コリアのガンジー」として世界的にも著名な人だった。彼はすぐに治安維持会を組織し、これを建国準備委員会、平安南道人民委員会などに発展させ、近き将来における権力の受け皿を準備していた。これらの委員会は、民族派、国内共産派、中国共産党系とさまざまな勢力の集合体だったが、高名な曺晩植の指導ならば、一つの有力な政治勢力になることは確実と見られていた。

このような情勢の平壌に、ソ連が強く後押しをする金日成が入ってきた。ソ連軍政当局が金日成に与えた当初の肩書は、「平壌市衛戍司令部副司令官」というもので、階級は少佐（マイヨール）とされた。そして平壌の中心部にあった東洋拓殖会社の平壌支社の建物に事務所を構えた。ソ連軍政当局は、当初は彼を金英煥もしくは金東煥と紹介していたが、そのうち「キム・

イルソン」と呼ぶようになったという。[註5]

平壌に入った金日成は、まず九月三十日にソ連軍の仲介で曺晩植と会うが、場所は「花房」という料亭だったそうだ。[註6] それから金日成は、足繁く曺晩植の事務所に顔を出していたという。この頃、曺晩植の事務所に勤務していた人の回想によれば、金日成は最初から「キム・イルソン」と名乗り、「ソ・マンシク・ソンセンニム（先生任＝様）」と丁寧に語り掛け、曺晩植も「キム・イルソン・チャングンニム（将軍任＝様）」と呼んでいたそうだ。名刺などもなかったろうし、いちいち面会証を書いて身分証明書を提示することもないのだから、漢字でどう書くかなどだれも知らなかったということに不自然さはない。「キム・イルソン」と名乗られて驚かなかったかと尋ねると、この三〇代の青年と伝説的な英雄とを結び付けて考えろといわれても無理な話だと回顧していた。

平安南道人民委員会とこの金日成が率いる政治工作班とが、どのような折衝を重ねていたのか、さらには地下工作の実態などは明らかではない。ただ、この一団の居所は一定せず、建国準備委員会側からの連絡がとりにくかったという。接収した日本人家屋を転々としていたようだ。これを見て治安粛正作戦に関係した人は、この連中は抗日パルチザンの残党だとすぐにわかったという。密営地を転々とし、一つの場所に長く止まらないことが習性になっていると見たわけだ。

ただ、彼らのアジトについては、多少ながら知られており、興味深い現在の話にも結び付く。ソ連軍政当局は彼らに一〇軒の日本人家屋を提供したという。それぞれに番号が付けられており、もと平安南道知事官舎が四号で、これは接待所とされ要人との会談、重要会議に使われた。その近辺に五号があり、金日成の家族が居住していたという。金正日もここで育ったことになる。朝鮮民族にとって「五」と「〇」はラッキーナンバーだが、五号アジトで育ったという記憶からか、今日、金王朝一族が居住する「特閣」は五号、一五号、二五号というように五の奇数倍の番号がふられているそうだ。[註7]

朝鮮がどのような形でいつ独立するかまだ不透明だった一九四五年十月十四日、ソ連解放軍歓迎平壌市群衆大会が平壌公設運動場で開催される運びとなった。集まった民衆は、主催者発表によると四〇万人だった。壇上にはソ連の国旗と太極旗が飾られ、ソ連軍の将星が居並んでいた。当時は共産勢力も太極旗を国旗として使っていた。この場面の写真はよく知られたものだったが、金日成の偶像化が進むと、旗もソ連軍人の姿も消され、ただ一人、金日成だけが写っているものに改竄された。

開会が宣言されてすぐに、「民族の英雄キム・イルソン将軍を紹介する」とアナウンスされ、急ぎ集会は「金日成将軍歓迎平壌市群衆大会」もしくは「金日成将軍凱旋歓迎市民集会」に切り替えられた。壇上で演説をする金日成の写真は広く知られているが、短く刈り上げた頭髪、黒いスーツにレジメンタル・タイ、胸にソ連軍の勲章が一つといういで立ちだった。これが午後一時のことだったとされる。主催者側によれば、「会場に嵐のような歓声と驚嘆のどよめきが起こり、金日成万歳！　の歓呼が天地をゆるがした」とのことだった。この場面については、さまざまに語られてきたが、内容はほぼ同じだから出典を明らかにする必要はないだろう。

北朝鮮のプロパガンダは、すべてが虚構で塗り固められているのではない。ポイントごとに真実を取り混ぜて、聞く者に混乱や思い込みをもたらすから厄介なのだ。この平壌の場面でも、「驚嘆のどよめきが起きた」という記述はまったく正しい。しかし、それは感涙にむせぶようなどよめきではなく、「まさか……」とか「真っ赤な嘘だ」といった疑念の合唱だった。年配の人は、「キム・イルソン・チャングンニムの話は、ワシが若い頃から耳にしている。それがあんな三〇代の若造であるわけがない」と周囲に語り、「そうだ、そうだ」という声が集まってどよめきになったのだ。

鮮烈というか、唐突というか、この金日成のデビューにのけぞったのは、曺晩植の事務所などで直接会って言葉を交わした人たちだったろう。昨日まで気やすく挨拶していた相手が、なんとあの神話的存在のキム・イルソンだといわれて驚かない人はまずいない。そして直感的に「これは偽者だ」と思わない人もいないだろう。そういった判断はともかく、これだけ多くの人の前で紹介したのだから、ソ連軍政当局が朝鮮に与えた指導者はこの男だと考えざるをえない。そうなれば、ソ連の武力を背景にして恐怖政治が始まることは、ロシア革命の例から見て間違いない。

もちろん多くの一般民衆には、差し迫った生命の危険はない。しかし、満州国軍に属していた人、学徒出陣などで日本軍の軍籍にあった人、そして朝鮮総督府の警察に勤務していた人たちは、すぐさま粛清の対象となるのは明らかだ。そこでどうするか。越南（北緯三八度線以南に逃れること）するほかはない。越南した人の中には、ソウルにきてすぐに国防警備隊に入隊し、韓国軍を育て朝鮮戦争を戦うという巡り合わせとなる。そしてその方々の回想をうかがう機会を得て、ここにその概略を紹介できた次第だ。

考えすぎとは思うが、この平壌の公設運動場で金日成将軍と紹介された人物は、一九九四年七月八日に妙香山の特閣で死去した金日成主席と同一人物なのか。何度も暗殺説、死亡説が流されたのだから、疑問を抱く人もいるだろう。この点を平壌時代、金日成と話したこともある人に尋ねたことがある。それによると、そういった疑念はもっともで影武者の存在は否定できないとしつつも、テレビの映像を見る限り、往時よりかなり肥満体にはなったが、どことなく漂う雰囲気からして同一人物だといってよいだろうとのことだった。特に言葉は平壌訛で、あれだけは真似のしようがないのだそうだ。

一九一〇年代から知られた名前

抗日の伝説的英雄キム・イルソン将軍というビッグ・ネームを自ら名乗るにしても、一九一二年生まれの人では、どう言い繕っても無理がある。早くも一九一〇年代から、その名前は広く語り継がれていたからだ。では、だれが最初にキム・イルソンと名乗り、それがどうやって広まったのか。キム・イルソンによる抗日活動の舞台は、朝鮮半島北部から満州（中国東北部）南部の一帯だから、北朝鮮の領域にはその痕跡をたどる糸口が多く残されていたはずだ。ところが北朝鮮当局は、都合の良いところだけを取り上げ、話の辻褄が合わない多くの部分を記録から抹消してしまった。日本でもそのような工作が行なわれたとされる。

では、連合していた中国の資料はというと、少なくとも現在までに入手可能な文献には手掛かりがない。中国共産党やコミンテルン（第三インターナショナル、国際共産党）が主導した抗日義勇軍に加わって勇戦した朝鮮系の李紅光、崔石泉、金策、許亨植の名前は感謝の念をこめて記載されている。討伐軍に包囲された八人の女性パルチザンが急流に身を投じて義に殉じた「八女投江」では、朝鮮系二人の名を特に記して追悼している。それなのになぜか金日成、金成柱の名前はない。[註8]

結局、金日成とはだれなのかと探求するには、朝鮮総督府の資史料を丹念に収集して活字化した姜徳相編『現代史資料30、朝鮮6』みすず書房（一九七六年七月刊）、精緻な研究として知られる李命英著『四人の金日成』成甲書房（一九七六年十一月刊）、満州国軍政部軍事調査部編「満州共産匪の研究」など満州国軍や関東軍の資史料を活用した佐々木春隆著『韓国独立運動の研究』国書刊行会（一九八五年四月）などを底本とするほかはない。なお、『現代史資料30』の前書きには、本書の刊行によって金日成を巡る偽者説など謬説は正されるだろうとの記述があることも書き添えなければならないだろう。

事の起こりは、韓末の反日義兵闘争だった。まず、一八九五（明治二十八）年十月の乙未事件（日本人による閔妃殺害事件）と断髪令を契機とする第一期反日義兵闘争だ。これは主に儒学者が中心となって挙兵したので、「儒林義挙」ともいわれる。次いで日露戦争後の一九〇五（明治三十八）年十一月、第二次日韓協約（乙巳保護条約）締結によって韓国は外交権を奪われたが、これに対する反発が第二期義兵闘争となる。そして一九〇七（明治四十）年八月、韓軍解散となり、現役の軍人も多く加わった第三期義兵闘争となり、これが一応の終息を見るのは、日韓合併後の一九一一（明治四十三）年に入ってからのことだった。

この争乱を関係各国はどう見ていたのだろうか。朝鮮半島との関係は古く、日露戦争で関係を断たれたロシアは、かなり真剣に朝鮮半島の情勢を注視していた。朝鮮の農民や労働者の遊撃隊（パルチザン）の闘争こそが、日本に朝鮮併合の実行を一年、一年と引き伸ばせた主要原因であったと結論している。しかも、その論説には細かいデータを付けている。[註9]

この義兵闘争に対する日本の対応だが、おおむね輪番で一個師団半の兵力を駐箚させて治安粛正に当たっていた。一九〇七（明治四十）年九月末の時点で朝鮮駐箚の兵力は歩兵大隊一五個基幹だった。京城（ソウル）から仁川一帯に七個大隊を集中させ、各地に一個大隊からなる守備隊八個を展開させた。第一守備隊から第八守備隊の本部所在地は、番号順に京畿道水原、忠清道清州、慶尚道大邱、全羅道光州、江原道原州、黄海道海州、黄海道黄州、咸鏡道北青となる。黄海側の平野部に重点が置かれ、東部から北部が手薄だったことになる。[註10]

警備の盲点となっていた日本海側で、今日にまで影響を及ぼす事件が起きた。咸鏡南道の東端、日本海に面する端川という町がある。付近には世界的な規模のマグネサイト（酸化マグネシウム）の鉱床があり、昭和に入ってからは、マグネシウムの精錬で知られていた。一九二八（昭和三）年に咸鏡本線（元山～興南～羅南～清津～上三峰で豆満江、六六七キロ）が全通すると、端川郡庁が置かれ、駅弁も売られる開けた町となったが、それまでは漁船で行き来するどこにでもある村落だったのだろう。そんな片田舎にも第三期義兵闘争のうねりが押し寄せた。そして一九〇七年頃、ここ端川から一八八八（明治二十一）年生まれで、まだ二〇歳にも満たない金昌希という人が抗日武装闘争に立ち上がった。[註11]

金昌希は挙兵に当たり、「金一成」と号した。発音は「キム・イルソン」、金日成と同音だ。もちろん「一成」の出典は『朱子語録』の「精神一到何事不成」だ。金昌希は若いながらも、それなりに漢籍に通じていた人だったこともわかるし、「大丈夫かくあるべし」との気概がなければ、「一成」とは名乗れない。もちろん、親類縁者に累を及ぼさないようにと、偽名を名乗る配慮もあったはずだ。

咸鏡道の人は気性が激しく、「泥田闘狗」と語られるが、同郷意識から生まれる連帯感が強い土地柄でも知られる。朝鮮戦争の前後、多くの人が越南（南部に避難）したが、長らく同郷のコミュニティーと連帯感を守ったのが咸鏡南北道の人だといわれている。勤勉で貯蓄を尊ぶ土地柄だが、子弟の教育には糸目を付けない美風を備えているとされる。そういった努力の結果、着の身着のままで韓国に避難してきた咸鏡道の人が韓国で成功したケースは多い。第一九代の韓国大統領、文在寅は慶尚南道巨済島の出身とはなっているが、咸鏡南道から避難してきた人の子弟だ。

「端川の金昌希、抗日に立つ」と聞いたこの一帯の人たちは、すぐさま支援団体を組織し、募金して軍資金を用意し、補充要員の募集も始めた。遊撃戦が成功するための第一の条件は、民衆の支持だ。金一成こと金昌希は、咸鏡道の土地柄もあり、最初から民衆の間に支援後拠を確立していたからこそ、粘り強く戦い続けることができたわけだ。これを朝鮮半島では、「百足は倒れても死なない」と語られ、無数の足すなわち民衆が団結して支えれば滅びないということだ。

咸興湾に面する興南から北へ豆満江まで、日本海沿いの地形は険しく、海岸平野はごく限られており、山がすぐ海に落ちているから、遊撃戦には格好の地勢だ。山岳地帯に入った金一成の部隊は、端川から北西に五〇キロ、標高一七〇〇メートルの剣徳山に密営地を設けた。ちなみにここは現在、亜鉛鉱山として知られている。討伐の手が伸びると、道や郡の境となっている稜線伝いに北上し、豊山、甲山を経由して白頭山に入ったとされる。そして白頭山（中朝国境部にあるため、中国名は長白山）の最高峰とされる「将軍峰」付近の洞窟を本拠地として、神出鬼没の遊撃戦を展開したと広く語られることとなる。

この金一成が率いた部隊の機動は、遊撃戦、パルチザン戦法のセオリーに合致するものだった。治安維持に当たる警察には、行政区画に合わせた所轄というものがある。捕捉したパルチザンを追跡して、隣りの所轄に入ることは、行政機関としての建制を乱すことにもなるし、無断で入れば縄張りを侵されたと感情問題にも発展しかねない。また、不逞分子を自分たちの所轄から追い出せば、任務完了とするのが官僚組織の通弊でもある。パルチザンが道境や郡境を越えたならば、すぐさま隣接する警察署などに連絡し、追跡を引き継げばよいように思うが、事はそれほど簡単ではない。今日の通信や機動の手段をもってしても、険しい山岳地帯での円滑な連携が難しいことは、アフガニスタンでの戦例で証明されている。

一旦、追跡が途切れると、その糸を再び掴むことは不可能でないにしろ、多大な労力と時間とを要する。そこでパルチザンは、道境や郡境などになっている稜線の目立たない七分の経路を進み、追跡されたならばすぐに稜線を越えて隣りに逃げ込む。こういった遊撃戦の極意を二〇歳にも満たない若者が知っていたとは驚きだ。『武経七書』など兵法の古典を読んで知ったのか、経験を重ねた結果なのか、それともだれかが伝授したのか。ともあれ、伝説の主人公になるような人物は、並の人間ではないのだという月並みなことに落ち着くほかない。

どれほど官憲に損害を与えたかもさることながら、金一成の白頭山への長距離機動は、朝鮮民族の琴線に触れるものだった。聖山の白頭山から流れ出る気脈（大地を流れる「気」）に導かれつつ北上し、追っ手を振り切って無事、聖地に入ったというだけでも民族の英雄譚になりえるし、ひいては現代の朝鮮半島にも受け入れられる神話ともなる。それだからこそ、今日なお北朝鮮が宣伝にこれ努めている金日成、金正日と白頭山にまつわる話は、この金一成こと金昌希の伝承を下敷きにしていることは間違いない。

白頭山麓の広大な樹海を舞台に祖国のために戦い続けるキム・イルソン義将の名前は、またたくまに朝鮮全土に広まった。名前の漢字表記は定かではないものの、その活動状況もおおよそ語られていた。日本人の間でも「きん・いっせい」もしくは「きん・にちせい」なる不逞鮮人が、満朝国境部で蠢動していると語られていた。交通網も通信網もまったく未整備な時代、どうしてすぐに情報が伝わったのか。それは朝鮮半島の風土「噂は馬」「足のない話が千里を行く」だからというほかない。噂や風聞というものは、生き物で足があるということだ。

一九一九（大正八）年三月一日、京城（ソウル）で独立宣言がなされると、すぐさま「大韓独立万歳」を連呼する大規模なデモが始まった。三・一運動（万歳騒擾事件）だ。その日のうちに平安南北道、咸鏡南道の都市部でデモが始まり、十九日までに朝鮮全土から満州南部の間島地方にまで広がった。この情報が伝わる早さには、朝鮮総督府は慄然としたことだろう。そこで朝鮮総督府は、内務省と共同してある実験を行なうこととした。まず午前中、朝鮮に関する偽情報を東京で流す。これが朝鮮にどう伝わるか、その経過時間を追うという調査だ。するとその日の夕刻、鴨緑江に面する新義州の市場で東京発の噂話が公然と語られていたという。おそらくは鉄道電信を使ってリレーしたのだろうが、それを確認できず、結局は「噂は馬」であることを実証したに止まった。

朝鮮総督府の治安当局が確認したことではないが、金一成は一九二六（大正十五）年に白頭山付近で陣没したとされる。四〇歳に満たない年齢にしろ、苛酷な生活環境だから無理もない。この一報は彼の生まれ故郷で支援組織もある端川にまず入っただろう。しかし、端川だけでなく、広く咸鏡道では、「あの日本軍や警察を翻弄し続けた飛将軍が亡くなるはずがない」と死亡説は強く否定された。亡国の民の英雄待望論だが、日本でも源義経、豊臣秀頼、はたまた西郷隆盛の生存説もまことしやかに語られたのだから、ごく自然なことだ。

しかも、金一成死亡説が伝えられる前後から、満州南部から沿海州一帯で抗日戦に挺身しているキム・イルソン将軍の話が広まる。これは後述する金光瑞のことだが、話が混同して神話の拡大再生産となった。それからも頻々とキム・イルソン将軍の武勇伝が伝わると、民衆の間で伝説が確信となった。

そして一九四五年十月十四日、金日成将軍の平壌凱旋が伝えられると、端川一帯はおおいに盛り上がった。「それ見たことか、キム・イルソン将軍は健在だった」ということだが、続報が入ると熱気は一気にしぼんだ。金昌希の子供の頃から知っている古老がいるのだから、「キム・イルソン将軍が三〇代前半であるはずがない。将軍は高宗二十一年、戊子の生まれだ。平壌のあれは偽者だ」となり、この話もすぐに広まった。[註12]

今にして思っても、この時が金日成神話の確立を阻む最初でかつ絶好の機会だった。ところが、情報の交差点となるソウルと切り離され、ソ連軍政当局の強力なプロパガンダによって朝鮮北部では、奇妙で辻褄の合わない話が定着してしまい、金日成の独裁体制が盤石なものになってしまった。さらに困ったことに、この虚偽に立脚した神話が韓国南部、さらには日本にまで流布されて、信じられることとなる。

漢字表記に「金日成」の謎

初代のキム・イルソン将軍とされる金昌希は、「一成」と号したのだが、これは前述したように、出典も明らか、深い意味もある。日本でも長く陸相を務めた宇垣大将は、結婚を機に一念発起、杢次を一成に改めたように、この名前には大丈夫たらんという気概が込められているから、独立運動にすべてを捧げる覚悟を示す号としてふさわしい。それなのになぜ、「金日成」

に落ち着いたのか。朝鮮語で「イル」を漢字で表記する場合、「一」「日」「逸」「壹」のいずれか、「ソン」は「成」「性」「星」「聖」あたりが名前としてポピュラーだろう。さて、これをどう組み合わせるかが問題となる。

もっとも大きな意味があり、より深い含蓄がある組み合わせとなれば、それは文句なく「日星」だ。出典は『礼記』の「故天秉陽垂日星」、これを文天祥が「正気歌」で「下則為河嶽、上則為日星」と歌い上げた。ここまで由緒正しく、大きな意味を持つ二文字を名乗るとなると、気恥ずかしさが先に立ち、よほど厚顔無恥の人でない限り遠慮するはずだ。また、朝鮮の習俗では命名する際、「陰陽・五行（木火土金水）」に則るが、「星」は使いにくいようで、星が付く名前の人は少ないように見受けられる。

ほかにも、さまざまな組み合わせが考えられる。孫文の字は逸仙だったから、小中華を自認する朝鮮半島では、逸成も良い号だと思う。後述することになるが、半世紀にわたって北朝鮮に君臨した金日成の本名は金聖柱なのだから、親からもらった一字と組み合わせて日聖としても音は「イルソン」だ。日本で「日聖」と聞くと抹香くさく思われようが、法華宗のない朝鮮では、受け入れやすい名前になるだろう。

朝鮮の明星、太陽になるのだという意味であれば、「日成」ではなく、逆の「成日」で「ソンイル」になるはずだ。そもそも北京語で「日成」といえば、「毎日の会計」の意味となり、人をうならせる名前にふさわしいものではない。なぜ、金昌希が名乗った金一成が伝承されなかったのか、そこが謎だ。金日成伝説に信憑性を与えるための作為なのか、それとも中国側の単なる誤記なのか、はたまた日本側になんらかの事情があったのか、憶測は限りなく広がる。

朝鮮では表音文字のハングル表記だけでも、相当程度まで意味が通じあえる。今日、韓国の新聞も北朝鮮と同じく、ハングル表記となっているため、人名を漢字表記にするのは難しい。例えば日本では、長らく金正日を金正一と表記していた。父親の名前の一字を受け継ぐという習俗は朝鮮にはないから、誤るのも無理はない。また、金正恩も金正銀という珍妙な表記がなされていた時もある。どちらも、中国の報道によって漢字表記が正された。「金日成」という表記も、中国が作成した文書によって定まった。

一九三五（昭和十）年の秋、関東軍と満州国軍は満州東部で大規模なパルチザン討伐の粛正作戦を行なった。これによって多くの根拠地、密営地を失った中国共産党満州省委員会は、「一九三六年度軍事行動指針」を定め、その武力組織である東北人民革命軍の編制と配置を変更することとなった。満州国当時の行政区画によると、次のような配置となっている。

東北人民革命軍の総指揮部は、牡丹江省寧安県に置かれた。牡丹江のすぐ南に図佳線（図們～牡丹江～佳木斯。五八〇キロ、一九三七年全通）の寧安という駅があるが、総指揮部はそんな町場ではなく、その西側に広がる張広才山脈の中に設けられていた。部隊はおおむね図佳線を地境として東部隊と西部隊とに区分される。東部隊は指揮部を牡丹江省穆稜県に置き、北は三江省勃利県から南は牡丹江省東寧県に展開していた。西部隊は指揮部を吉林省額穆県に置き、主に京図線（図們～吉林～新京。五二八キロ、一九三三年に満鉄委託）の南、間島省の安図県、樺甸県、通化省の撫松県の山中に密営地を設けた。討伐の方向によって、北方に取り残される形となった部隊もあった。吉林の北方、浜江省の五常県や葦河県にあった部隊で、これは葦河部隊と呼ばれた[註13]（九四頁地図参照）。

そして、鹵獲された書類によると、この総指揮部政治委員、葦河部隊責任者は「金日成」となっていた。これが文書で確認された漢字による金日成の初見とされる。後述することになるが、この人物は一九三四（昭和九）年、コミンテルン（第三インターナショナル＝国際共産党）から派遣された、金成柱だったことは定説となっている。では、なぜキム・イルソンと名乗ったのだが、やはり白頭山一帯で勇名を馳せた金昌希が名乗った金一成を強く意識したプロパガンダ戦略によるものだったろう。

では、なぜ「金一成」ではなく、「金日成」なのか。東北人民革命軍は中国人主体の組織だから、文書作成となれば人名の漢字表記が求められる。金一成を意識したにせよ、その活動地域の白頭山一帯と東北人民軍の総指揮部とは三〇〇キロ以上も離れているから、金一成とするには無理があると考え、朝鮮語の発音が同じならばよしとして金日成としたのかもしれない。また、簡単な漢字だと間違えるということで、「一」を「日」にしたとも考えられよう。さらには、単なる誤記だとしてもおかしくはない。

日本人の立場で憶測たくましくすれば、次のようなこともありうるのではなかろうか。満州国内で鹵獲された中国共産党満州省委員会の文書の写しは、関東軍から朝鮮軍へ送付され、朝鮮総督府警務局にも回される。そこで朝鮮総督府は困惑する。満州事変の直前の一九三一（昭和六）年六月から三六年十一月まで朝鮮総督は宇垣一成だった。もし、鹵獲文書に「金一成」

と記載されていたとすれば、不逞鮮人の首魁の一人が、なんと朝鮮総督と同名だということになる。

長年にわたって陸軍大臣を務めた宇垣一成大将は、やかましく厳しい人だと広く知られていた。その手元に、「閣下と同じ名前の不逞鮮人がおりました」と文書を差し出したらどうなるか。「ホー、ワシの名をかたる不届きな者がおるのか」と笑い飛ばすだけかもしれないが、「とんでもない奴だ、本名を確認せよ」と厄介なことになりかねない。そこで朝鮮語読みでは共に「キム・イルソン」であることをよいことに、「一成」を「日成」に書き換えたという憶測だ。当時の宇垣一成の威勢、そして日本の官僚組織の通弊からすれば、十分にありえることではないだろうか。

どのような経緯で「金日成」という漢字の表記が定まったにしろ、官憲側もその表記を使うとなると金日成将軍の存在に信憑性が高まり、それを抗日集団はプロパガンダに活用した。その効果は、今日まで生き続けていることになる。

日本陸士出身者が信じた「金日成」

抗日武力闘争に加わった日本陸軍騎兵中尉

キム・イルソン将軍と呼ばれた抗日運動の英雄は、実は日本の陸軍士官学校を卒業した騎兵中尉の金光瑞だったという説も有力だった。これは主に日本陸士の卒業生の間で広まった。日本が朝鮮で陸軍特別志願兵令を施行したのは昭和十三年二月、形だけだが兵役法を施行したのは昭和十八年八月だったから、韓国系の騎兵中尉がいたとは話が合わないように思われようが、十分にありえることだった。

日本陸軍は早くから韓国の軍人を留学生、研修生として受け入れていた。明治十九年、士官学校幼年生徒として一人が入校したのが始まりとされる。これが本格化するのは日清戦争後からで、明治二十九年に韓軍将校一一人を陸士（士官候補生制）八期相当として受け入れた。続いて明治三十一年、陸士一一期相当の研修生として現役の韓軍将校二七人が入校している。[註14]

この日本陸士一一期の研修生の一人に、金成殷副領（中佐）という人がおり、彼は咸鏡道北青の出身だった。前述した金一成こと金昌希の出身地、端川の南西五〇キロほどの日本海に面した町が北青、北青郡庁が置かれた大きな町だった。金成殷は研修をおえて帰国すると、韓軍当局に働きかけ、同郷で甥の金顕忠を私費留学生として日本の陸軍士官学校に送り出した。金顕忠は高宗二十四年、丁亥（一八八七年）の生まれだ[註15]。

陸士には日本人の私費生徒という制度がなかったから、私費留学の学費がいくらかわからない。ただ、幼年学校の場合、学費納入金は毎月一二円、日曜下宿や散髪代など小遣いが毎月二円五〇銭だったから、私費留学生となるとかなりの学費がかかったことだろう。私費留学生として受け入れられ、しかも経済的負担を考えれば、この北青の金家は相当な名門で資産家だったことは容易に想像できる。

明治四十一年十二月、金顕忠は士官候補生となって東京・目黒の騎兵第一連隊付となり、日本陸軍での軍歴が始まった。翌四十二年十二月、二三期生として陸士入校となった。同期の騎兵科には、第三一軍司令官としてグアム島で玉砕した小畑英良、二・二六事件の判士として知られ、陸軍省兵務局長を務めた石本寅三がいる。そして陸士在学中に金顕忠は、なにを思ったのか金光瑞と改名している。留学生ということなので、陸士の卒業名簿には載っていない。陸士卒業は日韓併合後の明治四十四年五月、見習士官として騎兵第一連隊付となり、同年十二月に少尉任官、その命課布達式を執行した連隊長は、山下奉文大将の岳父となる永山元彦大佐だった。

一九〇七（明治四十）年八月、韓国軍が解散になるが、この時に韓国武官学校の在校生で希望した者は中央幼年学校予科（東京幼年学校）三年と二年に編入されることとなった。これが陸士二六期（大正三年五月卒業）、陸士二七期（大正四年五月卒業）となり、中途退学者も含めて二六期生は一五人、二七期生は二五人となっている。

この二六期生の一人に洪思翊将軍がいる。彼は朝鮮王族のほかただ一人、陸軍大学校に進み、終戦時は中将だった。彼は東京・麻布の歩兵第三連隊で大隊長を務めたが、その時の連隊長が山下奉文だった。一九四四（昭和十九）年九月にフィリピンの第一四方面軍司令官となった山下大将は、その縁で方面軍兵站監に名指しで洪将軍を望んだという。兵站監は捕虜収容所を所轄するため、捕虜虐待を追及されて戦犯となり、刑死するという悲劇となった。

後日談はさておき、右も左もわからず、言葉も不自由なまま異国の軍学校に入ったこの二六期生と二七期生は、さぞ心細い思いをしたことだろうし、しかも東京で亡国の悲哀も味わうこととなった。そんな境遇で物心両面の支えとなったのが、騎兵第一連隊にいた金光瑞だった。彼の助力もあり、二六期生と二七期生は、朝鮮の古名から鶏林会という親睦団体を組織し、李王家から毎月二〇円の援助を受け、市ケ谷の陸士近辺に日曜下宿を設けた。大正五年には、中途退学、退役した者も含めて全誼会という親睦団体を組織し、定期的に会報を出し、会員の相互扶助をも行なっていた。

もちろん朝鮮半島の情勢に通じていたはずの金光瑞は、三・一運動が突発する直前、大正八年二月に病気による休暇願いを申し出た。普通ならばまず無視されるところだが、この頃、韓国系の将校ついては、当分の間、暫定措置として旧韓軍の人事管理規定のままだったので、通常日本陸軍内では通らない申し出も認められた。そして帰国した金光瑞が京城（ソウル）に居を構えて情勢を見守る中、すぐに起きたのが三・一運動だった。日本による朝鮮統治の実態を知った金光瑞は、抗日闘争に挺身することを決意する。そこで活動拠点を求めて満州に赴くこととなった。

満州行に際して金光瑞は、陸士二六期生で岡山の歩兵第五四連隊に勤務していた池錫奎中尉と連絡し、平壌で落ち合って共に行動することとした。三・一事件の余燼がくすぶる大正八年六月、二人は新義州で鴨緑江を渡って満州に入った。非合法活動に入るとなれば、親類縁者に累が及ばないように偽名、もしくは号を定めるのが通例だ。そこで金光瑞は金擎天、池錫奎は李青天と号した。この二人を受け入れた韓軍軍官学校出身の申八均は申東天と号しており、この三人は「南満の三天」として広く知られることとなる。

二人が向かった先は、満州国の行政区画でいえば通化省柳河県、当時は吉林省柳河で遼寧省との省境付近にあった新興講習所という申東天が主催する軍人養成所だ。新興学校はすぐに通化省通化県に移転するが、梅輯線（梅河口〜通化〜輯安。二四五キロ、昭和十四年に全通）はもとより、奉吉線（奉天〜梅河口〜吉林。四四七キロ、昭和四年に全通）も開通していない時代で、龍崗山脈の山里といったところだ。この地域には朝鮮からの移住者が耕学社、扶民団というある種の屯田兵組織を作り、徴税、司法権を行使し各種学校も経営していたが、新興講習所もその一つだった。中国では吉林省、間島地方、遼寧省東部を「東辺道」と総称していた。これは「東の辺境の地」の意だが、どうしてそこに軍事学校まで設けた朝鮮人の確固としたコミュニティーがあったのか。それは朝鮮民族の苦闘の歴史を物語るものだった。

一九四五（昭和二十）年、最後の関頭に立たされた関東軍は、この東辺道の通化、臨江に複郭陣地を構えて長期持久し、朝鮮半島を保衛する計画だった。これからもわかるように、満州主部からこの地域への南下経路は貧弱だった。ところが、朝鮮半島との連絡は容易だ。鴨緑江と豆満江の約一二〇〇キロで区画化されてはいるが、渡河点はいくらでもある。鴨緑江の中流部では満浦鎮と輯安、慈城と大栗子、上流部では恵山鎮と長白が知られている。豆満江では上流から茂山と和龍、上三峰と開山屯、南陽と図們、訓戎と水満が主渡河点だが、渇水期ならば徒渉可能な場所も多い。

このような環境から東辺道、特に間島地方（安図、和龍、延吉、琿春、汪清の五県）には中国人や満州人よりも早く朝鮮人が入植した。河川沿いは水田耕作、山間部では芥子を栽培してアヘンを生産していた。そして無尽蔵ともいわれた森林資源を背景に、林業や製材業も発達する。どれも換金が容易な産物だから、すぐに経済力がある朝鮮人のコミュニティーが確立する。そのことは、この一帯の地名に見ることができる。延吉、龍井、明月溝、和龍、新興など朝鮮風の地名ばかりだ（九四頁地図参照）。

当初の移住者は、咸鏡道の人が主だったろうが、時代を追うに従い朝鮮全土から集まるようになった。朝鮮半島の南部、慶尚道の洛東江一帯は水害が多発し、生活できなくなった農民は、はるばる間島に移住したケースが多いという。さらには、明治四十三年から八年かけて朝鮮総督府が行なった土地調査事業によって耕作地を失った農民が、新天地を求めて豆満江を越えた。故郷を捨てる哀愁を込めた古謡が「豆満江」だ。そして、そこに一八九五年から一九〇七年まで三期にわたる義兵闘争で敗れたものの、大志を捨てない多くの者が、満州南部に逃れて再起を図ることとなり、従来のコミュニティーが政治色を帯びることとなった。情勢はより複雑になったわけだ。

金光瑞と池錫奎が満州に入った頃の大正七年、在満州の朝鮮人は三六万人、うち二二万人が間島に在住していた。それからも移住者は続き、昭和六年の満州事変の頃には、六〇万人と記録されている。そして一九五二年九月、中国政府は吉林省に朝鮮人自治区の設置を許可し、この一帯は延辺朝鮮人自治区となって現在にいたる。最近の統計によると人口は一九二万人に達している。韓国語が使われているのはもちろん、店の看板もハングルのみ、ノランバン（カラオケ）が軒を連ね、韓国の町とまったく同じで、古来の習俗もよく残っているという。また、ソウルなどへの出稼ぎも盛んなようだ。

現在のことはさておき、一世紀ほど昔の中国東北部、いわゆる満州は混沌とした大地だった。米、アヘン、材木の経済的な価値は大きいが、それは流通すればの話だ。そのためには治安が保たれていなければならないが、当時の満州ではそこが問題だった。農業と盗賊を兼業する集団が土匪、匪賊と呼ばれる。空き巣狙い専門が毛賊だ。定住地を持たず、転々と略奪を重ねるのが流賊となる。山間部の孤立村落の全員が盗賊で、不用意に通過しようとするキャラバンを襲い、人も荷物も忽然と消える。これが満州でいうところの山賊だ。これらは単なる略奪に止まらず、人を拉致して身代金を要求するのを常とした。[註16]

遼寧省の張作霖、吉林省の鮑貴卿、黒龍江省の孫烈臣といった各地に割拠する軍閥は、中央政府から委託された形をとり、税金を徴収する名目として、治安維持の責任を負っていると公言する。ところが、この軍閥の軍人、警察はまったく機能していなかった。土匪出没の急報に接し、これらが出動するものの、袖の下がきいて土匪を取り締まらず、略奪を傍観するばかり。さらには土匪と一緒になって狼藉、略奪を働くのだから処置なしだ。

こうなると一般民衆は、自衛措置を講じなければならなくなる。それが各村落ごとの保衛団、その連合体の連荘会といった武装組織だ。この組織の専従員を日本では「馬賊」と呼んでいたが、本来は「賊」ではなく、警備保障会社のガードマンと表現すべきだろう。この武装集団を維持するためには経費がかかるが、保護している民衆からは住民税の「戸捐」、伐木業者からは「木捐」、芥子を栽培する農家からは「土捐」を徴収する。形は義捐金の体裁だが、税金にほかならない。結局、一般民衆は税金の二重取りされているのだが、土匪に襲われるよりましだと諦めるほかない。

もちろん朝鮮人のコミュニティーも自衛のため武装集団を組織していた。そこに日本の陸軍士官学校で本格的に軍事を学んだ二人、金光瑞と池錫奎が現れたのだから大歓迎だ。これで新興講習所の教授陣が強化され、それを聞いた在満の青年が大挙して入所してきた。これをもって慈城、厚昌、恵山鎮といった鴨緑江沿いの町に攻め込んで蜂起の気運を高め、三・一運動のような独立運動を再興しようと計画した。これに先立って、池錫奎は上海臨時政府と連絡するため中国へ、金光瑞は武器弾薬を調達するために沿海州へ旅立った。

沿海州で生まれた「白馬将軍」の伝説

一九一九（大正八）年四月に成立した上海臨時政府と連絡するため、池錫奎が中国へ向かうことは容易に理解できる。しかし、金光瑞が沿海州に向かうとは不思議に思うだろう。これには二つの理由があった。まず、沿海州一帯には朝鮮人居留民や朝鮮系ロシア公民のコミュニティーがあったことだ。そしてウラジオストクには対露軍事援助物資が集積されており、かつ欧州戦線から東送されてきたチェコ・スロワック軍団が集結しつつあり、余剰武器、弾薬が豊富にあったためだ。

ロシアは、一八五八年五月の瑷琿条約によってアムール川（黒龍江）左岸を、六〇年十一月の北京条約によって沿海州を清国から割譲を受けた。ロシア領になるかなり前から、朝鮮人は沿海州と自由に往来して村落を設け、ロシア人よりも早く定着していた。[註17] とにかく豆満江河口部の二〇キロほどは、豆満江の流線が沿海州との境界で、すぐにポシェット湾、ウラジオストクとなる。また、琿春から南へ二〇キロでロシア領だ。

沿海州を手に入れたロシアは、この地域の開発に朝鮮人の労働力を使うこととした。そのため農地の無償譲渡、人頭税の免除などの優遇措置を講じた。一八八四年七月に締結された朝露友好通商条約によって、一万人もの朝鮮人がロシア公民権を取得している。このような経緯があったため、間島地方と同じく沿海州にも朝鮮語の地名が残っていた。ウラジオストク近辺には新韓村という村落もあったし、ナホトカに向かう途中には蘇城という町があり、今はパルチザンスクと改名されたが、スーチャンの方が通りがよいようだ。ポシェット湾の港町ノウキエフスコエの旧名は煙秋、ウスリースクは雙城、シベリア鉄道本線がソ満国境にもっとも接近しているイマンは水青、現在、朝ロ線の連絡駅ハサンは下山だ。

このような歴史があったので三・一運動の直後、ウラジオストクで大韓国民会議が設立され、沿海州が朝鮮独立運動の一つの根拠地となっていた。そことの連携を保つため、満州南部から要員を派遣する必要があったわけだ。

また一つ、差し迫った理由は、武器、弾薬の購入先を求めることにあった。ロシア革命直後の混乱期、シベリア鉄道沿線は武器調達に絶好だった。当時、ウラジオストクには六六万トンもの対露軍事援助物資が集積されていた。日本とイギリスの陸戦隊が警備していたが、手薄なことは間違いなく、持ち出そうとすれば簡単なことだ。シベリア鉄道沿線では、東部戦線でロシア軍に集団投降したチェコ・スロワック軍団五万人を西部戦線に回すためウラジオストクに移送中に武力紛争が起き、さらに白衛軍、赤衛軍、シベリア出兵の各国介入軍が入り乱れた戦闘となった。遺棄された武器、弾薬だけでも相当な量になるだろうし、売り買い自由、価格も相対相場という混乱期だ[註18]。

一九一九年初冬、こんな情勢の沿海州に入った金光瑞が見たものは、戦乱に苦しむ同胞の姿だった。これをどうにかしようと、金光瑞は保衛団を組織した。これによって朝鮮系の村落を襲っていた匪賊はたちまち一掃された。続いて「敵の敵は味方」ということで、赤衛軍の戦列に加わり、白衛軍や外国介入軍に遊撃戦を挑んだ。金光瑞が指揮する部隊は六〇〇人ほど、正規軍では一個大隊規模だが、パルチザンとしては最大規模になる。これをもって主にウスリー江沿いのイマンを中心に行動していたという。

金光瑞は、指揮官を失った赤衛軍も併せ指揮し、大戦果を上げたこともあったという。言葉はどうしたのか。そこで朝鮮民族の本領発揮だ。朝鮮語の母音は二一、子音は一九だから、理論的には三九九の音を発音できる。また、金光瑞は騎兵科だから陸士でドイツ語班にいたはずだ。そこでさらに多くの発音の仕方を学んでいる。難解とされるロシア語でも、会話ならばすぐにも習得できただろう。そもそも軍事用語は、どこの国でも簡略なものだ。だから異国の軍隊も指揮できる。

言葉の問題はさておき、天賦の才能の発揮というほかない金光瑞の活躍ぶりは、ウラジオ派遣軍や朝鮮軍の記録にも残されている。もちろん赤衛軍に加わった不逞鮮人の首魁という扱いにせよ、「敵ながら天晴れな奴」という意識が言外にあり、はたまた「やはり陸士の教育は間違っていなかった」との自己満足にもなったようだ。

前述した鶏林会や全誼会の会員ならば、金光瑞の動静をある程度は知ることができる。まして現役将校として朝鮮軍や関東軍に勤務していれば、抗日武装団体についての情報も耳にする。そこでこの会員たちは、キム・イルソン将軍とは金光瑞先輩ではないかと推察していた。金日成という漢字表記がさだまると、その推測は確信となったろう。「光瑞」ならば「日成」と号しても、朝鮮の習俗からして不自然ではないからだ。

白馬に跨がり、第一線を疾駆する金光瑞は、いつしか「白馬将軍」と呼ばれるようになった。

張作霖の若かりし頃、「白馬張」（パイマーチャン）が通り名だったが、それになぞらえたものだ。当時では信じられないことだったが、彼の話は朝鮮で新聞記事にもなった。一九二三（大正十二）年、東亜日報の記者が沿海州で金光瑞にインタビューし、それを記事にして新聞に掲載した。金擎天こと金光瑞との表現だったろうが、抗日運動の英雄となれば、これこそキム・イルソン将軍だとなり、風聞は伝説に、そして神話となった。また、「飛将軍」と呼ばれ、金一成と号した金昌希はやはり生きていたのかという話にもなる。

一九二二年十月、日本のウラジオ派遣軍が撤収し、これで極東部でのロシア内戦、各国の軍事介入が決着を見た。そして同年十二月、ソ連邦が樹立されることとなる。このように体制が固まると、ソ連当局は沿海州からシベリアにおいて赤衛軍と共に戦った朝鮮系武装集団の整理を始めた。まず、全員の武装を解除、その上でソ連の公民権を有する者、もしくはその取得を希望する者は国内居住が許可され、また志願すればソ連軍に入隊が許されるとした。そうでない者は国外退去、このうちの一つを選べという措置だった。赤衛軍に協力して戦った朝鮮人にとっては、忘恩の輩による背信的な措置となろう。しかし、ソ連としては、外国人の武装集団を抱えるわけにもいかないし、まして日本との紛争の種になるような集団を放置しておけないのも当然だ。

その後、ソ連領内の朝鮮系住民は、悲惨な結末を迎えることとなる。ソ連は安全保障の観点から、国境部にはロシア人を配する、また、中央アジア開発の労働力に朝鮮系住民を充てるという政策を打ち出した。そして支那事変が勃発した直後の一九三七年秋、朝鮮系住民三〇万人はタシケントを中心とする地域に強制移住させられた。朝鮮戦争の休戦会談で首席代表を務めた南日も、この時に強制移住させられた一人だ。彼はタシケント大学を卒業後、ソ連軍に入隊して独ソ戦に従軍、スターリングラード戦にも参加し、少佐に昇進してから北朝鮮に派遣されている。朝鮮戦争中、副首相の任にあり不可解な死を遂げた許哥而は、ハバロフスクの生まれで、熱誠分子としてモスクワの大学で学んだが、ハバロフスクに戻ってすぐにウズベキスタンに流刑同然で送られたものの、復活してソ連第二五軍司令部の通訳として平壌に入った。

このような激動の中で、金光瑞はどうしていたのか。有力な説は、次のようなものだ。ソ連による武装解除を避けるため、金光瑞は国境部のイマン付近で屯田兵を組織しつつあるとの報道が一九二五年初夏にあったが、それ以降、彼の消息は途絶える。おそらくは、ソ連当局の手から逃れて間島に入り、抗日武装闘争を展開し始めたが、一九三一年九月の満州事変勃発前に陣没したという説だ。すんなり納得できるストーリーだが、英雄待望論もからんで異論も多い。

ソ連にとっては、もう用済みの厄介な存在にしろ、「白馬将軍」金擎天の盛名は利用価値はある。しかも、日本の陸士出身の騎兵中尉という経歴から、貴重な情報源だからほって置く手はない。そこで身柄を拘束し、情報機関での勤務を強要するということは、容易に想像できよう。そして情報を残らず絞り取ってから中央アジアに移送し、そこで逮捕、粛清はよくあったことだ。しかし、金光瑞ほどの軍事的才能と戦場での実績があれば、すぐに正規将校として扱われたはずとも思える。そんな経緯でソ連軍に入隊し、すぐさま独ソ戦となり、金光瑞は大佐の時に戦死したという風聞も伝わっている。

日本陸士出身者の間では、また違ったことが語られていた。金光瑞の消息が途絶えてから六年、昭和十二年六月末に咸興の歩兵第七四連隊の大隊長を務めていた陸士二七期生の金仁旭少佐は、一個中隊を率いて鴨緑江を渡り、通化省長白県で討伐作戦を展開した。出発に際して金仁旭少佐は、「困ったことに金日成とは、金光瑞先輩のことだ。今度は直接会って帰順を勧めるほかあるまい」と言い置いていたそうだ[註19]。

なかば命令だったにしろ、韓国武官学校から日本陸士に移った陸士二六期生、二七期生の朝鮮系の人たちは、将校として日本の禄をはむことに内心、忸怩たるものがあったことは想像に難くない。そこで「自分もいつの日か、金光瑞先輩や池錫奎君のような生き方をしたいものだ」と思っていただろう。そんな心境から金日成将軍すなわち金光瑞という説を信じるし、また信じたいとなる。

この説を語り続けたのが、陸士二六期生の金埈元だった。彼は名門の「慶州金氏（祖先発祥の地が慶州）」で、兄の金基元は日本陸士一五期生、長男は陸士五四期生で韓国空軍参謀総長、首相を歴任した金貞烈だ。金埈元はよく、「金日成とは金光瑞先輩」だと語り、それを聞いて育った金貞烈も周囲にそう語るのが常だったという。

それもあって韓国軍の将軍たちの間では、金日成は金光瑞だと信じていた人が多いそうだ。この説が早くにソウルから発信されたならば、今日の奇妙な金日成神話が確立しなかったかもしれない。ところが日本陸軍の正規将校だった者は、対日協力分子として謹慎する身となっていたため、この話も限られた範囲でしか広まらなかった。

コミンテルンから派遣された二人

間島出兵から三矢協定、満州事変

ロシア革命による内戦、続いて各国の軍事介入が激化し、シベリア鉄道やロシア経営の北満鉄道（満州里～海拉爾～哈爾浜～牡丹江～綏芬河、一四七一キロ）の沿線一帯は騒乱状態に陥った。そのため前述した金光瑞の目論み通り、武器や弾薬の入手が容易になり、それが大量に満州の武装集団の手に渡った。単なる土匪、流賊までが軍用銃を持ち、軽機関銃も装備しているとなると、治安当局の手に負えなくなる。朝鮮独立を目指す抗日武装団体も同様で、その武力をもって朝鮮に侵入し、武力挑発、政治工作が盛んとなった。

一九二〇（大正九）年六月、豆満江の主渡河点となる南陽付近で朝鮮に侵入を図った抗日武装団体を追って、朝鮮軍の第一九師団（咸鏡北道羅南）の増強一個中隊が豆満江を渡河して満州領内に入った。日本軍は待ち伏せ攻撃に遭い、戦死一人の損害を出したが、三日で帰還した。鳳梧洞の戦闘と呼ばれるものだが、規模はさておき、天皇の大命（奉勅命令、当時は「作命」

と呼称）がないまま部隊が国境を越えたことは大きな問題だった。海上の場合ならば、国際法で定められた連続追跡権を援用できるが、陸上の場合では無理だ。事の重大さは知りつつも、国境の豆満江を越えざるをえないほど事態は切迫していたといえよう。[註20]

続いて同年九月から十月にかけて、二次にわたる琿春事件が起きた。当時、この方面の総領事館は延日県龍井村にあったが、その分館が琿春にあり、領事館警察も配置されていた。一回目の襲撃では、琿春城内が略奪されたが、日本人居留地や領事分館は無事だった。ところが二回目の襲撃では、まず日本人居留地から襲われ、領事館警察官一〇人を含む一二人の死者を出した。襲撃したのは、中国人を首領とする匪賊だが、朝鮮独立の旗を掲げる抗日団体の構成員が加わっていたともっぱらの噂だった。[註21]

大正九年といえば、三月から五月にかけて四〇〇人もの日本軍将兵と居留民が赤衛軍のパルチザンに虐殺された尼港事件（ニコライエフスク事件）が起きている。その記憶がまだ生々しい時、今度は間島での襲撃だ。尼港事件では、朝鮮人の牧師がパルチザンに加わっていたことは知られていたから、今度もまた不逞鮮人が加わっているのではないかとの疑念が生じ、また前年に起きた三・一運動を思い出させることにもなった。いつの時代でも、居留民保護はデリケートな政治問題に発展する。大正デモクラシーの旗手、平民宰相の原敬としても、抜本的な解決策を打ち出さなければならなくなった。

将来に禍根を残さない効果的な対応策となれば、日本は軍事力を行使して間島一帯で治安粛正作戦を展開するしかない。その場合、難問は中国政府が出兵を認めるかどうかだ。さらに中国政府が認めたとしても、軍閥が割拠している満州でどれほど効果があるのか疑問だ。そこで軍閥との直接交渉となった。遼寧省都督の張作霖は、自分の領域は自分で処理するとし、日本の派兵に難色を示して協約は不調に終わった。吉林省都督の鮑貴卿は、問題となっている間島五県（安図、和龍、延吉、琿春、汪清）における日本軍の作戦を認めた。こうして大正九年十月八日、天皇の大命である「作命」第五七号が発出され、第一九師団が間島に入ることとなった。その兵力は歩兵大隊六個基幹、飛行機四機も出動と、力の入れようがうかがえる。

大正九年度はまだ朝鮮軍の第一九師団と第二〇師団（京城・龍山）の動員計画はなく、まったくの平時編制のままでの応急派兵だった。また、歩兵中隊には軽機関銃は装備されておらず、歩兵大隊に限られた数の重機関銃があるだけの態勢だった。それでも戦術単位となる歩兵大隊は六〇〇人、戦闘単位となる歩兵中隊は一六〇人、この兵力と練度の面で匪賊はもちろん、抗日武装団体も敵ではない。

そこで匪賊らは彼らの常套戦法である「以整化零」「以零化整」で対抗する。すなわち強力な討伐隊が現れれば各個に逃避し、それがすぎれば再び部隊を整えて、パルチザンならば補給闘争、匪賊ならば盗賊稼業に励むということだ。治安粛正側からすれば、なんとも厄介な敵だが、それに加えて地形が険しく、満足な地図もないということで、会敵する機会そのものがほとんどないこととなる。そこで落ち穂拾いとなるが、民衆の間に入って行けば不祥事は付き物だ。いわゆる「民弊」が頻発し、さらに反日感情が高まるという悪循環に陥る。

この間島出兵はそんな状況だったが、ただ一度、かなりの規模の戦闘が起きた。上海臨時政府系の韓国独立軍五〇〇人が和龍県青山里の長隘路で日本軍と不期に遭遇した。韓国側の発表によると、日本軍の死傷者は一五〇〇人に達したとしている。日本側の記録によると死傷者三五人に止まっている。戦果はともかくとして、抗日武装団体と日本軍が正面からぶつかった希有な戦例のためもあり、韓国側は「青山里大捷（大勝利）」と特筆している。[註22]

大正十年五月、日本軍は間島から撤収した。聖域を銃剣でかき回された匪賊や抗日武装団体は、新たな聖地を求めてソ連や満州北部に向うか、さらに険しい山岳地帯に入ったと見られた。どこに向かったとしても、「以整化零」の状況を作為しただけのことで、根絶されたわけではない。そのうち「以零化整」となり、再び治安が悪化するはずだが、それがいつかは皆目つかめないのが治安作戦の難しさだ。

間島出兵によって、少なくとも間島五県では、武装団体が集団的に行動することはなくなったと判断された。あとは領事館警察で対応できるということだ。その一方、朝鮮では労働争議、小作料不払い運動などが頻発し、朝鮮総督府の関心はそれらに向けられていた。ところがすぐに、朝鮮総督府の面目大失墜という事件が鴨緑江で起きた。

大正十三（一九二四）年五月十九日、鴨緑江一帯を視察していた斎藤実朝鮮総督が乗っていた遊覧船が対岸から銃撃された。だれが発砲したのか、斎藤総督が乗っていることを知っての犯行なのか、それとも行きずりの発砲なのかは判明しなかった。負傷者も出なかったにしろ、総督府の失態であることは間違いない。しかも、元海軍大将が遊覧船の上で死傷したとなれば冗談にもならないし、一行の中には新聞記者もいる。しかも斎藤は、大正八年九月に総督として京城に着任したその日に、駅頭で爆弾テロに遭っている。総督府としては重ね重ねの失態ということになる。

そこで再び朝鮮総督府は、面目にかけて間島を中心とする満州南部から不逞鮮人の根拠地を一掃する必要に迫られた。ところが国際協調の時代、関東大震災後の緊縮財政、そして大正デモクラシーの世相だから、再度の出兵は無理だ。そこで朝鮮総督府は知恵を絞り、奇策を講じることとなった。

その奇策とは、中国官憲（張作霖などの軍閥官憲）が朝鮮独立運動に関わっている不逞鮮人を逮捕して日本領事館に引き渡せば、中国官憲に賞金を支払うという内容だった。直接身柄を拘束した者にも、一カ月の生活費に相当する額を支払うことにもなっていた。西部劇のように「生死を問わず」の一項がないだけ救われるようには思えるが、その結果としての惨劇には大差ない。中国との協定が成立したのは、大正十四年六月のことで、正式には「在満朝鮮人取締り協約」とされ、日本側の主務者だった朝鮮総督府警務局長の三矢宮松の名前から「三矢協定」と呼ばれた。日本側にも後ろめたい気持ちがあったようで、秘密協定とし、満州事変の直後に破棄している。[註23]

この協定が施行されると、とんでもない事態が巻き起こった。賞金付きと聞きつけて、匪賊はもちろん軍隊や官憲、さらには武装している一般民衆までが朝鮮人狩りに狂奔するようになった。一二人捕まえれば、一年は楽して暮らせるのだから、これほどうまい話はない。こうなると抗日武装集団の構成員かどうかは、問題ではなくなる。間島のように朝鮮人のコミュニティーがしっかりしている地域では難を逃れられようが、点在して孤立している場所ではたまったものではない。

そこで朝鮮人の多くは、日本官憲の保護を求めて都市部や満鉄付属地に避難した。すると今度は、中国人などと摩擦が生じる。その典型的な例が、一九三一（昭和六）年七月に起きた万宝山事件だった。長春付近の万宝山で中国人の地主から借地した朝鮮人が水田を開墾するため、付近の川からの用水路の工事を始めた。ところが水利権の問題から、中国人の農民との抗争事件に発展してしまった。事態は次第にエスカレートし、武装した中国の農民は工事中の用水路を破壊し、農地を取り囲んで威圧した。そのため長春の日本領事館警察が出動すると銃撃戦となったが、双方とも死傷者は出なかった。

ところがこの一報が京城に入ると、死傷者多数との号外が出された。これに激高した民衆はまず全羅北道の裡里の中国人街を襲撃、たちまち全国に波及した。ここでも「噂は馬」を実感させられる。この襲撃が特に激しかったのは平壌だったという。この民衆蜂起によって中国人一六〇人が死亡もしくは行方不明となった。この一撃で朝鮮各地からチャイナ・タウンが消えたという。地元民衆の排撃によって、華僑が退散したという例は世界でも希有だそうだ。どれほど激しい反発だったかがわかる。

万宝山事件に先立つ昭和六年六月、日本陸軍の省部（陸軍省と参謀本部）では、南次郎陸相の同意の下、参謀本部第二部長の建川美次少将を長として、陸軍省からは軍事課長の永田鉄山、補任課長の岡村寧次、参謀本部からは第一課長（編制動員課長）の山脇正隆、第四課長（欧米課長）の渡久雄、第五課長（支那課長）の重藤千秋をメンバーとする国策研究会が設けられ、十九日に「満州問題解決方策大綱」が定められた。満蒙問題を解決するためには武力の行使も辞さないが、一年かけて国内外の世論が日本に同情的になるよう誘導するとしていた。そこに起こったのが万宝山事件と朝鮮での騒擾事態だ。このままだと三・一事件を上回る武装蜂起も考慮しなければと朝鮮軍も積極的になり、武力行使時期が繰り上げとなったとも考えられる。[註24]

省部の計画より一〇カ月も前倒しして、関東軍は昭和六年九月十八日に満州事変の口火を切った。なぜ関東軍は独走して挙事を早めたのか。騒擾事態を抱えて苦慮する朝鮮軍の意見もあったのだろうが、そのほかにも様々考えられる。この時、張学良は精鋭部隊を率いて北京にいたから、その留守を狙ったのだろう。また国民政府軍はこの年の七月から江西省で第三次掃共戦を開始したが、八月には頓挫したことからも、中国は満州の事態に介入できないと読み切っての前倒しだったとされる。

どのような事情があったにせよ、九月中旬に挙事とはと満州事情に詳しい人たちは嘆声を上げたという。これは、関東軍司令部に満州通はいないのかといぶかる声でもあった。作戦主任の石原莞爾と高級参謀の板垣征四郎がいるではないかというのは早トチリだ。石原は大尉の時、一年ほど漢口に駐在しており、関東軍参謀は昭和三年十月からだが、いわゆる支那屋として育てられた人ではない。板垣は生粋の支那屋として知られているが、実は華中から華南の専門家で、満州には疎かった。

満州の事情通からすれば、季節に関するセンスを欠いた関東軍の行動は無謀としか思えなかったことだろう。九月に入って農作物の収穫を終えた満州の農村は、一年のうちで最も豊かな頃だ。従って敗残兵を養う余力がある。敗残兵が武器をかざして強要する場合もあれば、農村の好意に甘える場合もあろうが、ひとまず農村に寄生する。そして解氷期から農繁期に入り、敗残兵らは再び集団となって蠢動し出したら、満州全域は収拾のつかない騒乱事態に陥ると識者は危惧していたわけだ。事態はまさにそう動いた。叩かれれば「以整化零」、ほとぼりが冷めれば「以零化整」の図式通りだ。ましてー応は武装集団を統制していた張学良らの地方軍閥を打倒してしまうと、歯止めはなくなり、混乱は極端なものになる。

昭和五年の統計によると、満州の推定人口は三二七〇万人だった。ちなみに日系居留民は一万三〇〇〇人、朝鮮系居留民は五九万七〇〇〇人となっている。村落の自衛組織である保団やその連合体の連荘会の武装構成員は八五万人と推定されていた。そのほか匪賊、土匪がおり、一般民衆でも一家に一挺の小銃は当たり前の武装度の高い社会だ。そこに統制を失った敗残兵がなだれ込んだのだから、とてつもない事態となる。日本側による「五族協和」「王道楽土」といったスローガンを額面通り信じるほど大陸の民は甘くない。

当初、良民の恐怖の的となったのが、いわゆる兵匪、日本軍の一撃で壊乱した奉天軍閥の敗残兵だった。もちろん農民の好意にすがって身を潜めた者も多かったろうが、それにあき足らず匪賊、流賊と化して略奪に狂奔する集団もまた多かった。例えば奉天の北大営にいて関東軍の初動第一撃をくらった独立第七旅（旅団）七〇〇〇人は、ある程度の建制を保ったまま、奉天の北方、鉄嶺から開原を荒らし回り、その一帯は修羅の巷となった。もちろん治安の悪化を好機とし、従来の土匪、流賊の動きも活発となった。
この刃は朝鮮系居留民に向けられる場合が多かった。北大営など奉天に攻め入った日本軍の前衛は、朝鮮人だったとの風評が広まったからだ。そこでまず、日本の走狗を懲らしめろという風潮となった。その一方で日本官憲は、満州の朝鮮系居留民は朝鮮独立を画策する不逞鮮人ばかりとの猜疑の目で見る。これでは朝鮮人の立つ瀬がない。そこに連帯の手を差し伸べたのが中国共産党とソ連、特にコミンテルンだった。その結果、満州と朝鮮を巡る情勢は一層、複雑なものとなった。
一九三二（昭和七）年一月、吉林省の各地にあった旧軍閥の部隊が連帯し、抗日の吉林自衛軍を組織した。これとは別に同じ頃、自然発生的に吉林国民救国軍という集団も生まれた。中国共産党の東満州党組織は、この動きに着目して工作を行ないだした。吉林省には朝鮮人居住者が多いから、朝鮮系、共産党、抗日というラインが生まれる。一九三二年七月になると中国共産党の工作によって吉林自衛軍と吉林国民救国軍が連合することとなった。この時、中国共産党満州省委員会の軍事委員会書記の周保中が吉林国民救国軍の前方指揮部参謀長となった。前述した第八八特殊旅団の旅団長、もしくは副旅団長で金日成の上司だったのがこの周保中だ。[註25]
日本が馬賊と呼んでいた保衛団、連荘会は、「任侠の徒」を自認していたのだから、この民衆の苦境を座視することはできない。そこで連荘会は総勢八五万人と豪語する部隊を編成し、これを東北抗日義勇軍と称した。これには三〇〇万人もの動員基盤があったとされるから、日本軍が手を焼いたのもうなずける。その意気壮としても、重火器や砲兵を有する日本軍の三個師団と四つに組めば、早晩劣勢に追い込まれる。
そんな折の昭和七年九月、満州南部の港町、営口でイギリス人の娘が身代金目的の匪賊に拉致されるという事件が起きた。その三月に満州国を建国したが、治安が保たれていないと国際世論が沸騰、早急な解決が求められた。日本人らしいご都合主義のあらわれだが、日本当局はなんと東北抗日義勇軍に誘拐犯との仲介を依頼した。任侠の徒としての面目と東北抗日義勇軍はこれに応じ、すぐに拉致された娘を連れ戻した。この椿事を契機に東北抗日義勇軍は解散することとなった。[註26]
事志破れた東北抗日義勇軍の多くは、満州を去って北京から天津一帯に移り、生活基盤の確立に勤しんだ。もちろん望郷の念から、いつの日にか松花江が流れる満州に戻りたい気持ちには強いものがあり、それを歌にして反日意識は持ち続けた。その北京郊外の盧溝橋で一九三七（昭和十二）年七月七日、日中は軍事衝突する。この事件の局地化、拡大防止に奔走したのが当時、参謀本部第一部長の石原莞爾少将だった。満州事変の火付け役が、今度は火消しに回るとは歴史の皮肉というほかない。日本側がどう動いても、故郷を追われた人たちが多くいるのだから、収まるものも収まらないのは無理ないことだ。

八・一宣言と東北抗日連軍の結成

日本による満州制圧という事態に対して、蔣介石の国民政府は対日妥協、抗日戦緩和策を採り続けた。国民政府は、旧軍閥系の抗日団体とは連絡を保っていたが、精神的な支援に止まっていたように見受けられる。この不可解とも思える姿勢は、蒋介石の考え方によるものだった。彼の基本的な認識は、「日本の侵略は皮膚病のようなもの。その一方、中国共産党の存在は命にかかわる心臓病」ということで、これが正しかったことは一五年ほどで証明されることとなる。国民政府としては、なにも満州の事態を座視していたわけではなく、掃共戦に全力を傾注しているため、満州に介入する余力がなかったということだろう。

ちなみに国民政府による全面的な掃共戦は、一九三〇（昭和五）年十二月末から始まり、三四年十一月、中華ソビエト共和国臨時政府が置かれていた江西省瑞金占領まで五次にわたる。第五次掃共作戦には、一〇〇万人もの兵力が投入された。これでは国民政府が満州の事態に介入しようにも、どうにもならなかったはずだ。そして日本は火事場泥棒だという意識が定着し、反日感情が強くなるのも仕方ないことだ。

満州事変が突発した直後の混乱期、一九三一年十一月に瑞金で中華ソビエト共和国臨時政府が樹立される。そして翌年三月の満州国建国宣言を受ける形で中華ソビエト政府は、対日宣戦を布告した。さらに一九三三年一月、国民政府に対して抗日協定締結の三条件、すなわちソビエト区への攻撃停止、人民の自由権利の保証、人民の武装を発表し、抗日統一戦線、第二次国共合作を提起した。続いて中華ソビエト政府は、「全国民に告ぐるの書」を発表し、反日統一戦線の結成と抗日救国を呼びかけた。

このような中国共産党の明確な指針の下、満州省委員会が指導して東北人民革命軍が一九三三年夏から組織され始めた。その最初は、吉林省南部、盤石県の哈達嶺山脈南斜面で活動していた南満州遊撃隊を改組した第一軍独立師で、師長兼政治委員はのちに有名になる中国人の楊靖宇だった。ここに、日本当局が思想匪もしくは共匪と呼んだ政治的目標を明確にしたパルチザンが誕生した。

それまでの抗日武装集団は、同郷の者が集まった自衛組織の保衛団と連荘会、これまた同郷の者が集まった旧軍閥の構成員、そして地縁で繋がった匪賊や流賊が主体だ。任侠の徒をもって自認するという意識によくあらわれているが、それは同郷といった本質意志の共有によって成り立つ共同社会だった。これに対して思考によって基礎づけられた意欲、すなわち選択意志によって組織された集団がこの共匪としてよいだろう。そのため連荘会などが帰順したり、組織が瓦解するなかで、この政治匪、共匪は鉄の規律の下、粘り強く戦い続けることとなる。[註27]

そしてこの共匪による一般民衆へのアピールも単純かつ効果的なものだった。侵略者日本を追い払って、「耕す者に土地を」とのスローガンは農民の心をしっかりと捉えた。東北人民革命軍の高級指揮官は中国人だったが、中堅や前衛は朝鮮人が支えた。中国共産党が提起したものには、朝鮮の独立回復との一項はなかったが、共通の敵を打倒するため協力し合うという暗黙の了解はあったはずだ。これが今日でも中国と北朝鮮が好んで使うフレーズ、「鮮血で築き上げられた戦闘的友誼」の始まりといってよいだろう。

このように中国共産党中央の指導によって、いわゆる思想匪、共匪が組織化され、そこに独立運動に挺身する朝鮮人、日本側がいう鮮匪が組み入れられることとなった。ところが一九三四年九月、中国共産党とその武力組織である労農紅軍は瑞金の根拠地を失い、十月中旬からの長征（大西遷）となる。そして一九三五年十月、陝西省延安に入り、再び聖域を確保するが、その間、中国共産党中央と満州省委員会、東北人民革命軍との連絡が途絶した。そこでモスクワに本部を置くコミンテルン（第三インターナショナル＝国際共産党）駐在の中国共産党代表団と連絡することとなった。この代表団には、王明（陳紹禹。一九五六年にソ連に亡命）、康生（情報特務工作の責任者、一九七五年に死去）らがいた。中国の代表団が間に立つにせよ、コミンテルンそのものがソ連の指導下にあるのだから、東北人民革命軍へのソ連の影響力は強くなる。よく北朝鮮は、「中ソ間の振り子」と評されていたが、ソ連に大きく振れた最初がこの時だったといえよう。

一九三五（昭和十）年七月末から八月末まで、モスクワでコミンテルン第七次大会が開催され、統一戦線の新たな戦術が採択された。それによると、独裁政権下の国では、共産党が主導して反ファッショ人民戦線を組織し、それによって独裁政権を打倒し、共産党政権に移行させるとした。また、植民地や半植民地の国では、反帝国主義民族統一戦線を組織し、民族解放運動を展開し、これまた共産党政権を樹立するという戦術だ。共に統一戦線を構築するというところがポイントとなる。

中国共産党中央は、この統一戦線という新たな戦術に沿った形で、大会開催中の八月一日に宣言を発表した。日付から「八・一宣言」といわれる。それによると、すべての人民、すべての愛国的な軍事組織に呼びかけて、抗日民族統一戦線を結成し、日本侵略者に対する人民戦争のために、中国の全勢力を結集するよう提案した。そしてこの宣言は、「わが国とわが人民は、この数年間、破滅の一歩手前におかれている。もしも日本に抵抗があたえられれば、中国は生存することができよう。しかし、もし抵抗がおこなわれなければ、中国は破滅のほかない。抗日と祖国の救済とは、中国民族一人ひとりにとって、聖なる義務である」と結んでいる。民族主義的な側面を表に打ち出したところが、「新戦術」といわれるゆえんとなる。[註28]

この決定を受けて、満州で抗日武装闘争を展開している諸団体を東北人民革命軍に取り込む形で組織を改組することとなった。この指令を発したのは、満州省委員会の後継となる南満州特別委員会だった。その要旨は次のようなものだった。[註29]

新たに設けられる抗日組織は、東北抗日連軍と呼ばれることとなる。それを構成するのは、まず中国共産党が主導してきた東北人民革命軍、旧東北軍閥に属していた者が主体の義勇軍や自衛隊、元来は宗教団体の大刀会や紅槍会の救国軍、保衛団や連荘会を中心とする抗日山村隊などの連合体とする。それぞれの部隊名称や呼称は廃止し、一律、東北抗日連軍の一連番号を冠することとする。これで共産党色は薄まり、抵抗感なく広く参加できるようになったが、国民政府と連絡していた集団は当然、これに加わっていなかった。東北抗日連軍に参加する部隊は、次の三カ条の遵守を求められた。

一、抗日反満（満州）、東北失地の回収、中華祖国の擁護
一、日賊走狗の財産没収

一、民衆と連合して抗日救中

日賊走狗の財産没収と欲得をくすぐるところが、いかにも中国らしく、これで匪賊も参加しやすい。高級人事は、東北抗日救国人民革命政府によって任命されるとしたが、これはコミンテルン傘下と同義語だ。こうして部隊編成を進めつつ、戦闘序列と作戦地境が定められた。

満州国の行政区画によれば、吉林省南部、間島省、通化省に展開するのが第一路軍だ。これはそれぞれ三個師（師団）からなる第一軍と第二軍を隷下とする。牡丹江省北部、東安省、三江省を主な作戦地域とするのが第二路軍だ。これは第四軍、第五軍、第七軍、第八軍、第一〇軍の五個軍からなるが、師の個数は不明だ。浜江省、北安省を中心とする地域を担当するのが第三路軍だ。これは第三軍、第六軍、第九軍、第一一軍からなるが、これも師の個数は不明となっている。

指揮階梯からすれば、各国の方面軍や軍集団に相当する「路軍」三個、一一個軍で三単位制とすれば、とてつもない巨大な軍隊のように思われるが、それは早トチリだ。もっとも戦力が充実していたとされるのが第一路軍だが、兵員一六三〇人、装備は重機関銃一挺、軽機関銃六挺、小銃一二五〇挺、拳銃三八〇挺という記録が残っている。軽装備の歩兵大隊二個程度の規模だ。五個軍からなる第二路軍は、これ以下だったろう。これは自分をより大きく見せたがる中国人の通弊だが、パルチザンの常套戦術でもある。「山より大きな猪が出るぞ」といって、討伐側を困惑させようとしているわけだ。

東北抗日連軍の人員表を見ると、後に北朝鮮の要人となる人たちの名前が出てくる。第一路軍第二軍の第四師第一団長（連隊長）の崔賢（咸鏡南道恵山鎮出身）は、朝鮮戦争勃発時の前線司令部参謀長で、総参謀長や人民武力部長も歴任している。第二路軍第七軍の政治委員の崔石泉（平安北道出身）は、のちに崔庸健と改名し、朝鮮戦争勃発時の民族保衛相となった。第三路軍政治委員の金策（咸鏡北道城津出身）は、朝鮮戦争勃発時の前線司令官、一九五一年一月に国連軍の空襲で戦死している。彼は英雄に列され、生地の城津は金策と改名された。ここで問題なのは、東北抗日連軍の人員表に記載された人たちと、北朝鮮の首脳陣に名を連ねた人が本当に同一人物なのかという点だ。例えば崔賢は、一九三八年二月に戦死したという説が有力だ。そうであれば、総参謀長や人民武力部長を歴任した崔賢は二代目となる。ちなみにこの崔賢の子息が崔竜海で、金正日の腹心、そして金正恩の後見人と目されている。

そして最大の疑問は、東北人民革命軍総指揮部の政治委員とされ、第三師長、次いで第六師長、そして東北抗日連軍第六師長、さらに第二方面軍長の金日成は、一九九四年七月に死去した金日成主席その人なのかだ。

遊撃戦の実態と戦死した「金日成」

「金日成」と漢字表記された人物が東北人民革命軍、東北抗日連軍の枢要な地位にいるとの情報は、すぐにも広まった。ある人は、「やはり金昌希は生きていたか。さすがは飛将軍だけのことはある」と感激したことだろう。また、主に日本の陸軍士官学校出身者は、「これは金光瑞先輩だ、沿海州から戻ってきたのか、やはり騎兵の育ちだけのことはある」と思い、またそう考えたかったはずだ。金昌希、金光瑞の二人、一九三六年の時点でまだ四〇代だから、健在で抗日武装闘争に挺身していたとしてもおかしくはない。

では、この金日成なる者は、金昌希なのか、金光瑞なのか、はたまた別人なのか。別人としたならばだれなのか。当時の朝鮮でもはっきりしなかったことが、今わかるはずもない。ここでは李命英の克明な研究の成果である『四人の金日成』に依拠して紹介し、読者の判断にまかせるほかない。

この著作によれば、初めて金日成と漢字で表記された人物は、本名が金成柱だったという。名前が「成柱」ならば、親からもらった名前の一字をとり、「日成」と号しても違和感はない。そしてこの金成柱は一九〇一年、咸鏡南道の生まれだとしている。幼い頃、一家で間島に移住し、各国軍のシベリア出兵中、沿海州に移り住んだというのもよくあることで、納得の行く解説だ。[註30]

一九二五（大正十四）年四月に創設された朝鮮共産党がコミンテルンに承認されたのは、翌二六年四月のことだった。この前後からソ連は、極東部の共産主義熱誠分子を選抜し、モスクワの東方勤労者共産大学（通称はモスクワ共産大学、略称はクートベ）に送っていた。金成柱もこの一員に選ばれて、クートベを修了している。その後、ソ連軍に入隊したとされるが、真偽のほどは不明だ。

あくまでも想像の域を越えるものではないが、クートベで教育を受けたとすれば、金成柱が正規将校の道に進んだとは思えず、軍に入ったとすれば政治委員だったろう。さらに憶測をたくましくすれば、一九二三年十一月に創設されたソ連国家政治保安本部（ＯＧＰＵ）の傘下にあった国境警備隊に入隊したとも考えられよう。国境警備隊の主な任務は密入出国者の摘発だが、待ち伏せ、追跡、隠密行動、国境外への遠距離偵察と、遊撃戦と共通した面が多い。このような教育訓練を受けていたからこそ、金日成部隊は討伐側の手を焼かせたのだとすれば、話の筋は通る。

中国共産党と労農紅軍が瑞金を追われて長征に出て、東北人民革命軍との連絡が途絶えた一九三四年頃、コミンテルンは金成柱を満州に派遣して、政治委員とした。そして一九三六年四月、金成柱は拉浜線（哈爾浜付近の三棵樹～吉林東側の拉法、二六六キロ）沿いの額穆県で流動隊（攪乱部隊）を指揮し、続いて第三師長、東北抗日連軍に改組されてからは第一路軍第二軍の第六師長となった。金成柱が指揮する部隊は、地形が特に険しい地域で行動していたことに加え、ソ連で本格的な教育訓練を受けてきたこともあり、動きが巧妙だったという。また、部隊を広く展開させ、どれも金日成部隊を名乗らせ、戦力を大きく見せてもいた。そして彼は非常に厳しい人で、酷薄な性格だったという。少しでも忠誠心に疑いをもてば、すぐに粛清、惨殺するのを常とし、それは討伐側も偵知していた。

パルチザンは、どのようにして粘り強く戦い続けるのか。そのためには、まず「聖域」が必要だ。絶対に安全で、安心して休養でき、訓練できる地域だ。満州東南部のパルチザンが最後

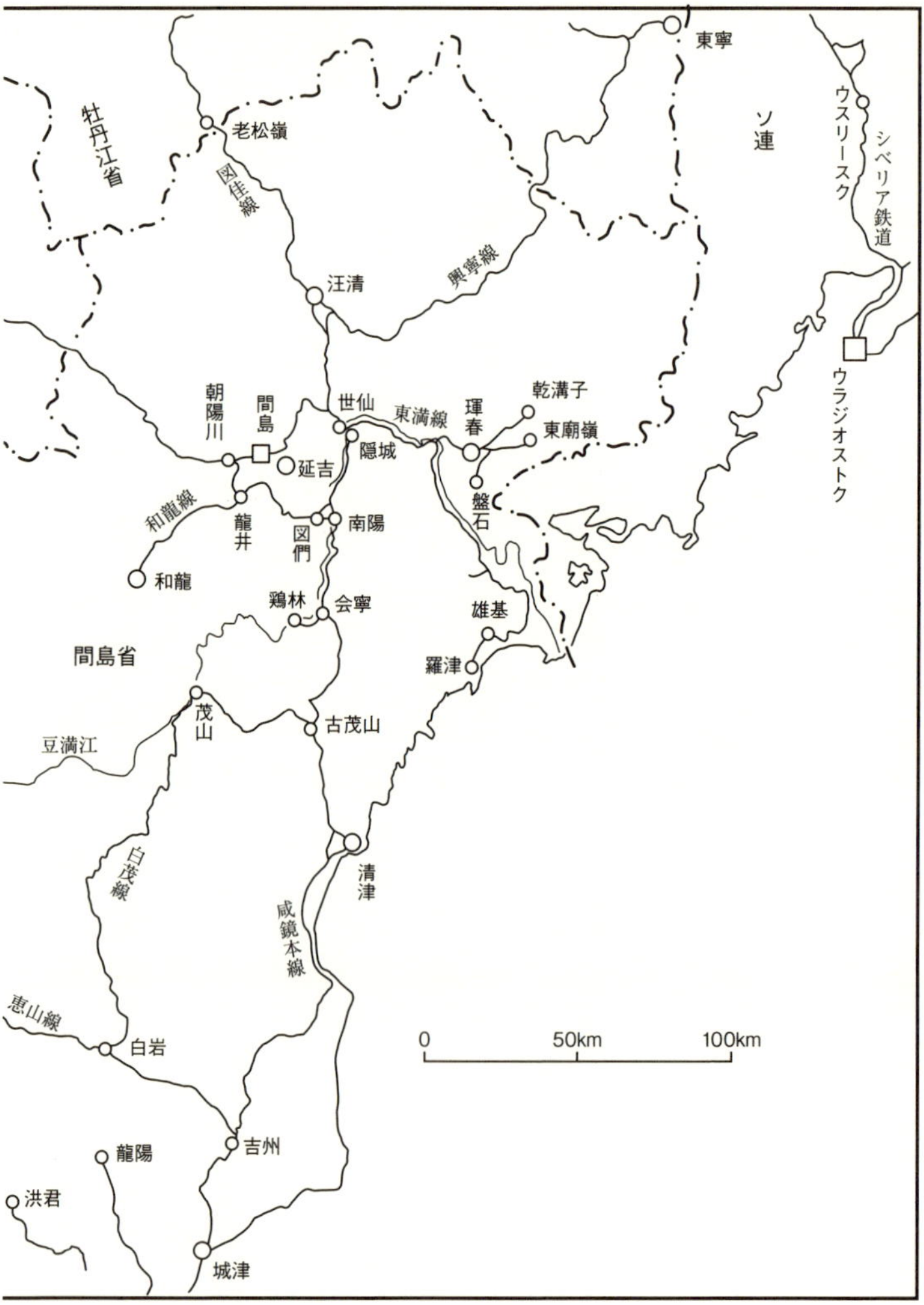
東寧
ソ連
ウスリースク
シベリア鉄道
牡丹江省
老松嶺
図佳線
汪清
興寧線
ウラジオストク
朝陽川
間島
延吉
世仙
東満線
琿春
乾溝子
東廟嶺
隠城
盤石
和龍線
龍井
図們
南陽
和龍
鶏林
会寧
雄基
羅津
間島省
茂山
古茂山
豆満江
清津
白茂線
咸鏡本線
0
50km
100km
恵山線
白岩
吉州
龍陽
洪君
城津

図2　東辺道要図

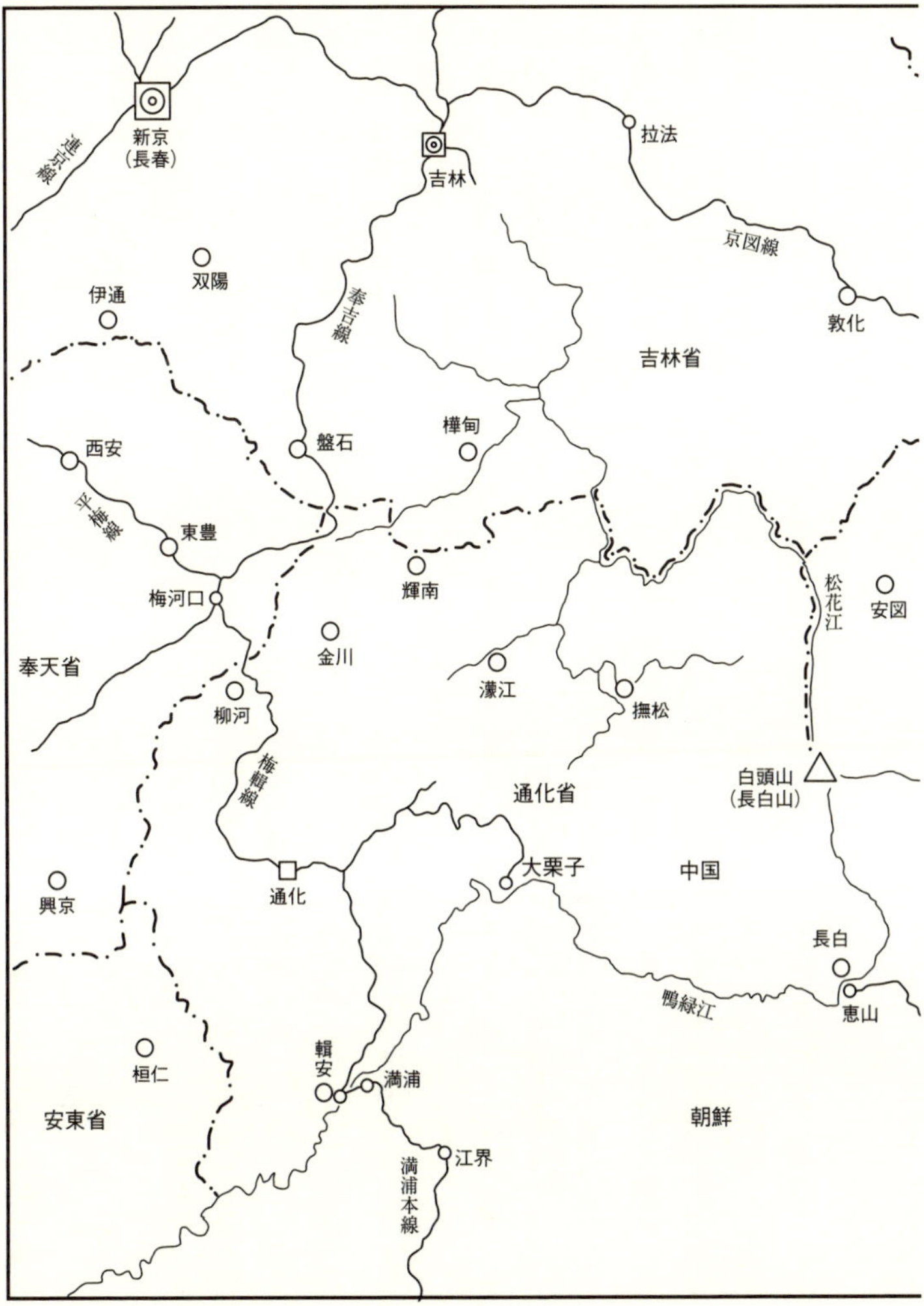
新京
(長春)
連京線
吉林
拉法
京図線
敦化
双陽
伊通
奉吉線
吉林省
樺甸
盤石
西安
平梅線
東豊
梅河口
輝南
松花江
安図
奉天省
金川
濛江
撫松
柳河
梅輯線
通化省
白頭山
(長白山)
大栗子
中国
通化
興京
長白
鴨緑江
恵山
輯安
満浦
桓仁
安東省
朝鮮
江界
満浦本線

まで生き残ったのは、地形が険阻なこともあるが、なによりソ連を聖域にできたからだ。場合によっては、朝鮮も聖域として使え、支援団体の存在もパルチザンにとって心強いことだ。実際に最後はソ連に遁入し、パルチザンの中核分子は生き残ることとなった。

行動する地域にも、安全な隠れ家が必要だが、これは密営地と呼ばれていた。寒冷な山岳地帯だから、できるだけ南側斜面で水の入手が容易な所を選んで山塞を設ける。その周囲には、穴を掘って落ち葉で偽装した警戒拠点も設けるが、これは「秘土」と呼ばれていた。そしてより重要なのは、パルチザンに協力的な住民の存在だ。満州のパルチザンが長らく生き長らえた地域には、朝鮮人のコミュニティーがあり、抗日、祖国独立という旗印に無条件で従ってくれると期待できた。

このようにして作戦基盤を整えてから、いわゆる補給闘争に乗り出す。聞こえはよいが、要するに物盗り、略奪だ。まず、目星を付けた村落に先遣要員を送り込み、偵察や本隊の誘導に当たらせる。なかなかの部隊運用だが、古来からの流賊の常套戦法の踏襲だ。旅芸人の多くは、この偵察、誘導の要員だったとされる。そして中国では「押城」といわれる押し込み強盗、襲撃、略奪となる。食料、衣類、医薬品、もちろん現金、貴金属、アヘンを召し上げ、武器や弾薬が入手できれば上出来ということだ。そして権力の象徴である役所や警察署を破壊、放火する。これは己の存在をアピールする目的だが、同時に捜査資料、協力分子の摘発を妨害するためのものでもある。

撤収に際しては、住民を拉致する。中国でいうところの「梆票」、人質だ。まずこれに戦利品を運搬させ、場合によっては後日、身代金を要求する。小指を除いて墨を塗り、その手形に「次は薬指」と陵遅（生きたまま切り刻むこと）を暗示して脅迫する。少年、少女も主な対象で、これを洗脳してパルチザンに仕立てあげる。今日、大きな問題となっている少年兵と同じだ。補給闘争は、すなわち人員の補充闘争でもあることになる。どれも中国、満州の匪賊が行なってきたことの踏襲であり、抗日という大義を得て、さらに厄介な存在となる。

その戦法も匪賊のものの踏襲だ。襲撃した村落で、次はあそこを襲うとほのめかす。そしてその反対の方向を襲う。古来からの「声東撃西」だ。そして前述したように、追っ手がかかれば散り散りになる「以整化零」、逃げ切れば「以零化整」で密営地に入り、戦利品の山の前で祝宴となり、はべるのは拉致してきた少女ということになる。今日と同じことをしていたわけだ。もちろん当初は、抗日、祖国独立といった目的意識はあるだろうが、追い詰められると生き延びるための補給闘争そのものが目的となり、日常生活も刹那的なものに陥る。

東北抗日連軍というよりは、金日成が主導した補給闘争で有名なのが、一九三七（昭和十二）年六月四日の普天堡戦闘、日本側がいう保田襲撃事件だ。北朝鮮の公表史料をもとに編纂されて日本で発刊された年表では、「祖国に進出し歴史的普天堡戦闘で大勝利」と特筆されている。ほかでも特に一項を設けて詳述されている。投入された部隊の規模や戦果もさることながら、第六師長の金日成が直接指揮したこと、そして過去にただ一回しかなかった鴨緑江を渡河しての朝鮮半島における補給闘争だったから、交戦双方とも注目することとなったのだろう。[註31]

恵山線（咸鏡本線の吉州～白岩～恵山鎮、一四二キロ、一九三七年に全通）の終点から鴨緑江沿いに二〇キロほど北上したところが普天面保田、普天堡とも呼ばれていた。日本人居留民が二六戸、中国人居留民が二戸、全部で三〇〇戸ほどの村落だが、鴨緑江に面しているということで、軽機関銃一挺を装備した咸鏡南道の武装警察隊六人が配置されていた。襲撃の当日には、二人が駐在所にいたという。

鴨緑江の対岸、通化省長白県の密営地を出撃した第六師部隊は、約八〇人で軽機関銃三挺、擲弾筒数筒を装備していた。六月三日の夜に鴨緑江を渡河し、四日夜に保田の村落を包囲し、軽機関銃で駐在所を制圧、略奪を始めた。現金一〇〇〇円、衣類、医薬品二七〇〇円相当、軽機関銃一挺、小銃六挺、拳銃二挺、弾薬一二〇〇発を奪い、これを現地で徴集した七〇人に運搬させて鴨緑江の対岸に消えた。この襲撃で警察官を含む一九人が死傷、第六師側の損害は不明だが、軽微なものだったろう。

急報が恵山鎮の警察に入り、追撃隊が編成されて追跡が始まった。この追撃隊は鴨緑江を渡河して満州に入り、山岳地帯に入ると待ち伏せに遭い、死傷一九人もの損害を被った。ここでも第六師の損害は不明だが、二回の勝利を収めたこととなる。

この保田襲撃事件は、満州国と関東軍、朝鮮総督府と朝鮮軍、この双方にとってショックだったろう。三・一運動の翌年、鴨緑江沿いの慈城、厚昌そして恵山鎮付近の山岳地帯に密営地を設け、再び独立運動の火の手を上げようとの計画があったことは知られていた。いよいよ、その実行段階にはいったのかと不気味になる。また、いくら夜間機動だとしても、八〇人もの集団が鴨緑江を渡河したことは驚きだった。事前の通報があってもおかしくはないし、脅迫されたとしても数十人が戦利品の運搬に応じたことは、かなり大きな支援組織が地下にあることをうかがわせる。しかも軽機関銃や擲弾筒を装備し、警察の手に負えない武装集団であることは、重大な脅威だ。

そこで満州国軍と関東軍の独立守備隊、朝鮮軍の第一九師団が本腰をいれて治安粛正作戦を展開することとなった。本来、正面からぶつかれば、パルチザンは正規軍の敵ではない。長隘路に引き込まれて伏撃されると、正規軍も苦戦しかねないが、戦訓からすぐに対応策は編み出せる。まず長隘路の入り口の瞰制高地を制圧し、それから隘路に入って行く。そして別動隊を両側の高地の稜線七分の経路を進ませる。こうすれば長隘路での「蛇の穴戦法」は封じられる。また、パルチザンの機動能力を考慮して、より大きく包囲するという着意も求められる。

そして軍が本格的に動き出すと、少なくともその行動範囲では、治安が回復し、お礼参りを恐れていた住民の重い口が開き、パルチザンに関する情報が集まり出す。パルチザンは常に活発に流動しているとしても、住民からの情報提供があればいつかは尻尾をつかまえられる。そうなれば、今度は討伐側がパルチザンを待ち伏せするようになる。これでパルチザンの補給闘争は封じられ、捕捉されなくとも立ち枯れとなる。

朝鮮総督府は、保田襲撃事件から四カ月後の十月、二次にわたり鴨緑江沿岸部で東北抗日連軍の潜入分子や協力分子を一斉に検挙した。これは恵山事件として大きく報道された。これによって東北抗日連軍、特に朝鮮系が主力の第六師は、朝鮮での支援後拠を失って大打撃を被った。[註32]

そこで普天堡を襲撃した第六師は、通化省長白県の密営地を捨てて移動を始める。パルチザンの習性からして、聖域のソ連領へ一歩でも近づこうとしたのだろう。通化省から間島省、さらには牡丹江省に入り、東寧や綏芬河付近で満ソ国境を越えるコースを選んだと思われる。

支那事変が始まって四カ月後の一九三七（昭和十二）年十一月十三日、金日成が直率する第六師の約一〇〇人は、通化省撫松県から間島省安図県に向かう途上の山岳地帯で、満州国軍歩兵第七団（連隊）の大隊に捕捉された（九四頁地図参照）。大体止中のパルチザンは包囲されて銃撃戦の末、八人の部下と共に金日成こと金成柱は射殺され、遺体は満州国軍が収容した。士官候補生で五・一五事件に連座、有期刑を宣告されたが、刑期を終えてから満州国軍の軍官（将校）となっていた人が遺体を確認したという。[註33]

初めて「金日成」と漢字で表記された人物は、三六歳で死去したことは確実だ。事実、この十一月以降、もっとも危険な抗日武装集団とされていた「金日成匪」が出没したという情報は、ぱったりと途絶えた。

消えた四代目の金日成

一九三八（昭和十三）年四月、山岳地帯でもそろそろ緑陰の候を迎える頃、再び金日成部隊を名乗る抗日武装集団が補給闘争を行なった。場所は平安北道厚昌の対岸、通化省臨江県、税務署も置かれた六道溝という町だ。襲撃した部隊は兵力五〇〇人、軽機関銃六挺を装備し、パルチザンとしてはかなり大きな部隊だ。もちろん襲撃は成功し、現金二〇〇〇円、一万円相当の食糧を奪い、数十人を拉致した。

「再び金日成匪現る」の一報を聞いた治安粛正作戦の経験者は、「士気を維持して鼓舞するため、また討伐側を混乱させるため襲名したな」と直感したことだろう。朝鮮には襲名の習俗はないから、パルチザンの生態を知らない人は混乱するだろうが、討伐作戦の経験者はすぐに読める。ともかく、これだけの規模の補給闘争を組織して成功させたのだから、金成柱と同じく、ソ連で遊撃戦の教育訓練を受けた者であることも容易に推測できる。

では、キム・イルソン将軍と呼ばれたこの四代目はだれだったのか。李英命の研究によれば、一九〇六年の生まれ、出生地は不明の金一星だったとしている。金一星も音はキム・イルソンだから出来すぎの感はある。しかし、非合法活動に入る際、偽名を名乗るのはよくあることだ。そして金一星がまだ幼い頃、一家で間島に移住したというが、これまたよくあることだ。

間島省延吉県龍井村の中学校に通っていた金一星は、一九三〇年五月に起きた暴動事件に加わり、領事館警察に逮捕されるが、留置所から脱走してソ連に逃亡したという。そしてソ連で中等教育を修了し、続いてソ連軍の士官学校に入校したとされる。定かなことは不明だが、正規の士官学校ではなく、金成柱と同じく国境警備隊の幹部養成課程に入ったとも思われる。国境警備隊の所属だったとすれば、急ぎ金成柱の後任を差し出せとなっても、人事異動は容易だ。ましてや極東部の国境警備隊に勤務していたとなれば、さらに好都合だ。[註34]

一九三八（昭和十三）年七月、豆満江河口部で起きた日ソ国境紛争の張鼓峰事件後、日本軍は国境警備の強化に迫られ、そのために国境部での本格的な治安粛正作戦が急務となった。それによって東北抗日連軍は追い詰められ、一九三九年初頭には態勢の整理のために第一路軍が改編されることとなった。軍、師といった部隊の規模と釣り合わない指揮階梯を廃止し、方面軍三個、各方面軍指揮部が直接「連」（中隊）三個を統制することとした。なお「連」は「排」（小隊）三個、「排」は「班」三個からなる。

比較的戦力を保っていた第六師は、この改編で第二方面軍となり、軍長は昇格した形で金日成こと金一星だ。そして第二方面軍は、一九三九年四月から補給闘争を開始し、長白山（白頭山）の西斜面一帯で連続三回の襲撃をした。五月に入ると咸鏡南道三水郡の対岸、長白県半截溝を襲撃した。これに参加した第二方面軍のパルチザンは二〇〇人、かなりの規模の補給闘争だった。銃撃戦は四時間にわたり、警察官と住民併せて四十人が死傷した。第二方面軍も多大な損害を被り、金一星自身も負傷した。当時、第二方面軍女子青年部長の金恵順は金一星の妻だったが、ここで別れ別れとなって広大な樹海をさまよう逃避行となった。

一九三九年九月、ノモンハン事件が終結すると、関東軍はさらに国境警備と国境部の治安を重視することとなった。そこで東南三省（吉林省、通化省、間島省）治安粛正工作を立案した。関東軍独立守備隊、満州国軍、満州国警察隊、そして民間の警備隊の連合作戦だ。司令官は独立守備隊司令官の野副昌徳少将、作戦発起は一九三九年十月一日だった。

討伐の要領は、シベリア出兵以来の長年にわたる経験から編み出したものだった。まず、各地に点在する村落に自衛手段を持たせてこれを戦略村とする。そしてこれを連結するため樹海を伐開して道路を造成する。討伐部隊の機動路になるし、とにかく見通しがよくなる。こうして一般民衆とパルチザンの接触を断ち、補給闘争を困難にする。このように作戦基盤を整えてから、パルチザンが密営地を設けている山に入って行く。

掃討の要領は、「馬蝿戦法」と「櫛梳り戦法」に代表される。パルチザンと一旦接触すれば、食いついて離れず、連続して追跡する。途中で追跡を交替したならば、必ず取り逃がす。執拗に付きまとうことから、「馬蝿戦法」という。「櫛梳り戦法」は櫛を使ってシラミを取るように、細かく入念に探索する。道端で落ち葉を被って潜んでいるパルチザンを見逃す場合も多い。そこで少しでも不自然な感じがすれば、徹底的に洗い出す。「草の根分けても」という表現そのままの戦法だ。そして密営地の山塞を徹底的に破壊し、同じ地域に何度もローラーをかける。根気が勝負の掃討戦の結果、一九四〇年二月に通化省濛江県で第一路軍指揮部を捕捉、総司令の楊靖宇を射殺した。なお、彼は河南省出身の中国人で、モスクワのクートベを卒業し、コミンテルンから派遣された一人だった。

抗日パルチザンの中でももっとも勇猛かつ巧妙、そのため「トラ」と符牒を付けられ、一万円の賞金首となった第二方面軍長の金日成こと金一星はどうなったのか。航空偵察も含む大規模な掃討作戦のため、集団的な行動は不可能となり、小部隊に分散して包囲網を各個に突破することとなった。そこからが「トラ」金日成の真骨頂だった。それぞれに金日成部隊を名乗らせ、短切な攻撃を仕掛けさせた。小規模ながら攻勢を採り、互いに掩護しながら満ソ国境を目指す。絶望的な状況においても、決して受け身にならず、攻勢防御に出るとは、ソ連で本格的

な戦術教育を受けただけのことはある。[註35]

このようにして生き延びた金日成らは、一九四〇年十一月から翌年二月にかけて各個に満ソ国境を越えたと考えられている。その中には後に金日成主席となる金聖柱、その妻で金正日の母、金正淑もいたことになる。ソ連に入った抗日パルチザンは、内務人民委員部（ＮＫＶＤ）と参謀本部諜報総局（ＧＲＵ）の極東軍管区派遣隊による厳重な査問を受けてから、ウラジオストク近郊のオケアンスカヤ、ウォロシーロフ（現在のウスリースク）、極東軍管区司令部のあるハバロフスク郊外のビャツコエの三カ所の兵営もしくは野営地に収容された。

ちなみに二〇〇一年七月、シベリア鉄道で訪ロした金正日は、わざわざウラジオストク近郊の無人駅オケアンスカヤで特別列車を停車させて、散策したと報道されている。しかもその後、ここに朝鮮語の記念碑が建てられたそうだから、金正日はここの野戦病院で生まれたとするのが正しいだろう。これまで北朝鮮が盛んに宣伝してきたように、金正日は一九四二年二月十六日、白頭山中の密営地で生まれたというのは真実ではないと金正日自身が示したことになる。

一九四〇年十二月に入ソした第二方面軍長の金日成は、四一年六月の独ソ開戦の前後、長距離偵察の任務を負って再び満州に入って北安省一帯で行動したとされる。ちょうど満州では「関特演」（ソ連進攻作戦を意識した関東軍特種演習）が発動されるかどうかの頃だから、極東ソ連軍としても遠距離偵察が必要だったのだろう。それからも何回か金一星は満州に潜入した模様だが、もちろん確認する術はない。

一九四四年まで金一星は、オケアンスカヤで勤務していたといわれる。しかし、憶測たくましくすれば、一九四一年十月から十二月にかけて首都モスクワが危機に瀕した際、極東軍管区で動員、西送された可能性もある。そうだとすれば、金日成は一九四二年八月から翌年二月までのスターリングラード戦に参加したという風聞もまんざら嘘ではないとなるだろう。しかも南日の軍歴と重なって混乱させられるが、一九九四年七月に死去した金日成主席とは関係ないと断言できる。なんであれ、一九四五年八月から九月にかけて平壌に現れた一団の中に金日成こと金一星がいなかったことは事実だ。平壌に金日成が凱旋したと伝え聞いた金一星と別れ別れとなった妻、金恵順は満州から平壌に向かい、「私は妻だ」と面会を求めたが、それっきり彼女の消息は絶えたという。[註36]

永遠の主席になった人とは

身元についての異常な過敏さ

朝鮮の指導者として「金日成」を選んだものの、そのあまりの無学さに困惑したソ連軍政当局は、彼に個人教授を付けることとした。これに選ばれたのがキルギスの国立大学哲学科教授の朴一という人だった。彼には金日成大学副学長のポストが与えられ、共産主義理論をいちから金日成に教えることとなった。教材はスターリンの著作『ボルシェビキ党史』だったそうだから、マルクス・レーニン主義の理解がどれほど深まったのか疑問が残るところだ。

朴一教授の回想によると、金日成はロシア語をまったく解せず、中国語は流暢だが、朝鮮語はたどたどしかったという。これから推察すれば、金日成はソ連で生活したこともなく、もちろん教育も受けたことがないことになる。従ってこの金日成は、ソ連で教育を受けた金成柱でもなく、金一星でもない。そして幼い頃、中国に移住し、そこで初等教育を受けたことをうかがわせる。朝鮮語が下手だったということだが、これはハバロフスク生まれの朴一教授が金日成の平壌訛りが聞き取りにくかったことによるのかもしれない。
もちろんソ連軍政当局の密命を受けた朴一教授は、金日成との会話によって、彼のパーソナル・レポートも作成していた。どこで生まれたのかに始まり、どのような教育をどこで受けたのか、パルチザンとしての体験談などを雑談の形で集めようとした。ところが金日成は生年月日すら、それを記憶していられない時代だったとか、遊撃戦を経験していない者に話しても理解できないだろうと、あれこれ理由を付けてかたくなに口を閉ざしたと朴一教授は回想している。[註37]

思いもかけず最高指導者に選ばれて神経質になり、当初は口が重かったのだろう。しかし、金日成と直接会って会話を交えた人の大方は、快活に笑って話し、時には饒舌になるとの印象を持ったようだ。この快活さが彼の武器で、その裏になにが隠されているのか探ろうという気持ちがないと、この人物はわからないという。これは韓国人の多くも理解していないということだから、南北交渉がすべて不調に終わるのも無理からぬことだった。まして日本人など、手もなくやられてしまう。この金日成の快活そうにする性格は、金正日、金正恩によく引き継がれているようだ。

腹の中はさておき、饒舌になりやすい人なのだから、金日成が延々とパルチザン時代の思い出話にふけっても不思議ではない。ところが、満州東部の抗日闘争時代のことを話したことは、ごく限られている。農民が地中に残してくれたジャガイモを食べたとか、それで作った冷麺がうまかったとか、平壌出身の人らしい話をした程度だったようだ。捏造を重ねた戦歴が広く定着するまで、不用意な発言は封印しなければならないことが習い性となって、このテーマは口にしないようになったのだろう。

一九七一（昭和四十六）年九月、朝日新聞の編集局長が訪朝して金日成に単独インタビューをして記事にした。これが日本の大手メディアとして最初の金日成取材だった。この後追いという形で、読売新聞の論説委員顧問が訪朝し、一九七一年十二月から翌年二月までの長期取材が認められ、そのハイライトとして一月に金日成単独インタビューということになった。また、この一月には自民党衆議院議員の久野忠治を団長とする超党派の日朝友好促進議員連盟が平壌に入り、金日成と会談している。

これらを皮切りに、断続的に北朝鮮取材、金日成インタビューが行なわれたが、実のある内容の紙面の記憶はない。朝鮮半島の平和、非核化の堅持といった緊張緩和のアピール、国際情勢を大所高所から語る、そして主体思想なるもので煙に巻くのを常としていたように記憶している。ほかは、映画「男はつらいよ」全シリーズを見たとか、大同江で大きな鯉を釣り上げたとかの余談だ。新聞社側が紙面の味付けに余談を使ったのだろうが、はぐらかされた印象はぬぐえない。もっとも、インタビューする方は、「単独インタビュー」というところに大きな意味を見い出しているのだから、どっちもどっちということになる。

長期取材と金日成単独インタビューを許可されたことで、借りを作った読売新聞は、おもしろい企画を立てた。ちょうど一九七二年に金日成が還暦を迎えるということで、それにちなんで週刊誌の特別別冊を発刊するというものだ。過去の陋習を否定する社会主義国の元首の還暦を祝うというのには違和感があるが、新聞記事も好評の上、朝鮮総連（在日朝鮮人総連合会）関連で相当な部数も見込める。社会の木鐸とはいっても、ビジネスなのだから仕方がないことだろう。金日成の誕生日の四月十五日には間に合わないので、建国紀念日がある九月発売を目途に編集作業が進められた。もちろん写真の多くは北朝鮮提供、記事については北朝鮮当局が目を通すということだったはずだ。

さて、別冊の見本もできて、取り次ぎなどに配られたその時だった。おそらくは朝鮮労働党対南事業担当秘書が所轄する統一戦線部、もしくは社会文化部だったろうが、朝鮮総連を通じて発刊中止を強く求めてきた。事前に内容のチェックを受けているのに、どうしてこの時点で発刊中止を求めてくるとはどういうことなのか。具体的にここが問題だという指摘もなく、ただ発刊中止の一点張りだから、新聞社も困惑するばかりだったろう。結局は著者の意向は絶対なのが日本出版界の原則だ。その結果、相当な部数の別冊が裁断という結果に終わったと聞いている。

では、北朝鮮にとってどこが問題だったのか。日本側は当初、唖然とするばかりだったろうが、よくよく考えてみると問題は巻頭の金日成のポートレートしかない。校正などでつい見逃してしまうところだが、写真は北朝鮮の提供なのだから、それほど神経を遣うこともない。ではなぜかと写真をしげしげと眺めると、大きく口を開いて笑っているため、前歯二本の裏側に金冠が光っており、歯の治療痕が見える。ほかに問題となりうる箇所が見当たらないことから、これが問題だったとの結論に至ったという。

そうとわかっても、それがなぜ重大な問題なのかと頭を捻らされる。往時の金日成を知る者によれば、彼の前歯は反っ歯だったそうだが、それを矯正したとしてもなにが問題なのか。もちろん、玉体に傷があることを広く知られるのは耐え難いという時代錯誤的な過剰忠誠分子が強く主張して、発刊中止に追い込んだとしても、北朝鮮という国の特異性からして不思議ではない。

さらに踏み込んで考えると、歯型、歯の治療痕、そしてそのカルテは、本人確認の決め手になるものだ。その一部でも知られること、しかも日本で公表されることを恐れたという推測は成り立つだろう。ちなみに二〇一八年二月、平昌冬季オリンピックの際、金正恩の実妹、金与正が訪韓した。帰国するに当たり、髪の毛一本も残すことなく、一切を回収して韓国を去ったという。そして同年四月末、金正恩と金与正は板門店の韓国側施設に入った。この時もこの二人は、生物としての痕跡を一切残さなかったと伝えられている。明らかにDNA鑑定の試料を残さないようにしている。

そこまで本人確認にこだわるとなると、憶測は限りなく広がる。まず、前述したキム・イルソン将軍と呼ばれた人物と、金日成主席とはまったく関係ないことが判明することを恐れているからだと考えてもおかしくはない。今となっては、四人のキム・イルソン将軍、金昌希、金光瑞、金成柱、金一星のDNAはもちろん血液型すら探る糸口はないのだが、ひょっとすると探り出されかねない。家系を克明に追って行けば、その末裔が韓国のどこかに住んでいるかもしれないからだ。

そしてすぐにも気が付くのが影武者の存在だ。「金日成死去」のニュースは何度も流されたし、原因不明の爆発事故も報じられている。この全部がテロだとはいえないが、テロではないと断言することもできない。そのような危険に満ちた国で独裁体制を維持するには、影武者は不可欠だろう。そもそも傘寿を迎えた人が、毎月一五日間も現地指導と称して全国を歩いていたということも、影武者の存在を示唆するものではなかろうか。影武者の活用は、敵を混乱させるためのパルチザン戦術そのものでもある。

こんな雲をつかむような推測について、ソウルの消息通に聞いてみたところ、影武者の存在は否定しなかった。しかし、一九四五年十月にソ連軍政当局からキム・イルソン将軍と紹介された人物と、九四年七月に死去した人物とは同一だと断言していた。どうしてそういえるのかと尋ねると、「人間が発する雰囲気というものは、そうそう変えられるものではない」とのことだった。

金成柱になりすました理由

朝鮮半島北部において、半世紀以上にわたり元帥、首領、主席として君臨した金日成は、一九一二（明治四十五）年四月に平壌の郊外、平安南道大同郡古平面南里に生まれ、金聖柱と名付けられた。父は金亨稷（一九二六年に死去）、母は康盤石（一九三二年に死去）、弟に金哲柱（一九三五年に死去）、金英柱がいる。一九一二年といえば、日本では大正改元（七月）、中国では中華民国成立（一月）、ヨーロッパでは第一次バルカン戦争勃発（十月）、朝鮮半島では東洋拓殖会社による日本人の集団移民が始まった年だ。

この古平面南里の一帯は、長らく荒れ地で放置されていたが、金日成の神格化が進められ始めた一九七〇年代に入ってから整備された。地名も昔のままではさまにならないとし、出典は『後漢書』の「万人等しく景仰」する罔の意で万景台と改名された。もちろん国民は参拝の義務が課せられているようだが、外国人の観光客、招待客も平壌を訪れれば、なかば強制的に連れて行かれて学習となり、延々と説明を聞かされる羽目になるそうだ。[註38]

朝鮮の姓は二七五ともいわれるごく限られた数だが、「金氏」を名乗る家すべてが同族ということではない。「本貫」とか単に「本」と呼ばれる祖先発祥の地が同じであることによって同族意識が共有され、「門中」となって親戚ということになる。長らくこの「同姓同本」の家の間の婚姻はタブーで、法律で禁止されていた時代もある。本貫は一つという家もあり、同姓ならば同本となるが、人口の二割以上も占める金氏の場合、本貫は二八五にも分かれる。金日成の家系は、「全州金氏」という人もいるが、「金寧金氏」が正しいとされる。

ちなみに、第一四代の韓国大統領、金泳三も「金寧金氏」の家系だ。もちろん、それだけが理由ではないにしろ、金泳三は最初に南北首脳会談を行なうと強く希望していた。ところが一九九四年七月に金日成が死去し、後継者の金正日が喪に服すということになり、金泳三による南北首脳会談は実現しなかった。それに代わって「金海金氏」の金大中によって最初の南北首脳会談が実現することとなった。

「同姓同本」の門中は、花樹会、宗会、宗親会、例えば晋州姜氏ソウル宗会といったものを組織する。そこで一族の系図となる「族譜」を編纂し、おおむね三〇年ごとに門中の古老や学識者が集まって「族譜」の改定、補充を行なう。その席で、それから三〇年の間に生まれる者の名前に付ける門中共通の一文字を決める。中国ではこれを「輩行字」というが、朝鮮では「行列字」と称する。その漢字は旁や偏、象形や意味などで「陰陽五行」の「木火土金水」に区分し、多くはこの順で三〇年ごとに回して行く。偏が金だが「金」でない場合があり、とても日本人は付いて行けないが、最近になると韓国でもよほど漢籍に通じている人でなければわからないようだ。

前述したように金三兄弟は、聖柱、哲柱、英柱だから、「木」の「柱」が行列字だ。一九一〇年代から四〇年代、少なくとも平安道に居住していた「金寧金氏」の家では、生まれた子供に「柱」の字を付けていたはずだ。実際、聖柱の従兄弟は永柱、元柱という名前だ。そして親が「聖」「哲」「英」の一文字を選んだのも、キリスト教の影響下にある家としてはごく自然だ。一九六〇年代までは、金日成自身も自分は吉林の毓文学校生徒の金聖柱と認めていたこともある。[註39] ところがいつのまにか、金成柱だとなった。共に発音は「ソンジュ」、行列字は柱でおかしくはないと思ってしまう。北朝鮮に批判的な識者の間でも、抵抗感なく金成柱を本名として記述している場合があるようだ。実はそこに大きなトリックが秘められている。

最初に金日成と漢字表記された東北人民革命軍指揮部の政治委員、東北抗日連軍第六師長で普天堡を襲撃した金成柱と混同させようとして、金聖柱改め金成柱としたと考えられる。発音も行列字も同じだから、つい混同してしまうのも無理はない。ところが本物の金成柱の行列字は、「柱」ではなく「成」だった。一九四〇年に抗日地下組織に属する金成甫という人が逮捕され、自分は金成柱の従兄だと自供した。それから金成柱の行列字は、「柱」ではなく「成」だと判明した。

しかし、金成柱と金聖柱は、まったく関係ないということではない。一九三七年初頭、東北抗日連軍の少年兵の金英柱が捕縛され、その自供によると実兄の聖柱も東北抗日連合軍第六師にいるということだった。金聖柱はどのような地位だったのか不明にせよ、金成柱の部下だったことは確かなようだ。なお、捕縛された金英柱は少年ということで釈放されたうえ、当局の紹介によって新京（長春）の日本人経営の商店に勤めていたという[註40]。

前述したように金成柱は、一九三七年十一月に射殺されるが、それからも金聖柱は部隊に止まり、東北抗日連軍に改組されてからは第二方面軍の排長（小隊長）ぐらいの地位にいたのだろう。そして満ソ国境への逃避行の末、一九四〇年から四一年の冬にソ連領に入ったと思われる。そして第二方面軍の女性工作隊員だった金正淑と結婚、一九四二年二月に金正日がウラジオストク近郊のオケアンスカヤで生まれることとなる[註41]。

東北抗日革命軍に加わる前、金聖柱はどういう生活を送っていたのか。早くに家族で吉林省に移住し、本人は何度か平壌と往来したようだが、なにをして生活していたのか諸説あってはっきりしない。当時の満州の世相からして、流賊や毛賊の一員となって勝手気ままな生活をしていたとしてもなんら不思議ではない。ソ連に入ってからNKVDの厳重な査問で金聖柱がどう答えたかはまったく不明だが、ソ連当局がこれは使える男だと判断したことは間違いない。共産党員でもなく、抗日運動歴も定かではなく、もちろん社会主義とはなにかをまったく理解していない人物を一国の指導者に選ぶとは、なんとも乱暴な話だ。

そこには、ソ連独特の判断があったということになる。まず風采だ。スターリンはグルジア出身の小柄な人だったというが、マッチョ崇拝のお国柄か、大柄な人を好ましいとするのがスラブ人の思潮のようだ。金聖柱の身長は一メートル七三センチ、当時の東洋人としては上背がある。平壌に現れた頃の金聖柱は、肥満体ではなかったが、痩せぎすではなかったという。そして歩き方は外股ぎみで、セカセカしておらず鷹揚に見えるが、そこが大事な点のようだ。だから国家元首となって公式の場所でもあの歩き方を改めず、それがかえって彼の好感度を高めていた。

どこの国とも関係がない人物とは、ソ連にとって結構なことだ。中国共産党と関係が深いと、将来なにかと厄介な問題が生じかねない。それはすぐにも証明された。もちろん日本との関係は皆無、朝鮮の社会主義者との関係もない。社会主義や共産主義のイロハも知らないが、それは教え込めばよいことであるし、そういう人の方が教条的になることを経験豊富なソ連軍政当局やＮＫＶＤはよく知っている。ロシア語が通じないのは不便なものの、やたらと横文字を並べるタイプは、外勢の動きに敏感な朝鮮の風土には受け入れられない。そもそも、異民族の指導者を選ぶ際、優秀な人材は極力避けて、いつまでもコントロールできる二流の者を充てるのがロシア時代からの伝統だ。

あとは嘘でもホラでも、プロパガンダを執拗に重ねて洗脳すれば、すぐにも民衆の間で事実と認識され、選ばれた指導者に権威というものが定着する。まさに卓見だ。もしこの時、学歴もあり、共産党員としての国内活動歴もある人がトップに選ばれていたとすれば、北朝鮮は社会主義国ではあったろうが、まったく違った体制になっていたはずだ。少なくとも核兵器と長距離弾道ミサイルで世界を恐喝するようなことはなかっただろう。

虚構、捏造、改竄による神格化

経歴も定かではなく、どう見ても学識がない三三歳の金聖柱を朝鮮の指導者に選んだソ連軍政当局、もしくはＮＫＶＤは、お手のものの歴史の歪曲によってこの男を民族の英雄に仕立て上げるのは簡単だと思っていただろう。ところがプロパガンダの本家のソ連が驚くほど、金聖柱自身と彼を取り巻く熱誠分子、過剰忠誠分子の活動は徹底したものだった。

その宣伝は国外にも及ぶ。朝鮮労働党中央が史実として決定したものをまとめ、日本で発刊された年表（『朝鮮史年表』鄭晋和編、雄山閣、第三版、一九九二年四月）で金日成こと金聖柱の足跡を追うと、そのプロパガンダの大胆さ、奇抜さには驚かされる。そして、このようなことを日本などでの出版物も国内向けのプロパガンダに活用する。日本でもこれを史実として認めているではないかというわけだ。欧米の有力紙に意見広告を載せ、世界はこれほど北朝鮮を評価していると国内に宣伝する。

これらプロパガンダの全体的な筋書きは、父親の金亨稷による抗日運動、反帝国主義運動を金聖柱が受け継いだということから始まる。そして彼の最初の政治的な活動は、一九二六（昭和元）年十月、吉林省樺甸県において共産主義的革命組織「打倒帝国主義同盟」の結成に始まり、この時に主体思想なるものも創始したという。[註42]当時、金聖柱は一四歳、華成義塾という中等学校の生徒だった。もちろん真偽のほどを調べる手立てはないものの、社会主義や共産主義についての基本的な文献も手にしたことがない中学生が、それまでの社会主義理論を越える理論を編み出したと言い切るその度胸には感心するほかない。

一九三〇年秋、金聖柱は吉林省懐徳県で農村の組織化に従事していたという。その際、同志から朝鮮人民の明星、太陽になってくれといわれ、金一星、金日成と名乗ることとしたとする。金日成は襲名ではなく、あくまで自分のオリジナルだと主張しているわけだ。金日成だけでなく、その対になる金一星も付け加えるところは芸が細かい。こうすれば、初めて金日成と漢字で表記された者と、それを襲名した金一星、実はどちらも自分だといえることになる。

そしてもちろんハイライトは、抗日武装闘争での戦歴だ。北朝鮮での公式記録によると、金日成は一九三二（昭和七）年春、二〇歳から抗日武装闘争に入ったとする。それは四月二十五日、間島省安図県で抗日遊撃隊、もしくは朝鮮人民革命軍、はたまた東満人民反日遊撃隊を創設したとされる。どれが本当の名称なのかはっきりさせないところが巧妙だが、とにかくこの日が朝鮮人民軍の建軍紀念日としている。ところが、朝鮮人民軍創設が宣布されたのが一九四八（昭和二十三）年二月八日だとし、この日を建軍紀念日とする場合もある。この使い分けは絶妙だ。

一九四一年からの金日成は地下工作に入ったため、武装闘争は行なわなかったとする。これは、この年にソ連領に遁入したことを示している。それまでに金日成は一〇万回の戦闘を指揮したと豪語している。もちろん一〇万回とは、白髪三千丈式の比喩にしても、大きく出たものだ。しかも百戦百勝というのだから、ゲリラ戦の名手として知られる中国の朱徳や彭徳懐、ユーゴスラビアのチトー、ベトナムのボーグエン・ザップ、キューバのチェ・ゲバラも脱帽しなければならない戦歴だ。そして不敗の「鋼鉄の霊将」となるわけだ。とにかく大風呂敷だが、プロパガンダというものは、真偽はそれほど問題ではなく、より誇大な話を繰り返すことによって成功するという原則には合致する。

北朝鮮で原稿が作成され、翻訳の上、日本で出版された年表などを見ると、金日成が指揮した抗日戦闘の最初は、一九三三年三月末だったとされる。場所は豆満江岸の南陽から北へ四〇キロの間島省汪清県の小汪清という所だ。図佳線（図們〜牡丹江〜佳木斯）や興寧線（新興〜城子溝、二一六キロ）が開通する前のことだ。豆満江で朝鮮と接する間島省で戦闘が起きたことは不自然ではないが、日本側の記録には見られない。

この頃、朝鮮人が主体の抗日武装集団は、吉林省南部、奉天省と接する盤石県で活動していたとされる。金聖柱は吉林省で育ったとされるから、この盤石県の集団に加わったとするのが自然だ。ところが、そこから東へ三〇〇キロの汪清県で最初の挙事をしたというのは腑に落ちない。しかもその九月、汪清県から北東一二〇キロの牡丹江省東寧県で戦闘を交えたという。

これも日本側の記録にはない。史実を確認することはできないが、金聖柱がパルチザンの一員として抗日武装闘争に加わっていたことは事実だろう。なぜなら、それしか生きる道がないからだ。武装闘争とはヒロイックだが、実態は前述してきた補給闘争だ。治安粛正作戦を展開する正規軍相手に正面から挑むことではなく、生存のための闘争だ。

補給闘争を模式化すると、興味深いことが浮かび上がってくる。目標へ接近する際に治安要員と接触して一発でも発砲すれば、それで戦闘一回目。目標の治安組織を制圧するので戦闘二回目。武器で威嚇しながら物資を収奪、これが戦闘三回目。輸送や身代金目当てで拉致、これが戦闘四回目。帰途、警戒が手薄な村落があれば、帰りがけの駄賃で襲撃、戦闘五回目。追っ手を振り切る、これが戦闘六回目。しかも、追っ手がかかれば分散するから、さらに戦闘回数は増える。北朝鮮の史料を見ると、特筆される金日成が指揮したとされる戦闘は四〇回ほどになるが、それぞれが戦闘数回からなるとすれば、一〇万回は無理にしろ、数百回と主張しても根拠はある。

この戦闘の回数に始まり、金日成の武勇伝を本当かどうか確かめにくくしているのは、全部が全部、虚偽あるいはホラではないことによる。交戦双方が共に確認している事実をまず記し、それにあれこれ味付けや講釈を付け足しつつ虚偽の事柄を潜り込ませているから、判断に苦しむことになる。

その典型的な例が、大きく取り上げられた一九三七年六月の普天堡戦闘、日本側でいうところの保田襲撃事件だ。まず、地元の支援を受けて補給闘争をしたのは東北抗日連軍とは記さず、正体不明の朝鮮人民革命軍だとする。日本の読者にとって、どちらでもよいことだ。その指揮官は金日成だとするが、その本名は金成柱だと知る人は、ならば平壌に君臨する首領、主席その人だと思い込む。その計略のため、金聖柱は金成柱と名乗ったのだろう。

さらには単なる笑い話や冗談までも活用し、他人の戦績を我が物にしたり、神格化の手段としたのが、金日成主席だった。まず、最初に知られた抗日義将の金一成こと金昌希の戦歴だ。金一成将軍は民族の聖地、白頭山を根城にしていたことで、多くの共感を得て信仰の対象にもなった。これは結構な話、頂きましょうと金日成は自分の戦歴に組み入れた。長らく白頭山の山中に密営地を設けて戦ったとして、自分を「白頭山の虎」と呼ばせた。さらに長男の金正日は一九四二年二月、猛吹雪の中、この密営地で生まれたとし、二代目の神格化にも活用した。一九四二年に金日成が白頭山にいるはずがないが、この年に金正日が生まれたことは事実だ。ここにも真偽取り混ぜて人を煙に巻き、信じ込ませるテクニックを見ることができる。そして今日、「白頭山密営革命戦跡地」とし、国民に参拝を義務付け、神話を完結させている。

また一つ、金一成将軍が「飛将軍」と呼ばれていたことも、利用する価値がある。部隊を細かく区分し、広い正面での存在を誇示し、相手の判断を混乱させる戦法だが、金成柱や金一星も多用していた。しかし、展開地域にはおのずと限界もあるし、乗馬で機動したとしても一日五〇キロ以上は無理だ。それでは神話にならないので、「縮地の法」なるものを持ち出した。なんと金日成には魔法の心得があり、距離を縮めることができ、場合によっては瞬間移動も可能だと言い出した。ヘリコプターを作って飛んでいたという大ボラの方がまだましだ。

これが昔の笑い話で済まされないところに深刻な問題がある。韓国で大統領選挙があった一九九二年、北朝鮮の統一戦線部は左傾地下組織に指令を発した。その内容は、「金正日同志は江原道で現地指導する」「金正日同志は縮地法を使って韓国を自由に歩いていると宣伝せよ」というものだった。悪い冗談かとだれもが笑い飛ばしたかと思いきや、信じていた人がいたというから、洗脳の恐ろしさを実感させられる。[註43]

金光瑞の武名も盗用する価値十分だ。白馬に跨がって雪の戦線を疾駆する英姿は、人の心をくすぐるものがある。そこで金日成は、これも頂きましょうということで、白馬に乗って白頭山の樹海を進む姿を絵画にして仰々しく展示した。これがその白馬ですと、馬だけの写真も付け加えたとは芸が細かい。金日成が白馬に跨がった写真や映像を見たことはないが、金正日が白馬で乗馬を楽しんでいる映像は公開されている。ちなみに北朝鮮では、白馬に乗れるのは金王朝一族だけで、ほかは禁止されているという。

さらには馬の伝説まで自分に有利に活用した。それが「千里馬キャンペーン」だ。なお、朝鮮では一里四〇〇メートルだ。この出典は『戦国策』で「臣聞、古之君人、有以千金求千里馬者」だ。金日成は、「我こそ千里馬」と言いたかったのだろう。一九五六年末から始まった大増産計画は「千里馬運動」と名付けられた。その全国的な熱気を使って延安派粛清の「五六年危機」を乗り切っている。[註44]続く金成柱、金一星の事蹟の盗用、すり替えは簡単だ。キム・ソンジュ、キム・イルソンの音だけで解決できて、人を信じ込ませることができる。

七〇年以上続く北朝鮮の体制を変えるためには、こうして成立した金日成神話を打ち崩す必要がある。そうして初めて北朝鮮という国家が変革し、朝鮮半島問題が抜本的に解決するはずだ。朝鮮戦争を巡る三人の独裁者、すなわちスターリン、毛沢東、金日成のうち、正統性を欠いているのは金日成だという指摘を忘れてはいけない[註45]。


［註1］金学俊著『北朝鮮五十年史』朝日新聞社、一九九七年十月、六五頁〜六六頁。

［註2］金賛汀著『北朝鮮建国神話の崩壊』筑摩選書、二〇一二年六月、六四頁。

［註3］李命英著『四人の金日成』成甲書房、一九七六年十一月、三〇五頁〜三〇六頁。鉄道に関しては、『日本鉄道旅行地図帳「歴史編成」満州樺太、朝鮮台湾』新潮社、二〇〇九年十一月。

［註4］和田春樹著『北朝鮮　遊撃隊国家の現在』岩波書店、一九九八年三月、五四頁〜五五頁。

［註5］金学俊著前掲書、九八頁
［註6］アンドレ・ランコフ著『民衆の北朝鮮　知られざる日常生活』花伝社、二〇〇九年十二月、一五三頁。

［註7］李韓永（李一男）著『金正日が愛した女たち　金正男の従兄が明かすロイヤルファミリーの豪奢な日々』徳間書店、二〇〇一年六月、八七頁〜八八頁、三九九頁。

［註8］王魁、常城、李鴻文、朱建華共著『満州現代史』現代企画室、一九八八年一一月、二二二頁。

［註9］E・Mジューコフ監修・著『極東国際政治史〈上巻〉』平凡社、一九五七年七月、二六七頁。

	戦闘参加のパルチザン数	交戦回数
一九〇七（明治四十）年	四万四一一六人	三二二回
一九〇八年	六万九八〇四人	一四五一回
一九〇九年	二万七六六三人	九五三回

一九一〇年　一八九一人　一四七回

［註10］佐々木春隆著『韓国独立運動の研究』国書刊行会、一九八五年四月、七九頁。

［註11］李命英著前掲書、三八頁～三九頁。

［註12］李命英著前掲書、四七頁～四九頁。

［註13］佐々木春隆著前掲書、七四四頁～七四六頁。

李命英著前掲書、一一四頁～一一八頁。

［註14］秦郁彦編『日本陸海軍総合事典』東京大学出版会、一九九一年十月、六五〇頁～六五二頁。

［註15］李命英著前掲書、五一頁～五四頁。

［註16］渡辺龍策著『馬賊』中公新書、一九六四年四月、二二頁～二四頁。

［註17］金学俊著前掲書、二六頁。

［註18］奥村房夫監修『近代日本戦争史第二編』同台経済懇話会、一九九五年四月、一六〇頁、一六九頁～一七〇頁。

［註19］佐々木春隆著前掲書、七七三頁。

［註20］佐々木春隆著前掲書、四八七頁～四九三頁。

［註21］姜徳相編『現代史資料28、朝鮮4』みすず書房、一九七二年六月、一二三頁～一三七頁。

［註22］佐々木春隆著前掲書、五〇二頁～五一四頁。

［註23］韓国史事典編纂会、金容権編著『朝鮮韓国近現代史事典、一八六〇～二〇一二』日本評論社、二〇一二年六月、一七〇頁。

［註24］防衛庁防衛研修所戦史室編『戦史叢書　大本営陸軍部1』朝雲新聞社、一九六七年九月、三〇六頁～三〇七頁。

［註25］王魁喜、常城、李鴻文、朱建華共著前掲書、一八七頁～一八九頁。

［註26］渡辺龍策著前掲書、一三三頁～一三六頁。

［註27］王魁喜、常城、李鴻文、朱建華共著前掲書、一九八頁～二〇一頁。

［註28］佐々木春隆著前掲書、六六〇頁～六七四頁。

［註29］E・Mジューコフ監修・著前掲書下巻、一〇四頁。

［註30］佐々木春隆著前掲書、七四六頁～七四八頁。なおこの出典は、満州国軍政部軍事調査部編「満州共産匪の研究第一」（一九三六年刊）。

［註31］李命英著前掲書、一一六頁。

［註32］姜徳相編『現代史資料30、朝鮮6』みすず書房、一九七六年七月、二九九頁。

［註33］姜徳相編前掲書、三一九頁～三二二頁。

［註34］李命英著前掲書、一九五頁～一九八頁。

［註35］李命英著前掲書、二一八頁～二三〇頁。

［註36］佐々木春隆著前掲書、八〇六頁～八〇八頁。

［註37］李命英著前掲書、二三〇頁。

［註38］黄民基編『金日成調書　北朝鮮の支配者その罪と罰』光文社、一九九二年三月、五三頁～六三頁。

［註39］宮塚利雄著『北朝鮮観光』ＪＩＣＣ出版局、一九九二年八月、五五頁～五六頁。

［註40］和田春樹著前掲書、二八頁。

［註41］李命英著前掲書、三一四頁。

［註42］糟谷憲一、並木真人、林雄介共著『朝鮮現代史』山川出版、二〇一六年七月、一九九頁～二〇四頁。

［註43］鄭晋和編『朝鮮史年表　第三版』雄山閣、一九九二年四月、六三頁。

［註44］李度珩著『北朝鮮化する韓国』草思社、二〇〇四年四月、一二六頁。

［註45］林建彦著『北朝鮮と南朝鮮　一つの朝鮮への道』サイマル出版会、一九七一年十月、八五頁。

［註46］ディヴィット・ハルバースタム著『ザ・コールデスト・ウィンター　朝鮮戦争』文芸春秋、二〇〇九年十月、一〇六頁～一〇八頁。

第二章　朝鮮戦争中にあった金日成の危機

平安北道・大楡洞における金日成（前列右から三人目）と彭徳懐（同二人目）

誤判の累積がもたらした朝鮮戦争

南進を補給闘争の延長と考えた北朝鮮

北朝鮮の権力中枢部にありながら政争に敗れ、処刑こそ免れたものの、亡命生活を余儀なくされた人は相当な数に上る。亡命先は中国やソ連が多かったが、社会主義の友好国に亡命する、またそれが受け入れられたとは不可解なことだった。一九五七年十二月、駐ソ大使であった李相朝中将は、なんとソ連に亡命した。現役の大使が任国、それも友好国に亡命したとは、寡聞にしてほかに例を知らない。そして李相朝が長らく最高位の亡命者だった。亡命後、彼はミンスクの国立研究所の研究員を長らく務め、一九八九年九月に韓国を訪問、生まれ故郷の釜山、東莱も訪れた。

ソウルで李相朝は、報道インタビューを受け、多くの人との談話の機会も設けられた。彼は「自分は依然として社会主義者である」と前置きしてから話を始めていたという。そして朝鮮戦争の話に及ぶと、「あれは大義名分なき戦争、強大国の代理戦争で民族の悲劇」と総括するのを常としていたと聞いている。では、火を付けたのはだれかとなると、金日成とそれを取り巻く一握りの側近だったという。自分は蚊帳の外ということだが、あの時、総参謀副長で偵察局長を兼務していた人物からこういわれると、強い違和感を抱かざるをえない[註1]。

ソ連や中国の同意、もしくは示唆があって一握りの人たちによる南進決定だったとしても、それは当時の北朝鮮権力層の共通した願望だったはずだ。たとえ社会主義者であっても、朝鮮民族ならばだれしもソウルあっての朝鮮という意識だ。平壌を支配していても、そこはあくまで地方の都市であってソウルとは格が違うことはだれもが意識している。李氏朝鮮が五〇〇年にわたって築き上げたソウル（漢城）を扇の要とした中央集権体制は、そう簡単には変えられない。北朝鮮では一九四八年九月の建国から七二年十二月の憲法改正まで、共和国の首都はソウルと定めていた。一方、平壌はといえば「革命の首都」とするのが一般的だった。

一九四八年九月、朝鮮民主主義人民共和国が成立し、その共和国政綱で強調されたことは、「国土の完整と祖国統一」だった[註2]。「完整」という言葉は、旧軍や自衛隊でも使われるが一般的ではないようだ。ここでは「完全に整理」「完璧に整頓」という意味と理解できよう。すなわちソウルに入り、釜山まで進んで初めて「国土完整と祖国統一」が成し遂げられるとし、そこから南進は二つの「正義の戦争」の発動だと導く。すなわち「南朝鮮同胞たちを資本家階級の搾取と圧迫から解放するための階級闘争」と「南朝鮮をアメリカの植民地統治から解放するための民族解放戦争」だ[註3]。このような理論付けがなされているから、南侵や対南テロ工作にも謝罪するという意識そのものがないわけだ。

もちろんこれは、自己を正当化する理論であって、行為を起こさせる原動力ではない。補給闘争をしなければ生きて行けないという切迫感こそが、彼らを衝き動かしている。常に北朝鮮にとって差し迫った問題は、経済というよりはどうやって食べて行くかだ。朝鮮戦争を始める動機もそこにあった。北緯三八度線の北、当時の北朝鮮領域には、日本が残していった工業施設があったから、韓国よりも恵まれていたと語られてきたが、それはまったくの見当違いだ。たしかに、黄海道海州と平安南道勝湖里にはセメント工場、平安南道兼二浦と咸鏡北道城津には製鉄所、そして咸鏡南道興南には化学肥料工場と、当時としては大規模な重化学工業の施設があった。

ところがドイツや満州と同様、朝鮮半島にもソ連軍と共に国家計画委員会（ゴスプラン）の物資接収部隊が入ってきた。敵性資産（日本財産）かどうかなどお構いなし、動かせる物、剥がせる物を一切合切持ち去った。当時、朝鮮最大の財産といわれた鴨緑江の水豊ダムも無事ではなく、六基あった発電装置のうち、構造的に取りはずせる三基をタービン・ブレードごと持ち去った。[註4] これをどこに持って行ったかというと、ドニエプル川のサポロジェ発電所の復旧に充てたという。接収物資の鉄道輸送は大規模なものとなり、この警備のため鉄道保安隊が一九四六年一月に編成されたが、これが北朝鮮軍の始祖となる。この収奪によって一九四八年十二月にソ連軍が撤収した時、朝鮮半島北部は空っぽの状態だった。

一九四七年五月、米ソ軍政当局は南北交易を認め、開城付近の土城と大院里、ソウル北方の梁文里、春川付近と三八度線上の四カ所で物資の交換が始まった。北朝鮮が求めた物は、電球などの家電製品、医薬品、靴底に使う生ゴム、繊維製品、自動車部品などで、交換する物は明太（スケトウダラの干物）、スルメ、朝鮮人参などだった。韓国側としては、化学肥料や鍬など農耕用の簡単な金属製品を期待したが、北朝鮮側は「それはこちらが欲しい物」というのだから、北朝鮮の窮状をうかがい知ることができる。そして今日、この点はいまだに改善されていない。

そして北朝鮮が直面していた最大の問題は、食糧需給の見通しが立たなかったことだ。朝鮮半島は一つの経済圏として機能していたが、それをまったくの人為的な線、北緯三八度線で分断したのだから、混乱は不可避で北朝鮮だけに責任があるわけではない。北朝鮮領域で知られた米作地は、黄海道の載寧郡と鳳山郡、そしてブランド米で有名な鉄原盆地ぐらいだ。これでは当時九六〇万人の需要は満たせないし、農耕地が少ない咸鏡南北道に回すのも大変だ。これまた北朝鮮は、この食糧生産と物流のネックを改善できないまま、今日に至っている。

一九四六年三月、北朝鮮では土地改革法令が公布され、同月中に土地改革が終了したといわれる。土地改革の骨子は、無償没収の無償配付というもので、五町歩（約五ヘクタール）までの個人所有、耕作が認められた。ところが一九五八年八月までにすべての農民が農業協同組合に強制加入させられ、だれもが私有農地を失った。結局、農民が自分の土地を耕せたのは一〇年そこそことなり、これでは農民の勤労意欲がわくはずもない。[註5] その結果、食糧需給は綱渡りの連続、すぐにも飢餓となる。一九九五年から九九年までに三〇〇万人が餓死したと伝えられているが、規模は違ってもこのような事態はたびたび起きていたはずだ。

では、北朝鮮はこの苦境をどのようにして打開しようとしてきたのか。彼らが思いつくのは、パルチザン時代の補給闘争、「ないものは奪ってくる、欲しいものは取ってこい」という衝動的な解決策だ。解放直後から、当時は韓国領だった黄海道の延白平野（延安、白川）、その西の甕津半島では、穀物や家畜の強奪事件が頻発した。北朝鮮の民衆による犯行だが、それを官憲、軍が支援するケースも多く、国家総出の組織的な補給闘争だった。それが発展し、朝鮮戦争という大規模な「押城」（押し込み強盗）となった。補給闘争、それが北朝鮮の経済活動の柱となり、そのような下部構造によって規定される上部構造、すなわち政治や外交も南進統一、ソウルへの「押城」となると説明するほかない。そして今日、核兵器と長距離弾道ミサイルで恫喝する地球規模の補給闘争に発展してしまった。

さらには、朝鮮半島北部の風土が共産主義、社会主義にそぐわないことも問題を複雑にしている。日本統治時代から、朝鮮半島北部の黄海側は民族主義的な色彩が濃い地域で、平壌を中心としてゴム底靴、絹糸、酒類などの地場産業が盛んだった。農地の寡占が極端だった南部よりも富の格差が少なく、社会主義が定着する素地がなかったのだろう。一九二二（大正十一）年十二月、曺晩植が提唱した国産品愛用運動の朝鮮物産奨励会が盛んだったのもこの地域だった。[註6] また、政治とは縁のないようなごく普通の主婦も、毎日の買い物の釣銭をためて上海臨時政府への義捐金にするのも平壌が中心だった。そういった風土にソ連は社会主義体制を強要したのだから混乱は不可避で、そのためさらに強圧的な政治や行政となった。

一九四五年十二月二十一日からモスクワで開催された米英ソ三国外相会議は、朝鮮独立に関

する第三部で下記四項目のモスクワ協定を定めた。[註7]

一、朝鮮を独立国として再建することを前提として、臨時朝鮮民主政府を設立する。

二、右政府の樹立を支援し、初期の施策を決定するために、南北朝鮮の米ソ両軍司令部の代表をもって米ソ合同委員会を設置する。同委員会は各種提案の作成にあたって朝鮮の民主的諸政党および諸社会団体と協議する。同委員会の勧告は、米ソ両国政府の最終的決定にさきだって米・英・中・ソ四国政府に考慮をもとめる。

三、四国による信託統治を五カ年以内の期間で実施することとし、合同委員会は朝鮮臨時政府と協議してこれに関する取決め案を作成する。

四、南北朝鮮の当面する緊急問題を討議するため、朝鮮にいる米ソ両軍の代表者会議を二週間以内に招集する。

この三国外相会議の決定は、形にはならなかった。東西冷戦が顕在化する中で形になる協定ではないにしろ、もしこの決定で事が進めば金日成体制というものは生まれなかっただろうから、これもひとつの朝鮮半島情勢の曲がり角だったといえよう。ソ連軍政当局は、信託統治問題を踏み絵に使い、反対派は民族主義者と断定し、その活動分子を中央アジアに流刑という強圧手段に出た。そして一九四六年一月には、平安人民委員会全体会議において信託統治に反対する曺晩植らを軟禁処分とした。これで、北朝鮮における民族派は団結の核を失った。

寄せ木細工をまとめ上げた南進路線

民族主義者を排除すれば、ソ連軍政当局が主導する共産主義勢力が一枚岩になるかと思いきや、朝鮮半島の政治風土からしてそう簡単な話ではない。まして外勢の動きに敏感で、いくら武力を背景にするソ連にも唯々諾々と従う民族性でもなかった。朝鮮戦争前、北朝鮮の権力中枢部は、まったくの寄せ木細工だった。それを要約すると次のようになる。

・北労党系

朝鮮共産党は、一九二五（大正十四）年四月に結成され、コミンテルンに正式に加入したのは二八年九月のことだった。大正十四年五月、治安維持法が施行されて朝鮮共産党は徹底的に取り締まられ、朝鮮半島での政治活動はほぼ封殺された。これが解放と共に政治の舞台に現れるが、北緯三八度線で分断されたため、朝鮮共産党北朝鮮分局となり、すぐに北朝鮮共産党と改称された。この頃、中国共産党系の朝鮮独立同盟の主要メンバーが帰国し、一九四六年二月に朝鮮新民党を組織した。同年八月、朝鮮共産党と朝鮮新民党が合併し、北朝鮮労働党（北労党）となり、委員長は金日成、副委員長は延安から帰国した金科奉だった。

解放直後の一九四五年九月、朝鮮共産党平安南道地区委員長の玄俊赫は、白昼、平壌市内で暗殺された。朝鮮共産党の内紛によるテロか、ソ連軍政当局による謀殺なのか定かではない。玄俊赫は京城帝国大学哲学科卒、大邱師範学校教諭を務めたエリートだった。彼は柔軟な社会主義者で、民族派との連携も図り、曺晩植の片腕としても知られていた。もし玄俊赫がテロに倒れなければ、キム・イルソンというビッグネームに対抗できる存在として、北労党を主軸とする政権を打ち立てる可能性もあった。ここにも北朝鮮が普通の国となるか、特異な国になるかの別れ道があったことになる。

・南労党系

韓国では解放と同時に政治の季節となった。当初の熱気が多少とも冷めた一九四六年でも、一応の組織を整えた政党は五〇個、うち二〇個が左傾政党、三〇個が中立、もしくは保守系だったとされる。これらが左右合作を試みたり、離合集散を重ねて政情は混沌としていた。そんな中で組織と理論がしっかりしていたのは朝鮮共産党で、たちまち党員公称六〇万人という勢力となった。しかし、それがすぐにも韓国を支配する政治勢力とはならなかった。一九四六年七月、二〇もの左翼政党が合同会議を開き、「基本原則」を採択したが、その第一項が「モスクワ宣言（三国外相会議の決定）の全面支持、および米ソ合同委員会の再開、北朝鮮人民戦線との直接連絡と会談の準備」だった。[註8]

一九四六年十一月、朝鮮共産党が主導して左派三党（朝鮮共産党、中国共産党系の新民党、朝鮮人民党）が合同して南朝鮮労働党（南労党）が結成された。これに先立つ一九四六年五月、朝鮮共産党は政治資金を捻出するため紙幣を偽造していたが、これが米軍政当局に摘発された。この事件を契機として朝鮮共産党や南労党は非合法化され、主要な幹部には逮捕状が出されることとなった。朴憲永（忠清南道礼山出身）や李承燁ら幹部は越北し、黄海道海州に対南工作拠点を構え、ラジオ放送局まで準備していた。これにはソ連軍政当局の認可と北朝鮮労働党の協力があった。

韓国ではソウル、大邱、光州といった都市部を中心に確固とした政治基盤を有する南労党だが、北朝鮮では亡命してきたよそ者でしかなく、根なし草といった存在だ。結局、一九四九年六月に北労党に吸収される形で合同し、朝鮮労働党となる。もちろん南労党としては、面目にかかわる不愉快なことだ。そこで二〇万人もの地下組織がある韓国に攻め込み、解放者、勝者としてソウルに凱旋したいと強く望んだ。そうなれば北労党との関係も逆転する。朴憲永は副首相兼外相の立場で南進を強く働きかけた。結果としては、南労党系が牽引車となって南進となり、その甘い判断が最大の敗因となった。

・延安系

一九三四年十月から翌年十月までの中国共産党と労農紅軍による長征（大西遷）には朝鮮人も加わっていたが、延安にたどり着けたのはわずか二人で、そのうちの一人が武亭（金武亭、咸鏡北道鏡城出身）だったとされる。一九三七年八月に労農紅軍が国民革命軍第八路軍に改編された際、武亭はその砲兵司令官となった。その後、中国各地から山西省の南東部、太行山脈の西麓の解放区に集まった共産系の朝鮮人は、まず中国共産党の指導の下で華北朝鮮青年連合会、次いで朝鮮独立同盟を組織する。これが延安派の始祖となる。そしてその武力組織として朝鮮義勇隊が編成され、一九四四年頃に武亭を総司令とする朝鮮義勇軍となる。ものものしい名称だが、その実態は一個大隊にも満たない兵力だったとするのが定説だ。[註9]

日本が降伏し、中国にあった朝鮮人は帰国することとなり、武亭が指揮する朝鮮義勇軍と合わせて四〇〇〇人が鴨緑江に面する安東（現在の丹東）に集結したのが、一九四五年九月末だった。ソ連軍政当局に帰国申請をしたものの、なかなか入国が許されず、十一月中旬になってようやく入国できた。ところが、すぐさま新義州で武装解除され、個人資格での入国は許されたが、部隊としては中国に戻るよう命令された。進駐当初の混乱期に武装集団の帰国は厄介だから、武装解除して追い返したのだろうが、ソ連と中国共産党の疎遠な関係を物語る出来事だった。

このように延安系は、当初は微々たる勢力だったが、個人の資格で帰国する者が続き、それなりの影響力を持つようになった。そして満州での国共内戦が本格化すると、戦場に隣接する北朝鮮にある延安系の存在意義は重いものとなった。しかし、南労党系と同じく延安系には、北朝鮮国内に勢力基盤というものがなく、常に不安にかられていた。そこで中国の共産化に連続して朝鮮半島の共産化、すなわち南進を主張して己の存在をアピールすることは自然の流れだった。

・ソ連公民系

前述したようにソ連の国籍を持ち、沿海州から東部シベリアに居住していた朝鮮系住民三〇万人は一九三七年秋、中央アジアに強制移住させられた。その中で思想的に熱誠分子として認められた者、軍籍にある者が軍政要員、建軍の基幹要員として北朝鮮に入った。これがソ連公民系といわれる集団だ。[註10] 鉄の規律が支配する組織の一員といえども、その内情は複雑だ。帝政ロシア時代から公民だった者、ソ連邦になってから国籍を取得した者、その間には溝がある。咸鏡道の出身者が多かったとされるが、ほかからの移住者もおり、その間にはお定まりの地域対立がある。軍人ならば一律かと思えば、ソ連軍はそう単純な組織ではない。まず、陸軍といっても正規将校と政治委員（コミッサール）の違いがあり、ＧＲＵ（参謀本部諜報総局）の系列にある者もいる。軍の枠外にはＮＫＶＤ要員がおり、国境警備は彼らの任務だ。これらは常に緊張関係にあり、力関係も共産党の都合によって変化する。

そしてソ連公民系には、冷たい眼差しが向けられる。この連中、もとをただせばシベリアから沿海州をさすらった貧しい流れ者、ソ連の国籍取得を強制されたにしろ祖国を捨てたことには違いない。それがロシア人の走狗となって平壌の町を大きな顔をして歩き回るとは許せないとなる。だれもがそう蔑んだのではないにしろ、このソ連公民系はそう見られていることを意識していたはずだ。ソ連軍が駐留している間は安泰だが、撤兵したら自分たちはどうなるのか。そこで延安系と同じような発想で外に敵を作り、自分の居場所を確保しようと動き出す。それがすなわち南進だ。

・甲山派系

鴨緑江に面する咸鏡南道甲山郡と対岸の通化省長白県にあった東北抗日連軍の支援組織の構成員が甲山派系と呼ばれる。一九三七（昭和十二）年六月、東北抗日連軍の第六師による普天堡襲撃事件（保田事件）では、この甲山派がパルチザンの鴨緑江渡河支援、誘導、戦利品の運搬に当たったことで知られる。戦闘部隊としてのパルチザン、その戦闘支援や戦務支援を行なうのが甲山派系だから、一体化される場合もある。そしてまた北労党系と見ることもできよう。

しかし、ソ連の軍政当局は甲山派系とパルチザン系とを峻別している。ソ連に逃れて生き残ったパルチザンの多くは、検挙歴がなく身元も割れていない。それだからこそ金聖柱が伝説の金日成になりおおせたのだ。ところが甲山派系の多くは検挙されたことがあり、指紋も取られている。保田事件を重く見た朝鮮総督府は、鴨緑江の対岸も含めてこの一帯を捜索し、五〇〇人もの容疑者を逮捕した。そして一七〇人を送検し、裁判の結果、死刑が六人、無期が四人、ほかの多くは有期刑が宣告され、解放まで獄中生活を送ることとなった[註11]。

本来ならば甲山派系の構成員は、朝鮮半島に止まって抗日運動に挺身し、辛酸を嘗めた英雄となるはずだ。ところがソ連軍政当局、特にＮＫＶＤはそう見ない。処刑された者はさておき、生き延びた者は司法取引をして全面自供したのではないか、さらには刑の軽減を求めてダブルエージェントになったのではないかと猜疑の目で見続ける。さらなる問題は、甲山派系の幹部ならば、普天堡襲撃を指揮した第六師長の金日成は、ソ連から派遣された金成柱であり、平壌に凱旋した人物とは別人であることを知っている。これは金日成伝説を捏造するに当たり、決定的な障害となる。しかも甲山派系は、あくまで僻地にあった孤立した集団であり、全国的に知られた政治集団ではない。

これでは甲山派系は、立つ瀬がない。北労党系に取り入ったり、刑務所時代に知り合った南労党系に近づいたり、ソ連公民系やパルチザン系に頼んで地方の閑職を分けてもらうしかない。これはなんとも無念なことで、なにかひと波乱あれば、表舞台に立てるのではと思うのも当然だ。国際的なセンスもない甲山派系も南進を夢想するようになった。

・パルチザン系

北朝鮮を遊撃隊国家と呼ぶ人もいるのは、このパルチザン系が主体勢力とみなされているからだ。厳密に区分すれば、東北抗日連軍の構成員でソ連に逃げ込み、ソ連軍によって第八八特別旅団として再編成された者がパルチザン系となる。しかし、各系との関係は複雑だ。甲山派系とは人的にもオーバーラップしている。例えば恵山事件で検挙、処刑された権昌郁は、長白県を根拠地とする甲山派系だが、第六師の督戦隊長を務めたこともある。パルチザン系は完全にソ連に取り込まれた集団なのだから、ソ連公民系とどう違うのか判断に迷う。また、東北人民革命軍の時代から、中国共産党との関係が深いから、延安系の色合いも濃い。北労党系とも連携している。要するにこのパルチザン系とは、さまざまな系統の間を飛び回るコウモリのような存在だったといえよう。

パルチザン系は、ソ連公民系と共通した悩みを抱えていた。それは朝鮮民族の強烈な民族主義とそこから生まれる外勢を排撃する姿勢だ。解放直後から朝鮮半島では、「アメリカを信じるな、ソ連に欺かれるな、日本は再起する、朝鮮民族気をつけろ」とのスローガンがあった。このような風土では、ソ連軍が撤収した後、自分たちはどうなるかとパルチザン系などは不安になったことだろう。そこでパルチザン系は、南進を強く主張する南労党系に同意した形を採り、それによって得るであろう戦果を独り占めすることによって権力基盤を確立しようと考えたと容易に想像できる。もし、南進を左翼冒険主義としてこれに反対すれば、ソ連軍が撤収すると同時にソ連公民系を道連れにパルチザン系は潰されていただろう。このようにして韓国を武力によって解放することは北朝鮮の総意となった。

ソ連の立場と対朝鮮半島政策

北朝鮮の諸勢力が韓国解放をその総意としたにしても、ソ連と中国の同意と支援なくしては動くに動けないのが現実だった。それではアメリカを含むこの三国が大戦後の朝鮮半島像をどのように描いていたかというと、それはまったく漠然としていた。

一九四五年二月十一日に締結されたヤルタ協定は、主にソ連の参戦条件を定めたものだったが、戦域となる朝鮮半島に関する言及はない。これに先立つ一九四三年十一月二十七日調印のカイロ宣言（日本国に関する米英華三国宣言）の一項、「前記三大国は朝鮮の人民の奴隷状態に留意し軈て朝鮮を自由且独立のものたらしむるの決意を有す」があるが、これとても具体策は示されず、カイロ会談に蒋介石が出席していたから付け加えられたとの印象が強い。

日本は近日中にポツダム宣言を受諾すると見られた一九四五年八月十日、朝鮮半島の問題が急浮上した。関東軍の退路を遮断するため朝鮮半島を南下するソ連軍をどこで停止させるかだ。アメリカの国務省、陸軍省、海軍省の三省調整委員会は、降伏した日本軍の武装解除の地域分界線を北緯三八度線とした。ちなみにこの境界を設定した実務者は、陸軍省のチャールズ・ボーンスティールという大佐で、一九六八年一月に北朝鮮特殊部隊が青瓦台（韓国大統領官邸）を襲撃した時には在韓米軍司令官を務めていた。

八月十五日に発令された連合軍の一般命令第一号では、三八度線以北はソ連軍に、以南は米軍に降伏するよう日本軍に命じた。これはソ連にも通報されて受け入れられ、南下したソ連軍は八月二十三日に開城付近で三八度線に達して停止した。沖縄から急派された米第二四軍団の先遣隊が仁川に上陸したのは九月八日だった。ソ連軍が戦況を理由に南下を続ければ、ソウルはもちろん朝鮮半島全域を席巻できただろう。

ロシア時代からの伝統的な南下政策、特に不凍港を求める動きを踏襲しているはずのソ連が、戦争が終結する混乱期になぜ朝鮮半島では協定を順守して南下を打ち切ったのか。日ソ開戦直後の八月十二日、十三日、ソ連軍は咸鏡北道の雄基、羅津、清津の港湾地帯に向けて水陸両用作戦を展開し、同日中に陸路で迫る第二五軍とリンク・アップしているが、朝鮮半島への進出は本来の作戦計画ではあくまで支作戦だったはずだ。第二五軍の任務は、間島省の琿春から汪清の線に進出し、関東軍が朝鮮半島に入るのを阻止することにあった。戦況の推移と日本の早期降伏によって第二五軍は日本海沿いに急進したが、将来の展望があってのことではなかった。[註12]

一九四六年三月二十日からソウルで開かれた第一回米ソ共同委員会の席上、ソ連代表は「ソ連としては、将来朝鮮がソ連侵攻の基地にならぬよう真の民主体制を整え、ソ連とも友好関係を保ちうる独立国になることに強い関心を寄せている」と発言している。ソ連には領土的な野心はないとのジェスチャーだが、国連による信託統治を求める論拠でもある。当時のソ連の実情を知れば、これが本音だったとも思える。

独ソ戦の死闘を制したソ連だったが、その勝利の実態は辛勝で甚大な損害を被った。ソ連はその損害のデータを公表しなかったが、アメリカの公式見解によるとソ連は少なくとも二〇〇〇万人を失い、工業施設の三分の二が瓦礫となり、欧ロ部の三分の一が荒廃に帰したとしている。とにかく徹底的な焦土作戦のローラーが二度も掛けられたのだから、その困窮さは想像を絶するものがある。これではソ連としても、極東に目を向ける余裕はなく、当面は朝鮮半島が無害な国際中間地帯であれば、それでよいと考えていたのだろう。

占領当初、ソ連が北朝鮮をどう見ていたのかを示す興味深い史料が明らかになっている。一九四六年十二月、ソ連政府は産業や鉄道を復興するためのエンジニア八二人を北朝鮮に派遣すると決定していた。ところが、このエンジニアがなかなか平壌に現れない。日本人の鉄道技術者などが帰国してしまい、これでは接収資材の鉄道輸送、船舶への搭載も進まない。困り果てた在北朝鮮ソ連代表部は、スターリンに直訴した。その返電は、「エンジニア五～八人を与えよう。われわれは朝鮮問題に深く入り込む必要はない」というものだった。[註13]

朝鮮半島に入ってきたソ連軍将兵と一般民衆の関係も、当初から険悪なものだった。ソ連兵としては、スラブ民族のようにパンと塩を盛った皿を手に出迎えてくれるとは期待していなかったろうが、少なくとも解放者として接してくれると思っていただろう。ところが前述したように強大な外勢を極度に警戒する朝鮮半島の風土からか、初めから拒否反応を示す。しかも、ゴスプラン（国家計画委員会）による工業施設の収奪は、より深刻な反感をもたらした。その多くが日本資産だったとしても、解放となれば朝鮮の貴重な財産だ。

ソ連軍にたいする反感は、さまざまな面から生じた。日本軍しか見たことのない人たちにとって、ソ連軍の女性兵士の多さには驚いたことだろう。これは珍しいと眺めていると、白昼から人目もはばからないその乱倫さにはあきれはて、それはソ連軍そのものに対する嫌悪感をもたらす。そして「時計あるか?」に始まる略奪だ。大陸の民でもある朝鮮民族は、泣き寝入りはしないで対抗措置を講じる。早くも一九四五年十一月、咸鏡南道咸興と平安北道新義州で学生を主体とする大規模な反共・反ソのデモが起き、多数の死傷者を出した。朝鮮民族が得意とするデモだけでなく、個々のソ連兵へのテロも頻発した。武器は石しかないはずなのにとソ連軍も困り果て、単独での夜間外出は禁止する事態となった。[註14]

第二次世界大戦の終結前後から、極東正面におけるソ連の関心事は、中国における国共内戦の帰趨だった。これによっては、ヤルタ会談で得た満州におけるソ連の権益、すなわち国際港化された大連商港での優先的な利益、旅順口の租借権、東清鉄道（浜州線と浜綏線）と南満州鉄道（連京線と京浜線）の中ソ共同経営権が失われる可能性も生まれる。

そのような情勢の下、一九四五年八月十四日にソ連は中国国民政府と中ソ友好同盟条約を締結した。一九四三年六月にはコミンテルンを解散しており、これで表面的にはソ連と中国共産党との関係は途絶えた。このような微妙な立場にあったソ連としては、国共内戦の行方を静観するしかなく、対米関係も考慮するならば往時の関東軍のように「静謐」が求められていた。この中ソ条約によれば、満州からのソ連軍撤収は日本降伏後三カ月以内としたが、満州への配兵が間に合わないため、国民政府はソ連軍の撤兵延期を求めるという奇妙な事態となった。そしてソ連軍は、限られた兵力を旅順口に残し、ほかは一九四六年五月までに撤収した。

一九四六年から四七年にかけての食糧危機を乗り切り、産業復興のためのパンを確保したソ連は、おもむろに動き出した。まずは一九四七年十月、八カ国(ソ連、ユーゴ、ブルガリア、ルーマニア、ポーランド、チェコ、フランス、イタリア)の共産党による情報交換機関のコミンフォルムを結成した。そして一九四八年六月、ベルリンを封鎖した。二五〇万人のベルリン市民を人質にするという重大な挑発行為だったが、アメリカは生活物資の空輸という奇策で対処し、軍事衝突は避けられた。そして一九四八年十月、国民政府軍は満州から撤退、翌年四月に人民解放軍(一九四七年三月に改組)は揚子江を渡河し、国民政府軍の敗退が決定付けられた。そして一九四九年九月。ソ連は核実験に成功すると共に、B29爆撃機のデッドコピーのTu2の配備も進めてもいた。

これらの国際情勢はなにを意味しているのか。世界が注視しているベルリンを封鎖しても、アメリカは軍事力を行使しなかった。一九四六年の一年間だけでアメリカは、国民政府に六〇億ドルもの軍事援助を行ない、その戦略機動も支援したが、軍事介入の構えは見せなかった。これらから導き出されるソ連としての結論は、アジアにおける国際中間地帯への進出、緩衝地帯を確保するための衛星国の確保は、内戦という形で処理でき、米ソが全面的に軍事対決するような事態に発展しないということだ。そうであれば、金日成や朴憲永らが熱望する南進、さらには毛沢東の支持があるとなると、ソ連もその計画の実行を許し、それはまたソ連の国益になるとの判断に傾く。

北朝鮮に借りを作った中国共産党

一九四四（昭和十九）年一月、日本の大本営はB29爆撃機による本土空襲を防止するため、その基地が設けられつつある江西省の桂林と広西省（現在の壮族自治区）の柳州を制圧する作戦、いわゆる一号作戦を策定した。これによって中国軍の戦力を減殺、さらに大陸鉄道の一貫運行も期待できるということで、大陸打通作戦とも呼ばれている。投入兵力は一〇個師団から一二個師団と想定された。

これだけの兵力をどこから捻り出すかだが、それまで治安粛正作戦に充てられていた部隊を野戦部隊とするほかなかった。それまで華北一帯での治安粛正作戦には歩兵大隊一四〇個相当の兵力が投入されていたが、この一号作戦のため半減した。それで生まれた治安の間隙に中国共産党系の八路軍、新四軍が進出し、解放区の拡大が図られた。これによって得られた解放区は、日本降伏後の前方拠点となる。

一九四五年四月から六月にかけて延安で開催された中国共産党七全大会において、満州（東北地区）の制圧が最重要課題とされた。終戦後の九月には、「北に発展し、南を防御」という基本方針が示され、東北三省（遼寧省、吉林省、黒龍江省）と熱河省、察哈爾省を確保し、各地の解放区と連絡を保てば、中国共産党の勝利は確実なものになるとした。[註15] 一九四五年八月の日本降伏時、東は河北省から山東省にまで進出していた八路軍と新四軍は、党中央の方針に沿って一斉に満州を目指して北上を始めた。

なお、国共内戦が本格化した一九四六年七月までに、八路軍と新四軍などは国民政府軍の戦闘序列から脱し、二個軍区と二個戦区からなる第一八集団軍、三個野戦区の第四軍、六個軍区の東北民主連合軍、そして華南遊撃隊とに改編された。さらに一九四七年三月、野戦軍四個と華北兵団を基幹とする中国人民解放軍となっている。

中国全土の支配が中国共産党の目的であることを正しく認識していた在中米軍司令官兼国民政府軍参謀長のアルバート・ウェデマイヤーは、それを阻止すべく迅速に行動した。まず、満州に入ったソ連軍の中国本土への進出を防止するため、七個師団の派遣をワシントンに要請したが、これは見送られた。それに代わる形で海兵隊二個師団が派遣されることとなり、これは天津と北京、そして青島に配置された。これで中国主部を縦断する京漢線と津浦線の北端末は封止され、共産軍の北上が大きく阻害された。[註16]

華中と華東でも共産軍の行動は制肘を受けた。上海には新四軍が一番乗りすると見られていたが、米軍に支援された国民政府軍は空路で機動して上海を先取した。さらに華北、満州に向けては、国民政府軍の主力が展開していた華南から、米軍の支援を受けて広東やベトナムのハイフォンから天津、秦皇島への海上連絡路を確立して部隊を北上させた。一九四六年五月、ソ連軍が満州から撤収した頃には、中国東北部にある国民政府軍は一五個軍に達していた。この多くは米軍の軍事顧問による教育訓練を受け、米軍制式装備の精鋭部隊とされていた。

このような米軍の強力な支援を受け、海路と空路による国民政府軍の戦略機動には、鉄道と徒歩に頼る機動だけの共産軍は対応できない。山東省にあった八路軍は、早くに満州への機動を始めていたため、その主力は津浦線や京奉線などを利用でき、山海関を越えて満州に入ることができた。そして、その一部は山海関に配備され、共産軍を収容し、北上してくる国民政府軍に備えた。新四軍の主力は、江蘇省北部にあったが、満州への機動が遅れ、機動距離も長い。北京と天津は国民政府軍に押さえられ、一九四五年十一月には山海関は通過不能になっていた。そこで北京の東側の玉田から間道をつたって長城線を越えて熱河省承徳から錦古線（錦州～古北口、五四二キロ）沿いに進み、錦州省朝陽に集結して満州に入っている。

さらに国民政府軍の進出が本格化すると、共産軍は孤立して各個に撃破されかねなくなり、しかも陸路で満州に脱出することが難しくなった。山東半島に取り残された部隊は、海路で遼東半島の東岸、荘河と貔子窩に上陸した。また、漁船やジャンクを動員し北朝鮮の鎮南浦（現在の南浦）に脱出した部隊もあった。ソ連軍政当局はこの入域を認め、帰国していた延安系の人が中心となってこれを温かく迎えた。まさに地獄で仏の思いだったろう。そして鉄道輸送で通化省や間島省に送り届けた。しかも北朝鮮労働党は、間島省などでの募兵に協力し、二個か

ら三師相当の兵員を集め、これを東北民主連合軍に提供した。[註17]

一九四六年夏、国民政府軍は安東（現在の丹東）を占領し、鴨緑江岸にあった東北民主連合軍は川を背にして全滅かと思われた。そこに再び北朝鮮が救いの手を差し伸べ、北朝鮮への入域を認めた。その上、満浦線で輸送して輯安に送り届けた。この時、北朝鮮労働党と中国共産党は、相互援助協定を結び、北朝鮮は東北民主連合軍に食糧や衣類を供給し続けた。さらに一九四七年十一月には、北朝鮮の領域を通過する中国共産軍の物資の扱いについての協定も結ばれた。

このようにして満州で行動する中国共産軍は、朝鮮半島に聖域、支援後拠を設定することができた。東北民主連合軍の総司令だった林彪ですら、戦況が不利になると北朝鮮領域に入って身の安全を図り、失笑を買っていたという。そして一九四六年四月から五月にかけて、東北民主連合軍は進攻してきた国民政府軍を四平街で迎撃し、初めて大勝利をものにした。この勝利の原動力は、間島省で編成された朝鮮人部隊だった。この一戦に限らず、朝鮮人部隊は突撃部隊として常に第一線に立ち、中国共産軍の勝利に貢献し続けた。

一九三二年五月に組織された東北人民革命軍、それに続く東北抗日連軍、そして国共内戦と、中国共産党は朝鮮に大きな借りを作った。中国と朝鮮の関係は、「鮮血で築き上げた戦闘的友誼」と語られているが、それは朝鮮人の健闘と犠牲によって形になった。一九四九年十月、中華人民共和国が成立するが、そこで北朝鮮が「今度は我々の番だ。南進して朝鮮半島を統一する」と主張すれば、中国としてはそれを断念してくれとは口に出せない。韓国解放に同意しなければ、「戦闘的友誼はどうした、この忘恩の徒」と蔑まれることは、漢民族にとって命よりも大事なメンツの問題となる。

ただ、中国としては台湾を解放するまで南進は待ってくれとはいえただろう。言い逃れの口上のようにも聞こえるが、それが中国の本音だったはずだ。国民政府軍との対決は、どうにか内戦という形に収まり、外国の武力介入はなかった。台湾進攻もその枠内に収まるだろう。これが台湾と朝鮮半島の二正面作戦となれば、世界に与えるインパクトは大きなものとなり、内戦ではなくなる可能性も考えなければならない。

一九四九年八月、三個軍からなる第三野戦軍は福建省を平定し、台湾海峡部に展開して台湾進攻作戦の準備に入った。人民解放軍は迅速に揚子江を渡河した実績はあるものの、一五〇キロもの台湾海峡を押し渡るとなると話は違ってくる。漁船やジャンクを動員しての渡海作戦だから、気象や海象が安定する四月から五月と季節が限定され、戦略的な奇襲は望めない。しかも、一九四九年十月、重砲の射程内にある金門島に師団規模の上陸作戦を行なったが撃退された。これで人民解放軍としても考え込んだろうし、また第三野戦軍という大軍を戦闘態勢のまま半年も張り付けておくことも難しい問題となる。

これは風聞だが、第三野戦軍の多くの将兵が住血吸虫による肝臓ジストマに罹り、作戦不能に陥っていたという。華南は風土病が蔓延しており、また人民解放軍の衛生状態からしてチフスやコレラというならばわかるが、肝臓ジストマとなると頭を捻る。実は浙江省から福建省の一帯では、淡水カニが多く採れる。それをカラシ味噌であえて生食したため肝臓ジストマに躍ったというわけだ。[註18] 第三野戦軍がカニで足を取られたという話はさておき、金門島で出端をくじかれ、渡海能力のある船舶の集中にも時間がかかる。どのみち、気象や海象の関係で四月から五月まで待たなければならないが、北朝鮮がそれまで待てないとなれば、中国としても朝鮮先攻を認めざるをえない。まして一九五〇年六月に出撃といわれれば中国は快く同意し、台湾進攻は一九五一年に入ってからということに落ち着いたのだろう。

米陸軍の実態とアメリカの戦略構想

一九四五年五月、ヨーロッパ戦線の終結時、米陸軍は航空部隊を含めて八三〇万人、各種師団一一〇個基幹だった。陸上戦力は、これに海兵隊七個師団が加わる。そしてすぐに「軍の解体」といわれた大量復員が始まった。復員の最盛期には、個人単位で毎日一万五〇〇〇人が除隊していたという。そして一九四七年初頭には、米陸軍は一五〇万人の規模となっていた。これをジョージ・マーシャルは「これは動員解除ではない、潰走だ」と評し、オマー・ブラッドレーは「へなちょこパンチしか打てない軍隊」と嘆いた。[註19]

いくら軍のトップが嘆いても、この迅速な大量復員はアメリカの基本的な方針だった。一九四一年九月に作成された「勝利の計画」(ヴィクトリー・プログラム)によれば、アメリカの動員率は一〇パーセントと策定されていた。実際には七・六二パーセントの動員に止まったが、これほどの動員となると、三年間維持するのが限界とされていた。一般的には、農業のサイクルから大量動員は三年が限界とされる。アメリカの場合、農業の機械化が進んでおり、加えて南米の穀倉地帯があるから、それほど農事カレンダーを気にしなくて済む。より重要なことは、高等教育に断絶が生まれかねないことだ。大学が三年も休校となれば、文化の継承や後進の育成に問題が生じる。

従ってアメリカとしては、一九四四年のクリスマスまでに戦争を終わらせなければならなかった。ところがヨーロッパ戦線では五カ月、太平洋戦線では八カ月ずれ込んだのだから、より一層迅速な復員が求められていた。このような事情を抱えていたので、前述したように七個師団の中国派遣など認められるはずもない。また、急ぎ朝鮮半島に入れた三個師団も、そういつまでも駐留させておくわけにはいかなかった。

当然ながら朝鮮戦争が勃発した一九五〇年六月頃、米陸軍の戦力はボトムにあった。一九四七年七月、陸軍航空部隊は空軍として独立しており、五〇年五月現在で米陸軍は五九万人、最盛期の七パーセントにまで落ち込んでいた。その作戦単位数だが、師団番号を持つものは、本国に四個、日本に四個、西ドイツに二個の計一〇個師団、地中海に一個師団相当、このほか連隊戦闘団が九個となっていた。

作戦単位となる師団の数が最盛期の一割以下になったことはさておき、師団の質も極端に低下していた。大戦後の復員を部隊単位ではなく個人単位で行なったツケが回ってきたといえよう。前進観測の特技（モス）を持つ者がいない砲兵中隊、訓練された通信手を欠く歩兵中隊があるとなると戦闘にならない。特に日本に駐留していた第八軍の四個師団は、縮小編制の上に訓練不足で、作戦単位として疑問視されていた。占領地行政に忙殺されていたためとか、日本には適当な演習場がなかったためとか、理由はあれこれ付けられていたが、実際のところは快適な日本の生活をエンジョイしすぎたのが実態だろう。一九四八年九月、第八軍司令官に着任したウォルトン・ウォーカー中将は、直ちに演習場を確保させ、本格的な訓練に乗り出したが、時間が足りず訓練未到のまま朝鮮半島に向かうこととなった。

アメリカは、その理念に沿った世界を軍事力で形にしたが、それによる新たな秩序を世界に定着させるためには、これまた軍事力が必要となるのは明らかだ。それなのにアメリカは、史上空前の大量復員を行なった。陸軍については前述したが、海軍も同様だった。一九四五年五月の時点で米海軍は海兵隊を含めて三九〇万人に達していたが、五年後にはその一二パーセントの四六万人となっていた。海兵隊からは師団が消えた。では、アメリカはなにをもって戦後世界の秩序を確立して定着させようとしたのか。それは一九四七年七月に陸軍から独立した空軍であり、核兵器の独占と戦略爆撃機群、特に一九四六年八月に初飛行し、航続距離一万五〇〇〇キロを誇るB36爆撃機だった。B36爆撃機は「ピースメーカー」と呼ばれていたが、その存在意義をよくあらわしている。

広島と長崎において実戦下で実証された核兵器の威力は絶大なもので、十全の抑止力を発揮するものと考えられた。しかし、その火力も広大な国土で吸収できると考えている者には、抑止効果は期待できない。毛沢東は、「原子爆弾はアメリカの反動主義者たちが人民を脅すために使用する張り子の虎」とよく語っていたが、彼には抑止力が働かないことになる。[註20] また、その逆に核兵器の威力とその政治的な影響をよく理解している者ほど、これを他国の内戦に使用することなどできないと考えるだろう。

アメリカが国際紛争に介入する手段として重要となるのは、海兵隊と空母機動部隊を擁する海軍だ。渡海から上陸、内陸部への進攻から制圧まで、ほぼ独力で遂行できるのが米海軍だ。また、紛争の規模に応じてタスク・フォースを編組するのも容易だ。単に空爆を加えるだけでなく、軍靴で敵地を踏み締めるのだから、その心理的、政治的な効果も絶大であるし、しかも他国の内戦にも迅速に介入できる。一九五八年七月のレバノン出兵がその好例だろう。

ところがこの米海軍にも、大量復員に引き続く存立の危機が訪れた。一九四九年三月、第二代国防長官に就任したルイス・ジョンソンは、すぐさま起工直後の空母「ユナイテッド・ステーツ」の建造を中止した。さらに、一四個群を維持していた空母機動群を六個群に削減し、その上、正規空母四隻を予備役に編入するとの計画が発表された。これに海軍は猛反発した。まず、統合参謀本部に勤務していた海軍大佐が記者会見を開き、国防総省の文官、陸軍、空軍を強く批判した。これに海軍は部内一致で同調し、「提督たちの反乱」といわれる事態にまで発展した。[註21]シビリアン・コントロールなどどこ吹く風といったところだ。この後始末人事がどうにか収まってすぐに朝鮮戦争となった。これもまた、アメリカは朝鮮半島の紛争に介入しないだろうという誤った判断を下す一つの根拠になった。

北朝鮮軍が南進しても内戦の域に止まり、アメリカの軍事介入はないと北朝鮮、中国、ソ連が判断した材料の一つとして特筆されているのが、一九五〇年一月十二日、ワシントンのナショナル・プレス・センターでのディーン・アチソン国務長官の発言だ。それによるとアメリカの防衛線（ディフェンス・ペリメーター）は、アリューシャン列島、日本列島、琉球列島そしてフィリピンに設定するということだった。問題はこの発言の時期だ。中国人民解放軍が大陸を制覇し、台湾進攻も時間の問題とされていた時なのだから、この声明の主眼は朝鮮半島問題ではなく、台湾問題だったはずだ。

この声明の二週間後の一九五〇年一月二十六日、米韓相互防衛援助協定と在韓米軍事顧問団設置の協定が結ばれており、アメリカが韓国を見捨てたということでもなかった。さらには同年六月十九日、訪韓したジョン・フォスター・ダレス国務省顧問は、韓国国会開会式の演説で「韓国が共産主義と戦うことになったときは、アメリカは必要とされるいっさいの道徳的、物質的援助を喜んで提供する」と述べている。[註22] このように見てくると、アメリカは朝鮮半島に武力介入しないとの北朝鮮、ソ連、中国の判断は、誤りだったということになる。

韓国軍草創期の混乱

北朝鮮の中でも特に南労党系は、「銃剣で一突きすれば韓国は瓦解する」としていた。この判断は韓国の実情からして、まんざら的はずれのものではない。解放直後の韓国では、二〇〇を超える政党が乱立し、それが離合集散を繰り返しつつ政争に明け暮れた。国連による信託統治と韓国領域内での単独総選挙、これに賛成か反対かの二者択一で、妥協点というものがないから政争は苛烈なものとなる。

そしてデモとテロだ。今日なおデモは韓国の年中行事で、左派の得意とするところと思われがちだが、信託統治問題では右派が絶対反対の三〇万人集会を開いたこともある。これだけ大規模なデモとなると群集心理が働き、個々人から冷静な判断力を奪う。その結果が流血事件となり、それがまた興奮をもたらす。

そして行き着く先がテロだ。古くから左派の指導者だった呂運亨は、一九四七年七月に暗殺されたが、それまで狙撃や自宅爆破など一〇回ものテロに遭っている。上海臨時政府の大立者、独立運動の象徴でもあった金九は、一九四九年六月に暗殺された。犯人は陸軍少尉、しかも金九の韓国独立党の党員だったのだから、背後関係は複雑だ。

これらを取り締まり、治安を維持すべき警察がまったく非力だった。日本統治時代、朝鮮人の警察官は八〇〇〇人だった。解放となり、このほとんどは謹慎ということで離職したが、米軍政庁は治安の早期回復のため四〇〇〇人を警察に再雇用し、二万五〇〇〇人の警察官の主力とした。このような背景があったため、警察は及び腰になったり、逆に米軍政庁の威光を笠に着て横暴になったりと、法律の厳正な執行は望めないような状況となった。

そして最大の問題は、国軍の建設だった。一九〇七（明治四十）年八月、旧韓軍が解散して以来、民族として熱望し続けた再軍備が現実的なものとなった。これも政治と同じく混乱を極めた。解放直後から私設軍事団体が乱立し、その数三〇以上といわれている。これらを整理すると、次のように区分けすることができる。[註23]

まずは、日本の陸軍士官学校出身者の親睦団体、鶏林会を中心に結成されたのが朝鮮臨時軍事委員会だった。ここには日本陸士出身者ばかりではなく、同郷などの繋がりで満州国軍出身者、上官と部下といった関係から学徒出陣組も集まり、治安維持や重要施設の警備、米軍への引き渡しなどを行なっていた。鶏林会が中心なので右派、反共となるはずだが、容共分子や朝鮮共産党の地下党員も加わっており、後述する粛軍で処刑された者もいた。

呂運亨が組織した建国準備委員会の青年部も私設軍事団体の一つだった。建国準備委員会は早くも八月十六日、警察と軍隊を編成するための要員募集を放送している。そして九月六日に朝鮮共産党が主導する朝鮮人民共和国に建国準備委員会が加わることとなった。これに反発した青年部の右派、民族派は組織から脱退し、青年部の勢力は半減した。

一九四三（昭和十八）年十二月から始まった学徒出陣は、朝鮮人の大学生も義務とされた。復員してソウルに集まった彼らが結成したのが朝鮮学兵同盟だった。戦前、日本の大学生の多くは左傾していたが、その影響から朝鮮学兵団も容共分子が主導権を握っていた。これに反発した右派、中立派は新たに学兵団を組織した。この学兵団は韓国陸軍参謀総長を三人輩出し、韓国軍の中核を担うこととなる。

朝鮮共産党が主導したもう一つの私設軍事団体が朝鮮国軍準備隊だった。これは帰還将兵の団体で、なんと日本降伏の二日後の八月十七日に結成され、十二月末には全国大会が開かれており、隊員は公称六万人としていた。この事実は日本統治時代から密かに設立の準備が進められていたことを物語っている。この朝鮮国軍準備隊の名誉会長は、金日成、李青天（池錫奎）、武亭（金武亭）という取り合わせだった。そして無頼の徒の集まりだった大韓民青を取り込んで、勢力の拡大を図っていた。

これら私設軍事団体は、国連による信託統治問題を巡って激突する。信託統治反対の学生連盟が賛成派の事務所などを襲撃する。すると賛成派の朝鮮学兵同盟が反撃し、双方から多くの負傷者を出す事態となった。警察も座視するわけにもいかず、朝鮮学兵同盟の本部を手入れしようとすると、これに発砲した。さらには、どうにも不可解な衝突もあった。大韓民青は、どういう理由からか同じく左派の朝鮮学兵同盟と国軍準備隊と抗争を重ね、軽機関銃まで持ち出しての銃撃戦をソウル市内で演じた。この事件がきっかけとなり、米軍政庁は一九四六年一月、私設軍事団体の解散を命じた。

治安の回復と維持を急務であるとした米軍政庁は、まず警察に軽機関銃までの米式装備を供与してその強化を図った。そして警察の支援後拠となる組織、いわゆる警備隊（コンスタビュラリー）もしくは義勇団（スカウト）を設けることとした。これらは一八九八年の米西戦争後、フィリピンで成功を収めた施策だったが、朝鮮半島の風土に合うかどうかが問題だった。日本軍や満州国軍での勤務を経験した者は、軍隊とは治外法権的な存在と心得ているし、警官風情の後塵を拝するとは心外だという意識がある。朝鮮半島の風土を知らない米軍人の施策のため、軍と警察の揉め事が頻発し、それがさらなる混乱に拍車をかけた。

一九四五年十一月、米軍政下で米軍人を長とする国防司令部と軍事局が設置され、翌四六年一月に南朝鮮国防警備隊（South Korean Constabulary of Police Reserve）が創設された。当面の目標は、八道（京畿道、江原道、忠清北道・南道、全羅北道・南道、慶尚北道・南道）それぞれに連隊一個を配置することだった。なお、一九四六年八月に済州島が道に昇格したため、九個連隊となる。[註24] 一九四五年十二月、ソウルに軍事英語学校が設立され、基幹要員の教育が始められた。ここの修了者一一〇人が全国に配置され、米軍人の指揮下で部隊の創設業務に当たった。一九四六年五月からは、軍事英語学校を引き継ぐ形で警備士官学校での幹部教育が始まったが、それまでの間は幹部が足りず、私設軍事団体から入隊させていた。この中に左傾分子がおり、すぐに問題を引き起こすこととなる。

　米軍政庁の目的は、警察の支援後拠を設けることにあり、その一方、入隊した者の多くは国軍建設の第一歩と考えているのだから、この違いは大きい。一九四六年九月に警備隊の指揮権は韓国側が引き継ぎ、米軍人は顧問に回ったが、顧問のサインがなければ何事も始まらなかったから大きな変化はない。そこに右派と左派の抗争が持ち込まれたのだから大混乱となる。草創期、特に大きな揉め事がなかったのは、大田の第二連隊、釜山の第五連隊、清州の第七連隊だけだったというのだから、その混乱ぶりがうかがえる。給与や人事への不満から、隊内で徒党を組んで気勢を上げ、さらに上官を排斥する集会が開かれることも珍しくなかった。この下克上事件で最大のものは、ソウルにある頭号連隊の第一連隊で起きている。上官に暴行を加えることも頻発し、警備士官学校の生徒隊長が学生による集団暴行に遭ったことすらある。これでは、軍隊の命脈である軍紀もあったものではない。

　警察とのいざこざもよく起きた。これは日本でも明治建軍の当初や、昭和二十五年の警察予備隊創設の当初、かなり問題になったことだった。しかし、実包を持ち出して警察署を襲撃したという話は聞いたことがない。ところが韓国の国防警備隊では、そんな事件が起きた。一九四七年六月、全羅南道の光山（光州の付近）にあった第四連隊の伍長がささいなことで警察官ともめ、付近の霊岩署に連行された。貰い下げに行った上官と憲兵は相手にもされず、帰り道の一行になんと警察官が空包を撃った。これで部隊は激高し、三〇〇人もが実包を携行して霊岩署に急行した。警察もこれを待ち受けており、なんと軽機関銃の掃射を警備隊に加えた。事態を収拾しようと連隊長が警察署に飛び込んだが、警察はこれを相手にしないばかりか逮捕する始末。結局、警察は無傷、国防警備隊は死傷者二十数人を出して面目丸つぶれとなった。[註25]

国防警備隊として最大の不祥事は、一九四八年十月に起きた麗順事件（麗水、順天の反乱事件）だった。同年四月、済州島で単独選挙反対の暴動が起き、この鎮圧に手間取ったため、全羅南道麗水に駐屯していた第一四連隊が増援に向かうこととなった。その出発の夜、第一四連隊にあった南労党軍事フラクションが、「警察が攻めてくる、警官をやっつけろ」と扇動、弾薬庫を開き、将校を射殺し、麗水とその北の順天の町を制圧した。そして南労党の地下組織と連携し、略奪、放火はもとより、警察官や保守人士を惨殺した。これで警察官、一般民衆の死者・行方不明は三〇〇〇人を超える。反乱そのものは一週間で鎮圧されたが、一部は付近の智異山に逃げ込んでパルチザンとなって長く韓国を悩ませた。[註26]

なぜこの時、連隊あげて反乱を起こしたのか。これに一番驚いたのは地下の南労党だったろう。なぜ決定的な時期まで待てなかったのか、左翼冒険主義者の跳ね上がりと総括したはずだ。もちろん国防警備隊にとって、悪夢以外のなにものでもない。まず反乱を起こした第一四連隊、次いで鎮圧に向かった第四連隊の一部が同調したということで、部隊番号の「四」は縁起が悪いとなり、以降、「四」は部隊番号に使われなくなったことも、ショックの大きさを物語る。麗順事件と連動する形で大邱の第六連隊は、なんと三回も反乱事件を起こした。慶尚南道といえば全羅南道の対極、保守的で右派が強い地域のはずだ。ところが国防警備隊が創設される際、左派の国軍準備隊の大邱支部が組織をあげて入隊したため、極端に左傾していたという。大事にはならなかったにしろ、三回も反乱を起こした部隊番号を残しておくわけにはいかなくなり、第二二連隊と改称された。

これでは武力集団として成り立たない。そこで一九四八年十二月に公布された国家保安法を根拠にして、翌四九年二月から粛軍が進められることとなった。なお、韓国独立は一九四八年八月、同年九月一日から韓国軍となる。粛軍の主務部署は、防諜隊（ＣＩＣ）を抱える陸軍本部情報局と憲兵司令部だった。捜査資料は内務部治安局が作成した南労党や極左組織の構成員リスト、軍内フラクションの組織図だった。警察の調査は詳細なものだったが、偽名や勝手に名前を使われた人も多く、裏付けを取る作業は難航したという。また、階級が上だから党内の地位も上というわけではなく、固定配置の下士官がフラクションのチーフという場合も多く、困惑させられたともいう。

身柄を拘束して取り調べた者は、全軍の五パーセント、四八〇〇人に及んだ。容疑が固まれば軍法会議にかけられるが、そんな被告の一人にのちに大統領となる朴正熙もいた。もちろん銃殺、有期刑を宣告された者もいたが、九割近くの者は単なる付和雷同分子とされ、不名誉除隊処分に止まった[註27]。

この捜査中の一九四九年五月には、追及の手が伸びることを恐れた春川の第七連隊の大隊長二人が部下を引き連れて北朝鮮に逃亡する事件も起きた。この粛軍で一時的な混乱もあったが、すぐに韓国軍は軍隊として本然の姿に変身した。警察との揉め事も激減したという。思想とは個々人の心の問題だから、どこまで浄化されたかは判然としない。しかし朝鮮戦争中、韓国軍で集団的な投降や背反という事態はまったく起きなかった。これは粛軍による成果であったろうし、北朝鮮が見逃した大きな点としてよいだろう。

このように朝鮮戦争前の情勢を通観すると、誤判の連なりと重なりがあり、それが戦争をもたらしたとの識者の見解に同意せざるをえない。北朝鮮は単なる補給闘争ぐらいの認識だから、内戦に止まりアメリカの軍事介入はないと誤判した。そしてまた韓国軍の戦意についても誤った判断を下した。ソ連もさまざまな面で誤った。中国もそれまでの行きがかり上、北朝鮮の判断に引きずられた。アメリカも絶大な自信から誤判した。そもそも戦争というものは、誤判に起因するものだとするほかない[註28]。

緒戦における両軍の誤算と失策

北朝鮮人民軍の増強と南進計画

一九四八（昭和二十三）年八月に大韓民国が、同年九月に朝鮮民主主義人民共和国が成立した。この時点で人口は、韓国が二一〇〇万人、北朝鮮が九六〇万人と推定されている。北朝鮮は独立前の一九四六年三月に土地改革法を、同年八月に重要産業国有化法を公布した。これら共産主義政策に反対した地主層や地場産業の経営者などは粛清の対象となり、多くは南に逃れた（越南）。このような越南者は、朝鮮戦争の前までに二〇〇万人を超えたとされる。北朝鮮の人口はジリ貧状態、その一方、韓国は日本からの帰国者で人口増大が加速していた。日本への出稼ぎが多かった済州島では、人口一五万人ほどで推移していたものが、解放とともに帰国があいつぎ人口が三〇万人となった。この急激な人口の増加は、社会不安すらもたらした。

人口の多寡は、潜在的な軍事力の強弱を規定する。両国の独立前後、北朝鮮は師団三個と独立混成旅団一個（一二個連隊）を基幹としており、韓国は旅団五個（一五個連隊）だった。装備の質を加味しなければ、軍事的にバランスがとれていた。北朝鮮は各派の総意である南進、韓国解放、朝鮮半島の統一のために軍備の大増強を進めることとなるが、人的戦力の基盤が薄いことがネックだった。

一九四八年十二月二十六日、ソ連軍は朝鮮半島からの撤収を完了した。これに先立つ十二月中旬、北朝鮮の軍備をどうすべきかについての協議がモスクワで開かれた。ソ連からは国防相のニコライ・ブルガーニン、第一副首相のゲオルギー・マレンコフ、極東ソ連軍司令官のロジオン・マリノフスキー元帥も出席したというから、かなりハイ・レベルな会合だった。北朝鮮と中国からの出席者は不明だ。この協議で北朝鮮軍の増強計画を策定し、それが実行可能かどうかを調査し、北朝鮮軍に助言する特別軍事代表団を北朝鮮に派遣することが決定された[註29]。

北朝鮮軍の増強計画は、以下の五点を骨子とするもので、一八カ月間に完了するというものだった[註30]。

一、六個歩兵師団を突撃師団として編成する（突撃師団とは、戦時編制の自動車化狙撃師団の意か）。

二、突撃師団を編成するために、中国は朝鮮系二万～二万五〇〇〇人を入北させ、人民軍の基幹要員として提供する。

三、突撃師団のほかに八個戦闘師団と八個予備師団を編成する。

四、機甲部隊はソ連が提供する五〇〇両の戦車をもって二個機甲師団を編成する。

五、空軍は国際的な問題点を勘案して、必要な時期まで当分のあいだ保留する。

一九四八年末、北朝鮮軍は三個師団基幹だった。それを一年半のうちに七倍以上にするというのだから、魔法じみた計画だ。しかし、これには奥の手があり、それが前述の第二項を中心とする中国人民解放軍にある朝鮮系部隊を建制を保ったまま帰還させることだった。一九四九年五月、民族保衛副相兼政治部長の金一が訪中し、人民解放軍の戦闘序列にある朝鮮系師団三個の帰国を協定した。同年七月、人民解放軍第一六四師は図們から南陽に入り、羅南で再編成されて北朝鮮軍第五師団となる。同じ時、第一六六師は、安東から新義州にはいり、これが北朝鮮軍第六師団となる。また、人民解放軍第四野戦軍の戦闘序列にあって広西省桂林まで南下していた朝鮮系部隊は、河南省鄭州に集結して独立第一五師となり、元山に入って北朝鮮軍第七師団となるが、すぐに第一二師団と改称されている。この三個師団は突撃師団とされた。[註31]

実戦経験が豊富な三個師団が部隊の建制を保って北朝鮮軍に編入されるのならば、ここに南北の軍事力バランスは完全に破綻する。しかし、それだけでは南進決行とはならない。正面三〇〇キロとなる北緯三八度線から発進する複数の軍、師団群を操る作戦計画を立案し、さらには少なくとも戦術レベルとなる歩兵大隊の教義(ドクトリン)を確立しておかなければならない。系統だった軍事教育を受けていないパルチザン育ちの北朝鮮軍首脳部では、どうにもならないことは本人たちが自覚していたはずだ。

それを補うのが特別軍事使節団だ。当初の団長は、沿海州軍管区軍事評議会委員で初代の駐朝大使となるテレンティ・シトゥイコフだった。彼は一時期、スターリンの後継者と目されたこともあるアンドレ・ジュダノフの女婿で、ジュダノフの下でレニングラード党第二書記を務め、大戦後期から第一極東戦線軍の軍事委員会委員となった。文官だが朝鮮派遣に当たり、中将もしくは大将の階級が与えられている。その下に将官四人、佐官三〇人、尉官五〇人という陣容だった。一行は途中、哈爾浜で中国と実務者協議を行なったのち、一九四九年一月に平壌に入った。

すぐに特別軍事使節団で人事異動があり、シトゥイコフは大使専任となり、団長代理はスミルノフ少将、次いで団長はヴァシリエフ中将となり、参謀長役はポストニコフという人だったとされる。彼らは実戦経験が豊富だったそうだが、その軍歴は明らかではない。ただ、いわゆるタンキストと呼ばれる戦車部隊育ちの者が多かったという。たしかに緒戦、ソウルに対する求心的な攻撃において、機甲衝撃力の維持が強調されており、タンキストが中心となって立案された計画であることがうかがわれる。

一九五〇年三月三十日から四月二十五日まで金日成一行はソ連を訪問し、スターリンと三回の会談を重ねた。そこでの結論は、ソ連としては内戦に止まる限り南進に同意するものの、ソ連の援助を期待してもらっては困ると釘をさし、さらに中国との協議を強く求めた。そこで金日成と朴憲永は、一九五〇年五月十三日から十六日に北京を訪問して協議の末、北朝鮮独力による南進が決定した。[註32]

ソ連から派遣された特別軍事使節団がいつ、南進・韓国覆滅の作戦計画を立案し、北朝鮮軍総司令部に提示したかについて諸説あるようだが、韓国の公刊戦史が取り上げた説によると、以下のようになる。

金日成が極秘理にソ連に向かって出発したのは一九五〇年三月三十日だったが、その前の三月十一日に作戦立案を特別軍事使節団に依頼したという。これを受けて三月二十六日までに草案を作成し、金日成はこれを携えてモスクワに向かったとする。金日成がモスクワから帰国したのは一九五〇年五月十六日だが、モスクワでスターリンの合意を取り付けてすぐに作戦計画の作成を北朝鮮軍総司令部に電報で指示し、姜健総参謀長とヴァシリエフ団長が中心となって作業を進め、五月二十八日に立案を終えたとしている。この作戦計画は、「先制打撃作戦計画」との名称が付けられており、もちろん原本はロシア語で主にソ連公民系の参謀によって翻訳された。この計画を北朝鮮軍総司令部に提示する際、特別軍事使節団は攻撃開始期日を六月末に設定するよう勧告したといわれる[註33]。

この計画によると、作戦期間は一カ月とされており、朝鮮戦争中に押収された文書でも確認されている。相手のある戦争で、どうして一カ月という期日が切れたのか、これまでもさまざまな憶測があった。一九五〇年八月十五日、すなわち光復節五周年に解放戦争勝利、「国土の完整と祖国統一」を宣言したいから、逆算して六月末に開戦して一カ月という時程を設定したという説明も有力だった。また、韓国南部で治安作戦に従事している韓国軍三個師団（大田の第二師団、大邱の第三師団、光州の第五師団）をソウル付近に吊り上げ、これを撃滅するまでの時間を計算に入れると、一カ月は必要と見積もったのだろう。

どれも説得力のある推測だが、より切実な問題は燃料にあったはずだ。当時、北朝鮮は主にカラフトのオハ油田から原油を輸入し、元山の元スタンダード石油の施設で精製、備蓄していたが、年産一〇万トンといったところだ。北朝鮮軍の師団はソ連軍師団のミニ版だったにしろ、一〇個師団を動かして釜山まで行くとなれば、八〇万トンの燃料が必要と推算される。一九五〇年初夏、北朝鮮の備蓄量は三三万トンだったとされるから、一カ月以上の作戦は無理と判断されたと考えられる。[註34]

一カ月と定められた作戦は、一〇日毎の三段階に区分されていた。第一段階の目的は、韓国軍の防御線の突破とその主力の捕捉殲滅。第二段階の目的は、戦果拡張と韓国軍予備の撃滅。第三段階の目的は、掃討と南部港湾地帯の占領。目標進出線は順に水原～原州～三陟、群山～大邱～浦項、釜山～麗水～木浦となっていた。ソ連軍の教義によると、師団レベルでの第一目標までの縦深は二〇～三〇キロ、軍レベルでは一〇〇～一五〇キロとしていたから、これに合致する計画だった。[註35]

設定された南下の攻勢軸だが、地形や道路網などからして、これしかないといってよいものだが、実際には変更された場合もある。一九九〇年九月、韓ソ国交正常化後に特別軍事使節団が作成した作戦図が韓国から公表され、公刊戦史にも掲載されたが、これを製図しなおしたものが図3となる。

それによれば、韓国領域の西端、甕津半島、礼成江の右岸、延安の正面でも進攻が予定されているが、これは助攻となる。開城に入った部隊は、当初の計画によると南下を続け、臨津江

図３　南侵作戦計画

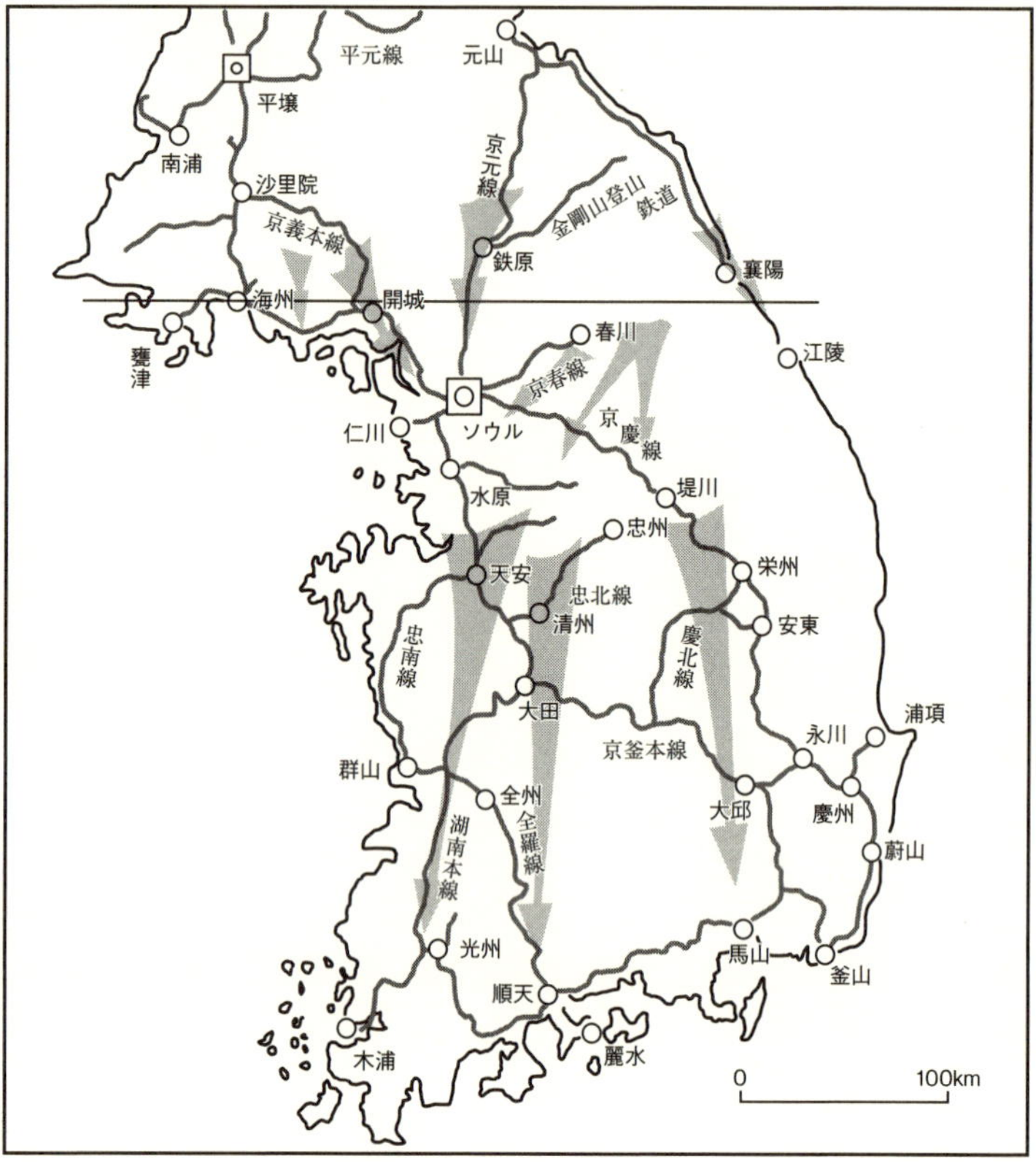
平元線
元山
平壌
南浦
沙里院
京元線
金剛山登山鉄道
京義本線
鉄原
襄陽
海州
開城
甕津
春川
江陵
京春線
ソウル
仁川
京慶線
水原
堤川
忠州
天安
栄州
忠北線
清州
安東
忠南線
慶北線
大田
浦項
永川
京釜本線
群山
全州
大邱
慶州
湖南本線
全羅線
蔚山
光州
馬山
釜山
順天
木浦
麗水
0
100km

と漢江の合流点付近で金浦半島に渡り、漢江左岸を東進してソウルを南から包囲するとしていた。しかし実際には、渡河能力に不安があったためか、京義本線の臨津鉄橋とその上流の高浪浦で渡河し、国道一号線（京義本道）でソウルの西翼に迫る形になった。

北朝鮮軍の虎の子、戦車部隊の主力が向けられたのは、古来からソウルへの侵攻路となってきた議政府道（京元道、国道三号線）だった。東豆川正面と抱川正面から分進し、議政府から合撃してソウルまで突破するという構想だ。東豆川正面には漢灘江、抱川正面には永平川という河川障害があるが、これはどちらも北緯三八度線以北だ。この正面で三八度線からソウルまでこれといった地形的な障害はない。回廊（コリドー）にせよ、戦車中隊ならば十分に展開できる地積があるから、機甲衝撃力を発揮できる舞台といえる。

東部戦線では、春川の北側で三八度線を突破、北漢江沿いにソウルの南側に回り込む。本来の計画によると、これと金浦半島から東進する部隊と連携してソウルを完全に包囲し、また北上してくるであろう韓国軍の三個師団を捕捉、撃滅するとの構想だった。春川の東側、麟蹄付近から洪川に向けて南進、原州に至る攻勢軸も設けられている。日本海沿いの東海岸では、水陸両用作戦を併用しながら南下するが、海岸道が貧弱なうえ、太白山脈に遮られて東西の連携が難しいため、支作戦のレベルに止まる。

第二段階からの攻勢軸は三本となる。水原一帯に入った北朝鮮軍主力は、二本の攻勢軸を設定して南下する。一本は忠南線（忠清南道天安〜全羅北道長項、一四四キロ）沿いに群山を目指す。もう一本は国道一号線（京釜本道）で大田に向かう。原州に入った部隊は、太白山脈の西麓沿いに南下して大邱に向かう。その一部は、海岸道沿いに南下する部隊と連携して、浦項から慶州に頭を出すこととなっていた。

掃討が主となる第三段階でも、攻勢軸は三本となる。西翼は群山から国道一号線（大田で一号線と四号線が分岐）で木浦に向かう。中央は大田から南下して麗水を目指す。東翼は大邱から国道四号線で南下、慶州に入った部隊と連携して釜山制圧を目指す。この最後の詰めの局面において、どうして大田から南下する部隊と大邱から進む部隊を一本にして、釜山に向けて穿貫的に急進しようとしなかったのだろうか。

木浦や麗水は重要港湾には違いないが、当時は一万総トン級の貨物船が接岸して陸揚げできる施設が整っていなかった。しかも陸揚げしてからの輸送手段も貧弱だ。それに対して釜山には、引き込み線を有する栈橋が二本、岸壁も整備されており、同時に四〇隻の輸送船が接岸できた。その揚陸、荷さばき能力は一日、四万五〇〇〇トンに達していた。しかも、最大の輸送力を有する京釜本線と国道四号線と接続している。[註36]北朝鮮軍には、なにがなんでもまず釜山を押さえるという発想がないように見受けられるが、ここからも米軍介入の可能性が極めて低いと予測していたことがうかがえる。米軍の介入準備が整うまでに、港湾地域を制圧できる自信もあったのだろう。

このような「先制打撃作戦計画」を立案したソ連の特別軍事使節団は、南労党系が主張していた「銃剣の一突きで韓国は瓦解する」という極めて楽観的な見方に対して懐疑的であったと思われる。それでもソウル外郭の防御線を突破してソウル市内に入れば勝利と考えていたようだ。敵の首都を占領すれば戦争は勝ちと思うのは当然だし、ましてソウルは各国の首都以上の意味を持つのだから無理からぬことだ。南労党の地下組織二〇万人が一斉蜂起するという予測を信じるほどソ連の軍人は甘くないとは思うが、共産主義を信奉する同志として、それを頭から否定することもできなかったろう。

可能性としてあった南進頓挫

一九五〇（昭和二十五）年六月二十五日の日曜日、北緯三八度線での常用薄明は午前三時、日の出は午前四時十五分（日本時間、当時の韓国時間はマイナス三〇分）、天候は雨。午前四時、符牒「暴風（ポップン）」、数字符「244（イー・サー・サー）」をもって北朝鮮軍は、西は甕津半島から東海岸の襄陽付近までの二四〇キロ正面で砲迫三〇〇〇門による攻撃準備射撃を開始した。三〇分後、緑色信号弾と数字符「224（イー・イー・サー）」をもって地上部隊が三八度線を越えた。朝鮮戦争の始まりだ。韓国ではこの六月二十五日から朝鮮戦争そのものを「ユギオ（625）」と称している。そして北朝鮮軍は、六月二十八日夜までにソウルを制圧した。

当時、三八度線からソウルへの最短距離は、国道三号線での路程で約六〇キロだったが、それを八〇時間ほどで突破されたのだから、韓国軍は完敗、戦史に残る奇襲の成功となる。これについて、韓国軍首脳の感懐はどういったものだったのか。事情がどうであれ、首都ソウルを四日で失ってしまったのだから、国民に対して申し開きはできないと言葉少なの姿勢が一般的だという。

しかし、完璧に奇襲されたことについては、軍人として一言あるように見受けられる。韓国の政治家の一部には、話し合いによる南北協商は可能だと考えていた者もいただろうが、軍人特に越南してきた者がそう考えるはずがない。北朝鮮の権力構造を知る者は、あの寄せ木細工を一本にまとめるには、南進し韓国解放を政策の中心にすえざるをえないはずと判断する。しかも急速な軍備拡充を知れば、それがなにを意味するか考えるまでもない。そして甕津半島や延白平野で頻発している補給闘争、特に開城正面での国境紛争、そして太白山脈沿いに浸透してくる武装工作部隊、これがすぐにも全面的な南進に発展すると予測するのは軍人としての常識だ。従って「まさか、やってくるとは……」といった政戦略的な奇襲が成立する状況ではなかった。

政戦略的な奇襲は成立しないといっても、純軍事的な奇襲は成り立つ。これは「時」、「場所」、「装備＝技術」の三つの面で相手の意表を衝くことで、このどれか一つでも成功すれば、奇襲は成立して勝利に大きく貢献する。

六月二十五日に北朝鮮軍が全面的な南進を開始したという「時」の問題だが、韓国軍が全く無警戒で不意打ちされたというわけでもない。五月一日のメーデーにはなにかが起こるということで、韓国軍は四月十七日から五月三日まで警戒態勢にあり、将兵の外出を止めていた。次いで五月三十日の韓国総選挙が狙われるということで、五月五日から六月二日まで再び警戒態勢にあった。六月に入ると、北朝鮮はあれこれと協商を提案してきたが、韓国軍はこれには裏があるとして六月十一日から再び警戒態勢に入った。ところが何事も起きない。そこで韓国軍は六月二十三日の金曜日に四五日間にわたる警戒態勢を解除し、翌二十四日の土曜日には在営者の外出、外泊を許可した。将兵の半数も在営していない部隊もある中、二十五日に北朝鮮軍が三八度線を越えた[註37]。

結果からすれば、攻勢第一日を日曜日に設定したことで、北朝鮮軍は奇襲に成功したことになる。「まさか日曜日にくるとは……」というのが韓国側の共通した思いのようだ。しかし、攻勢第一日、いわゆるDデーの日付を正確に読み切っていたとしても、「時間」だけでも奇襲は成立する。常道通りHアワーを黎明時とするか、それとも攻撃準備射撃の精度を高めるために日の出以降とするか、はたまた奇策を講じて夜襲で戦端を開くか、この数時間の違いでも奇襲は成立する。

次に、三八度線のどこを突破し、南下の攻勢軸をどこに設定するか、すなわち「場所」での奇襲がある。朝鮮半島の地勢と道路網からして、前述の「先制打撃作戦計画」の第一段階のほかは考えられず、新品少尉でも同じ作戦を立案するだろう。「戦法」も同じだ。これまた地形の特性から、長隘路の突破、平野部でも水田の中の一本道を進むことになるから、戦法も限られており、そこには奇襲というものは考えにくい。

そして残る問題は、「技術」すなわち「装備」の面での奇襲だ。朝鮮戦争の緒戦における北朝鮮軍によるT34／85戦車の集中投入がそれにあたる。韓国軍は、北朝鮮軍がT34／85戦車を二〇〇両以上も装備していることは知っており、戦車部隊の編制装備表（TO&E）や職員表まで入手していたという。韓国軍はこの不安を米軍事顧問団に訴えていたが、韓国軍が装備している一九〇〇筒の二・三六インチ・ロケットランチャー（バズーカ）と一四〇門装備の五七ミリ対戦車砲はT34／85戦車を撃破できると説明していた。

韓国軍はこの米軍事顧問団の説明を信じて北朝鮮軍のT34／85戦車に立ち向かったのだが、手持ちの装備ではその九五ミリもの正面装甲を貫通できない。これで韓国軍将兵の士気は阻喪し、そこに奇襲が成立した。韓国軍の参戦者は、「今さら、せんないことながら……」と前置きしつつ、「有効な対戦車手段さえあれば、ソウル前面でもう少しまともないくさができたのだが」と述懐するのを常としていたそうだ。

では、戦車に押しまくられた韓国軍は、国境会戦で壊乱したかといえば、実情はそういうことでもなかった。戦線の最西端、海州湾の湾入で本土と切り離されていた甕津半島には、独立第一七連隊戦闘団が配備されていた。ここに北朝鮮軍は、戦車・自走砲一三両を擁する一万人を差し向けた。圧倒的な戦力差がありながら、独立第一七連隊は逆襲して主抵抗線を回復するまで健闘し、二十六日昼には計画通り建制を保って海路撤収し、すぐさま仁川、水原付近の戦線に加入している。

ソウルへの最良の接近経路、京義本線と国道一号線を抱える臨津江正面には、韓国軍第一師団が配備されていた。ここに北朝鮮軍は、第一師団と第六師団、戦車四〇両と自走砲三二両をもって突破を図った。韓国軍は開戦早々に開城を失い、さらには京義本線が通る臨津鉄橋の爆破に失敗した。それでも韓国第一師団は、臨津江を利用した河川防御に成功し、対戦車肉薄攻撃を展開しつつ二十六日まで主抵抗線を維持していた。二十七日朝までに予備陣地に後退したものの、なお、臨津江沿いの主抵抗線を回復しようと反撃を試みていた。二十八日に入ると後方のソウルが占領され、弾薬の補給、負傷者の後送ができなくなって後退となり、敵の追尾を受けることなく建制を保って漢江を渡り、金浦半島に撤収した[註38]。

中・東部戦線ではどうだったのか。春川と洪川の正面には、韓国軍第六師団が配備されていた。春川と洪川の正面には一個連隊ずつ、原州に予備連隊という配置だった。ここに北朝鮮軍は、第二師団と第七師団、戦車四〇両、自走砲三二両をもって突破を試みた。圧倒的な戦力の格差があるから、これならば漢江左岸の水原へ迅速に突破できると思ったのだろうが、そうはいかなかった。

春川にあった韓国第七連隊は前面の北朝鮮軍の不穏な動きを偵知し、土曜日と日曜日の外出・外泊を止めて奇襲に備えていた。もちろん初動の一撃で三八度線沿いの警戒陣地は失ったものの、北漢江と昭陽江を利用した主抵抗線に入り、春川固守の構えを見せた。そんな時、両軍注視の中、連隊の対戦車砲中隊は北朝鮮軍の自走砲（ＳＵ76）二両を撃破した。戦車と自走砲の区別が付かない韓国軍将兵は、「敵戦車をやっつけた」と士気が高揚したが、これで戦車恐怖症に罹らなかったことが大きい。そして砲兵大隊は北漢江沿いの隘路から河川敷に出てきた北朝鮮軍に火網を被せ、歩兵連隊一個を撃滅した。洪川正面の韓国第二連隊は長隘路を活用し、対戦車肉薄攻撃を反復してその突進を阻止したばかりか、三八度線を回復するべく反撃する勢いを見せた。

このように韓国第六師団は、第一師団と同じく戦線を維持し続けたのだが、後述する議政府正面の戦況が悪化したため、二十七日に第六師団に後退命令が下された。その際、第六師団は上東のタングステン鉱山からトラックを徴用し、自動車化して下がったのだから、師団の全員が「負けた気はまったくしなかった」と回顧しているのも当然だった。

東海岸に配備されていた韓国軍は、二個連隊編成の第八師団だった。これに対して北朝鮮軍は、第五師団、特殊部隊、陸戦隊、戦車一〇両、自走砲一六両を投入した。特殊部隊や陸戦隊の上陸によって第八師団は分断されたが、それでも河川防御をして江陵を固守し続けた。第八師団は防御戦闘ばかりでなく、付近の炭鉱からトラックを徴用し、後方態勢も強化した。そして二十八日、江陵を放棄して太白山脈の西麓に下がるが、軍隊や軍需品ばかりではなく、警察官とその家族、さらには金融機関までも撤収させたというのだから、第八師団はよく奇襲に対処したといえよう。

ソウルの早期失陥、すなわち緒戦の敗北を決定付けたのは、議政府回廊での戦闘だった。この正面を担当した第七師団には、不運が重なっていた。まず六月十日、不定期の人事異動があり、師団長が交替したばかりであった。そのすぐあと、今度は部隊の隷属関係が変更された。第七師団の一個連隊が首都警備司令部の隷下に入り、それに代わる連隊の移動が遅れ、六月二十五日にはまだ忠清北道の温陽にあった。もっとも緊要な正面にあった第七師団は、予備連隊なしで開戦を迎えることとなった。

議政府正面は、鉄原盆地から国道三号線と京元線沿いの東豆川正面、その東側の国道三七号線沿いの抱川正面とに分かれる。回廊（コリドー）と呼ばれる地形だが、旧ソ連軍の教範に見られるような、戦車一〇両からなる戦車中隊がV字状もしくは楔状の隊形に展開できる場所が一般的だ。東豆川正面では漢灘江、抱川正面ではその支流の永平川を渡るが、どちらも三八度線以北だから、韓国軍がこれを河川障害として使えない。三八度線からソウルまでは、国道三号線が最短距離だ。そこで北朝鮮軍は、ここを重点として東豆川正面と抱川正面から分進し、議政府で合撃、ソウルまで一直線に進撃する。北朝鮮軍は、東豆川正面に第四師団と第一〇七戦車連隊、抱川正面に第三師団と第一〇九戦車連隊を投入し、合わせて戦車一五〇両、自走砲三二両だった。

開戦当初から韓国軍は、北朝鮮軍の戦車に翻弄され続けた。手持ちの装備では敵戦車を撃破できないと知れば、戦車恐怖症に罹ってしまい、戦車と聞いただけで逃げ腰になるのも無理からぬことだ。ほかの正面では多く記録されている応急資材による肉薄攻撃も、この議政府正面ではあまり記録されていない。砲兵の陣地占領が間に合わなかったり、砲兵が早くに壊乱し、歩戦分離ができなくなり、戦車が集団的な威力を発揮したためだろう。

もちろんこの議政府正面の重要性を痛感している韓国軍は、ここに一五個大隊もの増援を送り込んだ。しかし、戦況の推移が早く、大隊単位で逐次投入することとなり、さらには通信や補給の不備が重なって、秩序立った戦線を構成できなかった。そもそも増援された部隊も有効な対戦車手段がないのだから、いくら兵力を送り込んでも結果は同じだ。それでも国道三号線沿いでは、北朝鮮軍を阻止したかと思われたが、抱川正面を突破した部隊によって二十六日午後一時、議政府が占領され、これでソウルの命運は定まった。

朝鮮戦争の緒戦、国境会戦を総括すれば、「戦車、戦車で明け暮れた」ということになろう。それでも前述したように、ソウルの両翼、臨津江正面と春川・洪川正面では、砲撃を加えて歩戦分離し、対戦車肉薄攻撃を繰り返して防御戦闘を形にした。戦車さえ止めれば、北朝鮮軍の攻勢を頓挫させることは可能だった。今さら語ってもせんないことながら、なぜアメリカは韓国軍に最良の対戦車手段となる戦車の供与を渋っていたのだろうか。韓国軍に戦車を供与すれば、北進統一の挙に出るのではないかと危惧していたのかも知れない。シワの多い朝鮮半島の地形から、戦車部隊の運用は無理だと判断したとも思える。従来、そのような事情でアメリカは韓国に戦車を供与しなかったと語られてきた。

ところが最近になって確認された米軍事顧問団の記録によれば、一九四九年末に韓国政府の要請を受け、アメリカは一九五一年に入ってから、M26戦車一八九両（戦車大隊三個分）を供与することで合意に達していたという。主にM26のエンジンとトランスミッション、照準装置を改良したM46の量産が進んで、M26が余剰装備となってからの供与ということだったようだ。この戦車大隊が実戦化されていれば、国道一号線と三号線沿いに一個大隊ずつ、予備としてソウル近郊に一個大隊が配備されていただろう。北朝鮮軍が装備するT34／85よりも強力なM26（九〇ミリ砲、最大装甲厚一〇二ミリ）は、完全に戦場を支配したはずだ。

そうなれば北朝鮮軍は、三八度線を越えてすぐに攻勢が頓挫、立ち往生となったと思われる。

その結果、南進作戦は誤った左翼冒険主義として強く批判され、金日成らはソ連の手によって粛清された可能性が高い。また、韓国軍が有力な戦車部隊を配備していることを知れば、南進の決意が揺らいで遅疑逡巡を重ねる。それを強硬派が突き上げ、金日成体制は崩壊したとも考えられる。戦車二〇〇両あまりの問題で朝鮮半島の歴史が大きく変わった可能性があった。

再考が求められる仁川上陸作戦

アメリカが朝鮮半島の情勢に応じ、二個師団をもって軍事介入を決定したのは、一九五〇（昭和二十五）年六月三十日（東京時間）だった。二十九日に漢江の戦線を視察したダグラス・マッカーサー元帥は、早くもソウルを中心とする敵兵站線に直接打撃を加える上陸作戦を構想していた。これを具体化したものが「ブルーハート作戦」だ。九州に駐留していた第二四師団と関西にあった第二五師団で、できるだけ北方で北朝鮮軍を阻止し、米本土で急ぎ編成した臨時第一海兵旅団と関東地方にあった第一騎兵師団とを仁川に上陸させ、北朝鮮人民軍を三八度線以北に駆逐するというものだ。南部戦線の攻勢転移と仁川上陸は七月二十二日と予定されていた。

ところが釜山を目指して南下する北朝鮮軍の衝力は衰えを見せず、国連軍と韓国軍の戦線が突破されかねなかった。そこで米第一騎兵師団を七月十八日から日本海側の浦項に、臨時第一海兵旅団を七月三十一日から釜山に上陸させ、すぐさま戦線に投入せざるをえなくなり、「ブルーハート作戦」は取り止めとなった。この前後に米本土から来援した第二師団と急ぎ編成中の第一海兵師団をもって、仁川、錦江河口部の群山、日本海側の注文津のいずれかに上陸する「クロマイト作戦」が立案された。ところがこれまた第二師団を洛東江線（釜山円陣、ペリメーター）に投入せざるをえなくなり、上陸作戦は不可能となった。

これでもなおマッカーサーは、敵の背後への上陸作戦を断念しなかった。ソロモン諸島やニューギニアでの成功体験を忘れられず、いわゆる「蛙飛び作戦」が勝利をもたらすと信じていたようだ。第七師団を完全編制にするため、韓国軍将兵八六〇〇人を急ぎ編入した。第七師団が出動すれば日本に作戦単位がなくなる。そこで七月八日に警察予備隊創設、海上保安庁増員の指令が出されることとなった。

敵の後背を衝く作戦は、古来からの常道だ。ただ、仁川という場所が問題となる。ここは干満の差が大きいことで世界的に有名で、大潮時のそれは一〇メートルを越える。干潮時には岸から二キロから五キロにわたり泥土の干潟が広がり、車両の通行はもちろん、歩行すら困難だ。満潮時に第一波が揚陸、第二波は次の満潮時に揚陸、すなわち一一時間以上もあととなる。加えて上陸に適する海浜がなく、岸壁に直接突っかけなければならず、しかもすぐに市街地が広がっている。それに上陸に適する大潮は、一週間も続かない。これでは仁川上陸に海軍、海兵隊が難色を示すのも無理はない。

ところがマッカーサーは、自説を主張してやまない。その根拠だが、敵はまさか仁川で大規模な上陸作戦を展開するとは思っていないから、完璧な奇襲となるというのだ。さらに仁川の港湾施設を破壊する時間を敵に与えてはならず、そしてソウルの早期収復にはこれしかないと主張する。事態を憂慮したアメリカは、ジョン・ロートン・コリンズ陸軍参謀総長、フォレスト・シャーマン海軍作戦部長を東京に派遣してマッカーサーと協議することとなった。

八月二十三日、東京・第一生命ビルで作戦会議が開かれ、海軍と海兵隊は技術的な困難さについて説明した。これに対してマッカーサーは、「これは一〇万の生命を救うこととなる」で結ぶ雄弁で一同を納得させたと語られているが、実際はまた違ったもののようだった。当時、元帥副官だった人の回想によれば、マッカーサーは「太平洋戦線ではあれほど力になってくれた海軍なのに、今度はどうして助けてくれないのか」と泣き落としに出たという。しかも、この会議で仁川上陸が決定したわけでもない。

この翌日、海軍と海兵隊の首脳が協議して、仁川ではなく条件が良い牙山湾への上陸案をまとめてマッカーサーに提案したが、彼はこれを拒否した。結局、帰国したコリンズ陸軍参謀総長とシャーマン海軍作戦部長がハリー・トルーマン大統領とルイス・ジョンソン国防長官に報告して決裁を求めることとなった。どういう理由か明らかではないが、ジョンソン国防長官は仁川上陸案を支持、トルーマン大統領も同調し、統合参謀本部は八月二十八日にマッカーサー案をしぶしぶ承認した。[註39]

こうして一九五〇年九月十五日、米第一〇軍団による仁川上陸作戦が決行された。そして二十九日にはソウルを収復したのだから、マッカーサーが「五千対一の賭に勝った」と誇るのも当然だろう。しかし、純軍事的に見れば、どうなのだろうか。戦域全体の部隊運用からすれば、非常に危険な賭だったように思えてならない。さらには結果がハイリスク・ハイリターンだったわけでもない。

米軍は米第八軍と韓国軍が切羽詰まった防御戦闘を繰り広げている洛東江線から、仁川上陸部隊を抽出している。それも重要な機動打撃部隊として運用していた米第五海兵連隊と韓国第一七連隊だ。米第八軍司令官のウォルトン・ウォーカーは、第五海兵連隊を引き抜かれたら戦線が崩壊しかねないと悲鳴を上げた。その一方、仁川に向かう米第一海兵師団長のオリバー・スミスは、応急的に編成した連隊二個だけでは上陸作戦は無理、どうしても歴戦の第五海兵連隊が必要だと強く主張した。結局、マッカーサーの裁断で第五海兵連隊は洛東江線から抽出された。

防勢から攻勢に転移する場合は、増援を受けて戦力比を逆転させてから行なわれるのが通例だ。ところが洛東江線での米軍と韓国軍は、戦力を引き抜かれてからの攻勢転移となった。米第七師団の一個連隊が第八軍の予備として回されたが、釜山港外での洋上待機という形だった。このような悪条件の下、米第八軍と韓国軍は仁川上陸作戦開始の翌日、九月十六日から攻勢に転移した。

国連軍が仁川に上陸すれば、後方を遮断された北朝鮮軍はすぐさま総崩れになるというのがマッカーサーの予測だった。ところが洛東江線の北朝鮮軍は、総崩れになるどころか、逆に攻勢に出る場面すらあった。北朝鮮の首脳部は、国連軍の仁川上陸を前線に通報しないで、もう一歩で大邱だ、釜山だと督戦し続けていたと見られる。また、北朝鮮軍は戦況の変化にすぐさま対応できる軍隊ではないし、京仁地域（ソウル、仁川一帯）でなにが起こっているのか把握できなかった可能性もある。

仁川上陸作戦は順調に進展したが、洛東江線での戦況は動かない。これに苦慮した国連軍は、洛東江線に直接影響を及ぼせるだろう群山への上陸も検討され始めた。そんな膠着状態だった九月十八日、釜山円陣の西北端にあった韓国第一師団が包囲網を突破し、北朝鮮軍の後方を遮断しつつ包囲の態勢にもって行った。この一撃で戦線の均衡が崩れ、北朝鮮軍の前線司令部は、九月二十三日に三八度線以北への後退命令を下した。

続いて米第八軍と韓国軍が北朝鮮軍を追撃して北上、仁川に上陸した米第一〇軍団とリンク・アップするというステージに入る。九月二十二日、米第一騎兵師団から北上が始まったが、韓国軍の立場から見れば、この追撃開始は遅かったとしている。最初に北朝鮮軍の包囲を破った韓国第一師団がすぐさま追撃すれば、北朝鮮軍の高級司令部を捕捉、撃破するチャンスが生まれた可能性は高い。実際、九月二十六日には韓国第一師団の工兵隊と米第一騎兵師団の砲兵隊が鳥致院付近で北朝鮮軍の前線司令部に追いすがり、あと一歩のところで取り逃がしている。また米第一〇軍団が構成した阻止線も網の目が大きすぎて、これといった戦果を上げることはできなかった。「スレッジ・ハンマー（大ハンマー）」で叩き上げてやるといったものの、北朝鮮軍の中核部隊は、間道をたどって三八度線以北に逃げおおせた。

もしこの追撃戦中に、北朝鮮軍の第一師団長の崔光、第二師団長の崔賢、第八師団長の呉白龍、第一五師団長の朴成哲といったのちに金日成政権を支えた要人を除去していれば北朝鮮という国はどうなっていただろうか。少なくとも今日、長距離弾道ミサイルと核兵器を振りかざすような国にはなっていなかったと断言できよう。そう考えると、仁川上陸に投入した戦力を釜山経由で洛東江戦線に送り込み、前面の北朝鮮軍を細かく包囲して殲滅し、入念に掃討すれば、歴史は変わっていたことになる。

もちろんソウルの早期収復には大きな意味があり、その点からすれば仁川上陸は効果的な作戦だった。しかし、それからの部隊運用には疑問が残る。せっかく南北、東西の交通の要となる京仁地区に入っている米第一〇軍団を再び乗船させて、東海岸の元山に上陸させるという運用だ。東海岸沿いに急進する韓国第一軍団とリンク・アップして迅速に元山を奪取すれば、北朝鮮は画然と東西に二分される。その構想そのものは理解できるが、米第一〇軍団は京元線沿いに進めばよいことで、なにも複雑な上陸作戦を行なう必要はどこにもない。マッカーサー元帥ほどの将帥でも、成功体験からはなかなか抜け出せないということだろう。

米第一〇軍団の積み込みは大きな作業となった。米第一海兵師団は仁川で、第七師団はなんと陸路で釜山にまで下がって乗船することとなった。この部隊移動のため主要幹線は大渋滞に陥り、北上する米第八軍と韓国軍は足止めをくった。この時間のロスは、のちのちまで大きな尾を引くこととなる。しかも元山の前面、永興湾には濃密な機雷原があり、その掃海に手間取り、十月十五日D日の予定が二十六日上陸開始にずれ込んだ。十月一日に三八度線を突破した韓国第一軍団は、十月十一日に元山を占領しているのだから、結果論からすれば第一〇軍団の元山上陸はまったく無駄だったことになる。

朝鮮半島を巡る今日の深刻な情勢からすれば、ここに一つのイフが考えられよう。米第一〇軍団は陸路で元山に向かう、もしくは京義本線沿いに平壌に向かう。そうすれば主要幹線も渋滞することなく、また釜山と仁川での荷揚げがはかどる。そして米第八軍と韓国軍が戦線に素早く加入すれば、北朝鮮の主要部はもちろん、鴨緑江と豆満江の主要渡河点や展開地域を迅速に制圧できる。そうなれば中国の武力介入は現実のものとはならない。そしてその時点で韓国による朝鮮半島の統一が達成され、国連が示した正義が実現したわけだ。もし事態がそう動けば、そしてそう動いても不思議はないのだから、金日成など問題にもならず、今日の混迷もなかったことになる。

中ソに見捨てられかねなかった失態

北朝鮮軍の装備は、航空機、戦車から小銃までほぼすべてがソ連製だった。部隊もソ連軍の編制を縮小したもの、軍事教義もソ連軍から教えられたものだった。旧ソ連軍をモデルにしたことの名残りは、今日、北朝鮮軍歩兵部隊の分列行進に見ることができる。足を高く振り上げ、振り下ろす歩調は、帝政ロシア軍以来のものそっくりだ。

一九四七年五月、北朝鮮軍が創設されて師団が編成された時、ソ連は各師団に大佐を長とする軍事顧問団を送り込み、各中隊にまで配置して教育訓練に当たった。一九四八年十二月、ソ連軍は朝鮮半島から撤収するが、その前後から軍事顧問団も縮小され、四九年には一個師団当たり二〇人、さらに五〇年にはそれが三人から八人となっていた。朝鮮戦争開戦時には、ソ連の軍事顧問は四〇人だったという[註40]。

なぜ、ソ連は決定的な場面で現代戦に未熟な北朝鮮軍に適切な助言ができる軍事顧問を派遣していなかったのか。それらを呼び戻した理由をスターリンは、フルシチョフにこう説明している。「われわれの顧問を現地においておくのは危険すぎる。捕虜にされるかもしれないのだ。このことに加担したという非難を招くような証拠を残しておきたくない。この戦争は金日成の問題なのだ[註41]」。スターリンは、北朝鮮が強調する韓国国内にいる二〇万人の南労党の地下組織が北朝鮮軍の南進に呼応して一斉に蜂起し、内戦の形で一挙に決着すると信じていたのだろう。それならば、国際的な非難を浴びるようなことをする必要はない。

ただ、ここで一つの疑問が残る。北朝鮮軍は漢江の右岸（北岸）のソウル制圧だけに止まらず、釜山まで進んで朝鮮半島の統一を図るというのならば、国境会戦に引き続き漢江を渡河し、そこに補給幹線を設定しなければならない。ソウル付近の漢江は、川幅七〇〇メートルから一〇〇〇メートル、水深は平均三メートルの大河だ。当時、この漢江に架かっていた橋梁は、龍山から鷺梁津への漢江大橋（人道橋）と上流部にある広津橋（人道橋）、そして京釜本線の複線鉄橋、京仁線の上りと下りの単線鉄橋の計五本だった。

この五本の橋梁を韓国軍がすべて爆破したならば、北朝鮮軍はどうするのか。攻勢衝力を維持して迅速に南下するとなれば、T34／85戦車を渡せる荷重四〇トンの重門橋を運航するか、重浮橋を架設しなければならない。北朝鮮軍は浮橋を一セット装備していたと見られているが、荷重四〇トンでは橋の長さは三〇〇メートル以下、京釜本道付近の漢江では長さ不足だ。そこで重門橋での渡河となるが、これには時間がかかり、すぐに補給幹線をフル稼働できない。前述したソ連の特別軍事代表団による「先制打撃作戦計画」では、漢江という河川障害をどう克服しようとしていたかは不明だ。実際には、韓国軍は京釜本線の複線鉄橋と京仁線上り鉄橋の爆破に失敗したが、京仁線の鉄橋は米第五空軍の阻止攻撃によって六月三十日に落とされた。そこで北朝鮮軍は、京釜本線の複線鉄橋を補修して七月一日に戦車を渡している。

開戦の翌日、六月二十六日から日本にあった米第五空軍は、在韓米人引き揚げを援護するため出撃、引き続き航空優勢確保の作戦を開始した。米極東海軍も素早く立ち上がり、二十九日から東海岸で艦砲射撃を開始している。そして三十日、米政府は地上軍の朝鮮半島進出を認可した。介入した米第八軍と北朝鮮軍が接触したのは七月五日午前八時のことで、場所は烏山の北だった。

まったく信じられないことだが、開戦からこの決定的な局面まで、北朝鮮は戦況を一切ソ連に通報していなかった。それどころか、ソウルを占領してからの計画の概略すらソ連大使館に通報していない。緒戦の勝利に有頂天になり、つい忘れていたでは済まされない。広言していた韓国の南労党の一斉蜂起が起きそうもないので、報告しづらかったとしても、許されることではないだろう。なにを考えているのかわからない連中、なにを仕出かすかわからない忌み嫌われる左翼冒険主義者と見なされて、この時点でソ連が金日成を見捨ててもおかしくはなかった。

北朝鮮の常軌を逸した態度に苛立ったスターリンは、七月一日に強い調子の詰問電報をシトゥイコフ駐朝大使に送った。その内容は、「北朝鮮の司令部はどのような計画を持っているのか。前進しようとしているのか、それとも攻勢を一時中止することを決定したのか。進攻はなにがあっても継続しなければならない」、「介入した米空軍にどう対応しているのか」といった内容だった。これにはシトゥイコフ大使は震え上がったろう。折り返し召還命令、帰国と同時に逮捕、銃殺、よくて収容所送りという時代のことだ。[註42]

あわてたシトゥイコフ大使は翌日、「北朝鮮政府と人民軍首脳部は、軍事的、政治的情報を正確に評価し、完全勝利を目指していっそう広範な進攻に向け全力を尽くしている」と返電した。それでもなお不安なシトゥイコフ大使は、七月三日にワシリエフ中将と共に金日成、朴憲永と会談した。その席で金日成がそれまでの不手際をどう詫びたかは記録されていないが、すぐさま武器供与を求めた。米軍の着上陸作戦が予想されるので、その対抗手段のため二個師団と一二個海兵大隊を新編するために必要な装備、小銃六万挺、各種迫撃砲二八〇門、火砲一〇〇門、高射機関砲六〇門などだ。なんとも厚かましい要求で、戦争を補給闘争の手段とし か思っていない証左だ。

さらに驚くべきことに金日成は、われわれは大軍の運用に慣れておらず、高級司令部をどう組織してよいかわからないから、どうにかしてくれと要請した。そこでシトゥイコフ大使とワシリエフ中将は、西部の第一軍団、東部の第二軍団と区分し、それを統括する前線司令部を設置するよう助言した。しかも人事までソ連に丸投げし、前線司令官は副首相の金策、参謀長は総参謀長の姜健、第一軍団長は総参謀副長の金雄、第二軍団長は民族保衛省次官の金武亭となった。さらに、各軍団司令部にソ連軍事顧問を二人ずつ配置、前線司令部にワシリエフ中将を長とする軍事顧問の常駐を願い出た。この協議の結論をすぐにモスクワに打電し、スターリンの決裁を求めた。

七月六日、スターリンの返電が平壌に届いた。その内容だが、装備の供与は全面的に実施するとした。ただ、部隊の新編よりも既存部隊の戦力回復、増強の方が大事だと指摘している。また、高級司令部の創設とその人事、軍事顧問の派遣については言及していなかったと思われる。高級人事は、北朝鮮側が決定することで、あれこれ注文を付ける立場ではないということだろう。軍事顧問の派遣についての言及がないことは拒否と理解できる。金日成からすれば、求めた装備が全量入手できて有頂天、しかも人事権の行使についてフリーハンドのお墨付きが与えられたと思っただろう。それだからこそのちに、ソ連公民系であろうと容赦ない粛清が行なえたのだと思われる[註43]。

このように朝鮮戦争の緒戦時、北朝鮮とソ連の関係はぎくしゃくしたものだったが、中国との関係はそれなりに維持されていた。ソ連にとっての朝鮮半島は、国境で接しているとはいってもはるか遠くの極東、そのまた一部との認識だろうし、クレムリンの首脳部と個人的な関係を持つ朝鮮人はまずいなかったから、どうしても疎遠になる。一方、中国にとって朝鮮半島は東の大門とされ、北朝鮮の首脳部とは抗日戦以来の戦友という関係にあり、中国の要人とは顔見知りという人も多い。そういうことで中国と北朝鮮との関係はまずまずといったところから始まった。ところが戦況が悪化すると、金日成への評価は低下の一途をたどる。

一九四九年十月、中華人民共和国が成立するとすぐに北朝鮮との外交関係が結ばれ、北朝鮮は南労党系の李周淵を大使に任命して北京に常駐させていた。中国も倪志亮を駐朝大使に任命したが、病気のため着任が遅れ、朝鮮戦争勃発時には空席となっていた。そこで中国人民解放軍の総参謀部は、七人からなる連絡団（軍事観察小組）を送り、七月十日に平壌に入った。この団長は政務参事官の柴成文だった。[註44] 彼はのちに休戦会談の中国側秘書長を務め、その後に毛沢東主席直属の情報機関、通称「北京私書箱一号」の一員ともなった。また、中国は北朝鮮の光復五周年の紀念式典に郭沫若と李立三という大立者を送り、両国の友好関係を再確認しあった。北朝鮮側も李相朝など主に延安系の者を北京に派遣して、意志疎通を図っていた。

このようにして作られたチャンネルを通じ、中国は助言と警告を発信し続けていた。もちろん中国は、北朝鮮軍の緒戦の勝利を高く評価していた。しかし、米第八軍と韓国軍が立ち直り、洛東江線でスクラムを組んだ時点で先制打撃作戦のステージが終わり、長期戦の可能性が生まれつつあるというのが中国の認識だった。これからは手を広げて押すだけでは勝利は望めず、縦深戦力を高めて拳を固め一点を強打しなければ、釜山はもとより、大邱すら取れないと助言していた。ところが北朝鮮は聞く耳を持たず、あいも変わらず弱体化した師団単位で攻撃を繰り返すばかりだった。

そして八月から九月、洛東江の戦線が膠着すると、中国は米軍の作戦構想を予測し、それに対応できるよう北朝鮮に戦略の変更を求めた。その論拠は、日清戦争と日露戦争における日本軍の作戦と、太平洋戦線でのマッカーサーの戦略を研究して導きだされたものだった。具体的には、洛東江線に北朝鮮軍の主力を引き寄せておいて、後方に一撃を加えるというものだ。仁川、大同江河口部の南浦、錦江河口部の群山、そして日本海側の元山と咸興への上陸作戦の可能性があり、特に仁川が危ないと警告した。すばらしい洞察力だが、卓見すぎて毛沢東の神格化のためあとから作られた話ではないのかと疑いたくなるほどだ。[註45]

ところが金日成はこれを無視し、あと一歩で大邱だと督戦するばかりだった。これでは中国が金日成に不信感を抱くのも無理はない。しかも、九月十五日に行なわれた米第一〇軍団の仁川上陸について、十七日になっても中国に通報しておらず、中国政府は外信と平壌放送だけで情勢判断しなければならなかった。それ見たことかと笑っている場合ではない。東の大門の危機を見て中国は、かなりの規模の部隊を朝鮮半島に入れて、ある種の威力偵察をしてみてはどうかと北朝鮮に提案したが、北朝鮮当局はこれになんの反応も示さなかった。これには周恩来もいたく失望し、北京の外交団に不快感を示したという。

ここにも金日成を除去する機会があったことになる。「金日成という孺子がアメリカ相手の兵を論じるとは笑止の至り」との雰囲気が広まれば、ほかの者とすげ替えたらどうかという話に発展する。金日成政権を根底から崩して新たな政権を樹立することは、中国にとって容易なことだった。新たなトップは、ソ連系とはされているものの、本来は延安系で万事慎重な崔庸健となるだろう。そしてその周囲を固めるのは、八路軍出身の朴一禹、金武亭、方虎山、張平山と人材にはこと欠かない。そして中国で顔が広い李相朝が駐中大使という布陣だ。

実はスターリンも金日成を除去することを考えていたとされる。一九五〇年十月九日、訪ソした周恩来はスターリンと朝鮮半島情勢について協議した。その席でスターリンは、これ以上、金日成を支えることに意味があるのかと疑問を呈し、中国東北部に亡命政権を樹立させたらどうだろうかと周恩来に相談をもちかけたという[註46]。

中ソ合意の下、北朝鮮の政権交替は可能性としてはあったのだが、では終戦処理をどうするかという難題がある。国際中間地帯としての朝鮮半島に社会主義国家を存続させるためには、どうしてもキム・イルソンというビッグ・ネームが必要ということだ。スターリンには北朝鮮の指導者に金日成を選んだという任命責任がある。毛沢東は金日成と面談し、その左翼冒険主義とでもいうべき戦争計画に同意した以上、これを見捨てることは東洋の信義にもとる。その結果として金日成が生き残り、そして今日の混迷がある。

今日の混迷を決定付けた中国の介入

スローガンは「抗美援朝保家衛国」

一九五〇（昭和二十五）年十月一日、丁一権陸軍参謀総長の口頭命令によって、東海岸沿いに北上していた韓国第一軍団は、襄陽付近で三八度線を越えた。韓国ではこれを紀念して十月一日を「国軍の日」として祝っている。また、「国連軍司令官は、三八度線以北で作戦を行なう法的権利を持つとともに、ソ連または中国との摩擦を避けること」との条件を付けた米統合参謀本部の提案を九月二十日にトルーマン大統領が認可、これで国連軍の三八度線突破と北進作戦の指針が確定した。そして西海岸正面では、米第一軍団が開城付近で十月八日に三八度線を越えた。

国連軍と韓国軍の北進作戦は順調に進展し、十月十日には韓国第三師団が元山を、同月十九日には韓国第一師団が平壌に入った。これで東西の連携を断たれた北朝鮮は壊乱状態に陥り、北朝鮮軍が集団投降する場面が多く見られるようになった。事態がこのまま推移すれば、一九四八年十二月十二日の第三国連総会決議にある「大韓民国政府が朝鮮における唯一の合法政権」、また五〇年六月二十五日の国連安保理決議「北朝鮮の大韓民国への武力攻撃は平和の破壊を構成するもの」といった国際的な正義が形になったことは確実だった。ところがそこに「抗美（米）援朝保家衛国」と呼号して中国が全面的に軍事介入を開始した。朝鮮戦争における三度目の奇襲となる。

では、なぜまだ建国して一年、しかも台湾問題を抱える中国が朝鮮戦争に介入したのか。当時、満州（中国東北部）では、中国全土の石炭の半分を産出、鋼材の八割を生産、大豆は世界の六割を生産していた。建国に必要不可欠な資源地帯の安全を図るために介入したのだとの説明には説得力がある。極端な推測とは思うが、鴨緑江の水豊ダムとその発電施設の保全が介入の目的だとの推測もまんざら的はずれでもない（電力は中朝で折半）。もちろん長い両国関係からすれば、中国にとって朝鮮半島は「東の大門」であり、「唇歯輔車（春秋左氏伝）」の関係にある。中国は朝鮮半島が緩衝地帯であって欲しい、もしくは友好的な国際中間地帯であることを求めたと考えられる。また、抗日闘争や国共内戦時からの鮮血で固めた戦闘的友誼の発露というのも、東洋で尊重される倫理に照らせば納得できる。

どの説明も理にかなっているにせよ、核攻撃まで覚悟して介入するとなると、それだけではないだろうとの疑問が残る。それを究明しようにも、中国は厚いベールに包まれ、真実に迫るのは難しい。しかも、この朝鮮戦争への介入については、東北人民政府主席の高崗（一九五四年死去）、第四野戦軍司令の林彪（一九七一年死去）、そして人民解放軍副総司令で援朝志願軍総司令を務めた彭徳懐（一九七四年死去）が深く関わっているが、三人は共に毛沢東との権力闘争に敗れ、非業の死を遂げている。また、一九六五年からの文化大革命によって、史料も散逸してしまった模様だ。これでは真実を探ることは難しい。しかし、一九九二年八月に韓国と中国が国交を樹立した前後から、韓国国防軍史研究所が中心となって朝鮮戦争の史料を収集し、それを活用した『韓国戦争史』全三巻を一九九五年六月に発刊した。それによると、中国は次のような経過をたどって朝鮮戦争に介入したとする。

北朝鮮と中国が南進作戦について初めてハイレベルな協議を行なったのは、中国建国前の一九四九年四月から五月のことだった。当時、朝鮮労働党中央委員で北朝鮮軍文化局長の金一が北京を訪問、朱徳、周恩来、毛沢東らと会談した。その席で毛沢東は、「長期にわたる持久戦となれば、日本が介入して南朝鮮を支援する可能性がある」として、「そうなったならば中国は軍隊を派遣して日本軍を撃退する」と北朝鮮を力づけたという。[註47]アメリカの占領下にある日本が再軍備を許されて朝鮮半島に派兵するとなれば、その前提条件として米軍の積極的な姿勢というものがあるはずだ。より重要なアメリカが介入する可能性をどう見積もっており、その対応策はどんなものだったのか。これについては、次のような話が伝わっている。

一九五〇年五月、訪ソを終えた金日成と朴憲永は訪中し、スターリンとの協議の結果を毛沢東に説明した。ところが毛沢東は、それでは満足せず駐中ソ連大使を通じてスターリン自身の説明を求めた。スターリンはすぐに返電し、南北朝鮮の統一事業に着手することに合意したと伝えた。ただし中国と朝鮮の間の同意が必要であり、意見の相違があれば合意するまで延期しなければならないとし、中国の面子を立てつつ、下駄を預ける形となった。

このスターリンからの返電を検討してから、毛沢東と金日成は具体的な協議に入った。まず、毛沢東は日本軍の介入の可能性を金日成に質問した。金日成は、アメリカが二万人から三万人の日本兵を派遣することがまったくないとはいえないもののその可能性は薄く、万が一それが実行されたとしても、情勢に決定的な影響を及ぼすことはないと答えた。そして毛沢東は、アメリカの軍事介入の可能性を指摘し、その場合には中国が北朝鮮を支援すると明言した。ソ連はアメリカと三八度線での分割に関して合意したため軍事介入はできないから、その代わりを中国が果たすとした。金日成にとって満点の保証だった[註48]。

そして六月二十五日の開戦となったが、前述したように緒戦の大勝利に浮かれた北朝鮮は、ソ連と中国への戦況通報を怠るという不遜きわまる態度に終始した。国連軍の仁川上陸すら中ソに速報しなかったのだから、北朝鮮はなにを考えているのかわからない集団だ。ところが洛東江線を突破され、北朝鮮軍が総崩れとなると、卑屈なまでの態度に一変、ソ連と中国に軍事介入してくれるよう泣訴した。

一九五〇年九月二十九日付の金日成と朴憲永連名のスターリン宛書簡は、次のように結ばれている。「われわれは貴方様の特別な援助を要請しないではいられません。すなわち、敵軍が三八度線以北に進攻するときには、ソ連軍の直接的な出動が絶対に必要であります。もし、それがなんらかの理由で不可能であるときには、中国とその他の民主主義国家の国際義勇軍を組織して出動するよう援助していただきたくお願い申し上げます[註49]」。

十月一日、北朝鮮政府は朴憲永を北京に急派し、金日成の親書を毛沢東に手交した。その結びは次のようなものだ。「現在、敵はわれわれが陥った困難を利用して、われわれに時間を与えず、引き続いて三八度線以北の地区に進撃してくるならば、われわれ自身の力のみではこの困難を克服することは不可能であります。したがって、われわれはやむをえず貴方に特別な援助をお願いいたします。敵が三八度線以北に進撃してくる状況において、中国人民解放軍が直接出動し、わが軍を支援してくださることを火急ではありますが、願わずにはいられません」[註50]。

国内の政争に勝利するために内戦を画策し、戦況が有利な時には勝手に動き回り、同盟国の忠告に耳も貸さない。それが一転、敗北必至となると、恥も外聞もなく大国に泣き付く。まさに事大主義、主体思想はどこへ行ってしまったのか。それが金日成の実像、ひいては北朝鮮という国家の体質なのだ。さらなる問題は、異民族を引き込み、同族を殺戮させようとしたのだから言語道断だ。このような事実を早くに明らかにしていれば、金日成神話なるものは確立せず、その結果として今日のような北朝鮮は生まれなかったはずだ。

北朝鮮に泣き付かれたスターリンは、この問題を中国に丸投げした。十月一日、スターリンは毛沢東と周恩来に次の内容の至急電を打った。「もしあなた方が現在の状況にもとづいて朝鮮人たちに軍事援助を供与する可能性を念頭に置いているならば、たとえ五～六個師団でもよいから、三八度線に即座に移動する必要があるだろう。これは、あなた方の援護で、朝鮮の同志たちに三八度線以北に軍事的予備軍を組織する可能性を与えるためである」。しかも、これについて朝鮮に伝えなかったし、伝えることも考えていないと付言しているのだから、スターリンが北朝鮮をどう見ていたかがよくわかる[註51]。

これに対する毛沢東の返電は、駐中ソ連大使を通じて十月二日に伝えられた。それはソ連の丸投げをそのまま受け入れない姿勢だった。すなわち、数個師団では問題は解決しない、中米全面対決を呼ぶ公算が高く、それが発展してソ連が戦争に引きずり込まれかねないとする。だから、「今は我慢して、軍隊を送らず、敵と戦争になった時にもっとうまくいくよう力を蓄えるのがよりよいと考える。朝鮮は一時的には敗北するだろうが、パルチザン闘争へと戦争形態を変えるだろう」という北朝鮮に冷たい姿勢だった。大国というものは、中小国には常に冷淡なものだが、十月二日に返電という日付を見れば、北朝鮮を見殺しにしようとしたわけではないと思われる。後述するように毛沢東自身は十月二日に派兵を決意していたとされるから、この返電は出兵の代償をより多くソ連から引き出そうとする駆け引きだったと理解できよう。

一九五〇年十月一日は中華人民共和国の国慶節、天安門広場で建国一周年の紀念行事が行なわれた。式典を終えた毛沢東は、ソ連と北朝鮮の要請を協議するため中国共産党中央政治局常務委員会を召集した。この会議では、二日中に人民解放軍の高級参謀も加わった拡大会議を開催することを決めた。そして通説によると、国慶節で気分が高揚した毛沢東は、一日から二日の夜にかけて朝鮮半島への出兵を決意したという。二日の拡大会議において毛沢東は、朝鮮半島にいつ派兵するか、だれを総司令にするか討議しなければならないとし、既に派兵の可否を論じる時は過ぎたとした[註52]。

さらに政府、共産党、人民解放軍の意思を統一するため、十月四日に中南海の頤年堂で共産党政治局中央委員会が開催された。これには西北軍区司令で人民革命軍事委員会副主席の彭徳懐も出席した。参席者の多くは、すでに米軍が展開している朝鮮半島への派兵に疑念を示した。経済を再建するには平和が求められる、まだ完全な統一が成し遂げられていない、土地改革も始まったばかりだ、朝鮮半島の錯綜した地形で航空優勢も確保できず、補給幹線も設定できないのに米軍を撃破できるのか、などなどもっともな理由が提起された。これらの派兵反対の意見に耳を傾けていた毛沢東は、「諸君のいうことはいずれも正しい。しかし、いわれるような方針がいくら理にかなっているといっても、隣国が存亡の危機にあるとき、ただ傍らに立って見ているのは辛いことだ[註53]」と痛切に語って皆の翻意を求めて会議初日を終えた。

翌五日、前日の会議では発言しなかった彭徳懐は、「いまこそ朝鮮を援けて出兵することが必要だ。祖国が多大な損害をこうむることがあっても、それは解放戦のときと同様、われわれの勝利を数年遅らせるにすぎない。アメリカが台湾と鴨緑江岸に兵を配したならば、いつでも彼らは侵略開始の口実を見つけだせる」と発言し、我が意を得た毛沢東は即座に彭徳懐を派遣軍の総司令に任命、彭徳懐は留保なしにそれを受け入れた[註54]。これで会議の流れは一変し、派兵決定となった。毛沢東は「唇を失えば歯が寒い」、「戸が破れれば堂は危うい」、だから介入すると語って会議を締めくくった。こうして「抗美援朝保家衛国」とのスローガンの下、人民解放軍の大軍が陸続と朝鮮半島に向かうこととなった。

援朝志願軍、鴨緑江を渡河

中国の中枢部での派兵決定は、前述のように推移したが、人民解放軍の派兵準備は復員とからめて早くから進められていた。まず、一九五〇年四月に人民解放軍の整理・統合が決定し、それまでの華北兵団と第一から第四までの野戦軍が改編され、中国全土に大軍区を六個配置することとなった。なお朝鮮戦争が始まったこともあり、団隊番号の廃止などは一九五八年になってから実施されている。

一九五〇年七月、東北部（満州）の安全と北朝鮮支援を考慮して東北辺防軍が新編された。これは東北出身者が多かった第四野戦軍が主体となって編成されたもので、当初は復員という意味もあった。東北辺防軍に編入される部隊は、戦略機動予備として河南省にあった第一三兵団（軍集団）の第三八軍と第三九軍、海南島作戦を終えて広東で整備中の第四〇軍、そして屯田兵として黒龍江省にあった第四二軍だ。各軍は三個師、これに虎の子の砲兵師三個が配属され、計二五万人の陣容だった。東北辺防軍が編成される前、五月から六月にかけて第一三兵団の戦略機動が始まっており、八月上旬には連京線（大連～長春、七〇一キロ）、安奉線（安東～瀋陽、三〇四キロ）、梅輯線（梅河口～輯安、二五六キロ）の沿線に展開を終えていた。[註55] そしてこの第一三兵団司令部が改組されて援朝志願軍司令部となる。

中国が朝鮮戦争に志願軍という形で介入することを正式に決定した十月五日の時点で、その作戦計画の骨子は次のようなものだった。第一梯団の鴨緑江渡河は十月十五日、第一三兵団一二個師をもって平壌～元山以北の山岳地帯に前方展開地域を確保して国連軍、韓国軍の北進を阻止し、続いて第二梯団、第三梯団を投入して戦力比を逆転させて攻勢に転移する。では、その攻勢の終末点をどこに設定していたのか、そのあたりは判然としていない。三八度線の回復なのか、それともソウルの占領なのか、はたまた釜山まで進んで朝鮮半島全域の覆滅なのか。どうであれ、敵野戦軍の撃滅という原則に忠実に、ともかく三八度線以北にある国連軍と韓国軍を殲滅することを第一義としていたことは間違いない。

十月十五日に予定されていた第一三兵団の鴨緑江渡河に先立つ十月十二日、モスクワでの周恩来とスターリンの協議の結果、ソ連は感謝の意を込めて中国に十分な装備、弾薬の供与を確約した。ところがソ連空軍による支援は、二カ月から二カ月半後になると通告した。[註56]この航空支援の遅れを中国は背信行為と受け止めた。これでは決定的な場面となる鴨緑江渡河が半渡を撃たれて頓挫しかねない。彭徳懐は、援朝志願軍の総司令の職を辞するとまで激怒したという。これで十月十二日に出動命令は一時取り止めとなった。しかし、毛沢東の決意は堅く、改めて十四日に鴨緑江渡河は十月十九日との命令が下された。

当時、中国と朝鮮の国境線を形作る鴨緑江と豆満江には、一〇本の橋梁が架かっていた。鴨緑江には、下流から新義州～安東（鉄道橋、道路橋兼用、京義本線と安奉線を連絡）の一二〇〇メートルの新義州橋、平北鉄道（定州～青水）の青水～長甸河口に七〇〇メートルの朔州橋（鉄道橋、道路橋兼用）、水豊ダムの堰堤、楚山～通川溝の道路橋、満浦鎮～輯安に五〇〇メートルの鉄道橋（満浦本線と梅輯線を連絡）、中江～臨江（大栗子線）の道路橋、恵山線の恵山～長白の道路橋、計七本があった。豆満江には、下流から満鉄北朝鮮線の訓戎～東満州鉄道の水湾、咸鏡本線の南陽～京図線の図們、咸鏡本線の上三峰～朝開線の開山屯、この三本だった。鉄道輸送が主な時代だったから、これらの鉄道橋を中心として渡河点を設定することとなる。

朝鮮戦争でもっとも劇的な場面、そして今日までの朝鮮半島情勢を決定付けた抗美援朝志願軍（休戦協定では中国人民志願軍と表記されており、以下、中国軍で統一）の第一三兵団による鴨緑江渡河は、次のように行なわれた。

安奉線で集中した第三九軍は、安東付近から義州に渡る。日清戦争、日露戦争で日本軍が渡河した地点とほぼ同じと思われ、水中橋（水面下の橋）を使っての渡河だったろう。この第三九軍は渡河後、亀城に向かって東進する。鳳灌線（鳳凰城～灌水、七八キロ）で寛甸県に集中した第四〇軍は、朔州橋で渡河して北鎮に向かって東進する。梅輯線で集中する第四二軍と第三八軍は、輯安から満浦鎮に渡る。第四二軍主力は江界から東進、長津湖に向かう。第三八軍は、満浦本線沿いに北朝鮮政府が避難している熙川に向かって南下する。

中国軍は本渡河に先立ち、十月十二日から十六日の間、偵察部隊を朝鮮半島に入れた。北朝鮮にも知らせず、川舟などを使った隠密渡河だったが、不思議なことに北朝鮮の民衆の間には、「中国軍きたる」の風評が流れた。外勢の動きに敏感な朝鮮半島の風土の現れだ。これは北進中の韓国軍にも伝わり、各級指揮官は士気の沈滞を憂慮したという。そして十月十九日、第一三兵団は日没前後の午後四時から一斉に鴨緑江を渡り始め、翌朝午前五時に一旦停止し、午後四時から渡河を再開して、この夜間行動によって米軍の航空偵察から逃れることができた。
当初の計画よりも四日遅れの渡河となり、しかも国連軍と韓国軍の北進は中国軍の予測よりも早かった。十月十七日の時点で、米第一軍団は平壌の南四〇キロ、黄州から祥原の線に頭を出していた。中部戦線の韓国第二軍団は、三九度線を越えて平元線の陽徳に迫り、東海岸の韓国第一軍団は、咸興と興南を攻撃中だった。この戦況を見た中国軍は、鴨緑江に向かって急進するであろう韓国軍の三個師団、すなわち米第一軍団に編合されている第一師団、韓国第二軍団の第六師団と第八師団を撃破し、その結果、国連軍は戦線を整理するだろうから、その時間を利用して第二梯団、第三梯団を送り込むという作戦に変更した。
彭徳懐とその前線司令部は、第四〇軍と共に朔州橋を渡って東進、水豊ダムの上流の碧潼と雲山の中間、大楡洞というところにある金鉱山の廃鉱に司令部を設営した。ここですぐに彭徳懐は金日成と会見するが、彭徳懐は開口一番、「よいか、これは自分とマッカーサーの戦争である。貴下が口出しする余地はない」、これで北朝鮮軍の統帥権は金日成の手から離れた。さらに彭徳懐は、「自分が八路軍副総司令だった頃、貴下は抗日東北連軍の師長にすぎなかったではないか」と言い放ったとされる。[註57]
こうして朝鮮半島に展開した中国軍は、鴨緑江、豆満江を目指して北進を急ぐ韓国軍の前に立ち塞がった。雲山から西北進して朔州から水豊ダムに向かっていた韓国第一師団は、十月二十五日昼に雲山で中国軍と接触した。ここで韓国軍は中国兵の捕虜第一号をえて、中国の軍事介入が確認された。[註58]同じ日、清川江の河谷沿いに北上し、満浦鎮から水豊ダムまでの鴨緑江を目指す韓国第二軍団が中国軍と接触した。さらに東、長津湖から中江を目指す韓国第一軍団の第三師団が十月三十一日に中国軍と接触し、全面的な介入であることが判明した。

この中国軍の第一次攻勢によって、中国の目論み通り韓国第二軍団は壊乱した。韓国第一師団は三個連隊が雲山に集結していたことと、砲兵火力が増強されていたこともあって辛くも中国軍の罠から脱出することができた。これで満浦本線が通る清川江の河谷に大きな穴があき、中国軍の南下が容易になった。また、韓国軍の面目を失墜させたことも中国軍の大きな戦果だった。この戦争の主体であるべき韓国軍を敗走させれば、李承晩大統領の政治的指導力は低下し、ひいてはアメリカが韓国を助ける価値があるのかと疑問を感じさせることにもなる。これ以降、中国軍はその主攻を韓国軍に向け続けたが、もちろん韓国軍の火力は弱いという理由もあるが、政治と軍事とを密に連関させた結果でもあろう。

西部戦線の国連軍と韓国軍は、中国軍の第一次攻勢によって清川江の線に後退して、情勢を見定めることとなった。十一月六日、この戦線の中国軍は一斉に戦線から離脱した。これを見た国連軍は、中国軍の介入は局地的かつ限定的なものと判断し、極端な意見では水豊ダムとその発電施設の保全が目的だとする見方もあり、その兵力は七万人程度と見積もった。それならば引き続き北進は可能だとし、十一月二十四日から「クリスマスは本国で」を合言葉に攻勢を発起した。これが中国軍の第二次攻勢と鉢合わせとなる。

実は中国軍が攻勢を打ち切ったのは、戦略的な展開地域を確保して増援を受け入れ、次なる攻勢を準備するためだった。十一月初旬からソ連空軍の戦闘機部隊が中国領内に基地を設定して展開、朝鮮半島に出撃し始めている。また十月二十六日から第四野戦軍の第五〇軍と華北兵団の第六六軍が鴨緑江を渡河して第一三兵団を増強している。同じく十一月初旬、台湾進攻のため最優良装備で四個師基幹に増強されている第三野戦軍第九兵団の第二〇軍、第二六軍、第二七軍が福建省、浙江省から北上して山東省に集結、鉄道輸送で輯安、臨江で鴨緑江を渡り、東部戦線の長津湖正面に展開しつつあった[註59]。

十分な補充、整備もしないまま攻勢に出た国連軍、韓国軍は、大増強された中国軍の人海戦術に翻弄され、朝鮮半島の最狭部の平壌〜元山の線すら確保できず、三八度線への「十二月の総退却」となった。勢いに乗る中国軍は、一九五〇年十二月三十一日から第三次攻勢、いわゆる正月攻勢を発起した。これによって翌年一月四日、韓国は再びソウルを放棄する事態となった。援軍の展開地域をも満足に確保できなかった北朝鮮は、この勝利のおこぼれにあずかり、どうにか延命することができたわけだ。それ自体は中小国の知恵というべきだが、それを自分一人の勝利と喧伝することは歴史の捏造で、強く非難されるべき所業だ。

考えざるをえない〝イフ〟

中国の介入がなければ、どうなっていただろうか。そういった〝イフ〟を持ち出すことは、歴史を考究する姿勢でないことは承知している。しかし、事はあまりに重大であるし、かつ将来、決定的な場面での政戦略立案にこの〝イフ〟が役立つはずだ。もちろん考えるまでもなく、一九五〇年十月に中国が志願軍という形で介入しなければ、韓国による朝鮮半島統一は達成され、金日成ら侵略者は一掃されていたことは間違いない。その結果として、今日の北朝鮮も存在しないことになる。そしてまた、中国の国連加盟が一九七一（昭和四十六）年十月にまで持ち越されることもなかっただろう。

ところが中国は実力をもって介入し、それは政治的にも軍事的にも奇襲となり、朝鮮半島の統一は頓挫した。グローバルな情報網を誇るアメリカが、中国の動向をつかめなかったとは謎だ。当時の中国政府と中国軍の態勢は整っておらず、かなりハイレベルにまで国民政府や軍に勤務していた者がいたという。特に軍の高級司令部や鉄道関連機関にまぎれ込んでいた者は、無線を使ってアメリカの情報機関と連絡ができたといわれていた。[註60] さらには中国は国連軍の仁川上陸後から、たびたび警告を発してアメリカを牽制していた。十月一日、周恩来首相は「隣人が帝国主義者の野蛮な侵入を受けるのを無気力に黙って見ているつもりはない」と発言して注目された。[註61] また主にインドとのチャンネルを使い、周恩来や聶栄臻総参謀副長らが、「この戦争は朝鮮の内戦だから、韓国軍の三八度線を越えることは外国がとやかくいう問題ではない。しかし、米軍を主体とする国連軍の北進、鴨緑江や豆満江の線に至ることは中国にとって耐え難い」と発信し続けていた。

国連軍司令部、ひいてはアメリカは、この中国の警告を外交的なものと受け止めた。洛東江線での攻防時、さらに仁川上陸の直後にも中国は動かなかったのだから、今となっては軍事介入の時期を逸している。ましてすぐに冬に入る今、派兵することはないだろうし、国連軍と韓国軍が迅速に北進すれば、中国軍が朝鮮半島に展開する地積そのものがないはずだとも判断したようだ。こうしてアメリカは国連に働きかけ、一九五〇年十月七日の第五国連総会決議、「全朝鮮にわたって安定した状態を確保するためにすべての適当な措置をとること」との勧告をえて国連軍は北朝鮮領域での作戦行動を正当化した。

アメリカとしても、まったく中国を無視していたわけではない。九月二十七日に米統合参謀本部は、三八度線以北での国連軍の作戦を認可したが、韓国軍以外の部隊は中国国境部、朝鮮北東部に進んではならないと国連軍司令部に訓令した。これを受けて国連軍司令部は十月二日、外国軍の北進限界線、いわゆるマッカーサー・ラインを設定した。西から定州、軍隅里、寧遠、咸興を結ぶおおよそ北緯三九度半の線だ。定州から鴨緑江畔の新義州まで直線で八五キロ、京義本線で一一〇キロだ。また咸興から北に恵山鎮まで、直線で一七〇キロある。これだけ間隔を置けば、中国とソ連をいたずらに刺激しないだろうとの判断だった。

戦線が北上するにつれ、また新たな問題が浮上した。中国やソ連の軍事介入という最悪の事態を防止するには、その展開に要する土地を迅速に奪ってしまうのがもっとも効果的だ。そして一刻も早く戦争を終結させ、将兵を復員させることをアメリカの世論は強く求めているとあれば、機動力に優れる米軍師団を先頭に投入しなければならない。そんな背景もあり、平壌を奪取した十月十九日に新たな制限線が設定された。このラインは、西から宣川、秋踰嶺山脈の東麓で満浦本線が通る古仁洞、蓋馬高原と咸鏡山脈の間の豊山、そして日本海に面する城津（現在の金策）を連ねる。宣川から新義州まで直線で五五キロ、京義本線で八〇キロだ。豊山から恵山鎮まで直線で六〇キロ、城津から豆満江畔の上三峰まで咸鏡本線で三一〇キロだ。これだけ中朝国境から離れていれば中国を刺激しないだろうし、九月二十七日の米統合参謀本部の訓令にも抵触しない。

いよいよ鴨緑江に手が届くところまで北上すると、国連軍にさらなる問題が持ち上がった。勝利の象徴たる鴨緑江の手前で止まれと命令することは、戦場での統率をだいなしにしかねない。これは将来にわたって軍の士気を阻喪させることにもつながる。せめて新義州だけは、緒戦から苦戦した米第二四師団に取らせたいというのが人情だろう。そこで国連軍司令部は、九月二十七日付の米統合参謀本部の訓令を無視する形で北進制限線を撤廃した。これは出先が中央の統制に服さないという政治的な問題となり、一九五一年四月のマッカーサー元帥解任の伏線ともなった。しかし前述したように、毛沢東は十月二日に軍事介入の決心を固めていたし、中国軍は十九日から鴨緑江渡河を始めているのだから、北進制限線の撤廃と中国の介入は関係ないことになる。

ここで一つのイフだが、一九五〇年十月七日の第五国連総会決議が出されず、四九年十月二十一日の第四国連総会決議を根拠として、韓国軍のみの北進作戦となっていたならば、どうなっていただろうか。韓国軍のみの北進作戦ならば静観するという中国が、それを守っただろうか。中国は国連に加盟していないのだから、その決議に服する義務はないといえばそれまでだ。そしてより現実的な問題は、韓国軍独自で北朝鮮全域の戡定作戦が行なえたかどうかだ。早急に鴨緑江と豆満江の主渡河点一〇カ所を押さえ、北朝鮮と中国の連絡を断つことだけでも大仕事だ。

韓国軍だけによる三八度線以北の掃討作戦が可能だったかどうか、まず北朝鮮軍の実情を見ておこう。一九五〇年九月初頭、洛東江線にあった北朝鮮軍は一三個師団を基幹とする九万八〇〇〇人だったと推定されている。このうち四万人以上が韓国国内で強制徴募されたものだ。北朝鮮軍の師団は、編制定員一七〇〇〇人の歩兵連隊三個基幹で総員約一万人だったから、いかにすり減っていたかがうかがえる。九月十六日から洛東江線で国連軍、韓国軍が攻勢に転じ、十八日に韓国第一師団が戦線を突破すると、その一撃で北朝鮮軍は雲散霧消した。敗残兵は各個に山岳地帯に逃げ込んだり、間道伝いに北へと退却して行った。三八度線以北に帰還できた将兵は、二万五〇〇〇人から三万人程度と推定されている。

どうにか指揮機能を保った部隊を基幹とし、これに後方部隊と新たに徴募した兵員をもって、北朝鮮は西部戦線に一〇個師団、東部戦線に二個師団を編成して配置した模様だ。西部戦線の北朝鮮軍は、満浦本線の熙川から江界の一四〇キロの線、狼林山脈の西麓にあった。首都はまず新義州に移転、ついで江界に移っていた。国連軍、韓国軍の進撃経路では、かなり頑強に抵抗した場合もあった北朝鮮軍だったが、それは師団をもって一定の戦線を形成したものではなかった。それから考えると、臨時編成した師団群は山岳地帯に入って往時のパルチザンの戦法で韓国を悩ませようとしたのだろう。韓国南部に取り残された北朝鮮軍約二万人は、地元の容共分子と合体して、主に全羅南道と慶尚南道の道境、智異山系に入ってパルチザンとなり、休戦後も韓国を悩ました。

これに対する韓国軍だが、洛東江線で攻勢転移した時点で六個師団基幹、後方諸隊を含めて九万二〇〇〇人、師団スライス（全兵力を師団数で割った商。師団の厚み）は一万五〇〇〇超だから、それなりの陣容だった。それからも韓国軍の増強が続き、一九五〇年中に緒戦で廃止された第五師団と第二師団が再建され、第九師団と第一一師団が新編されて一〇個師団体制となっていた。再建、新編された師団は、おもに南部で治安作戦に従事していた。三八度線以北に入ったのは、第一軍団の首都師団と第三師団、第二軍団の第六師団と第七師団及び第八師団、米第一軍団に編合された第一師団の計六個師団だった。この戦力で残存している北朝鮮軍を殲滅し、山岳地帯が広がる一二万平方キロの地域を戡定できるかどうかという問題だ。

緒戦で敗北を喫した韓国軍だったが、実戦で鍛え上げられて大きく成長し、米軍もロケットのようだと驚くほど迅速に北上して行った。特に米第一〇高射砲兵群と第六戦車大隊の二個中隊に支援された第一師団は、並列していた米第一騎兵師団よりも早く平壌に入り、全軍を驚嘆させて韓国軍の面目を保った。砲兵火力と機甲衝撃力を与えれば、韓国軍は米軍と同等の戦力を発揮できることを証明したわけだ。ところが韓国軍の砲兵火力は弱い。北進作戦中、韓国軍の師団砲兵は一〇五ミリ榴弾砲大隊一個、一六門が定数だった。戦車部隊は皆無だ。これが米軍師団と同等の一〇五ミリ榴弾砲大隊三個、一五五ミリ榴弾砲大隊一個となるのは、休戦の年の一九五三年一月のことだった。また戦車中隊二個を整備したのは、一九五一年に入ってからになる。[註62]

この地上火力を補うものが航空火力、すなわち近接航空支援（ＣＡＳ）となる。当時、米陸軍によるCASの運用形式は、観測機を在空させ、地上には航空統制班（ACT）を配置、支援要請が入れば観測機とACTが連絡しあって目標、投弾点を定め、これを火力支援調整所に通報、さらに統合作戦本部（JOC）の認可をえて空中待機もしくは地上待機している戦爆機に攻撃命令が下される。米海軍や海兵隊の場合は、第一線部隊に前進航空統制班（FAC）を随行させ、これが航空機と直接交信して目標などを指示する。どちらにしろ、高度に訓練された要員が不可欠で、そうでないと誤爆続きとなる。

当時の韓国軍には、まだこれらの要員も育っていないし、通信能力にも乏しかった。そこで三八度線を越えた韓国軍には、米軍の航空統制要員が同行する必要がある。無線を使うから隠しようがないし、支援機のほとんどは白い星を付けた米軍機だ。中国はこの事実を突き付けて、米軍が三八度線を越えたとして介入の口実にすることもできよう。

また、優良装備の韓国軍師団でも一個師団当たり各種車両一〇〇両程度しか装備していない。これでは米軍が兵站支援しなければ、早急な戡定は望めない。米軍のコンボイが三八度線を越えなくとも、海路で元山、鎮南浦に補給品を送り込むことは、厳密には越境だといわれても仕方がない。結局、国連軍は三八度線を越えざるをえなかったことになるだろう。

三九度線での停止という仮定

民族の悲願である北進統一が達成される目前、韓国にとって最悪な事態、中国の全面的な武力介入が現実のものとなった。なぜアメリカはこれを事前に察知できなかったのかとの繰り言はさておき、「国連軍司令部が北進作戦を立案する際、最悪な事態に対処する腹案もなかったとは……」と慨嘆する韓国軍の将帥は多いと聞いている。その対処策とは、「三九度線、すなわち平壌~元山の線で一旦停止して情勢を見守りつつ越冬し、可能ならば来春、鴨緑江、豆満江を目指して北上」というものに集約されるようだ。

これは後知恵に過ぎないということでは済まされない。十月中旬になっても韓国軍の将兵は夏服のままで、冬季被服の手配もあまり進んでいなかったという。鹵獲した北朝鮮軍の被服に着替えた部隊すらあった。このままで厳寒期には零下三〇度にもなる北辺の山岳地帯に入って行くのかと不安になるのも無理はない。被服だけでなく、天幕、寝袋、暖房資材、そしてより重要な銃器や車両のグリスも冬季用のものに交換しなければならない。これらの準備のためにも、北進作戦はどこかで一旦停止することが必要だった。

どの線で一旦停止するかだが、もちろん正面幅が狭い所が望ましい。朝鮮半島の最狭部は、西は清川江の河口部から、東は咸興湾までの一六六キロ、ほぼ北緯三九度半の線となる。主要都市を結ぶとなれば、平壌~元山の直線距離一五〇キロとなり、これがいわゆる三九度ラインと呼ばれるものだ。平壌~元山は、京義本線、平元線、咸鏡本線で二六六キロだ。ちなみにソウル~元山は、京元本線で二二四キロとなる。

朝鮮半島がくびれた部分ということもあって、この三九度ライン一帯は半島勢力と大陸勢力がせめぎ合う場となってきた。高麗朝（九一八年~一三九二年）の時代、治安を司る宣撫使が各地に派遣されていたが、東北に派遣される者は楸哥嶺地溝帯が海岸平野に出る安辺、西北に向かう者は清川江の左岸、安州に止まるのが通例だった。それから先は化外の地（文化の外）、大陸勢力が支配する地域、半島勢力が進出すれば痛い目に遭いかねないとしていたわけだ。地名に「安」が付くのは、それなりの理由があったのだ。

日本がイギリスの後押しを受けた海洋勢力として登場すると、朝鮮半島の情勢はいよいよ複雑になった。山県有朋は朝鮮半島を日本の利益線とし、できれば三九度ラインまで確保することを望んでいた。[註63] 一方、大陸勢力の中国やロシアは、牙山湾から蔚珍に至る三七度ラインまでの南下を考えていた。そして双方の妥協点は、開城から襄陽の三八度ラインとなる。一八九四（明治二十七）年七月、日清戦争の開戦に先立ち、日本軍の先遣隊は仁川に上陸、清国軍は南の牙山湾に上陸したことは、双方の思惑を象徴的に物語っている。もし、国連軍司令部ひいては米政府が、これらの歴史を熟知していれば、三九度ラインで一時停止して戦線を整理していたことだろう。

国連軍、韓国軍が一九五〇年十月下旬、かりに三九度ラインで一旦停止し、戦線を整理したとした場合、どのような配置となっていただろうか。同年十一月下旬に行なわれたクリスマス攻勢時の戦闘序列をもとにして考えれば、次のようになっただろう。

・米第一軍団（米第二四師団、韓国第一師団、英第二七旅団）＝黄海側の海岸平野部
・米第九軍団（米第二師団、米第二五師団、トルコ第一旅団）＝大同江の河谷部

・韓国第二軍団（第六師団、第七師団、第八師団）＝脊梁山脈の西麓
・韓国第一軍団（首都師団、第三師団）＝脊梁山脈の東麓
・米第一〇軍団（米第三師団、米第七師団、米第一海兵師団）＝東海岸、国連軍直轄
・韓国第三軍団（第五師団、第一一師団）＝後方警備
・第八軍予備（米第一騎兵師団）＝平壌付近

この配置で三九度ラインに沿って戦線を構成するとなると、掩護部隊（CF）や全般前哨（GOP）を北にどこまで張り出すかが問題となる。もちろん十月十九日から鴨緑江を渡河し始めた中国軍がどこまで南下しているかにもよるが、白紙的には次のようになるだろう。

十月二十日、空挺作戦が展開された粛川、順川が西の起点となる。平壌から粛川まで直線距離で四五キロ、京義本線で五二キロだ。順川までは直線距離で五一キロ、平元線で五八キロだ。ここから平元線で新成川、陽徳と東進して高原で東海岸に出て咸鏡本線に接続するが、この沿線にまで頭を出すことになろう。順川から高原まで平元線で一六五キロだ。三九度ラインから陽徳まで直線距離で二五キロ、高原までは五〇キロとなる。

全軍が三九度ラインで停止したとしても、東西の連携がなされなければ意味がない。第八軍と第一〇軍団との密接な連絡だ。ところが平安南道、江原道、黄海道の道境は太白山脈と広州山脈の北端、狼林山脈につながる険しい山岳地帯で東西の経路が貧弱だ。平元線も陽徳付近から北に大きく迂回し、四本のトンネルを通ってようやく高原に達している。一般的に鉄道があ

れば、それに並行して自動車道路があるものだが、新成川付近から陽徳の東まで自動車道はない。平壌と元山を結ぶ自動車道はただ一本、平壌から一旦、新渓まで南下してから北上して元山に至るものしかない。自動車化された米軍にとっては困惑する戦場だ。

元山と平壌を占領した国連軍、韓国軍は東西の連携を試みてはいた。ところが険阻な地形に着目した北朝鮮軍は、ここに残存兵力を張り付けてゲリラ戦に移行、鉄道、道路、橋梁を徹底的に破壊する拒否行動に出た。十一月初旬、韓国第八師団の歩兵大隊一個が孟山から徒歩で東進し、永興付近で米第三師団の巡察隊と会合したが、これが東西連携の唯一の成功例となった。もちろん全軍の関心が鴨緑江、豆満江に集まっていたから、東西の連携が軽視されたのも無理はない。では、山岳地帯の徒歩機動に強い韓国軍が全力で打通すれば、東西の連携は達成されたかといえば、仮定の上の仮定だからなんともいえない。

このように東西の密接な連携がなされていなかったことが、国連軍、韓国軍の致命傷となった。十二月二日、新成川に中国軍が入ったことを偵知した第八軍司令部は、これで戦線中央部が開放されてしまったと判断して、考えられていた三九度ラインでの阻止を断念し、三八度ラインへの「十二月の総退却」となった。一方、中国軍は、その主力を脊梁山脈の西麓伝いの南下を続けさせようと考えてはいなかったと思う。どうしてでも東西、南北の行動の自由を求めてソウルを奪取しようとするはずだ。それは平野部に頭を出すことを意味する。しかも、この頃の中国軍には航空戦力は皆無でまったくの航空劣勢下にあり、砲兵火力も劣勢、対砲兵戦を演じるだけの装備も技術もない。

平野部でこんな中国軍の前に米軍団が立ち塞がったらどうなるのか。米陸軍は師団群が密接なスクラムを組み、複数の軍団が並列し、軍団砲兵、軍砲兵が展開すれば不敗という信念がある。軍団砲兵と師団砲兵を合わせた軍団全砲兵が最大火力を発揮すれば、どんな敵でも阻止でき、そこに機甲衝撃力を発揮すれば敵を撃破できるということだ。一九五一年に入ってからの諸会戦でそれは証明され、無尽蔵ともいうべき人的戦力を誇る中国軍も悲鳴を上げた。そういった絶大なパワーを発揮するための前提条件が補給幹線（ＭＳＲ）の確立だ。

洛東江の左岸、倭館から漢江左岸の永登浦までの京釜本線二八九キロが全通したのは、一九五〇年十月十日だった。ここに一日平均六・五列車を運行して日量四〇〇〇トンの補給品を輸送した。これに加えて日量四〇〇〇トンの揚陸能力がある仁川港から京仁線で永登浦に輸送された。十一月十七日には、開城から大同江の左岸、大同江駅までの京義本線一八四キロが開通した。同じ頃、大同江の河口部、鎮南浦港の掃海が終わり、日量一五〇〇トンの揚陸が可能となった。緊急を要するものは、福岡県芦屋飛行場、釜山付近の金海（Ｋ１飛行場）、ソウル付近の金浦（Ｋ14飛行場）から平壌の美林、紋繍飛行場に空輸し、最大日量一〇〇〇トンとされていた。これで第八軍の三個軍団の補給所要の日量四〇〇〇トンが確保できる見込みとなり、平壌を占領後、連続して北進作戦を行なえることとなった。

日量四〇〇〇トンもの常続補給ができるというのだから、米陸軍とはとてつもない軍隊だ。しかし、この補給幹線には大きなネックがあった。漢江、臨津江、大同江の河川障害だ。主に鉄道で輸送された補給品は、永登浦でカーゴに積み替えられ、漢江を重浮橋三本で渡り、ソウル市街を通過して、今度は臨津江を重門橋のフェリーや重浮橋で渡って開城に至る。ここでカーゴのままで陸路を進むものや、京義本線に積み替える場合もある。そしてまた大同江を仮設橋で渡り、ようやく部隊に引き渡せる。このルートだけでは、清川江の線までには日量二〇〇〇トンが限界で、鎮南浦からの日量一〇〇〇トン、新安州飛行場への空輸一〇〇〇トンでようやく所要を満たす目算が付いた。

この長大かつ障害の多い補給幹線を維持するには、二トン半カーゴ（道路上は五トン積載、最大時速七〇キロ、行動距離三三〇キロ、乗員二人）を主体に三〇〇〇両を二四時間稼働させなければならなかった。すぐにもカーゴとドライバーが足りなくなる。そこで到着したドライバーを釜山に空路で送り返すという奇策まで講じた。それでもなおドライバーが足らず、野戦部隊から抽出したため、動けなくなった部隊も出る騒ぎとなった。そしてカーゴの整備も大きな問題となり、高段階整備となれば日本の東京都十条、神奈川県相模原まで送らなければならないから大仕事になる。

しかも第八軍は、国連軍司令部の直轄となっていた第一〇軍団の補給にも責任を負っていた。この補給の問題を抜本的に改善しなければ、米軍の持てる戦力を十分に発揮できず、円滑な北進作戦は望めない。さらには冬季戦装備を送り込むという、これまた負担のかかる任務が生まれた。これらを考えれば、鴨緑江と豆満江という最終ゴールに達する前に一旦停止して補給の問題を解決しておくべきだった。そしてそれは中国軍の介入という事態への対応策にも貢献したはずだ。

国連軍と韓国軍が三九度ラインで態勢を整え、介入してきた中国軍に対処できれば情勢はどうなっていたのか。中国軍の第一段作戦の眼目は、分散して北上している韓国軍の三個師団から四個師団を撃滅し、国連軍と韓国軍の再編成を強要して増援を受け入れる時間的余裕をえて、かつ敵を受動的な立場に追い込むことにあった。勢い込んで山岳地帯の長隘路を進む韓国軍の広げた手の指を一本ずつへし折ることで、中国軍は目的を達成した。もし、韓国軍も停止して固まっていれば、そうやすやすと壊乱することはなかった。実際に韓国第一師団は、長隘路に入る前の雲山で三個連隊が固まっていたから、中国軍の攻勢をかわすことができている。

そこで考えたいことは、もし中国軍の第一段作戦が思うような結果にならなかったらどうなったのかだ。そもそも中国は、米軍が鴨緑江の線に頭を出すことを阻止するのを一義的な目的としており、北朝鮮の存続、ましてや金日成体制の維持などは介入の二義的な目的にすぎなかった。加えて中国軍の首脳、わけても彭徳懐は北朝鮮や金日成に不信感を抱いていた。金日成ではなく朴憲永が強く主張していたことにしろ、韓国国内にある南労党の地下分子二〇万人が一斉に蜂起することもなく、キーとなる釜山の港湾労働者のストライキやサボタージュも起きない。そんな見込み違いの反省や謝罪もなく、ただ助けてくれだけでは中国としても納得できないのが当然だ。

こういった冷えきった人間関係だから、大事な緒戦で中国軍がつまずいたならば、金日成は敗戦の責任を追及されてつまみ出され、吉林あたりに監禁されてもおかしくはない。代わりはいくらでもいる。民族保衛相の崔庸健は、パルチザン系とされてはいるが、雲南の軍官学校の出身だ。彭徳懐は延安派で内務相の朴一禹を信用していたとされる。

ところが第一段作戦が成功を収めた彭徳懐は、喜びのあまり金日成への不信感を忘れてしまったかのように思われる。そもそも中国の介入は、中朝国境部に米軍を寄せ付けないことが一義的な目的であり、金日成政権の存続は二義的なものなのだから、金日成個人の処遇など問題ではなかった。スターリンが重用したということもあったのだろうが、とにかくこれで金日成は深刻な危機を乗り越えたことになる。

米中対決の狭間を生き抜いた北朝鮮

明らかになった中国軍の実態

介入してきた中国軍は、三次にわたる攻勢をもってソウルを奪取し、漢江の渡河に成功した。すなわち、清川江正面での第一次攻勢（五〇年十月二十五日～十一月五日）、清川江と長津湖正面での第二次攻勢（五〇年十一月二十五日～十二月十四日）、そして全戦線での第三次攻勢（五〇年十二月三十一日～五一年一月十日）だ。一九五一年一月四日、国連軍、韓国軍はソウルを放棄したが、これを韓国では「一・四後退」と呼び、将来にわたってあってはならない出来事として広く記憶されている。

この頃、国連軍、韓国軍将兵の目には、中国軍とは神秘的で不敗の軍隊のように映っていたという。その理由は、まず姿が見えないことによる。中国軍は落ち葉や下生えに火を点け、その煙で対空遮蔽していた。機動は夜間のみで、昼間に動き回る者は即座に射殺する非常手段を講じていた。山間部を選んで機動し、多くは稜線七分のところを進み、ヒラリ、ヒラリとコウモリのように稜線を越える。有効な夜間監視装置がない時代だから、これを捕捉することはまず無理だ。姿が見えないことは、恐怖感を倍増させる。

突撃を発起した中国軍は、ドラやチャルメラを鳴らしながら押し寄せ、相手の恐怖感を煽り立てる。そして損害など無視しての人海戦術だ。山の斜面が人波でうねって見えたというから凄まじい。地雷など気にもかけず、鉄条網などの障害物に遭えば、毛布を掛けて乗り越えたり、遺体を積み重ねて無力化し、手榴弾の投擲距離にまで迫ってくる。対日戦や国共内戦時の中国兵を知る人にとっては、この攻撃精神と実戦能力はどういうことなのかと頭を捻ったろう。しかも階級がないと知れば、ますます神秘的に見えてくる。

たび重なる韓国軍の敗退を見て米軍人は、韓国人は中国人に対して潜在的な畏怖感があるのではないかといぶかっていた。韓国兵は迷信に近い強い畏怖の念をもって中国軍を見る傾向があるとまで語られていた。[註64]中国と朝鮮半島の長い歴史的な因縁からすればその通りなのだが、半可通だともいえる。朝鮮戦争中の韓国軍将兵の多くは、漢民族というものをよく知らなかったので恐怖感を抱いたのだ。韓国兵が対中恐怖症にかかっていたとすれば、それは人海戦術に対抗する手段がなかったからだ。緒戦において戦車恐怖症にかかったのと同じことだ。

そんな神秘のベールも三カ月も交戦していれば、戦闘の分析、捕虜の状態や供述によって剥がれていく。細かく分析するまでもなく、この抗美援朝志願軍なる軍隊は、徒歩機動に頼り、本格的な砲兵部隊はごく限られていて、火力は口径八〇ミリ級の中迫撃砲を主体に編成している、いわゆる軽歩兵部隊であることがすぐに判明する。まだ米軍にも迫撃砲の発射地点を正確に標定する対迫レーダは装備されていなかったが、曲射の一〇五ミリ榴弾砲の同時弾着射撃（TOT）でその陣地を制圧することは十分に可能だった。中国軍歩兵の主な戦法は手榴弾の多投だが、より濃密な突撃破砕射撃で対応できるし、さらに接近してきたならば火焔放射器やフーガス地雷（ナパーム充填の地雷）で敵を火焔で包んでしまえば、手榴弾の投擲距離まで到達できない。

捕虜を見れば、木綿の綿入れを着用している。防寒用には適しているが、雨や雪にさらされるとなかなか乾かず、そのため凍傷になる。軍靴はゴム底の帆布製で、これまた凍傷になりやすい。また、綿入れの被服はノミやシラミの格好の住処となり、それによって伝染病が蔓延する。衛生状態は前近代的で殺虫剤もなく、捕虜として収容した側にも危険が及ぶという厄介な相手だった。

発疹チフスはもちろんペストが蔓延したのではないかと危惧されたことすらあった。一九五一年三月初旬、現地に潜入した情報員は日本海側の元山で病名不明の疫病で大量死が起きていると報告した。皮膚が黒くなって死に至るということで、これはペストの可能性大となった。そこでGHQ（連合国軍最高司令部）の公衆衛生福祉局長の准将自ら元山に潜入して確認することとなった。海路で現地に潜入して調査した結果、発疹チフスの合併症である出血性潰瘍による死亡ということで落ち着いた。[註65] もしペストだったならば、この時点で戦争は終わっていただろう。

補給はどうしていたのか。自動車はごく限られていたから常続補給などは望めず、航空劣勢下の補給だから、各盆地に補給品を集積し、これを徐々に第一線部隊が自ら押し出して行く間欠補給のほか手段がない。そして攻撃前進する際、各員が持てるだけの弾薬を背負って前進し、それを射耗すればそこが攻勢の終末点となる。伝統的に中国兵は楽天的なのか、弾薬の使い惜しみはしないから、攻勢を維持する期間は短くなる。糧食は米、麦、高粱などの穀物を煎って粉にしたものと小瓶の大豆油だ。これにお湯を注いで大豆油を垂らして食する。大豆油は手足に擦り込んで凍傷予防にも使う。これまた食べ尽くしてしまえば、戦闘能力を失う。このようなことだから、中国軍が攻勢を維持できるのは、せいぜい七日から一〇日が限界となる。

このような惨めな状態にありながら中国軍の将兵は、優勢な米軍を相手に獅子奮迅の戦いぶりを見せる。この点について第二次世界大戦中、中国にあって国民政府軍の育成に力を注いだアルバート・ウェデマイヤーは次のように分析している。まず第一に、インドや中国で米軍事顧問団による教育訓練を受けた将兵が中核になっているから、米軍にも対応できるのだと内心、忸怩たる思いを語っている。第二には、戦う理由が「抗美援朝保家衛国」というキャンペーンによって明確に示され、それが徹底していたことだとする。そして第三、これがより重要なことだが、厳格な規律と督戦だ。白昼に歩いただけで即銃殺、命令なくして後退すればその部隊そのものが督戦隊の機関銃射撃を浴びてなぎ倒される。しかも戦場での失態や不手際は、本国にいる家族にまで累を及ぼす。こうなると命のままに動く、前進あるのみとならざるをえない。[註66]

一九五一年一月四日、中国軍第一三兵団の第三九軍と第五〇軍がソウルに入った。一方、国連軍と韓国軍は三七度ライン、平沢～安城～原州～三陟の防御線に後退した。前年六月、北朝鮮軍がソウルに入った時と違って漢江は凍結しており、歩兵部隊ならばどこでも渡河は可能だ。そこで中国軍は勢い込み、後退する国連軍、韓国軍を追尾してくると思われた。ところがそんな様子は見られない。この時、毛沢東は「今回の戦役を終えた後、主力部隊は自ら撤退し、休息と再編を行なわなければならない。そうすることによって……わが軍が春季に再び敵を殲滅する際に有利になるだろう」と彭徳懐に伝えた。彭徳懐は「たぶん敵軍は、計画的に後退作戦を実施し、わが軍を深く誘引した後、わが軍の側後方に対し上陸作戦を実施しようという企図を持っているようであった」と分析していた。[註67]

中国軍の追尾を予期していた米第八軍司令部は、その動きがないことに疑問を感じ、一月十五日に一個連隊戦闘団（ＲＣＴ）を国道一号線と海岸沿いの三九号線沿いに北上させて威力偵察させることとなった。前年の十二月二十三日、第八軍司令官のウォルトン・ウォーカーが車両事故で死去し、後任のマシュー・リッジウェイは着任早々で張り切っていたのでこの積極策となったのだろう。北上した威力偵察部隊は、平沢から京釜本線で三三キロの水原まで敵を見ないと報告した。これで中国軍が攻勢を維持できるのは、漢江までが限界だと見切ることができた。また、十二月二十七日には東海岸から撤収してきた米第一〇軍団と韓国第一軍団が第八軍の戦闘序列に入り、兵力の余裕も生まれつつあり、かつ連続した戦線を構成できるので、再反攻して戦線を押し上げて行くこととなった。

一九五一年一月十五日の時点で両軍の態勢は次のようになっていた。

・国連軍と韓国軍
米第一軍団、米第九軍団＝黄海側の平野部
米第一〇軍団＝太白山脈の西麓
韓国第三軍団＝太白山脈
韓国第一軍団＝東海岸
・中国軍と北朝鮮軍
中国第五〇軍と第四二軍＝漢江左岸に並列
北朝鮮第一軍団＝金浦半島
中国第三九軍、第三八軍、第四〇軍、第六六軍＝漢江右岸に並列
北朝鮮第五軍団、同第二軍団＝太白山脈の西麓
北朝鮮旅団一個＝東海岸

全戦線を統一指揮することとなった米第八軍は、東西の連携を緊密に保ちながら、戦線を押し上げて敵に損害を強要し、その過程でソウルを再奪還することとした。一九五一年三月十五日、韓国第一師団による漢江敵前渡河によってソウルは再収復された。さて、これからどうするのか。ソウルを安泰にするための防御線をどこに設定するのか、その場合、三八度線の意味をどう認識するかを考慮しなければならない。

ソウルを再収復した三月十五日、米政府と統合参謀本部は協議の末、政治的には統一国家樹

立を模索すること、軍事的には侵略を撃退して平和を回復すること、この並進案を策定した。具体的には中国軍、北朝鮮人民軍に対し、引き続き最大の損失を与え、三八度線以南の支配を回復し、大韓民国の防衛力を増強することとした。三八度線以北の軍事行動は、以北一〇マイルから二〇マイル（一六キロから三二キロ）以内での攻勢的防御作戦は許容するとした。これらが達成されれば、アメリカは交渉による休戦を追求するというものだった。[註68]

この内容は、侵略者すなわち犯罪者集団と取引するという恥ずべき所業といえよう。一九五〇年六月二十五日の国連安保理決議、そして五一年二月一日の第五国連総会決議で北朝鮮と中国は侵略者との烙印を押されているのだ。その決議の取り消しがなされていないのに、これらと交渉することだけでも国際正義をないがしろにし、国連の権威を失墜させるものだ。どうせソ連が安保理で拒否権を持っているのだから、国連の権威などはなからないという冷笑的な姿勢はいかがなものか。このようなアメリカの姿勢そのものが、金日成というモンスターを育て、今日の混迷をもたらしている。そもそも三八度線は、最初は戦時の応急的な線であり、しかもそれまでに交戦双方が三度も通過しているのだから、境界線としての意味はまったくないのに、またぞろ意味を持たせて取り上げるとは不可解なことだ。

前線では一九五一年三月二十七日、水原から東に七〇キロ、漢江畔の驪州に設けられていた第八軍の前進指揮所で高級指揮官会同が開かれた。この席で第八軍司令官のリッジウェイは、三八度線の法的意味は失われており、これにとらわれず防御しやすい線を求めて押し上げて、その過程で敵に損害を強要し、その戦力の減殺を図れと指示した。防御に当たっては攻勢防御を採り、全軍が確固としたスクラムを組むこと、そして一つの高地を確保したならば、その前方の高地を警戒拠点として奪取することを強く求めた。教範的にいえば、防御の帯に縦深を与えろということになる。このリッジウェイの指示は三八度線についての見解が三月十五日のワシントンの決定とは乖離しているものの、第八軍はこの方針によって休戦まで戦い続けることとなる[註69]。

中国軍の第五次攻勢と休戦会談の始まり

前述した三月十五日のワシントンの決定は、すぐには国連軍司令部には通告されなかったようだ。国連軍に参加している各国との協議が優先されたのだろう。そして三月二十日、米統合参謀本部は、「トルーマン大統領は国連軍参加各国の同意をえた上で、〝休戦は喜ぶべきこと〟との声明を発表する予定だが、これに関して三八度線を再び越えるかどうかの戦略的な意見を聞きたい」とマッカーサー元帥に伝えた。翌二十一日、マッカーサーの返事は、「現在以上の制約を加えないで欲しい」というものだった。

そして三月二十三日、マッカーサーはワシントンの許可なく、強圧的な声明を発表した。それは、「現在国連軍は、その行動に制約を加えられている。このため、中共軍は国際法を無視した奇襲を加ええた。にもかかわらず武力で朝鮮を征服しようとしたその企図は、完全に水泡に帰している。だからもし国連が、現在の制限をはずし、軍事行動を中共の海岸線や奥地にまで広げることを決定したならば、中共はたちまち軍事的な崩壊にさらされるということを中共自身が痛感しているに違いない」との内容だった。

続いて翌二十四日、李承晩大統領は「国連軍は三八度線で停止せず、北進して統一を達成すべきである」との声明を発表した。再び三八度線で分断されれば今までの勝利は無意味になり、再び南北間に大きな争いが起こるだろうと警告した。李承晩のこの声明は、まさに今日までを見通した慧眼というべきだろう。それはさておき、この二つの声明は、出先の司令官と戦争の当事国の元首と謀って戦争の継続、戦線の拡大を企図していると受け止められても仕方がない。こうなると重い制裁の対象となり、四月十二日のマッカーサー元帥の解任となったわけだ。李承晩としては、マッカーサーの退場によって北進統一は夢となったと自覚しただろう。この時点で、戦争によって北朝鮮という奇怪な国家を消滅させることは望めなくなった。

一九五一年四月二十二日、中国軍は清川江から数えて五回目の攻勢、いわゆる四月攻勢をソウルに向けて発起した。準備に要する時間から考えても、マッカーサー元帥解任に合わせた作戦ではないが、舞台装置からすれば絶好のタイミングだった。彭徳懐としては、五月一日のメーデーまでにソウルに入り、毛沢東へのプレゼントにする心算だったという。なにかの記念日に合わせて作戦を立案したものの、スケジュールに縛られて芳しくない結果に終わるのはよくあることだが、この第五次攻勢もまた悲惨な結果を迎えることとなる。

中国軍の第五次攻勢に投入される部隊は、一九五一年初頭に新義州に入った第一九兵団と第三兵団、長津湖で米第一海兵師団と激戦を演じて大損害を被り、整備を終えた第九兵団、そして介入当初からの第一三兵団だった。当時、朝鮮半島に展開していた中国軍は六〇万人から七〇万人と推定されているが、ほぼこの半分を投入する大作戦だった。攻勢に当たっての配置は、西から臨津江正面に北朝鮮第一軍団と第一九兵団、臨津江の支流の漢灘江正面に第三兵団、次いで広徳山系正面に第九兵団、華川ダム湖畔までに第一三兵団となっていた。国道一号線沿いに第一九兵団、三三号線と三号線沿いに第三兵団を配して、二個兵団で求心的にソウルを圧迫し、第九兵団と第一三兵団が翼側での助攻を行なうという作戦構想だ。[註70]

これだけの規模の作戦ともなれば、隠し通せるものではない。すぐにも国連軍は、中国軍の攻勢意図はもちろん、その規模や攻勢軸までを察知した。マッカーサーに代わって国連軍司令官となったリッジウェイは、最大限の打撃を加えつつ後退し、しかるのちに反撃して元の戦線を回復するとし、場合によってはソウル失陥もやむをえないとしていたという。ところが新任の第八軍司令官ジェームズ・バンフリートは、ソウルを三たびも失うことは全軍の士気にかかわるし、そもそもソウルは韓民族の心の故郷ではないかとその固守を決心した。

中国軍の第五次攻勢が始まった四月二十一日現在の国連軍、韓国軍の戦線は次のようになっていた。西から臨津江左岸沿いに北上し、京元線の大光里（ソウル・龍山から八五キロ）、ここから鉄原盆地の底辺沿いに東進して北漢江の華川ダム湖、さらに東進して東海岸の襄陽に至る線だ。第八軍が主抵抗線（ＭＲＬ）とした三八度線北側おおむね二〇キロのカンサス・ラインは確保し、特にソウル北方正面で全般前哨（ＧＯＰ）としてワイオミング・ラインを張り出しつつあった。

四月二十二日の日没後、中国軍は全線にわたって攻撃準備射撃を開始した。この砲撃は四時間にも及び、これほどの本格的な攻撃準備射撃は中国軍にとっては初めてのことであり、この攻勢にかける期待の大きさがうかがえる。そして最大規模の人海戦術をもって南下を始めた。この主攻を向けられた米第一軍団は、数線の統制線を設けて後退しつつ、航空火力、地上火力を発揮して中国軍の戦力減殺を図った。それにもめげず、中国軍は攻撃の手を緩めなかった。「死ぬ時は死ぬ、生きる時は生きる」といった諦観に支配された運命論者の集団なのか、それとも「俺だけは死なない」と楽観的なのか、いずれにしても西欧人には理解できなかったろう。

四月二十六日頃までに中国軍はソウルの外郭部に取り付いた。ここでソウル放棄という選択肢もあったろうが、第八軍司令官のバンフリートはソウルの死守を命令した。部隊の配置は、左翼は韓国第一師団、中央は第八軍の予備となっていた米第一騎兵師団、右翼は米第二五師団、軍団予備は米第三師団だった。そして軍砲兵、軍団砲兵の大部分をここに集中し、師団砲兵を合わせて四〇〇門、その多くを漢江右岸に配備して不退転の決意を示した。

このソウルを囲む最終防御線（FDL）は、ゴールデン・ラインと呼ばれ、おおよそ次のような線となる。右翼の韓国第一師団は漢江支流の貞陵川左岸、京義本線でソウルの西から一二キロの花田から、国道一号線（京義道）で同じくソウルから一二キロの舊把撥までの線だ。中央の米第一騎兵師団は、北漢山の南側、ソウル駅から直線で九キロの南将台から彌阿里峠の線だ。右翼の米第二五師団は、龍山から京元線で一八キロの城北から漢江畔、中央線で清涼里から一八キロの徳沼までの線だ。そこから東は米第九軍団に連なる。予備の米第三師団の主力は漢江大橋付近、一部はその上流の広壮橋付近にあり、広壮橋の南岸にはトルコ第一旅団、徳沼の対岸にはフィリピン大隊が配置され、万一の場合の収容部隊とされた。ゴールデン・ラインの総延長は三〇キロ、ソウルの防衛は漢江を背にした首の皮一枚といった状況だった。

米第一軍団の諸隊は、四月二十八日の早朝前後からゴールデン・ラインに入った。すぐさま押し寄せてきた中国軍と北朝鮮軍は、第八軍の濃密な空地火力に捕捉された。そればかりか艦砲射撃も加わる。金浦飛行場付近で漢江渡河を試みた北朝鮮軍の第一軍団は、仁川港外にあった米重巡洋艦トレドの八インチ主砲九門の猛射を浴びて壊乱した。また、米第五空軍機もソウル前面で一日最大三四〇ソーティー（出撃波数）を記録した。ゴールデン・ラインは延長約三〇キロ、そこに四〇〇門投入だから一キロ当たり一三門となり、しかも弾薬無制限で撃ちまくるのだから、まさに「砲火の障壁」だった。

中国軍が攻勢を発起して一週間、個人が携行した糧食や弾薬が尽きた。四月三十日には自然と攻勢が終息した。これを韓国軍は、「人海戦術を火海戦術で圧倒した」と表現している。中国軍と北朝鮮軍の損害だが、全戦線で戦死者七万人から一〇万人、ソウル前面だけで四万人と推定されている。いくらでも兵員の補充がきく中国軍でも、これだけ多くの歴戦の将兵を失ったことはショックであり、強気で鳴る彭徳懐も考え込んだことだろう。

それでもなお戦場での快勝を求める中国軍は、一九五一年五月十五日から中東部戦線で攻勢に出た。第六次攻勢、五月攻勢と言われるものだ。今度は中国軍が得意とする山岳地帯の戦闘で、しかも目標は火力が格段に劣る韓国第三軍団と、隣接した米第一〇軍団の韓国第七師団の正面だ。まず韓国第七師団が崩れ、その地域に補給幹線があった韓国第三軍団が壊乱した。これで戦線に正面三〇キロの穴があき、そのポケット部の縦深は四〇キロにも達した。中国軍は大成功と思っただろうが、予備となっていた米第三師団と韓国第一軍団がすぐさまこの突破孔を閉塞し、中国軍は二十三日に攻勢を中止した。

一九五一年に入ってからの中国軍の動きを総括すると、次のようになるだろう。一月四日にソウルに入った頃、中国と北朝鮮は有頂天になっていたはずだ。「米帝恐れるに足らず」はよいとしても、「米軍は日本軍よりも弱い」とは相手を見くびるのにもほどがある。それでいて、すぐにも不安にかられる。仁川上陸作戦のような着上陸作戦を黄海沿岸で展開されたらどうしよう、それに対応するにも兵力や装備がない。そして国連軍、韓国軍を三七度ラインまで追い払ったものの、すぐさま北上してきた。

そういう戦況に応じて二月十一日から中部戦線の米第一〇軍団の韓国第八師団と韓国第三師団に向け、第四次攻勢（二月攻勢）を発起したものの、突破に至らず一週間で攻勢中止となった。そして三月十五日、韓国第一師団がソウルに入った。漢江という大きな河川障害があるのに中国軍はほぼ無抵抗でソウルを明け渡したと、金日成はいたく不満だったことは容易に想像できる。そして四月三日には国連軍、韓国軍は再び三八度線を越えた。

このような戦況に対応する作戦が四月二十二日から始まった前述の第五次攻勢だった。ソウルを奪取しない限り、この戦争の勝利者になれないとの認識による作戦だ。前述したように中国軍は死力を尽くしてソウルの外郭部に取り付いたものの、国連軍、韓国軍の火海戦術の前に大損害を被り敗退した。それではと第六次攻勢を中東部戦線に向けたが、国連軍と韓国軍の素早い対応の前に再び敗退した。この戦況の推移に不安を覚えた毛沢東は、細かい戦術問題も含めた指示を五月二十七日に彭徳懐に与えた。

これはこれまでの戦況からして、米軍の一個師団はもとより、正規の連隊一個すらも撃滅することは難しいという認識をもとにした指示だった。ではどうするのか。毛沢東の構想は、一個軍の作戦一回で米軍の大隊一個を壊滅させることを基本として作戦を立案しろということだった。中国軍の一個軍は三個師からなるから、敵大隊一個を相手にする場合、人的戦力比率は、最大で二七対一にもなるのだから、この作戦は成功するはずというわけだ。現在、中国軍は朝鮮半島に八個軍が展開しているから、各軍がこの義務を一回果たせば米軍は八個大隊を失うこととなり、これは戦力の均衡を破るものになるとした。小学生の算数という印象はぬぐえないが、本人は真剣だったろうし、周囲も笑ったり茶々を入れられる相手でもない[註71]。

そもそも中国軍が米軍の一個大隊を完全に包囲して撃滅した戦例は、朝鮮戦争中にただの一回しかない。一九五〇年十一月初旬、雲山で第八騎兵連隊の第三大隊が撃破されたことがあるのみだ。これは米第一騎兵師団が韓国第一師団を超越することになり、そこに混乱が生じて一個大隊が後退できなくなった結果であり、戦術単位の大隊がスクラムを組んでいれば、こういう事態にはならなかった。では、これからどうやって米軍の大隊を撃滅するのかといえば、毛沢東は小規模包囲攻撃だとする。しかし、一個軍三個師の攻勢が小規模に止まるはずがない。

どこで作戦を展開するかだが、毛沢東は米軍が大胆になって北上する時で、平壌〜元山以南の地域だとしていた。

この彭徳懐への指示を毛沢東はスターリンへ転送した。当時の中国の立場としては、社会主義国の盟主に伝えなければならなかったろうし、より多くの軍事援助を引き出す材料という意味もあったろう。それでもわざわざ伝えるだけの内容かとも思えるが、スターリンに転送したことで、生々しい記録として残ったわけだ。そしてスターリンは五月二十九日付の書簡によって毛沢東の構想を批判するが、これがなかなか手厳しい。その内容は次の通りだ。[註72]

毛沢東が考えているような作戦が成功するのは、せいぜい一回か二回だ。米軍はこの作戦を容易に見破り、すぐに対応策を編み出すだろう。また、米軍を北方に誘致するにしても、そこに防御施設がなければならないが、その準備がなされていない。そもそも相手が国共内戦時の国民政府軍と同じと思っていることに問題がある。米軍が大隊を各個に撃破されるように部隊を運用する可能性があるということにはまったく根拠がない。こうまでいわれると、当代随一の戦略家と自任する毛沢東はメンツ丸潰れだ。ここにソ連への反発が生まれ、休戦へと傾斜する。

五月三十一日付けの彭徳懐の報告書も毛沢東の心を暗くさせただろう。「かなり深刻な右派的気分が軍内に存在する」の一項だけでも大きな不安材料だ。さらには、「指揮官の物事への取り組みが真剣ではない」、「最下級の指揮官の指導力がない」となると、これはもう強力な米軍の敵ではないと告白しているのに等しい。これを根本的に是正するためには、敵に対抗できる装備、すなわち対砲兵戦を行なえる長射程の大口径火砲と観測手段、そして絶望的な航空劣勢を改善する手段が不可欠だが、それを早急に入手することも、運用・操作に熟練することも不可能だ。ここからも休戦やむなしとの気運が生まれる。

ソ連、ロシアの情報公開が始まってから明らかになった休戦への動きは次のようなものだった。一九五一年六月五日付の書簡をもって、毛沢東は財政問題、作戦上の問題、そして敵が戦線後方へ上陸する危険性といった中国の窮状をスターリンに訴えた。そして、この問題についてスターリンの指示を請うため東北人民政府主席の高崗と金日成をモスクワに派遣したいと要望した。これに対してスターリンは、高崗と金日成の受け入れは認めたものの、中国軍の戦場における現代戦を習得すること、トルーマン政権の動揺を期した持久戦による戦争の長期化を望むと表明した。

ソ連差し回しの航空機でモスクワに入った高崗と金日成は、六月十三日にスターリンと会談した。その席でスターリンは、停戦が現時点で有益であると認め、軍事顧問団の派遣と六〇個師団分の装備供与に異論はないとした。異例なことに高崗と金日成は、再度の会談を求め、スターリンに毛沢東の訓令を審議してくれるよう求めた。それまで戦争の継続を望んでいたスターリンは、この会談で一挙に休戦に賛意を示し、その結果が六月二十四日（極東時間）のソ連国連大使のヤコブ・マリクの休戦提案放送だった。その内容だが、「ソ連人民は、現在進行している微妙な問題、すなわち朝鮮の武力衝突問題が解決されるものと信ずる。……第一段階として交戦当事国が三八度線から相互に部隊を撤退させ、停戦と休戦に関する話し合いを開始しなければならないと信ずる」というものだった。

これを受ける形で国連軍司令官のリッジウェイは、六月三十日午前八時のラジオ放送で、元山港に停泊中のデンマークの病院船で休戦会談を開催することを提案した。これに関するスターリンによる毛沢東への指示だが、まずリッジウェイへの回答は、金日成と彭徳懐の連名でなければならず、金日成だけの回答ではアメリカが無視しかねないとする。次いで会談場所は元山港にあるデンマークの病院船を断固拒否し、三八度線上の開城を主張すること、そして休戦交渉を指示すべき人物は毛沢東であること、ソ連は金日成と直接接触することはないというものだった。そしてリッジウェイへの詳細な回答文案を示した。中国と北朝鮮は、この回答文案を逐語訳して国連軍に通告している。

休戦会談はもう一つの戦場という認識

一九五一年七月十日、開城で休戦会談の第一回本会議が開催された。国連軍側首席代表は米極東海軍司令官のターナー・ジョイ中将、各代表は米第八軍参謀長のヘンリー・ホッジス少将、米極東空軍副司令官のローレンス・クレーギー少将、米極東海軍参謀長のアーレイ・バーク少将、韓国第一軍団長の白善燁少将だった。中朝軍首席代表は北朝鮮軍総参謀長の南日大将、各代表は北朝鮮軍偵察局長の李相朝少将、北朝鮮軍第一軍団参謀長の張平山少将、志願軍副司令兼副政治委員の鄧華、志願軍参謀長の解方（謝方）だった。中朝軍側の指示系統は、毛沢東、開城に入った外務次官の李克農、ついで会談場に常駐した秘書長の柴成文、そして代表の解方だったとされる。

休戦会談が始まるに当たって国連軍側は、成り行きを楽観視していたという。軍人同士の話し合いだから、一〇回も会議をすれば「撃ち方止め（シーズファイアー）」になると思っていたようだ。ところが協議すべき議題（アジェンダ）で合意に達するのに一六日間、会議を一〇回も重ねなければならなかった。中朝軍側にとって、これは平和のための協議ではなく、戦場であり、戦闘で取れなかったものを交渉によって我が物にするという補給闘争の一種なのだから、会議が難航するのも無理はない。

七月二十六日に合意に達したアジェンダは、次の五項目だった。

一、会談議題の採択
二、朝鮮における敵対行為の中止を基本条件とし、双方が非武装地帯（ＤＭＺ）を設定できるよう軍事分界線（ＭＤＬ）を設定
三、停戦および休戦に関する各項の遂行を監督する機関の構成、権限および機能を含む朝鮮内の停戦および休戦を実現するための具体的協定
四、捕虜に関する協定
五、双方の関係諸国政府に対する建議

実質的に協議の基礎となる議題の二、軍事分界線をどこに設定するかで双方の主張が鋭く対立した。中朝軍側は原状復帰の原則に立脚し、軍事分界線は北緯三八度線に引くべきだと強く主張した。この戦争には勝者も敗者もなく、いわゆる引き分けなのだから、戦争が始まった線に戻るのがもっとも公正とした。局地紛争などでは、この原状復帰になったケースもあるようだが、一般的には現状が重視されてきた。

国連軍側は補償の原則を持ち出した。軍事分界線というものは、現実の軍事情勢を反映されるべきものだ。従って現在、国連軍は空と海において絶対的な優勢を保持しているのだから、それを加味して地上での分界線を決めるべきで、現在の接触線よりも北方に設定されるべきだと主張した。これは目新しい原則で、理にかなっているようだが、空と海での優勢を地上の距離にどう反映させ、中朝軍を後退させるかとなると、そんな換算式はないのだから、これも実現しにくい主張だ。国連軍側としては、現接触線で落ち着くと踏んでいたが、一応は掛け値で交渉を始めようという心算だったのだろう。

どっちもどっちだが、これでは論議が平行線をたどるしかない。そんな中、七月二十二日に国連軍機が開城を爆撃したと中朝軍側が主張した。双方が集まって調査したものの爆撃の確たる証拠もなかった。しかし、中朝軍側はこれを理由に会談をボイコットし、それからも新たな国連軍側の不法行為に抗議し続けた。一方、国連軍側は開城に会談場を設けたからトラブルが起きるとして、その移転を提案した。そんな中の九月十日、国連軍機が実際に開城の町を誤射した。すぐさま国連軍は文書をもって丁重に謝罪した。すると中朝軍側は、態度がよろしいから会談を再開すると通告してきた。

もちろん深刻な交渉事だから、国連軍側はこれにすぐ飛びつかず、会談場の移転を求めた。当初、中朝軍側は会談場を開城から移転することに強く反発していたが、国連軍側の強い姿勢に押されたのか、それとも戦線との関係があったのか、ともかく会談場を双方の前線のほぼ中央、板門店に移転することとなり、十月二十五日から板門店で本会議が再開されることとなった。この時の会談場は現在とは異なり、沙川江の右岸にあった。休戦となってから、軍事分界線を挟む沙川江の左岸の台上に移転して現在に至っている。

関係者が交渉決裂かとまで覚悟した軍事分界線の論戦も、結局はごく一般的な現接触線とすることに落ち着いたのは、一九五一年十一月五日だった。ところが今度は、現接触線の「現」とはいつの時点なのかで再び会議が紛糾した。これについては、一カ月の暫定措置として十一月二十三日から現接触線の画定作業を始め、二十七日までに図上で明示して軍事分界線を示すこととした。一カ月後に休戦協定が成立していなければ、この暫定軍事分界線は無効ということだった。しかし、特に国連軍側はこの暫定の線を強く意識し、大きくこれを越えるような作戦は控えるようになった。

継続されている戦闘と直結する軍事分界線の問題が解決すれば、休戦会談の山場は越えると思われた。ところが意外な問題で深刻な対立が生じた。議題四、捕虜の送還問題だ。当時、捕虜の解放、送還は「捕虜の待遇に関する一九四九年八月十二日のジュネーヴ条約」(効力発効は一九五〇年十月二十一日)の第一一八条「捕虜は、実際の敵対行為が終了した後遅滞なく解放し、且つ、送還しなければならない」に則って行なわれるのが原則だ。アメリカは未批准だが署名はしており、北朝鮮も条約順守を宣言していた。援朝志願軍と称している中国軍は、同条約第四条の民兵隊、義勇隊、組織的抵抗団体に準ずるものと考えられる。

国際法上では問題がないにしても、朝鮮戦争には特異な事情があった。この戦争は南北の内戦で始まっており、中国における国共内戦の後遺症もからんでいる。強制的に北朝鮮軍に編入された韓国軍人や民間人、民間人のまま北朝鮮に徴用されて国連軍の捕虜になった人も少なくない。また、北朝鮮を見限り、韓国に住み着くことを望んでいる北朝鮮軍捕虜もいるし、家族がすでに韓国で生活している場合もある。中国軍の捕虜の場合、旧国民政府軍の将兵だった者が多く、彼らは中国に送還されることを拒否し、台湾に渡ることを強く望むだろう。

そもそもこの戦争は武力戦であると同時に思想戦なことが、問題を複雑にしている。捕虜を北朝鮮や中国に一括送還したならば、最悪の場合には処刑されることすら予想できる。そして捕虜が命懸けで送還に抵抗したらどうするのか。第二次世界大戦中、ソ連国籍の者がドイツ軍に加わり、それが西部戦線で連合軍の捕虜になったケースがあった。慣例通り一括してソ連に送還しようとすると、捕虜が抵抗して多くの死者、自殺者を出す惨事となった。これは人道上の問題であるとの声がアメリカ国内でも上がり、任意送還、すなわち捕虜各自が希望する国への送還が提議された。もちろん、韓国では反共捕虜の受け入れを強く望む。しかし、ジュネーヴ条約がある以上、アメリカとしても一括送還、全体送還を受け入れざるをえないとして休戦会談に臨んでいた。

ところが一九五一年十二月十六日、捕虜名簿を交換すると国連軍側は失望し、相手に対する不信感を深めた。国連軍、韓国軍の集計によると、約一〇万人の戦闘中行方不明者（ＭＩＡ）が生じていた。ところが中朝軍側が示した捕虜名簿によると、国連軍将兵が四四〇〇人、韓国軍将兵が七一〇〇人となっていた。ＭＩＡのすべてが捕虜ではないにしても、あまりに数が少ない。これでは不信感を抱くのも無理はなく、任意送還ができないものかとなった。

しかし、ジュネーヴ条約がある以上、任意送還は無理ではないかと思われていた。十二月二十二日の会談で、多くの捕虜を強制的に北朝鮮軍に編入しているのではないかと国連軍側が指摘した。すると北朝鮮代表は、「強制ではない、志願した者だけを編入した」と答弁した。[註73]これはまさに任意送還を認める発言であり、国連軍側は以降、任意送還で押して行くこととなる。

国連軍側が提出した捕虜名簿によると、北朝鮮軍九万六〇〇〇人、中国軍二万人、元韓国人一万六〇〇〇人、合計一三万二〇〇〇人だった。中朝軍側の推算によれば一八万八〇〇〇人だったから、これまた相手方に不信感を抱いた。中朝軍側のより大きな問題は、国連軍に収容されている捕虜のうち、まとまった人数が本国への送還を拒否したならば、思想戦でも負けたことになり、中国と北朝鮮の威信は大きく失墜する。しかもジュネーヴ条約を援用できるので、この捕虜送還問題では終始、中朝軍側は強気で妥協の余地は皆無とまで思われていた。

ところがどうしたことか、一九五三年三月三日に周恩来首相兼外相は、「送還を望む捕虜を停戦後即時送還すること、および残りの送還を望まない捕虜を中立国に移管すること」を提案した。翌四日に金日成はこれを受け入れ、五日にはスターリン死去となって情勢は大きく動いた。六月十八日には韓国が反共捕虜三万人を独断で釈放するという波乱はあったが、この最後の難問をクリアーして七月二十七日に休戦協定が成立する。なお、中朝軍の捕虜のうち韓国で釈放された者、台湾に渡った者の総数は二万二〇〇〇人と記録されている。

未発に終わった北進作戦と核使用

話はさかのぼり、リッジウェイ国連軍司令官がマリク声明を受ける形で休戦会談を提議したのは一九五一年六月三十日、翌日に中朝軍はこれを受け入れた。そこで同日、国連軍は誠意を示すため全軍に「その場に停まれ」と下令した。それでも積極的な攻勢作戦計画の立案が進められていた。その目的は、積極的な姿勢を示すことによって休戦会談の進展を図り、そして、より有利な線で休戦を迎えるためでもある。さらには休戦会談の決裂、ソ連あるいは中国がほかの地域で軍事行動を起こす場合を想定してのことだった。より重要なことは、平和の燭光が見えたため、だれもが最後の戦死者にならないようにと消極的になり、全軍の士気が沈滞すると、敵の奇襲で戦線が崩壊しかねないので、積極的な作戦を呼号する必要があった。

より切実だったのは韓国だった。戦線があまりにソウルに近く、その一方、平壌までは遠い。臨津江の河口部がソウル市街にもっとも近く、ソウル駅まで直線で四〇キロほどだ。それに対して平壌にもっとも近いのは漣川西側の臨津江畔で直線で一五〇キロ、臨津江河口部から一七〇キロとなる。鉄道で見ると、京義本線でソウル駅～開城が七三キロ、開城～平壌が一八七キロだ。この緊要な西部戦線で、せめて礼成江の線にまで押し返さなければ、休戦後の韓国の安全保障は成り立たないということだ。

休戦会談の開催が動かせないものとなった頃、米統合参謀本部は不測の事態に対処するための作戦立案を国連軍司令部に求め、第八軍司令部は休戦会談が始まった七月上旬までにこれを具体化した。これが「オーバーフェルミング（圧倒）作戦」と呼ばれるもので、一応は九月一日に発動予定としていた。これは中国軍の殲滅を目的とする全面的な攻勢作戦だった。元山に向けて上陸作戦を展開し、ワイオミング・ラインとカンサス・ラインから押し出し、平壌〜元山のラインに到達するというものだ。しかし、休戦会談の進展を見て国連軍司令部は作戦構想に制限を加え、ついに発動されることはなかった。[註74]

現実問題として、開城での休戦会談が早々に決裂しなければ、この「圧倒作戦」を実施する可能性はほとんどなかった。開城を中心に半径五マイル（八キロ）の中立地帯が設けられ、さらに会談場を中心として半径半マイルの非武装地帯が設定されていた。カンサス・ラインから西北進して平壌を目指すにしても、補給幹線は義州街道と京義本線沿いに設定しなければならないが、それが開城一帯で遮断されている。従って休戦会談が続く限り「圧倒作戦」は補給の面から無理となる。

この「圧倒作戦」の未発動は、韓国をいたく失望させた。マッカーサーが国連軍司令官であった時は、中国とソ連を刺激しないようにとワシントンは北進作戦を抑制し、今度は休戦会談のため積極的な攻勢を拘束しているとし、これでは韓国の安全保障、ひいては国益はどうなるのかという至極もっともな不安だ。一九五一年秋、国連軍、韓国軍が平壌~元山のラインに到達することは可能だったろう。うがった見方をすれば、そうだったから中朝軍側は休戦会談に応じたともいえよう。そして平壌~元山のラインで休戦となれば、北朝鮮という国家は存立しえなかったはずだ。ソウルのない韓国が考えられないように、平壌を失えば、それは北朝鮮ではない。

開城で休戦会談が行なわれているので、西部戦線での積極的な作戦は大きく制約されている。そこで国連軍、韓国軍の関心は中東部戦線に向けられた。休戦会談では、中朝軍側が三八度線を軍事分界線にすべきだと主張し続けており、この会談の停滞を打破するには戦線で圧力を加える積極的な作戦が必要だと考えられた。一九五一年八月二十七日にバンフリート第八軍司令官は、各軍団長をソウルの前方指揮所に召集し、リッジウェイ国連軍司令官も同席の上、「タロン(猛鳥の爪)作戦」を説明し、九月五日に実施する予定と通告した。

「タロン作戦」の要旨は次のようなものだった。まず元山に向かって上陸作戦を展開してこれを占領する。機甲部隊が韓国第一軍団を超越して北上し、点在する敵補給基地を席巻して上陸部隊とリンク・アップする。米第一〇軍団が現戦線から北方に最大二四キロ進んで戦線の湾曲を直線に補正して短縮し、兵力密度を高め、その過程で敵を包囲殲滅するというものだった。当時、この戦線で国連軍、韓国軍と対峙していた中朝軍は、西から北朝鮮軍の第五軍団、第二軍団、第三軍団だったから、「タロン作戦」が実施されたならば、北朝鮮の武力の大半は消え去った可能性がある[註75](図4参照)。

図４　タロン作戦の計画概要

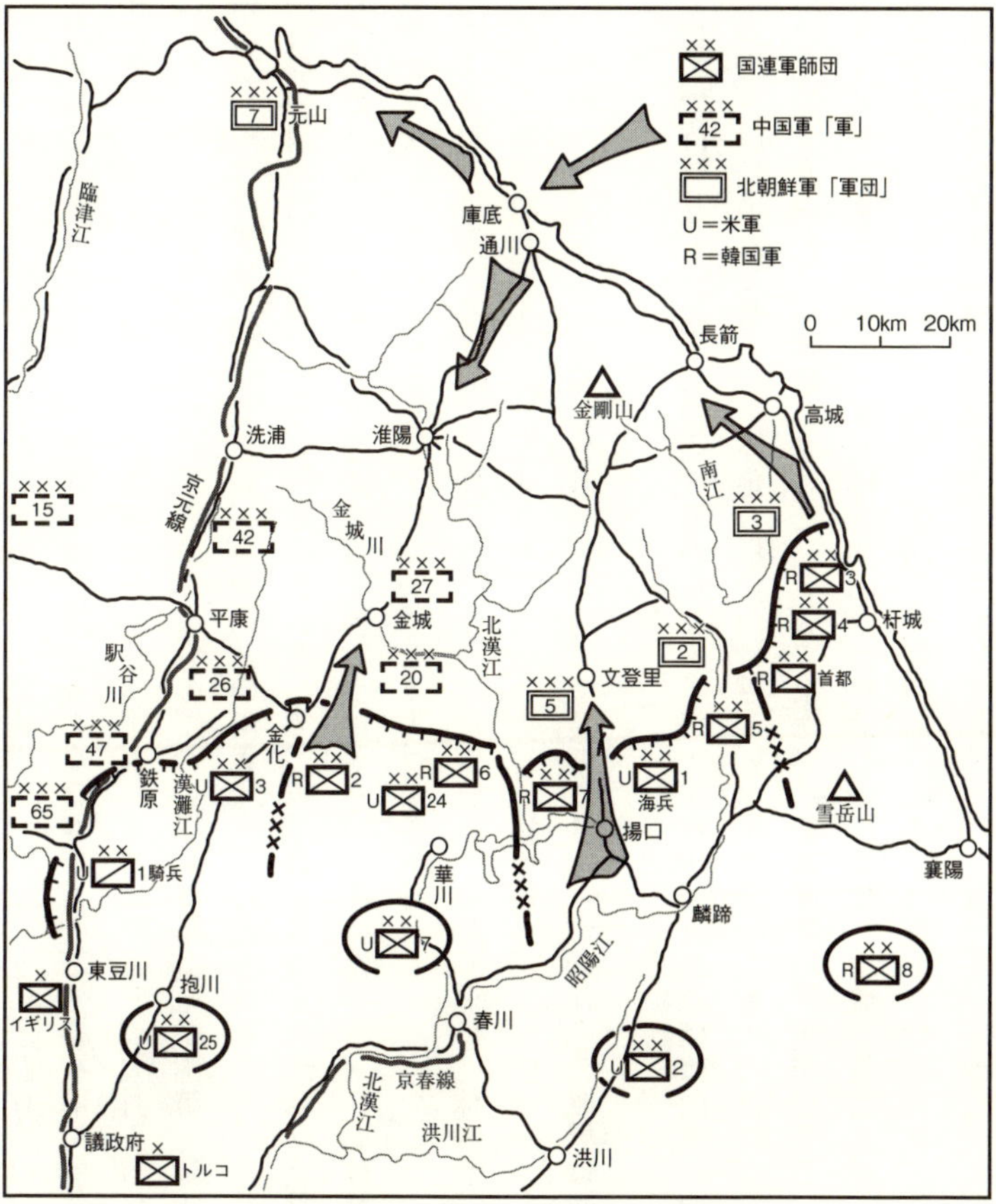

しかし、ワシントンの意向に忠実なリッジウェイ国連軍司令官は、元山上陸作戦は自分の許可が必要だとして、事実上「タロン作戦」は実施できなくなった。そこで第八軍司令部は、作戦を大幅に修正、縮小した「アパッチ作戦」を八月二十九日までに立案し、九月五日に実施する予定とした。この作戦構想の概略は次のようなものだった。東海岸道を韓国第三師団と米海兵隊で編成した連隊戦闘団二個が北上し、金剛山系の南麓に阻止陣地を構築する。これに呼応して韓国首都師団が山岳地帯にある北朝鮮軍を包囲して、韓国第一軍団主力が牽制攻撃を行なう。そして米第九軍団と米第一〇軍団が戦線を押し上げるというものだった。この作戦もまたほかの戦線の状況から取り止めとなり、北朝鮮軍の主力は命拾いをした。

前述したように一九五一年八月二十四日から十月二十五日まで中朝軍側は、休戦会談をボイコットした。この再開を促すという意味もあり、九月十九日に第八軍司令部は「ラングラー（カウボーイ）作戦」を策定し、すぐに作戦準備命令まで発令された。この作戦の概要は次のようなものだった。

まず、日本で待機していた州兵師団二個からなる米第一六軍団、もしくは韓国軍一個師団と米海兵隊を東海岸に上陸させる。上陸地点は元山付近という漠然としたものではなく、安辺から東海岸北部線で五四キロの庫底とされた。そして東海岸道を韓国第一軍団が急進し、上陸部隊とリンク・アップする。米第九軍団は金剛山登山鉄道沿いに金化〜金城〜昌道と進んで、昌道から准陽経由で海岸道に出る。当時、韓国第一軍団は庫底までの五七キロの高城にまで迫っていたから、すぐに上陸部隊と連携できて海岸沿いの包囲網は完成する。しかし、これまた上

陸作戦が認可されず、作戦そのものは九月下旬に取り止めとなった。[註76]

もし「ラングラー作戦」が実施されていれば、金剛山系に盤踞していた北朝鮮軍の第一軍団、第二軍団、第三軍団は完全に包囲されて殲滅の憂き目を見たことだろう。北朝鮮が中核戦力を失ったことはさておき、戦線の東の基盤を失ったことは面目のないことで、彭徳懐が激怒するはずだ。彭徳懐は最初から金日成に良い印象を持っていなかったから、この敗戦の責任追及は厳しいものになる。国連軍、韓国軍は大きなチャンスを逸したのだが、これこそ平和という煙幕に阻まれた結果といえよう。

前述したように一九五一年十一月二十七日から一カ月の期限付きの暫定的な軍事分界線が設定された。これで中朝軍側は、先行き戦線に大きな変化はないと判断し、本格的な陣地構築に乗り出した。それまでは夜間作業だけだったが、堂々と昼間も作業を始めるようになった。国連軍は航空偵察で第一線のすぐ背後で、中国軍はなにやら蟻塚のようなものを造っていることを捉らえた。分析してみると鍛冶場だった。ここで築城器材の製造などを行なうためだ。砲弾や爆弾の破片や、不発弾などと良質な鋼材の入手は容易だ。土木工事には不向きかもしれないが、高性能爆薬も現場で入手できる。第一線でノミやツルハシを生産するとは、究極の自力更生だ。

こうして中朝軍が築城した陣地線はとてつもないものだった。中国の公刊戦史は次のような数字をあげている。一九五二年までに中国軍は、坑道七七八九カ所一九八・七キロ、掩体壕七五万カ所、有蓋・無蓋塹壕三四二〇キロの築城を完了した。北朝鮮軍は、坑道一七三〇カ所八八・三キロ、各種掩体壕三万カ所、塹壕二六〇キロだったという。ちなみに日本軍が硫黄島で構築した坑道は一八キロだった。さすがは万里の長城を造り上げた民族だけのことはあると感心するほかないし、これを見習った北朝鮮は全国土要塞化と豪語しているが、本当にやってのけているのだろう。これで二五〇キロにも達する全線にわたり縦深二〇キロから三〇キロに及ぶ陣地線が蛛の巣状に張り巡らされた。[註77]

中朝軍が主に反斜面に堅固な陣地を構築したことによって、戦闘はどのような様相を呈するようになったのか。その好例となったのが、一九五二年十月十四日から十一月二十五日までの狙撃兵稜線（スナイパーズ・リッジ）と三角高地（トライアングル・ヒル）の戦闘だ。場所は米第九軍団正面で、朝鮮戦争最大の激戦地となった「鉄の三角地帯」（平康～鉄原～金化）の金化付近、五聖山（標高一〇六三メートル）の南麓、南大川に面する標高六〇〇メートル弱のコブだ。この一帯は双方が最も接近しており、二〇〇メートルほどの間隔で両軍が対峙していた。しかも中国軍が瞰制高地にいるため、このコブを奪取しなければ金化の防衛も危うくなる。

米第九軍団の計画によると、韓国第二師団の一個大隊は狙撃兵稜線へ、米第七師団の一個大隊は三角高地に向かう。最大級の空地火力で支援し、計画では五日で両目標を奪取して確保するというものだった。バンフリート第八軍司令官は、この作戦を認可し、敵にどうだという思いをさせる意味から「ショーダウン作戦」（ポーカーで持ち札を並べて勝負を決めること）と命名した。対する中国軍は第一五軍の第四四師と第四五師だった。二個大隊の攻撃を支援するため、米第九軍団の軍団全砲兵一六個大隊二八〇門を集中させ、濃密な近接航空支援の準備も整えられた。ショーダウンといった以上、負けられないということだ。

十月十四日午前五時、攻撃準備射撃が始まり、二個大隊は攻撃前進に移った。韓国第二師団第三二連隊の第三大隊は果敢に突撃し、午後三時半には狙撃兵稜線のY高地を占領した。ところが夜になると中国軍一個連隊が逆襲してきてY高地から後退せざるをえなくなった。三角高地に向かった米第三一連隊の一個大隊は、中国軍の塹壕線に取り付いたが、そこで逆襲を受けて突撃発起の位置にまで後退することとなった。

攻撃二日目の十五日、韓国第二師団は新たな一個大隊を投入して攻撃し、一旦は目標を奪取したが再び逆襲されて後退した。翌十六日、今度は二個大隊を投入して目標を奪取し、その夜の逆襲は撃退したものの、中国軍は二個連隊を投入し、三日間の戦闘の末、韓国軍はこれまた突撃発起の線にまで後退を余儀なくされた。これ以降も同じパターンの戦闘を繰り返し、韓国軍は奪取した目標を確保できなかった。

最大級の火力を発揮したにもかかわらず、どうしてこのような難戦に陥ってしまうのか。これこそ中朝軍が構築した陣地線による結果だ。国連軍、韓国軍が攻撃準備の砲爆撃中は、中朝軍は反斜面に設けた坑道陣地や掩体壕に身を潜めて砲火をやりすごす。そして砲撃が止まったり、射程を延伸しだすと坑道や交通壕を伝って火点に入って敵を迎え撃つ。もし、敵方斜面の陣地や稜線を奪われれば、坑道などを伝って退避し、増援を受けて夜間に逆襲してもとの陣地を奪回する。圧倒的な敵の火力を地表面に吸収させてしまう構想だ。

結局、この狙撃兵稜線の戦闘は、韓国第二師団が十一月十七日に一個大隊で目標高地を奪取し、二十五日まで続いた中国軍の逆襲を撃退してようやく幕となった。この根比べの一戦で韓国第二師団は、戦死傷・行方不明五〇〇〇人という大損害を被った。まさに全滅を賭した末の勝利だった。このような高地の争奪戦は全線にわたって展開され、その人的損害、砲弾などの射耗量は膨大なものとなった。人的損害は中国軍には耐えられようが、特に米軍は悲鳴をあげざるをえない。

このような戦闘となると、第一線にある国連軍将兵の間では、どうして保有している最大の火力、すなわち核兵器を使わないのかとの疑問が生じてくる。もちろん無差別な大量殺戮兵器の使用は人道的な大問題にせよ、一般住民はほとんどおらず、戦場の態勢がほぼ確立しているのだから、核兵器は使えないというのは説得力に欠ける。中朝軍が多用した原始的な木箱地雷（ボックス・マイン）でも人を殺すのに十二分の威力があり、その点で核兵器と本質的に違いはないという前線に立つ将兵の見解もある面で正論だ。高級司令部においても、中朝軍の陣地線が縦深にわたって固まると、核兵器を使わないと突破口があけられないと考えるようになっていく。

実は朝鮮戦争勃発時、米軍には核兵器の戦術的使用に関する作戦規定（ＳＯＰ）がなかった。そこで仁川上陸作戦前後の一九五〇年九月、ジョン・ホプキンス大学の研究者を中心とするプロジェクト・チームが結成され、戦術核の作戦規定の研究が始まった。このスタッフは第二次世界大戦中、対日機雷作戦（空中投下の感応機雷による日本封鎖作戦、いわゆる飢餓作戦）を作戦解析（ＯＲ）したチームが中心となっていた。この研究の結果、一九五〇年十二月末に「朝鮮における核爆弾の戦術的使用」というレポートを米極東軍司令部に提出した。

これに先立つ十一月三十日（米時間）、トルーマン大統領は記者会見で「保有するあらゆる兵器を使用する用意がある」と発言し、さらに「核兵器の使用については、常に積極的な考慮が払われている」とも付け加えた。もし朝鮮戦線で核兵器が使われたならば、その報復攻撃がまず加えられるであろう西欧各国はショックを受け、クレメント・アトリー英首相は急遽訪米し、米英首脳会談が開かれ、間接的な表現ながら核兵器の不使用声明が出されて騒動は沈静化した。しかし、核兵器の戦術的使用のORは進められており、プロジェクト・チームは一九五一年三月に最終レポートの「核兵器の戦術的使用」をまとめている。これら朝鮮戦争を巡る核兵器に関する文書は、現在なお秘密解除されていない模様だが、種々の情報によると次のような内容だったとされる。

たとえ数発の使用でも、不測の事態に備えて発進基地である東京の横田基地、沖縄の嘉手納基地に合わせて一二〇発の核爆弾を集積する。なお、一九五一年のアメリカの核爆弾の保有数は六五〇発だったといわれている。第八軍司令部が核爆弾の使用が必要とする目標を決定したならば、米極東軍司令部を通じてワシントンの判断を仰ぐ。米政府（安全保障会議）が核使用を決断したならば、戦略空軍（SAC。一九四六年三月に創設）に命令が下る。朝鮮戦争勃発当時、戦略空軍はB29、その改良型のB50、そして一九四六年八月に初飛行したB36、合わせて五〇〇機態勢だった。目標への航路、投弾コースを決定し、救難態勢を整えてからの出撃となる。現地の第八軍司令部の要請から投弾まで一一時間を要するという見積だった。[註78]

核使用の政治的決断は重大でも、作戦そのものは単純そうに思えるが、実は多くの難問を抱えていた。まず、日本の基地に一二〇発もの核爆弾を集積、保管したならば、その警備をどうするのか。中国軍による決死的な空挺攻撃も可能性としてはある。目標と戦線との距離が近ければ、友軍を安全地域にまで下げなければならないが、どのくらい距離があれば安全かのデータもなかっただろうし、地形との兼ね合いも問題だ。現接触線からうまく離脱できるのか、追尾されたらどうするのかと不安の種はつきない。そして目標が重要施設、交通の要衝、補給拠点ならば動かないが、自由意志をもつ敵野戦軍が目標ならば一一時間後にはどこにいるのか予測が立たない。

さまざまな問題があるものの、一九五二年九月十五日には、「核標的分析」（アトミック・ターゲット・アナリシス）の成案が得られ、「鉄の三角地帯」の頂点、平康への核爆弾投下が具体化した。平康は中国軍の集結地、補給基地、飛行場もあり、現接触線から一〇キロ離れている。この平康の町から北西二・五キロの地点に威力四〇キロトンのプルトニウムを使った爆縮型核爆弾を投下する計画だ。[註79]これによって集積されている補給品を一切破壊し、集結部隊の全滅も期待できるとした。さらには、京元線沿いに元山への突破作戦も可能となるだろう。この分析でも、山岳地帯における爆風の威力が解析できず、友軍をどこまで下げるのかが判断できなかった模様だ。また、平康を占領して通過するとなると放射能除染の問題もあり、現有装備では対応できないとされた。

朝鮮戦争中、核攻撃の準備命令も下されたことはないが、一九五三年一月にドワイト・アイゼンハワーが大統領に就任してから、計画はさらに詰められていったとされる。中朝軍の増強に対応するため、一九五三年二月にはマーク・クラーク国連軍司令官（五二年九月着任）は、核兵器の使用に関する制限事項の撤廃も考慮することを統合参謀本部と協議した。また、一九五三年四月二日に決定したＮＳＣ（国家安全保障会議）147では、核兵器の使用を積極的に検討することが要求されていた。アイゼンハワー大統領はこれらの動きを中国に暗示し、朝鮮戦争終結のためには重大な手段の行使を考慮していると警告したという。これと一九五三年三月五日のスターリン死去とが重なって、一九五三年七月二十七日の休戦協定の成立となったとされる。

米軍が核兵器を使用していたら、どういうことになっていたのか。これを想像するのは難しいが、ただ言いえることは、北朝鮮という国の雲散霧消だ。ここに平和という煙幕、人道というプロパガンダ、これらによって今日に至る禍根が残されたと結論せざるをえないのではなかろうか。

朝鮮戦争の結論だが、休戦以降、アメリカは韓国の北進構想を極力抑止し、そのような挙に出る動きをしただけで、韓国に対するあらゆる支援を差し止める姿勢を明らかにしてきた。その一方、中国とソ連（ロシア）も金日成の南進に同意したり、激励することはなかった。従って南北双方にとって武力発動は、「実際的な選択肢」ではなく、「仮定的な選択肢」になったと指摘する意見も有力だ。[註80]

［註1］黄民基編『金日成調書　北朝鮮の支配者、その罪と罰』光文社、一九九二年三月、四七頁～五二頁。

［註2］和田春樹著『北朝鮮　遊撃隊国家の現在』岩波書店、一九九八年三月、八三頁。

金学俊著『北朝鮮五十年史　金日成王朝の夢と現実』朝日新聞社、一九九七年一月、一四五頁～一四六頁。

［註3］黄長燁著『北朝鮮の真実と虚偽』光文社、一九九九年六月、四一頁～四三頁。

［註4］李佑泓著『暗愚の共和国　北朝鮮工業の奇怪』亜紀書房、一九九〇年六月、四三頁～四四頁。

［註5］崔光石編『北朝鮮』光明文化社、一九七六年十二月、五七頁～五八頁。

［註6］韓国史事典編纂会、金容権編著『朝鮮韓国現代史事典　一八六〇～二〇一二』日本評論社、二〇一二年六月、一六八頁。

［註7］神谷不二著『朝鮮戦争　米中対決の原形』中公新書、一九六六年二月、一〇頁。

［註8］デービィッド・コンデ著『現代朝鮮史①』太平出版社、一九七一年十月、三八六頁～三八七頁。

［註9］糟谷憲一、並木真人、林雄介共著『朝鮮現代史』山川出版社、二〇一六年七月、二〇六頁。

［註10］金学俊著前掲書、八〇頁。

［註11］李命英著『四人の金日成』成甲書房、一九七六年十一月、一八〇頁。

［註12］ロジオン・マリノフスキー著『関東軍壊滅す』徳間書店、一九六八年二月、一一六頁～一一七頁。

［註13］アナトーリー・トルクノフ著『朝鮮戦争の謎と真実』草思社、二〇〇一年十一月、二七頁。

［註14］ロバート・シモンズ著『朝鮮戦争と中ソ関係』コリア評論社、一九七六年二月、二五頁～二六頁。

［註15］王魁喜、常城、李鴻文、朱建華共著『満州近現代史』現代企画室、一九八八年十一月、二五五頁。

［註16］アルバート・ウェデマイヤー著『ウェデマイヤー回想録』読売新聞社、一九六七年十二月、四五一頁。

［註17］朝鮮問題研究会編『朝鮮戦争史　現代史の再発掘』コリア評論社、一九六七年三月、五九頁。

［註18］ロバート・シモンズ著前掲書、一六八頁。

［註19］デイビッド・ハルバースタム著『ザ・コールデスト・ウィンター　朝鮮戦争』文芸春秋、

二〇〇九年十月、二五八頁。
[註20] 田村幸策著『世界外交史』外交時報社、一九七八年十月、四七一頁。
[註21] ジャック・レイモンド著『ペンタゴンの内幕』弘文堂、一九六五年八月、三三三頁～三三六頁。
[註22] 糟谷憲一、並木真人、林雄介共著前掲書、二四九頁。
[註23] 佐々木春隆著『朝鮮戦争／韓国篇（上）』原書房、一九七六年三月、六〇頁～六九頁。
[註24] 韓国国防軍史研究所編『韓国戦争第一巻』かや書房、二〇〇九年九月、六六頁～七〇頁。
[註25] 佐々木春隆著前掲書、一四二頁～一四五頁。
[註26] 韓国国防軍史研究所編前掲書、三五頁～三六頁。
[註27] 白善燁著『戦争と平和』ウィナーズ、二〇一〇年九月、五九頁～六四頁。
[註28] デイビッド・ハルバースタム著前掲書、四二八頁～四三〇頁。
[註29] 赤木完爾編著『朝鮮戦争　休戦五〇周年の検証・半島の内と外から』慶応義塾大学出版会、二〇〇三年十一月、二四頁。
[註30] 韓国国防軍史研究所編前掲書、四六頁。
[註31] 赤木完爾編著前掲書、七六頁～八五頁。
[註32] アナトーリー・トルクノフ著前掲書、九七頁～九九頁。
[註33] 韓国国防軍史研究所編前掲書、八八頁～九五頁。
[註34] 佐々木春隆著『朝鮮戦争／韓国篇（中）』原書房、一九七六年九月、四四頁～四五頁。
[註35] デービッド・イスビー著『ソ連地上軍　兵器と戦術のすべて』原書房、一九八七年一月、一一三頁。
[註36] 陸戦史研究普及会編『朝鮮戦争1』原書房、一九六六年十二月、一五九頁～一六〇頁。
[註37] 韓国国防軍史研究所編前掲書、一三二頁～一三三頁。
[註38] 白善燁著前掲書、七六頁～八九頁。
[註39] ウィリアム・ストゥーク著『朝鮮戦争』明石書店、一九九九年一月、一〇六頁。
[註40] ロバート・シモンズ著前掲書、一三五頁。

［註41］ニキータ・フルシチョフ著『回想録』、タイム・ライフ・ブックス、一九七二年二月、三七四頁。

［註42］アナトーリー・トルクノフ著前掲書、一二一頁〜一二二頁。

［註43］アナトーリー・トルクノフ著前掲書、一二六頁。

［註44］韓国国防軍史研究所編『韓国戦争第三巻』かや書房、二〇〇二年十二月、四三頁。

［註45］韓国国防軍史研究所編前掲書、四五頁。

［註46］金学俊著前掲書、一七〇頁〜一七一頁。

［註47］韓国国防軍史研究所編前掲書、一一三頁〜一一四頁。

［註48］アナトーリー・トルクノフ著前掲書、一一二頁〜一一三頁。

［註49］韓国国防軍史研究所編前掲書、五二頁〜五四頁。

［註50］韓国国防軍史研究所編前掲書、五八頁〜五九頁。

［註51］アナトーリー・トルクノフ著前掲書一六九頁〜一七〇頁。

［註52］韓国国防軍史研究所編前掲書、六二頁。

［註53］ジョン・トーランド著『勝利なき戦い　朝鮮戦争（上巻）』光人社、一九九七年七月、二八九頁。

［註54］ジョン・トーランド前掲書、二九〇頁。

［註55］陸戦史研究普及会編『朝鮮戦争6』原書房、一九七一年六月、一〇四頁〜一〇八頁。

［註56］韓国国防軍史研究所編前掲書、八二頁〜八三頁。

［註57］金学俊著前掲書、一七二頁。

［註58］白善燁著前掲書、一五八頁〜一六二頁。

［註59］陸戦史研究普及会編『朝鮮戦争3』原書房、一九六八年九月、一七頁〜一八頁。

［註60］デイヴィッド・ハルバースタム著前掲書、四五三頁。

［註61］D・Fフレミング著『現代国際政治史Ⅲ』岩波書店、一九六八年九月、一一六頁。

［註62］韓国国防軍史研究所編『韓国戦争第六巻』かや書房、二〇一〇年十二月、一八頁。

［註63］林建彦著『北朝鮮と南朝鮮　一つの朝鮮への道』サイマル出版会、一九七一年十月、前書き三頁。

〔註64〕マシュー・リッジウェイ著『朝鮮戦争』恒文社、一九七六年十二月、一三三頁。

〔註65〕ジョン・トーランド著『朝鮮戦争（下巻）』、光人社、一九九七年七月、一四八頁～一五二頁。

〔註66〕アルバート・ウェデマイヤー著前掲書、四二三頁～四二四頁。

〔註67〕韓国国防軍史研究所編前掲書、三五七頁。

〔註68〕韓国国防軍史研究所編『韓国戦争第四巻』かや書房、二〇〇四年九月、九九頁。

〔註69〕白善燁著前掲書、一八六頁～一八七頁。

〔註70〕韓国国防軍史研究所編前掲書、一三九頁～一四〇頁。

〔註71〕アナトーリー・トルクノフ著前掲書、二一七頁～二一九頁。

〔註72〕アナトーリー・トルクノフ著前掲書、二一九頁～二二〇頁。

〔註73〕陸戦史研究普及会編『朝鮮戦争10』、原書房、一九七三年六月、一九四頁。

〔註74〕韓国国防軍史研究所編『韓国戦争第五巻』、かや書房、二〇〇七年六月、一〇八頁。

〔註75〕韓国国防軍史研究所編前掲書、一一四頁。

〔註76〕韓国国防軍史研究所編前掲書、一一七頁～一一八頁。

〔註77〕韓国国防軍史研究所編前掲書、二三七頁。

〔註78〕歴史群像編集部編『朝鮮戦争（下）』学習研究社、一九九九年十二月、九四頁～九七頁。

〔註79〕韓国国防軍史研究所編『韓国戦争第六巻』かや書房、二〇一〇年十二月、一六七頁～一七〇頁。

〔註80〕ウィリアム・ストゥーク著前掲書、四二〇頁。

第三章　金王朝三代を存続させた要因

ポプラ事件に際して発動されたポール・バニヤン作戦（1976年 8 月21日）

執拗きわまる粛清の効果

根絶やしにされた国内共産党系

朝鮮戦争中にも金日成の政敵となりうる個人、勢力の排除が続けられていた。一九五一年十一月、労働党副委員長兼第一秘書だったソ連公民系の重鎮、許哥而は農業担当の副首相に降格された。その理由は、北朝鮮軍の総退却時、戦線の後方に取り残された労働党員を事情は問わず一律に除名したことだった。もちろんそれは表面的な理由であって、本当のところは許哥而が労働党をエリート労働者を中心とする政党にしようとしたことで、これは金日成の大衆路線と対立するものだった。また、許哥而は思想的に近い南労党系の中心人物、朴憲永に接近したことも、金日成に疑心を抱かせる要因となった。

休戦を前にして国連軍は、北朝鮮全土に対する戦略爆撃を強化した。これによって大同江の支流、普通江の上流部にある灌漑用貯水池のダムが決壊し、現在は空港がある順安付近まで洪水となった。この時、現場にくるのが遅いとか、復旧作業の手順が悪いとか、責任者である農業担当副首相の許哥而が批判され、一九五三年七月初頭にこの責任は政治委員会で処断すると本人に通告したが、その夜に彼は自殺したとされる。そうではなく、機関銃で射殺されたというのが真相だと密かに語られていた。[註1]

休戦会談も大詰めを迎えつつあった一九五二年十二月、労働党中央委員会第二期第五回全員会議が開催された。ここで南労党系の要人が、なんと「米帝のスパイ容疑」、「南の共産党員を虐殺した容疑」、「現政権の武力転覆謀議」で告発された。逮捕された容疑者は、国家検閲相、労働党中央委員会秘書で占領中のソウル市長だった李承燁、元人民委員会外務局長で国営貿易会社社長の李康国、文化宣伝省次官の趙一明、朝ソ文化協会副委員長の林和、労働党宣伝扇動部副部長の李源朝ら一二人だった。国家検閲相が米帝のスパイとなると、任命責任はだれにあるのかという話に発展するはずだが、そうならないところに北朝鮮という国の特異性がある。

休戦協定が成立した直後の一九五三年七月三十日、これら容疑者は特別軍事裁判にかけられ、早くも八月六日に判決が下った。李承燁、李康国ら一〇人が死刑、二人が有期刑となった。南労党系の中心人物、朴憲永副首相兼外相の裁判は、彼一人だけ各省の次官以上が裁判官となる特別法廷で裁かれることとなった。朴憲永の死刑執行は、一九五五年十一月に発表された。この判決にソ連が疑義をはさんだことや、大きな波紋を呼ぶということで、公表を遅らせたのだろう。[註2]もちろん連座制の国だから、彼の妻も逮捕され、炭鉱での強制労働を科せられて消息を断った。朴憲永は銃殺に処せられたことになっているが、生きたまま猟犬の餌にされたとの説もある。

これら南労党系の重要人物の罪状には、労働党と政府の機密事項を米情報機関に渡したというのがあるが、これは明らかに事実ではない。もし、そういうことがあったならば、奇襲は成立せず緒戦の大勝利はありえない。中国軍が介入してからは、北朝鮮に独自の機密は存在しない。北朝鮮に集まっていた南労党の先鋭分子五〇〇〇人を糾合し、米軍の仁川上陸作戦に呼応して現政権の転覆を図ったというのも荒唐無稽だ。これらは金日成の妄想から生まれたものか、それとも粛清の口実作りのでっちあげだ。これ以降、このような虚構の罪状を作りあげては粛清を続けていくこととなり、その恐怖によってのみ金日成の権力が維持されてきた。

しかし、南労党系粛清の場合だけには、もっともと頷ける理由はあった。彼らが朝鮮戦争前に強調していたことは、韓国国内にいる二〇万人の南労党地下党員が北朝鮮軍の南進に呼応して蜂起するから、内戦の形態で勝利は容易だと強調していたことは事実だ。金日成はさておき、これをスターリンと毛沢東が信じたからこそ南進にゴーサインが出されたのだから、共産陣営全体にとって事は重大だ。この点だけは、金日成の措置は適切だったといえようが、南進への同意は共同責任を負ったことだから、金日成が自分だけ涼しい顔をしているのは問題だ。

徹底的に粛清された南労党系だったが、もとをただせば同根の北労党系や甲山派系の庇護をえてどうにか中枢部で生き残った者も多かった。これに対する執拗な追及は続けられ、一九五七年には最高人民会議常任委員の劉英俊、五八年には女性同盟副委員長の丁七星の姿が消えた。閣僚ポストに残っていた者も次々と粛清された。共に石炭相だった柳丑進が一九五八年に、許成澤は翌年に粛清された。どうやってもノルマを達成できない石炭の部署に回してから責任を追及し、粛清するとは陰険きわまりない遣り口だ。このようにして一九五〇年代中に南労党系は根絶やしにされた。

早くも一九四五年九月の玄俊赫の暗殺に始まる北労党系への攻撃は、北労党系には北朝鮮に政治基盤があるためか、かなり慎重に進められた。南労党系の粛清に隠れる形で進められ、一九五三年八月には元駐ソ大使で外務次官の朱寧河、元商業相で北朝鮮軍後方総局長の張時雨、駐中大使の権五稜が労働党から除名された。玄俊赫暗殺の背後には張時雨がいたというのだから、複雑な権力闘争が繰り広げられたことがわかる。中軸を失った北労党系への攻撃は本格化し、一九六〇年代までには一掃された。

共に社会主義を信奉する同志に、なんという非道な仕打ちをするのかと言葉を失う。しかし、このような陰湿な権力闘争は、共産革命ではよく見られることだ。国内に踏み止まって当局の弾圧に耐えつつ粘り強く運動を続けた集団は、社会に溶け込む必要からか、理論闘争が主となり、比較的穏健なのが一般的だろう。その一方、海外の亡命先から帰国した者、刑務所や流刑地から解放された者は、国内に政治基盤がない場合が多いためか、自己宣伝に努め、とかく猛々しくなるようだ。ロシア革命でのメンシェビキ（少数派＝社会民主労働党）とボルシェビキ（多数派＝社会民主主義労働党左派）が対立し、メンシェビキが壊滅したあの歴史が朝鮮半島北部で再現されたということだ。また、東欧諸国が共産化する経過でよく見られたパターンでもある。

異教徒よりも先に異端者を焚殺

南労党系と北労党系を粛清して排除し、これをもって朝鮮労働党は純血集団となったかと思えば、より複雑な段階へと進んで行く。その一つの契機は、一九五六年二月十四日から十五日に開催された第二〇回ソ連共産党大会だった。ここでフルシチョフ第一書記は、秘密演説という形でスターリンを批判した。スターリン時代の個人跪拝と集団指導原則の違背を指摘し、個人崇拝を全否定した。秘密演説とはいうものの、演説全文は友好国の共産党に送られ、すぐさま全世界が知るところとなった。

これは毛沢東、金日成にとって大きなショックだっただろう。しかし、金日成はすぐには反発しなかった。一九五六年四月二十二日からの労働党第三回大会の報告には、「個人崇拝を根こそぎ清算することなしには、自己の隊列をうち固めることができない」、「集団指導の原則をしっかりと遵守して、党員の積極性と創意性を高めるべきである」と付け加え、フルシチョフのスターリン批判に沿う姿勢を明らかにしていた。[註3]

これを見た延安系とソ連公民系は、金日成一派はたじろいだと勢い込み、この第三回党大会で決定する予定だった一九五七年を初年度とする国民経済発展第一次五カ年計画の大会承認を断念させた。このような情勢の下、金日成は第一次五カ年計画の前提となる経済支援を求めるために一九五六年六月一日、自らソ連・東欧訪問政府代表団を率いて出発した。これこそ金日成打倒のチャンスだと延安系とソ連公民系は連帯を強め、策謀を重ねた。この動きを察知した金日成は、東ドイツとソ連の訪問だけで予定を切り上げ、七月十九日に帰国した。もし帰国が遅れたならば、金日成は放逐されて亡命者となっていただろう。金日成は飛行場に着くやいなや、平壌の中国軍司令部に駆け込み、身柄の安全を図ってくれるよう懇願し、警護兵を付けてもらったという。なお、中国軍の撤退完了は一九五八年十月二十六日だった。

対決の場は、一九五六年八月三十日に開催された朝鮮労働党中央委員会八月全員会議だった。これから、一連の事件は「八月宗派事件」と呼ばれることとなる。なお「宗派」とは、同じ宗教の中での分派、宗門のわかれを意味し、この場合は「異端派」の意味合いが強い。従ってこの事件は、「反党・反革命的宗派陰謀策動」とも呼ばれており、金日成体制にとって最大の危機となる。

八月全員会議は、当初から大荒れとなった。延安系で商業相の尹公欽は、金日成が主唱する重化学工業すなわち軍需工業を優先する経済計画を鋭く批判し、人民の「食わせろ」との要求に応えるべきだと強く主張した。会議は「首をへし折るぞ」などと罵声が飛び交い、収拾が付かなくなった。昼の休憩にはいるや、尹公欽ら延安系の主立った者は、すぐにも逮捕されると思い、車で新義州に向かい、釣り舟で鴨緑江の中洲に渡って中国に亡命してしまった。そして労働党中央は、延安系で副首相の崔昌益、ソ連公民系で副首相の朴昌玉らの党除名を九月五日に発表した。

深刻な事態を憂慮した中国とソ連は、彭徳懐国防相とたまたま北京を訪問していたアナスタシー・ミコヤン貿易相を平壌に派遣して両派の調停に当たらせた。この時、この二人は金日成の排除も一つの選択肢にしていたといわれる。まだ中国軍の司令部が平壌にあった時だから、金日成としてもこの調停には逆らえず、九月末には除名された者の党籍が回復された。[註4]

「八月宗派事件」の第一ラウンドは、中ソの介入で引き分けとなったが、延安系とソ連公民系への攻撃は執念深く続けられた。まず、金日成は軍の延安系に手を付けた。一九五六年から五七年にかけて、総参謀長の李権武（朝鮮戦争勃発時の第四師団長）、第六軍団長の方虎山（同じく第六師団長）、民族保衛省次官の金雄（同じく第一軍団長）らが軍から追放された。その理由は明らかではないが、朝鮮戦争中の失態をあげつらえば、罪状はいかようにもなるだろう。その上で一九五八年三月、延安系の頂点に位置する金科奉を一切の公職から追放した。そして彼らは、平安南道陽徳の山中に新たに設けられた特別講習所と呼ぶ強制収容所に送り込まれた。おそらくこれが管理所と呼ばれる政治犯収容所の始まりだろう。[註5]

追い詰められた延安系は、休戦会談代表も務めた第三軍団長兼平壌防衛司令官の張平山が中心となって、陸軍大学総長の金乙奎、航空司令官の王連らも加わりクーデターを画策した。一九五八年五月のメーデーを機に五万人の部隊を平壌に入れて一挙に政権を奪取し、追放された金科奉を首班に推戴する計画だった。北朝鮮軍のクーデター未遂事件はかなり多く伝えられているが、本当に計画された数少ないもののひとつがこれだ。ところがこの計画は事前に漏れ、未然に鎮圧された。金日成は最大の危機をくぐり抜けたことになる。[註5]

こうして中国を後ろ盾とする、ある意味で事大主義者ともいえる延安系は、「反党・反革命分子」の烙印を押されて一掃され、ソ連公民系も去勢された。これで金日成独裁体制は盤石なものとなったかに見えた。ところが、権力闘争を継続することによって、さらなる体制の安定がもたらされるとの論理からか、それとも異端派を切り捨て続けなければ安心できないとの強迫観念からなのか、はたまた永久革命というテーゼがあるからなのか、また新たな敵を見つけ出した。それは抗日闘争時代以来の同志で、互いに助け合った関係にある甲山派系、もしくは党人派系に刃を向けた。この系統の人たちは宣伝、文化、通信を司る初期の党テクノクラートといえるだろう。党人派系はそのような色合いだから、経済建設優先に傾き、軍備優先を求める軍人派との対立が不可避だ。金日成はその対立関係を利用して、甲山派系を追い落とした。

甲山派系に対する攻撃は、対南工作の失敗を追及することから始まった。一九六四年二月、労働党中央委員会第四期第八回全員会議において金日成は、「三大革命力量強化」を強調した。それは南朝鮮解放のためには、第一に北朝鮮の社会建設を強化してこれを南解放の拠点とする、第二に南半分の人民を政治的に自覚させ、その革命力量を強化する、第三に朝鮮人民と国際革命勢力との団結を図る、というものだった。[註6]

こんな抽象的かつ漠然とした方針で、一九六一年五月から軍事政権となった韓国に対する政治工作が成功するはずがない。やれることといえば、地下党組織の拡充、諜報工作、北優越の宣伝といった地味なもので、成果がいつ形になるのか定かではない。金日成は低調な対南工作の責任を労働党秘書局秘書兼対南事業総局長の李孝淳に押し付けたが、これには古くからの複雑な人間関係があった。

一九三七（昭和十二）年十月から十一月にかけて、咸鏡南道恵山鎮一帯で抗日パルチザンを後方支援していたグループが一斉に検挙された。この時に逮捕されて死刑となった李悌淳が李孝淳の実兄だった。また、朴金喆は無期禁固を宣告され、ソウルの西大門刑務所に入れられたが、終戦時に解放されて北朝鮮に帰り、党内序列四位で党中央政治委員会常務委員兼党秘書となっていた。李兄弟は咸鏡北道吉州の出身で、朴金喆は咸鏡南道甲山の人というように、甲山派系は咸鏡道の人で固めていた。これが平安南道出身の金日成が甲山派系を脅威とする一つの理由だった。[註7]

それ以上に重要なことは、この甲山派系の幹部ならば多くが本物の金日成と接したことがあることだ。彼らは一九三七年六月四日の普天堡襲撃を指揮した金日成の本名が金成柱で、咸鏡南道出身、コミンテルンから派遣されたことを知っている。この話を甲山派系が口にして広まれば、キム・イルソン神話は一挙に瓦解する。甲山派系と人脈が重なる党人派系は、イデオロギー部門に多く配置されていたが、ここにも粛清が飛び火する。一九六七年六月から七月にかけての朝鮮労働党中央委員会第一九回全員会議で甲山派系と党人派系の主要メンバーの朴金喆、李孝淳、副首相の高赫ㄎは、「ブルジョワ的宗派主義者」との罪状で放逐されて姿を消した。この事件は、憲法などの法律の上にある「党の唯一思想体系の確立の十大原則」という超法規的な規範が生まれるきっかけとなった。[註8]

党人派から対南工作を引き継いだのは軍部だった。この頃の軍首脳部は、抗日パルチザン活動に参加した者が中心で、彼らは金日成直系軍人派ともいわれていた。ただ民族保衛相の金昌鳳（金昌奉）は延安系で、中国に対する配慮から一九五八年の軍部粛清でも生き残った一人だった。李孝淳から対南事業総局長（すぐに連絡部と改称）を引き継いだのは、現役大将の許鳳学だった。軍部による対南工作は、金日成の教示「革命は隠れて行なうものではない」に沿った、無差別テロも辞さない強硬なものだった。しかも金日成は、一九六七年十二月の分析で「共和国北半分の全住民には、南朝鮮人民の高まっている闘争気運に歩調を合わせ、かれらの闘いを積極的に支援し、南朝鮮革命を成し遂げる重大な責任がある」とした。[註9]

こうして、武装ゲリラの南派による要人暗殺、治安撹乱、解放区の造成が始まった。一九六八年一月の青瓦台（韓国大統領官邸）襲撃事件、同年十一月の東海岸、蔚珍・三陟、翌六九年三月の同じく注文津での武装ゲリラ潜入事件が有名だが、どれもが失敗した。韓国の民衆に歓迎されると教育されていた武装ゲリラが見たものは、敵意をあらわにし、掃討に当たる軍警に協力する民衆だった。子供にまで「赤は嫌いだ」と面罵されて激高する始末。民衆という海の中で泳ぎ回われるのがゲリラの強みで、民衆に背を向けられれば生存すら望めない。しかも、青瓦台襲撃事件で射殺された特殊部隊二七人の遺体を人道的な立場から板門店で引き渡したいと韓国に申し入れられ、恥の上塗りとなった。

抗日パルチザン方式の対南工作がことごとく失敗したことは、朴正熙大統領との対決が敗北に終わったことであり、金日成主席の面目は大きく失墜した。しかも中国やソ連から、左翼冒険主義と批判も浴びかねず、それは両国からの援助が止まるという結果をもたらす。ところが金日成は、これを軍部にメスを入れるチャンスと捉らえた。軍部は勢力を増して軍需産業にも触手を延ばし、国家内国家になる可能性が生まれていた。そこで対南工作の失敗を理由に軍の強硬分子を除去しようとしたのだが、転んでもただでは起きないという金日成のしぶとい性格がよく現れている。そして一九六九年一月に開かれた人民軍党第四期第四回総会で、軍中枢部への攻撃を始めた。

この攻撃の口火を切る任務を負ったのは、軍総政治局長だった呉振宇だった。彼は咸鏡南道北青の出身だ。少年の頃から抗日パルチザンに加わり、本当にそうだったのか、それとも皮肉なのかは定かでないが、「金日成の伝令」と呼ばれていた人物だ。呉振宇はこの総会で一三項目の罪状をあげて金昌鳳民族保衛相を糾弾した。部隊の福利厚生に無関心だったとか、セメントを浪費したとか細かい話をまぜながら、「唯一思想体系（主体思想体系）の確立を妨げた」、「軍内で家族主義的な宗派の形成を試みた」、「軍の幹部化に反対した」との重大な告発をした。そして参会者全員による賛成の合唱の中で金昌鳳らの粛清が決定した。

軍隊とは、命令と服従という縦の関係を厳守することで命脈を保っている。北朝鮮軍もその例外ではない。従ってトップの民族保衛相が断罪されれば、末端までもが連座することになる。総参謀長だった崔光は、金昌鳳の動静を監視し、それを報告することを怠ったとして同罪、粛清された。当時、人民軍には集団軍が五個あったが、そのうち三人の集団軍司令官が軍から追われた。予備役大将で副首相だった金光侠はソ連公民系だったが、反逆罪に問われて粛清された。もちろん対南工作の失敗という粛清の糸口を作った許鳳学も粛清された。そして連座制が適用され、師団長だった金昌鳳の二人の兄弟も姿を消した。対南工作の実施部隊を統括していた民族保衛省偵察局長の金正泰も粛清された。彼は金日成と親しかった同志の金策の実子だっ

たから、事態の深刻さはだれの目にも明らかだった。結局、人民軍の連座者は一〇〇〇人を超えた。[註10]

粛清となれば、大量処刑となるのが北朝鮮という国だが、相手が軍となると慎重にもなる。もちろん首魁とされた金昌鳳、金光俠、許鳳学らは、一九七二年五月に平壌の北郊、大城山で銃殺に処せられた。その他大勢は、家族もろとも管理所（政治犯の強制収容所）に送られたり、各地の事業所に下放されたという。例えば総参謀長だった崔光は、黄海北道のトラクター修理工場の副支配人になった。ここで崔光は一〇年働いたが、勤務態度が良好ということで復活の道を歩むこととなった。当時の北朝鮮ウォッチャーの多くは、崔光は銃殺か、それとも管理所送りになったと見ていた。ところが一九八八年二月、彼が総参謀長に復活していることを朝鮮通信が伝え、世界を驚かせた。

このような復活劇は、独裁者の思いつきで動く北朝鮮では珍しくない。一九九七年八月、社会主義労働青年同盟（社労青）の幹部が韓国の国家情報院に取り込まれ、現金を受け取ったばかりか、済州島観光を楽しんだ事件が発覚した。この事件の中心は社労青第一秘書の崔竜海だったことが判明し、党中央組織指導部副部長の張成澤が後援していた工作だったことも明らかとなった。周知のように崔竜海は、金日成の古い戦友の崔賢の子息、張成澤は金正日の義弟だ。張成澤は地方へ左遷、謹慎処分ですんだが、乱脈な私生活まで暴かれた崔竜海は銃殺を免れないと見られていた。ところが崔竜海は咸鏡南道の剣徳鉱山に下放されただけで済み、二〇〇三年には金正日の側近として復活、金正恩体制になってもその地位は揺らいでいないと思われる。[註11]

このように一旦は粛清されても、許されて復権すると、二度と地獄を見るまいと過剰なまでの忠誠心を見せようとする。これもまた金王朝体制の存続の背景となり、かつ問題を複雑にしている。

金日成時代、もっとも苛烈かつ陰湿な権力闘争が繰り広げられたのは、彼の後継者問題に伴うものだったことは容易に想像できる。これにかかわる者は絶対的な権力層に属しているものの、問題からして妥協はなく、勝者と敗者は明確に分かれるから命を賭けた闘争となる。

一九七三年九月に開催された労働党中央委員会第五期第七回全員会議で金正日が中央委員会秘書に選出され、後継者としての正式な第一歩を踏み出した。社会主義体制での権力世襲という珍妙なことがどうして形になったのか。金日成が死去する前のことだが、日本の新聞に平壌市民の声というコラム風な記事が掲載されたのを記憶している。「首領様の後継者にだれを推戴するかと全国くまなく探した。すると、この人のほかに考えられない人物がいた。だれかと思えば、なんと首領様のご長男の金正日同志ではないか」という他愛のない話だが、こうまで語らねばならないほど事態は深刻だった。

一九七〇年、金日成は五八歳、金正日は二八歳だったが、このあたりから後継者問題が浮上してきた。金日成の漠然とした腹案は、後妻の子供で一応は軍歴もある金正一に軍を任せ、宣伝・扇動部門で経験を積んでいる金正日を労働党にすえ、人当たりが良い実弟の金英柱に政府をというものだったとされる。金日成の突然の退場という不測の事態に対処するには、これしかないと考えたのだろうし、いくら側近でも助言できる問題ではない。しかし、独裁体制が確立していれば、このようなトロイカ方式（三頭方式）の集団指導体制は永続せず、新たな権力闘争をもたらす。それは金日成自身も、側近もわかっていただろう。

独裁体制を維持するには、頂点を一人に絞らなければならず、金正日派と金英柱派とに分かれた。金正日を推したのは、総参謀長の呉振宇、人民軍総政治局長の李勇武、副首相の朴成哲らだった。金英柱派は、副主席の南日、首相の金一、人民武力部長の崔賢、副首相の洪元吉、そして金日成の後妻の金聖英だったとされるが、この派閥はかなり流動的だったようだ。そこで、一九七四年に「党の唯一思想体系確立の十大原則」を発表し、これを踏み絵としつつ問題が一応の決着を見るのは、一九七六年に入ってからだったことは高級人事や有力者の動静などを見れば推測できよう。

一九七六年三月、南日副主席が平安南道安州で交通事故に遭って死去した。南日は安州に建設される石油化学工場の責任者として視察中、大型トラックと衝突したとされる。彼ほどの高官が交通事故に遭うとは不自然だが、それを報じる新聞の扱いがきわめて小さいのも不審だった。そして国葬となったものの、南日は大城山の革命烈士陵に葬られなかったことから、さまざまな憶測が生まれた。もれ伝わっている話では、最後まで社会主義体制下での世襲に反対した南日は、紛糾した会議の席からガラス窓ごと外に放り出されて墜死したともいう。

続く四月の最高人民会議第五期第六回会議で金一首相が辞任し、後任は朴成哲となった。さらに五月には崔賢人民武力部長が辞任、後任は呉振宇となり、同月には洪元吉副首相が死去する。このような世代交代が進む中、一九七六年六月に開催された高級人事を討議する政治委員会会議で副主席の金東奎が金正日を批判した。特に金正日による人事、一部階層の疎外、大衆化路線からの逸脱を指摘し、金正日を支持する若手幹部が年長の幹部を「老衰」と呼び排除している現状を強く非難した。

もちろん金正日の後見人を自認する呉振宇は反論し、これに崔賢、金一らが同調したが、金東奎はたじろがず、金正日体制への移行には時間をかけるべきだと主張した。これに対南事業担当秘書の柳章植が支持を表明し、会議は紛糾した。結局、お決まりの粛清となり、金東奎と柳章植は、咸鏡南道長津郡にある管理所に送られて消息を絶った。二人の罪状はなにかといえば、「十大原則」のうち第一〇条にある、「偉大な首領金日成同志が切り開いた革命偉業を代を引き継いで、最後まで継承して完成させなくてはならない」に抵触するのだそうだ。この二人の処罰に止まらず、「老衰」などと批判された三〇万人もの党員が労働党から追放され、六〇万人の若い世代と交替することとなり、その時点で金正日体制が確立した。[註12]

密かに語られていたテロとクーデター未遂

北朝鮮における特権階層の粛清は徹底したものだったが、一般民衆の取り締まりも厳格をきわめた。金日成の写真が掲載された新聞の上に腰を下ろしただけで、一〇〇ウォン札の金日成の肖像の部分を折り曲げただけで、はたまた金父子の写真の塵を払わなかっただけで、ただそれだけでも重大犯罪の構成要件となる。なぜならば、「十大原則」の第三条六項に「敬愛する首領金日成同志の肖像画、石膏像、銅像、肖像徽章（金日成バッジ）、首領の肖像画を掲載した出版物、首領を形状化した美術作品、首領の現地教示板、党の基本スローガンなどを丁重に取り扱い、徹底して保護しなければならない」に抵触するからだ。[註13]

凄まじい生活苦でつい口にする愚痴はマルパドン（言葉反動）といわれ、家族もろとも管理所送りになりかねない犯罪となる。冤罪など問題ではなく、それを考慮したため重大犯罪を見逃すほうが問題という姿勢だから話にならない。そんな社会だから殺伐とした不穏な空気に包まれ、テロの頻発、クーデター謀議が横行となるはずだが、当然のことながら北朝鮮当局は強く否定する。

一九七一年十月、訪朝した東京都知事の美濃部亮吉は、二日にわたって金日成と会談した。なにを思ったのか美濃部都知事は、「いつもガードに囲まれて自由に行動ができない」と語ると、金日成は「私はどこへでも歩いて行きます。しかし、テロに遭ったことはありません。人民は私を撃つ必要はありません。私は人民のために服務しているので、人民を恐れません」と語った。[註14]現地指導と称して国内をくまなく歩いた人の言葉だから信じたいところだが、現実はこれとまったく異なる。

一九四六年三月一日、平壌で開かれた民衆大会で演説中の金日成目がけて手榴弾が投げつけられたのが、伝えられている最初のテロとなる。当時はまだソ連軍政下だったから、警備はソ連軍が行なっていた。演壇の前でガードしていたヤコブ・ノビチェンコ少尉は手榴弾を素手でキャッチして手首と片目を失ったが、金日成は無事だった。二〇〇一年七月に金正日が訪ロした際、ノボシビルスクで臨時停車してノビチェンコ少尉の遺族を特別列車に招いて感謝と弔意を表したことで、この事件が広く知られることとなった。このテロは前年九月に起きた玄俊赫暗殺の報復だったことは明らかだった。そのような恨みは数知れずだから、金日成は常に暗殺の危険にさらされていた。

そんなことで、よほどのことがない限り、金日成は事故やテロの可能性が高い航空機を使わず、訪中でも東ドイツ製の専用列車を使っており、これを「列車執務室」と呼ばせていたという。この列車は現在、錦繍山記念宮殿で一般公開されている。[註15] 専用列車は平壌駅から北へ一二キロの龍城駅付近の操車場に入っており、龍城駅で乗降するのが通例だったという。二〇一一年十二月、金正日は龍城駅に停車中の専用列車内で脳梗塞を発症して死去したと伝えられている。

もちろん専用列車の運行ダイヤは軍事機密扱いで、テロを警戒して同じような列車を前後に走らせていたという。ところが、それが何度も襲撃されている。一九六二年九月、咸鏡北道清津駅付近で前を走っていた護衛列車が爆破された。一九七三年七月、平元線の浮来山と弥屯の間のトンネル付近で、うしろを走っていた護衛列車が爆破された。一九七四年五月、咸鏡南道新浦駅構内でポイントが動かされており、あわや列車暴走かという事態にもなった。[註16] 一九八七年五月、金日成は中国を公式訪問したが、その帰途、平安北道新義州市付近で銃撃されたという。

厳重に警備されているはずの専用列車に対する破壊工作と思われるものは、金正日時代にも起きている。二〇〇四年四月二十二日、新義州駅から東へ一五キロの龍川駅に停車中の硝安肥料を積んだ貨車とタンク車が衝突し、漏電で爆発して、周囲に大きな被害が生じた。この爆発の二〇分ほど前に、訪中からの帰途の金正日が乗った専用列車が龍川駅を通過していたとされる。ところが北朝鮮当局はなにを考えたのか、この爆発は訪中した金正日の乗った特別列車が通過してから九時間後に起きたと伝えた。テロであることを認めたかのような報道だった。これについては、爆発したのはミサイルの液体燃料だとか、携帯電話を使った爆破だとの諸説がある。[註17]

一九九三年秋、金正日は脳梗塞の発作を起こし、その後遺症で運動障害が残ったと伝えられている。そのため一九九四年七月二十日の金日成永訣式で金正日は憔悴しきった姿をしていたのだとする説も有力だった。また一説によれば、脳梗塞ではなく警護員に銃撃され、その後遺症だという。喪に服すという名目で三年間リハビリに励んだとする説だ。さらに二〇〇一年二月にも金正日は警護員に銃撃されたのではないかとの話がソウルで広まった。金正日に対する銃撃が本当だったとしても、あの体制の変革には結び付かなかったことになる。

より深刻な事態は、根底からの体制崩壊をもたらす軍部によるクーデターだ。この謀議の露見や未遂についても多く語られてきた。狡猾にも北朝鮮の公安当局は、クーデター謀議をでっちあげて粛清するというテクニックを弄するから、どれが本当のクーデター謀議だかがわからない。これだけは確実なクーデター未遂事件だといえるのは、前述した一九五八年五月の張平山ら延安派系によるものだ。延安派系はクーデターに訴えるしかないほど追い詰められていたし、第三軍団長兼平壌防衛司令官の張平山がリードすれば、クーデター勢力を糾合することは可能だった。

クーデターとなると事の性格上、風聞の域に止まるものが多いが、特筆されてきたのが一九九二年四月の事件だ。総参謀副長を中心とする革新勢力が連帯し、四月二十五日の人民軍創建六〇周年の軍事パレードで戦車隊が一斉に金日成広場の観閲台を砲撃して、金日成以下を一掃するという計画だったといわれた。これは一九八一年十月、エジプトのアンワル・サダト大統領殺害事件がヒントになっているのだろう。このクーデター謀議は未然に摘発され、即座に四〇人の高級将校が処刑され、六〇〇人が不名誉除隊の処分を受けて、管理所送りとなったとされる。[註18]

これには異説もある。一九八五年三月、ソ連のチェルネンコ書記長が死去するが、それに伴う弔問外交が契機となって朝ソ関係が改善され、八月にソ連艦隊が元山に入港するなど軍事交流が密になった。陸軍は一九八五年中だけでも将来有望な中堅将校四七〇人をフルンゼ諸兵科陸軍大学などに留学させた。これに目を付けたのがソ連のKGB（保安委員会）とGRU（参謀本部諜報総局）だった。甘言、恐喝とりまぜて籠絡し、将来のエージェントに仕立てあげた。もちろん極秘事項だったが、ソ連の混乱期にそれが北朝鮮に漏れた。報告を受けた金正日は、「ロシアや中国の走狗は始末に困る」として大粛清を命令して、これがクーデター未遂と混同されたという。[註19]

首謀者の処刑が残忍を極め、その話が中国人の口から伝わったことからも、信憑性があると思われるのが、一九九四年（もしくは九二年）二月に発覚した姜健綜合軍官学校でのクーデター策謀、もしくは大規模テロ計画だ。学生隊を動員して平壌に突入し、金正日（もしくは金父子）ら権力中枢を一掃するという計画だったという。この事件の首謀者とされた姜健綜合軍官学校の教官十数人は、学生全員が集まる中、営庭でなんと火刑に処せられた。しかも、家族に点火させたというから残虐なことだ。家族の苦難はこれに止まらず、全員が管理所でも釈放の可能性は絶無で、一切が自給自足の完全統制区域に送られたことは間違いない。また、密告をためらうなど多少でも関与した教官や学生は、終身刑に処せられたとされる。[註20]

ほぼ確実にあったとされる軍団レベルの騒擾事態は、一九九五年四月に咸鏡北道清津市で起きた。ここに司令部を置く第六軍団が決起して、大学生らを扇動して徒党を組んで咸鏡本線で南下、元山で第七軍団の不満分子と合流して、平壌に押しかけるという計画だったとされる。これは国家安全保衛部によって迅速に制圧されたというが、それ以降、第六の軍団番号が消えたことからも事件の信憑性は高まった。

咸鏡南北道や平安北道では、このような騒擾事態が起きたという話が多く伝えられている。元来、咸鏡道は食糧事情が悪い地域だ。黄海道や平安道からの食糧移入がとどこうれば、軍の給養は悪化する。端境期ともなれば、もう我慢がならないと部隊が食糧庫を襲撃するということも十分に起こりえる。追っ手がかかれば中国に逃げ込み、クーデター失敗と申告する。平安北道、特に国境の町の新義州は、古来から中国との交易で栄えた町で密貿易の中心地だ。社会主義になったからといって根絶できるものではない。特に軍は特権を十二分に活かして密貿易に励み、将兵の給養に当てたり、上層部が貯め込むことは容易に想像できる。勝手な補給闘争はご法度で、摘発が始まると関係者の多くが中国に逃げ込んだことから問題が大きくなったのだろう。

背筋が凍る「三族誅戮」の恐怖

北朝鮮では軍人や労働党党員でも厳しく統制されているが、それ以上の圧政に呻吟しているのが一般民衆だ。中国軍が撤収した一九五八年から、厳格な統制が始まっている。中国軍という後ろ盾を失ったことで、金日成ら支配階層は深刻な危機感を抱いたのだろう。そこでまず一九五八年末、五戸担当制を定め、私有財産制の廃止が宣言され、異様な統制国家の第一歩がしるされた。

中国の隋代に五軒の家を一つの単位とし、これに連帯責任を負わせる制度が始められた。宋代には地方の治安組織としての保甲制に発展する。日本では江戸時代、一般庶民の隣保制度としての五人組があり、キリシタンの摘発や牢人者の取り締まりを目的としていた。昭和の戦時中には「隣組」となり、食糧の配給制度と連動した治安機能の発揮が期待されていた。北朝鮮の五戸担当制は、これらの機能の複合を企図したものだ。

五戸ごとに一人の熱誠労働党員を配置し、各家庭を指導という名目で監視する。要するに二五人ほどの人民に一人の看守がいるということになる。この五戸担当官は、それぞれの家庭に箸がなん膳あるかまで把握していることが求められる。そして五戸相互に監視し、密告しあうことが義務付けられる。それを怠れば、同罪にされかねない。この五戸制度が確立してからは、韓国の諜報員の潜入は不可能になったという。見かけぬ人がいればすぐさま通報されるし、水一杯得られない。現在は三〇世帯ごとに人民班が組織されているが、五戸制度と同じ機能だ。多くの場合、この人民班長には詮索好きの中年女性が充てられ、報酬は配給に色を付ける程度とされている[註21]。

そして各家庭の構成員にも連座制が適用される。金王朝に反抗的な者は、三代にわたって根絶されなければならないというのが、金日成の教示だった。金日成の死後、それはだれも変更することができない聖なる遺訓となった。酔った勢いのただ一言がマルパドン（言葉反動）として重大な犯罪となり、その妻と子供、さらに祖父と祖母にまで累が及ぶ。これはアジア全般で行なわれていた悪名高い「三族誅戮」の復活だ。重大な事件となれば、追及の手は本人の兄弟、その親族にまで広げられる。これはことのほか一族の絆とその血統の存続を希求する朝鮮民族にとって耐え難いことだ。だから、どんなに憤懣があっても、黙ってその言葉を飲み込むほかない。対話のないところに連帯というものは生まれない。

さらに北朝鮮の全人民は、階層ごとに分断された。一九五八年五月に決定された「中央党集中指導事業」が六〇年までに行なわれ、全人民は「核心階層」、「動揺階層」、「敵対階層」とに分類された。このおおよその比率だが、順に二五パーセント、五〇パーセント、二五パーセントとなっていた。この分類作業の過程で一万五〇〇〇世帯が不純分子とされ、鴨緑江、豆満江沿いの山岳地帯に強制移住となった。一九五四年十月に設けられた両江道は、この流刑地のためのものだといって過言ではない。朝鮮戦争中、国連軍、韓国軍に好意的とされた黄海道の住民が、主にこの強制移住の対象となった。そして反党・反革命分子とされた六〇〇〇人が処刑されたと語られている。[註22]

これでもなお満足しない朝鮮労働党は、一九六六年四月から翌六七年三月まで「住民再登録事業」を実施した。この事業とは、各個人の三代までさかのぼって職業、姻戚関係を調査し、全人民を五一階層の「成分」（土台ともいわれる）に分類した。これは三階層を細分化したものだ。代々にわたって労働者、小作人、貧農、解放後の公務員、抗日闘争や朝鮮戦争での戦死者の遺族、人民軍の現役軍人の家族、協同農場の農民、そして労働党員など一三の成分が核心階層とされ、これに属する家庭の子弟だけが高等中学以上の教育を受けることができる。解放後に高等教育を国内で受けた者は核心階層だが、国外留学生は動揺階層とされる。二七の成分は動揺階層で監視対象となる。仏教、キリスト教をはじめあらゆる宗教の信者、旧地主、財産を没収された資本家、資産家で越南した者、越北した者などの家族、これら一一の成分は敵対階層で特別監視対象となる。日本から帰国した者のほとんどは、この敵対階層になる。[註23]

北朝鮮では戸籍制度は古い因習ということで、一九四七年に廃止されたが、それに代わる公民証発行台帳の秘密記載欄にこの成分が明記される。この成分がその人の一生を決定するものだが、本人がそれを知る機会はほとんどない。成分が悪ければ、高等教育を受ける機会は与えられず、軍隊に入ることすらできない。居住地もその成分によって決められるから、日本から帰国した者で平壌に住んでいる人はごく限られている。

　人民の四分の一は、政権に反旗を翻しかねない敵対勢力だと認識している北朝鮮は、それを押さえ込む体制を完璧に整備している。まずは飢餓までを利用し、食糧の配給によって国民をコントロールする。そして苛酷な司法だ。地域に密着している人民班長の監視、密告に始まる捜査、連座制、そして人民裁判と公開処刑という威圧のシステムだ。公開処刑も銃殺や絞首刑から火刑や鉄環絞首、さらには機関砲で吹き飛ばすと残虐さがエスカレートしていると伝えられる。死刑を免れた者は、再教育という名目で教化所に送られて強制労働が科せられる。軽微な犯罪の場合は、集結所、労働鍛練隊に送られ、半年ほどの強制労働が科せられる。

　そして、北朝鮮の暴虐さの象徴が政治犯を収容する管理所だ。政治犯となれば罪刑法定主義に則らず、「十大原則」を恣意的に援用し、反党・反革命分派分子、国家転覆陰謀などと判定されれば裁判も行なわれずに処罰される。拷問による自白をえてから処罰という手数もかけず、なんの容疑で身柄を拘束されたのかもわからないまま、家族もろとも管理所に送られるケースが多いといわれる。そして現在、少なくとも二〇万人の政治犯が十数カ所の管理所に収容されていると推定されている。

　管理所を管轄しているのは、国家安全保衛部農場指導局だ。局名を偽装しなければならないほど、暴虐な機関だということを当局自身が認めているわけだ。管理所には、釈放の可能性がある者を収容する革命化区域と終身刑を宣告された者が入れられる完全統制区域とがある。革命化区域の実態は、かなり詳しく伝えられているが、それは出所者がいるからだ。咸鏡北道化城郡にある第一六号管理所については、一切が明らかになっていない。この管理所は全部が完全統制区域となっている絶滅収容所で、だれ一人出所していないので内情は想像することもできない。[註24]

このような惨状をどうにかしようという動きがあの社会にあり、内部から事態を改善する可能性はあるものだろうか。朝鮮戦争前、平壌で暮らしていた人に聞いてみたことがある。その人がいうには、厳しく抑圧された経験のない人にはあの社会が理解できないとのこと。相互監視と密告で、だれが味方でだれが敵かもわからず、死の影に包まれた社会の底知れぬ恐怖によって抵抗しようという気持ちもすぐに萎えてしまい、金縛りになるから反政府運動など起きるはずがないとのことだった。

どのような罪を犯したかを知らせられないまま、深夜に家族もろとも捕縛され、家財道具と一緒にいずこへか連れ去られる。近隣の人はその物音に震え上がり、夜が明けると隣人は忽然と消えている。まさにナチス・ドイツ時代の「夜と霧」（ナハト・ウント・ネーベル）の世界だ。そして「三族誅戮」の恐怖だ。これでは消極的な抵抗、たとえばサボタージュすらも不可能だろう。北朝鮮という国には内部からの変革は望めず、ただ外部からの一撃のみが惨劇を終わらせることができると痛感させられる。

そして消え失せた真の側近

代が替われば、すなわち金日成が死去すれば多少なりとも生活苦や圧政が緩和されるのではないかとの期待もあっただろう。そんな当然の期待も早くに裏切られた。一九七一年六月、朝鮮社会主義労働青年同盟第六回大会において金日成は、「青年は代を受け継ぎ、革命を継続しなければならない」と演説し、権力世襲を示唆すると共に、さらなる革命を強調した。これを受ける形で、思想革命、文化革命、技術革命を「三大革命」とし、これを推進するため青年熱誠党員三万人からなる三大革命小組を一九七三年三月に金正日の下に組織した。[註25]

この三大革命小組とは、いってみれば北朝鮮版紅衛兵で、二〇人から三〇人の組で全国に派遣された。なかには腕に「革命的義理」などと入れ墨をして飛び出して行った者すらいたという。そんな責任のない未熟な若者が絶大な権力を与えられたのだから、当然のことながら各地で下克上に及び、それなりの秩序があった社会を混乱させた。そもそも三大革命小組とは、金正日の世襲を妨げる可能性のある勢力を除去することに目的があるのだから、粛清や暴力が伴う。社会に不安や恐怖を植え付けることが、支配の上策と心得ている集団なのだから始末が悪い。これでは先行き暗くなるばかりと観念した人が多かったことだろう。

海外の見方は、これとは違ったもので、経済重視に舵を切り、権力世襲も成功しないだろうとの予測が有力だった。香港のメディアは、「金日成が死去すれば、金正日はまばたく間もなく失脚する」と報道していたと記憶している。金日成のいない北朝鮮に中国は義理がないし、そもそも権力世襲は中国のイデオロギーに背反するものだ。しかも中国は、多くの北朝鮮からの亡命者を抱えており、すぐにも指導層を総入れ替えができる。などなど説得力のある材料がそろっていたが、歴史はそのようには進まなかった。

一九九四年七月八日、金日成は平安北道の妙香山にある特閣で死去し、葬儀は二十日に執り行なわれ、平壌は会葬者で埋め尽くされた。全国の核心階層に動員を掛けたのだろうが、あれほどの人数になると鉄道を戦時ダイヤに切り替えなければ対応できない。日帰りの人だけではないのだから、宿泊施設も準備し、会葬御礼も兼ねて炊き出しもしなければならず、軍の備蓄食糧を放出するしかない。これらの経済的な負担は、北朝鮮にとってきわめて重いものだったはずだ。

実は一九八〇年代から、北朝鮮の経済は崩壊しつつあった。公式には滅多に弱音を吐かない北朝鮮だったが、一九九二年五月に外国メディアとの記者会見で金達玄副首相は経済不振を認めた。そして七月に金副首相は、経済視察のため韓国を訪問している。さらに一九九二年七月には、「新通貨発行に関する旧通貨との交換及び銀行入金などの措置」という政令を発表し、人民の箪笥貯金に手を付けた。これには平壌市民が中心になって反発し、暴動も起きる事態となった。さらには食糧難のために配給券の偽造、食糧庫の襲撃などが頻発していることが確認された。金泳三大統領を平壌に招き、一九九四年七月二十五日の南北首脳会談を開催する計画は、北朝鮮ならではの補給闘争の一環だった。

そこに金日成の死去が重なり、軍の備蓄食糧が払底した。これを通常の状態に戻さなければならないが、農業は相変わらず不振だ。そこで北朝鮮は対日補給闘争に乗り出した。一九九五年五月、訪日した北朝鮮の使節は、「日本で余剰米となっている外国産米八四万トン、その全量をいただきたい」と申し出た。これには、「日本のことをよく知っているな」と日本側は驚いた。一九九三（平成五）年の不作で緊急輸入したタイ米が八四万トン残っており、この処理に悩んでいたからだ。政治的な背景もあり、日本はこれを受け入れて二〇〇〇年十二月までに一一八万二〇〇〇トンの米を北朝鮮に送った。北朝鮮の補給闘争の勝利だったといえよう。

悪いことは重なるもので、一九九五年七月から八月にかけて北朝鮮は一〇〇年に一度という大水害に見舞われた。報道によれば一〇万世帯が家を失い、六〇万人から七〇万人が死亡もしくは行方不明となった。北朝鮮は一五〇億ドルの損失と発表した。それまでも北朝鮮は飢餓線上をさ迷う国だったから、とてつもない事態に陥った。一九九五年から九八年まで、北朝鮮での餓死者は二二万人とも三五〇万人ともいわれている。この数字の大きな隔たりは、北朝鮮の実情は知りえないことを物語っている。

この飢餓の時代を北朝鮮当局は、「苦難の行軍」と称して英雄譚に仕立て上げた。一九三八（昭和十三）年十二月から翌年三月にかけて抗日パルチザン部隊が行なった通化省の濛江県南牌子から長白県北大頂子への雪中行軍になぞらえたわけだ（九三頁地図参照）。これに金日成こと金聖柱がいたかどうか、はてはそんな行動があったのかどうかは定かでないが、とにかく今は亡き首領様も凍ったジャガイモをかじりながら苦難の道を歩んだのだからと国民に納得を求めた。そして金正日はどうしていたかと思えば、三年の喪に服していたということだ。

余談になるが、餓死というものの実態は次のようなことだ。一木一草まで食べ尽くし、口に入るものがなくなって死に至るというイメージがあるが、その前から餓死は始まっている。蓄えていた食糧がなくなれば、軒下で細々と栽培した野菜や救荒植物に頼ることとなる。このような物を多食すると体内のナトリウムとカリウムのバランスが崩れ、衰弱して死に至る。これを防止するのが食塩だ。漬物は塩分がきいているが、これは単に防腐のためだけではない。従って餓死者が出たということは、食塩の供給が止まったことを意味する。そして体力が低下すれば、結核が蔓延する。あの頃、北朝鮮は日本の宗教団体にストレプトマイシン、パス、リファンプシンといった結核の特効薬を強く求めていたと聞いている。

この惨状は天災によるものだとしても、人災が重なっての結果だ。その人災の源を探って行くと主体農法なるものに行き着く。化学肥料も満足に供給できないのに、徹底的に多収穫を目指せば土地がやせ、深刻な不作となる。また食糧増産ばかりに目が向き、治山治水を無視したことが、水害の被害を大きくした。山々を切り開いて段々畑にして小麦やトウモロコシを植えたのだから、山津波が起きてしまう。

北朝鮮はこの深刻な食糧危機も国内的には粛清で乗り切った。一九九八年九月、平壌のメインストリート、凱旋門のある統一路で市民三万人を集めて公開裁判、公開処刑をやってのけた。被告は労働党農業担当秘書の徐寛煕を筆頭に数十人、農業破壊行為、米帝のスパイ行為を罪状として銃殺に処せられた。さらに信じ難いことには、主体農法の創始者とされる金萬金は、一九八四年に死去し、大城山の革命烈士陵に葬られていたが、金正日の指示で遺体を掘り起こ

して損壊させたという。これは中国古来の「剖棺斬屍」の極刑だ。[註26]

恐怖が支配する中、金王朝一族の「枝葉」の剪定も終えた。金日成の後妻、金聖愛（二〇一八年十二月に死去）、その子供の金平一、金成一、娘の金敬淑の消息が途絶えた。金正男の従兄弟、李一男（亡命後は李韓永）は一九八二年二月に韓国に亡命し、金王朝の内幕を暴露した本を出版したが、九七年十二月、ソウルの自宅前で射殺された。金正日の家庭教師、労働党思想担当秘書の黄長燁は金ファミリーの一員扱いだったが一九九七年十二月、訪日の帰途、北京で亡命、ソウルに渡ったが命を狙われ続けた。黄長燁は二〇一〇年九月にソウルで死去したが、死因に疑問が残るとされている。

農業に限らず、製鉄や炭鉱といった基幹産業も極度の不振にあえいでいたが、これに活を入れようと、ロイヤル・ファミリーが粛清の現地指導に乗り出した。一九九八年二月、金正日の実妹の金敬姫（金慶喜）が特別捜査隊長として戦車を引き連れて平安南道松林の黄海製鉄所に乗り込み、労働党や工場の責任者を逮捕し、人民裁判、公開処刑、締めくくりは軍事パレードと勇ましいことだった。これは金敬姫の夫である張成澤、長男の金正男も各地で行なったとされる。このような断固とした措置を任せられるのは、親族だけとなったと金正日が自覚していたことを物語っている。

二〇一一年十二月十七日に金正日は死去するが、朝鮮中央通信はすぐに「偉大な後継者、金正恩」と報じ、金王朝三代目はすんなりと決まったかのような印象を与えた。しかし、実情はそう簡単な話ではなかったようだ。かなり以前から金敬姫と張成澤は、金正日と成蕙琳の間に生まれた金正男を後継者に推していた。東洋の風土からすれば、長子相続が一般的だから無理のないところだが、これが張成澤粛清の伏線となる。一方、労働党中枢部は金正日と後妻の高英姫との間に生まれた金正恩を推していた。金正恩には金正哲という兄がいるが、金正哲が後継者になることを強く拒否したため、金正恩にお鉢が回ったということだったとされる。

どちらを選んでも波風が立つ。金正男の母親、成蕙琳はソウルの生まれ、朝鮮戦争中に越北した一家だから、本来ならば特殊監視対象になる成分だ。しかも彼女は女優出身で、離婚歴があり、金正日が父の金日成にも知らせず同棲して生まれたのが金正男だ。金正恩の母、高英姫は大阪市鶴橋の生まれで、父親は済州島の出身とされるから、これまた監視対象になる成分だ。そして彼女は元ダンサーだ。どちらも金家が誇る「白頭の血統」に入れる成分ではないが、金正日のご乱行の結果となれば、だれもが黙って受け入れるほかないにしろ、すんなり納得できる話ではない。

無理して三代目を継いだことを自覚する金正恩は、その反発から際限のない恐怖政治に走っている。その象徴的な例が、叔父であり国防委員会副委員長兼労働党行政部長だった張成澤の処刑だった。国家安全保衛部特別軍事裁判で反党・反革命的宗派行為で裁かれたのだが、具体的な罪状は次の通りと報道された[註27]。

一、金正恩体制の転覆陰謀と反党分派行為
二、金正恩第一書記長への不服従と不敬

三、内閣を無力化して経済事情に打撃を与えた
四、外貨を浪費
五、個人的な不正と腐敗

二〇一三年十一月、この罪状で労働党行政部の二人の副部長が順安にある姜健綜合軍官学校の射場で銃殺となった。その銃殺もＫＰＶ一四・五ミリ機関銃を四連装にした対空用のＺＰＵ４による掃射を浴びせたという。一発命中すれば胴が千切れるというものを四連装で一分間に最大二四〇〇発という掃射だから、刑柱も吹き飛び、残ったのは靴だけというのも本当だろう。そして飛び散った肉片、骨片は火炎放射器で焼き払うという念の入れようだ。逆賊には葬る土地はないという意思表示なのだそうだ。この処刑には張成澤を立ち会わせたが、彼は失神したという。そして同年十二月、張成澤も同様に処刑された。これに伴い四〇〇人が粛清されたと伝えられている。その中には故人だった張成澤の実兄、次帥だった張成禹、師団長だった張成浩の直系親族全員が含まれる。

叔父を酷刑に処するとはと、北朝鮮のだれもが金縛りになっているのをよいことに、金正恩は次々と粛清の網を広げた。金日成の片腕、金正日の後見人として知られる呉振宇は一九九五年二月に死去した。彼には金日成から下賜された「日」の一文字を付けた三人の子息がいるが、三人とも二〇一五年までに姿を消した。新聞をくくると金正恩が執権した二〇一二年から二〇一七年までに総参謀長は五人も代わっている。作戦中枢の総参謀本部作戦局長は六人交替

している。これには独自の経済を持つ軍から、それを剥奪するためだが、これほどトップが頻繁に更迭されると、作戦教義の連続性が失われてしまう。しかも混乱させられることに、降格、失脚、粛清されたかと思えば、復活、昇格となって人事を追い切れないのが実情だ。

そして今のところの止めが二〇一七年二月、クアラルンプール空港で金正男にVXガスを塗り付けて暗殺したことだ。これでは忠言できる真の側近という者が消え失せる。運よく生き残っても、恐ろしくて口をはさめない。その結果、金正恩の脇を固めるスタッフはどういうことになったのか。それは、二〇一八年二月の平昌五輪、三月の韓国代表団と金正恩会談、四月の南北首脳会談、六月のシンガポール、翌一九年二月のハノイでの米朝首脳会談で明らかになった。これらを現場で仕切ったのは、労働党宣伝扇動部第一副部長の金与正だった。なんと金正恩の実妹だ。それに付き従うのは心配性の老臣、金永南だ。秘書の役回りは女性の方が適しているだろうが、一九八七年生まれとあまりに若く、訓練も受けておらず、場数も踏んでいないから大ポカを仕出かす。

二〇一八年四月二十七日、板門店での南北首脳会談の際、言葉が通じることもあって金与正は、意気揚々と歩き回っていた。金正恩労働党委員長と文在寅大統領は、慣例通りレッドカーペットを歩いて韓国軍儀仗隊を巡閲した。この時、金与正はなにを思ったのか、レッドカーペットに踏み込もうとしたように見えた。外交慣例も知らない随員か、自分を何様と思っているのかと世界の失笑を買いかねない。それでもなんのその、二〇一八年六月十二日のシンガポールにおける米朝首脳会談、さらに翌年二月のハノイにおける第二回米朝首脳会談でもあれこれ仕切っていた。

周知のように第二回米朝首脳会談は不調に終わり、外務実務者は粛清されるか、左遷されたようだが、金与正は健在だ。二〇一九年六月、板門店でのサプライズ首脳会談でも金与正は現場で動いていた。牝鶏が時を告げてなんとやらということになるだろう。

そもそも朝鮮民主主義人民共和国の元首はだれなのか。憲法を見れば最高人民会議常任委員長の金永南のはずだ。金正日の肩書は中央軍事委員会委員長であったし、金正恩のそれは朝鮮労働党委員長であり、あの国を代表して責任を取る地位にいない。しかも、金正恩はいつ生まれたのかも定かではない。そういう人が文書に署名しても、国と国との誓約にはならない。各国は困惑はしながらも、金正恩との対話を模索している。そんな各国の及び腰の姿勢こそが、北東アジアの混迷をもたらした金王朝三代存続の大きな要因となっていると自覚しなければならない。

国際中間地帯を武器とした巧妙な策動

基本は中国との歴史的な関係

古典的な捉らえ方になるだろうが、複数の強国に挟まれた中小国の地位は、「国際中間地帯にある」と表現されてきた。この立場にある中小国が採りうる対外政策は、三つに絞られるというのが定説だった。まず第一は、取り巻く強国間のバランスを利用して独立を維持する政策だ。第二は、一つもしくは二つの強国を保護国として生き残る方策だ。そして第三は、すべての強国の担保の下に中立の地位を確保することだ[註28]。

朝鮮半島の場合、この第一と第二の政策を重ね合わせたような「事大隣交」の策を採った時代が長かった。取り巻く国のなかでもっとも強大な国を宗主国と仰いでその保護を求める。同時に、また一つ、二つの強国と善隣友好関係を結び、それを均衡調整しつつ可能な限り自主性を確保するというものだ。これはヨーロッパ各国でも見られ、「二重保障政策」（レインシュランス・ポリシー）と呼ばれていた。特にフランス、ロシア、オーストリアに挟まれたプロイセンが採ってきた対外政策が二重保障政策の典型的な例だとされる。

一九世紀の後半から朝鮮半島は大陸勢力と海洋勢力の角逐の場となり、より複雑な国際中間地帯となったために、古典的な解釈では説明が付かなくなったように思われる。その角逐の結果、イギリスの支援を受けた日本という海洋勢力が半島部を制圧するに至った。そして第二次世界大戦の終結、日本の退場、代わってアメリカの登場、ソ連の進出、そして分断、中国の共産化と続き、いよいよ朝鮮半島情勢は複雑かつ深刻なものとなった。このように貪欲な超大国がせめぎ合う中、よくも北朝鮮は独自性を保ったと思う。ある種のマジックだが、国際中間地帯にあることを逆手に取った結果ともいえる。

今日まで北朝鮮が生き残ってきた理由は、「中ソ間の振り子」だったからだと語られてきた。それは単に強い方に揺れるということではなく、主軸を中国にすえて、その中国を牽制するためソ連の方に揺れて見せるという絶妙なテクニックが功を奏したともいえる。地理的にもこの策しかない。これまでの北朝鮮の中枢部には、ソ連で大学教育を受けた者もいたが、多くは初等教育だけの抗日パルチザンの出身か、中国の紅軍育ちの者、それがどうしてこのような高等戦略を考え付き、実践できたのかと頭を捻る。国際中間地帯に生きる勢力は、自然とそう動くものだというほかない。

長い歴史的経緯、そして地理的接壌性からして、北朝鮮が対外施策の主軸を中国にすえることは、ごく自然かつ当然だ。中朝国境は鴨緑江から豆満江の線、約一三〇〇キロに達する。他方、ソ連、ロシアとの国境は豆満江の河口部、約二〇キロほどにすぎない。ちなみに白頭山を民族の聖山とするいわれの一つが、この鴨緑江と豆満江の源流が白頭山の火口湖、天池であることによる。天池はまた、満州（中国東北部）を貫流して黒龍江に注ぐ松花江の源流でもある。高句麗時代（紀元前三七年～六六八年）、朝鮮民族と満州族もしくは漢民族との勢力境界は、豆満江（古名は二道白河）ではなく、松花江上流部の古名で松江河で、その東岸は朝鮮民族の勢力下だったという。それが押されて二道白河が境界になったとされる。[註29] この問題は朝鮮の民族意識を刺激し、そこから「日本は百年の敵、中国は千年の敵」と語られる場合がままある。

一九四九年十月の中華人民共和国成立以降、少なくとも中国と北朝鮮の国境問題は紛糾する要素がないように見受けられる。一九六〇年五月、中朝国境河川運航協定も問題なく締結された。ところが国境に大きな問題が生じた。国際慣習では、河川そのものを国境線とする場合、本流の流水部の中央線を連ねたものとする。ところが、朝鮮戦争が始まってすぐ中国は安全保障の観点から鴨緑江の左岸、豆満江の右岸に中朝国境線を設定した。これは橋梁が爆撃を受けた場合、中国が厳重に抗議できるから、北朝鮮にとっても有利だった。白頭山（中国名は長白山）の頂上部では、鴨緑江と豆満江の源流部を結んだ線を境界とし、ちょうど天池を横切る線となる。

朝鮮戦争後、国際慣習に戻るかと思いきや、中国は朝鮮戦争時のままだと主張した。北朝鮮は沈黙をもってこれに抗議したが、中国は沈黙を合意として地図を作製した。さらに中国は白頭山頂上の南側に測候所の建設を計画し、そこと鴨緑江と豆満江の源流部を結んだ線を国境線にしようとした。中国が測候所の建設を取りやめたが、中国は長白山の頂上部にこだわり続け、なにかあるとこの問題が再燃したとされる。鴨緑江と豆満江の国境問題が解決したのは、一九七五年四月の金日成訪中まで待たなければならなかったと見られる[註30]。

一九五〇年十二月上旬、朝鮮戦争に介入した中国人民志願軍と北朝鮮軍との指揮関係を整理するため連合司令部が設けられた。この二カ国軍の関係は、統一指揮権の下での「連合」とされた。すなわち連合司令部は、中国人民志願軍司令部と北朝鮮軍司令部を作戦指揮し、また両軍は作戦協力の関係にある。連合司令官は中国人民志願軍総司令兼政治委員の彭徳懐、北朝鮮内務相の朴一禹が副司令となり、北朝鮮は政治委員一人を差し出すこととなった。中国としては、介入した武装集団はあくまで志願兵による義勇軍だとしていることから、この連合司令部の存在は秘密とされた[註31]。

北朝鮮から中朝連合司令部に副司令として差し出された朴一禹は、平安南道の出身だが早くから労農紅軍に身を投じ、八路軍にも従軍している。その頃から彭徳懐、副司令の鄧華、参謀長の解方（謝方）らと顔見知りだった。人間関係ができていたこともあり、朴一禹と中国軍との関係は円滑なものだった。その一方、前述したように彭徳懐と金日成との関係はしっくりいかなかった。そこで彭徳懐は機会を見て強権を発動して、金日成を追放もしくは実権を剥奪し、朴一禹にすげ代えることも考えていたという。しかし、スターリンと毛沢東の意向、そして「キム・イルソン」というビッグ・ネームの効果も考慮され、この交代劇を見ることはなかった。ここでも金日成の綱渡りが成功したことになる。

一九五三年三月にスターリンが死去し、同年七月に朝鮮戦争が休戦となるが、中国軍は五八年十月まで北朝鮮に駐留していた。こうなると北朝鮮の主権は大幅に制限され、中国に臣従するほかないと思われた。ところが一九五四年から五七年にかけて朴一禹ら延安系の有力者が粛清、追放された。前述したように中国国防相だった彭徳懐が平壌に入って調停したが、結果的には不調に終わり延安系は一掃された。北朝鮮としては内政に干渉されたと反発し、中国は古くからの同志を粛清されて不快どころではなかったろう。これで中朝関係は極度に悪化する。ところが中国では大躍進政策を巡って路線対立があり、彭徳懐が失脚する。中国は国内情勢が混乱し、北朝鮮に介入する余裕がなかった。ここでもまた金日成は生き延びることとなった。

一九六一年五月、韓国では朴正熙による軍事革命が起き、朝鮮半島情勢は大きく動いた。金日成がこれに対応すべく訪ソし、同年七月六日、有効期間一〇年のソ朝友好協力相互援助条約を締結した。帰途に中国を訪問し、七月十一日に無期限の中朝友好協力相互援助条約を締結し、同年九月十日に批准書を交換して両条約が発効した。これで絶妙と評される対中ソ等距離外交の態勢が整った。ただ、ソ連とは一〇年間の期限付き、中国とは無期限とし、両国との関係に差を設けた意味ははっきりしない。ソ連が無期限には同意しなかったとの簡単な理由だとも考えられる。

一九五六年二月のフルシチョフによるスターリン批判以来、中ソ関係は深刻なイデオロギー論争に陥ったが、北朝鮮もどちらに付くかが迫られることとなる。一九六一年十月のソ連共産党第二二回大会において、中国寄りを鮮明にしたアルバニアの除名問題で中ソが鋭く対立し、周恩来を団長とする中国代表団が大会閉幕を待たずに帰国する事態となった。さて、金日成を団長とする北朝鮮代表団はどうするか。金日成としては悩んだことだろうが、これまた大会閉幕の前に帰国し、北朝鮮は中国と同一歩調をとることを世界に示した。ただ、それほど鮮明な中国支持の姿勢でもなかったとされる。帰国した金日成は、「スターリンのことはソ連共産党員がだれよりもよく知っている。だからスターリンの活動や役割をソ連でどう評価するかはソ連共産党の内部問題だ」と、それほど深刻な問題とは受け止めていなかったようだ。[註32]

中国の文化大革命が表面化したのは一九六六年四月、そして最初に紅衛兵が編成されたのは同年五月だった。さて北朝鮮としてはどうするかだが、金日成の反応は素早く、どういう判断だったのかは明らかではないが、同年九月には紅衛兵をトロツキストとし、その暴力主義を批判した。[註33]

そして文化大革命の末期、一九六七年一月から紅衛兵は壁新聞で金日成を個人攻撃した。「金日成、逮捕される」、「太った修正主義者」、「フルシチョフの高弟」と意味不明な批判だが、金日成を劉少奇と読み替えれば意味は通じる。これで両国関係は極度に悪化し、双方とも大使を召還するまでになった。この両国関係は、一九七〇年四月の周恩来訪朝によって修復し、この時の共同声明では米帝国主義と日本軍国主義を批判し、共通の敵を設けて連帯した。そしてニクソン訪中後の一九七二年十月、金日成は非公式に中国を訪問し、両国関係が改善されたことを確認し合っている。

このような関係の下、一九七五年十二月に中朝間のパイプラインが完成した。新義州から東に一九キロ、京義本線の白馬にある烽火化学工場の精油所と丹東（旧安東）とを結ぶ全長三〇・三キロの送油管だ。パイプの厚さは七ミリ、直径三七七ミリ、年間送油量は最大三〇〇万トンといわれる。なお、北朝鮮の精油所は日本海沿いの雄基にある勝利化学工場のものと二カ所あり、烽火の精油能力は日産七万バレルと見られている。中国はこの中朝友誼送油管によって、バルブの開け閉めと価格操作によって北朝鮮をコントロールできることとなった。北朝鮮に経済制裁が科せられると、その状況はいよいよ鮮明となる。

北朝鮮が中国との関係を主軸として外交を進めていることは、金家三代の訪中回数とその頻度がよく示している。金日成は一九七〇年代から公式、非公式を合わせて少なくとも七回は訪中している。これに対して訪ソは二回だったとされる。金正日の外交デビューは、一九八三年四月の訪中で、以来訪中は四回、訪ロは三回だった。金正恩の外交デビューは、二〇一七年三月の訪中で、二〇一七年十月までに三回も訪中しており、訪ロは一回となっている。金正恩の場合、南北首脳会談と米朝首脳会談についての指示を仰ぎ、報告するというもので、まさに中国を主軸とする事大主義的な外交の実践だ。

このような長い中朝関係の中で、記憶に残る珍妙な幕間劇が二つあった。それは単なるエピソードではなく、どのような姿勢で臨めば北朝鮮を常道に引き戻せるかを示唆するものだった。

その第一幕は一九七八年九月、鄧小平訪朝時のことだった。この訪朝は、北朝鮮建国三〇周年慶祝大会出席のためだった。この時、鄧小平は「苦楽生死をともにして長年の試練を生き抜いてきた親しい戦友」と北朝鮮を持ち上げた。[註34] これはまったくの外交辞令で実際には大変なことが起きた。

平壌に入った鄧小平一行が目にしたものは、議事堂や革命博物館がある万寿台にそびえ立つ二一メートルもの金色燦然たる金日成の銅像だった。これは金日成の還暦を祝って一九七二年に建立されたもので、三七キロものゴールドを使って金箔を張ったものだった。ちなみに金日成の古希を祝って建立されたのが、高さ一七〇メートルの主体思想塔だ。傘寿までに完成させるとしたのが一〇五階の柳京ホテルだったが、これは完成しなかった。

それまでの中朝関係を知る中国人ならば、この金色の銅像を見てまず唖然とし、すぐに憤慨するのも無理からぬことだ。まして鄧小平は、毛沢東や彭徳懐らと脂汗を流しながら、朝鮮戦争介入の是非を検討した一人だ。そこで遠慮容赦なく鄧小平は、「中国はこれまで援助し続けてきたが、こんなものを作らせるためではない」と接遇員に雷を落としたと伝えられる。報告を受けた金日成は首をすくめ、金箔を剥がしますと申し出て、今日に見る緑青色になったという。強く出ると卑屈になるという北朝鮮の体質を見る思いだが、指摘されなければ改めようとはしない。両江道（旧咸鏡北道の一部）三池淵の革命戦跡地にある金日成の銅像は、金箔張りのままだという。

第二幕は、再び鄧小平に金日成父子がこっぴどくやられた。一九八二年九月、金日成は訪中し、金正日に権力委譲することを報告し、毎年、金正日を送るから改革開放などを学ばせてくれと鄧小平に頼み込んだ。これを受ける形で金正日は一九八三年六月に訪中して、青島、南京、上海を視察し、北京で鄧小平、李先念、習仲勲らとの会見に臨んだ。一説によるとその席で金正日は、「父が主唱する主体思想は、マルクス・レーニン主義を越えた」と放言し、だれもが呆気にとられたという。

また一説では、改革開放について語られていると、金正日はまったく唐突に「朝鮮半島で戦争が起きれば、中国は共和国を援助してくれるでしょうか」と質問した。これにはだれもが驚いたという。その席は平穏に収まったが、帰国してから大変なことになった。党中央委員会第六期七回会議で金正日は、「中国は共産主義を捨てた。四つの近代化路線は資本主義を目指すものだ」と激しく批判した。しかも、鄧小平を「耳の遠い老人」呼ばわりしたともいわれる。これがすぐさま中国の知るところとなり、すぐに親父を呼べとなった。

飛行機嫌いの金日成だったが、今度ばかりは空路で大連に駆けつけて鄧小平と面会し、「何分、若いのでご容赦を。息子が可愛くない親がどこにおりましょうか。すぐに謝罪させますので、よく教え諭してください」と平身低頭して、ようやく一件落着となったという話だ。[註35] 一九八三年中に金正日はもう一回、訪中しているが、それから一七年間も訪中していないとされる。

鋼鉄の霊将を神と崇める国だけあって、何事にかけてもかたくななのが北朝鮮という国だ。ところが堅さゆえに抱える脆さのために、強大な負荷がかかるとすぐに折れる。それは相手が中国だからだとはいえようが、そういう脆弱さがあることを記憶しておかなければならない。一九九二年八月、中国は韓国との国交を樹立したが、国共内戦以来の経緯からして、これは北朝鮮に対する重大な背信行為だ。ところが金日成は、公式には抗議しなかった。その代償はねだったろうが、まさに「喪家の狗」となり、うなだれて現実を受け入れるほかなかった。これもまた将来、北朝鮮に対する有効な対応を示唆するものだ。

補給闘争を主体とした対ソ関係

一九五六年二月のフルシチョフによるスターリン批判に端を発する中ソ対立は、北朝鮮をも巻き込んだ。個人崇拝の批判は、中国よりも北朝鮮にとって深刻な問題だった。とにかくスターリンと金日成の肖像画を並べて国民に拝ませていたのだから、北朝鮮としては困惑するしかなかっただろう。そして一九六二年十月のキューバ危機では、ソ連はアメリカに譲歩する形になり、ソ連は頼むに足る国ではないと北朝鮮が考えるのも無理のないことだった。

これらでソ朝関係は冷え込んでいたが、一九六四年十月にフルシチョフが失脚すると両国関係は改善の方向に進んだ。一九六五年五月、金日成はウラジオストクでブレジネフ書記長と会談し、同月中に軍事援助協定を結んだ。一九六六年六月には、経済代表団が訪ソし、両国の経済関係は緊密になる。基本的にこの関係は、ソ連がロシアとなった今日でも変化はないと見てよいだろう。

個人崇拝、集団指導体制といったイデオロギーの問題をさし置いたまま、北朝鮮がソ連やロシアに接近した理由は、軍事面で補給闘争を発動しなければならなかったからだ。北朝鮮軍は、ソ連軍の手によって育てられ、その軍事教義はもとより、分列行進、大型の肩章の階級章までソ連軍のコピーで、もちろん装備体系もソ連軍とまったく同じだ。火砲の口径は、一二二ミリ、一三〇ミリ、一五二ミリ、一八〇ミリとなっており、この変更はまずできない。一九七三年十月の第四次中東戦争後、エジプト軍はソ連軍制から米軍制に切り替えたのが希有な例だろう。エジプト軍の場合、中東産油国の支援があったから可能だったが、北朝鮮にはそんな支援は望むべくもないし、軍の規模そのものに比べようがないほどの違いがある。

最近は中国からの武器購入、技術移転が可能になっているが、長らく北朝鮮が頼るのはソ連しかなかった。できれば無償供与、そうでなければスクラップ価格、それも無理ならば最低の友好国価格で譲ってくれと頼み込み続けた。ソ連は大国だが、官僚機構特有な細かいところがあり、ロシアとなった今でもそうだろう。装備の保管には手間と経費がかかるから、時代遅れの装備など持って行けと鷹揚には出ない。朝鮮戦争中に供与した弾薬一発まで数えて請求してきたと北朝鮮、中国が恨むほど冷徹な国がソ連であり、ロシアだ。そこで支払いとなるが、北朝鮮にはドルがない。ウォンで払うといえば笑われる。バーターしかないのだが、世の中うまくできている。鉱産物が豊かなソ連だが、なぜか亜鉛と鉛の供給が滞りがちだった。北朝鮮は世界統計にのるほど亜鉛（年産二〇万トン）と鉛（年産八万トン）を産出する。そこに兵器の取引が成立する。

一九八〇年代初頭、北朝鮮軍は主力戦車としてT34を三〇〇両、T54／55とT62を二二〇〇両、五九式（T54の中国生産型）を一八〇両保有していたと見られていた。T62一両は、どう安く見積もっても当時で五〇万ドルにはなるだろう。亜鉛と鉛の価格だが、現在で共に一トン二〇〇〇ドルほどだから、北朝鮮の台所は苦しい。そこで奥の手、労働力によるバーターという対ソ補給闘争を行なってきた。

北朝鮮の労働力を差し向けた先は、まずBAM鉄道（バイカル・アムール鉄道）の建設現場だった。シベリア鉄道本線のタイシェット付近から間宮海峡に面するソビエツカヤ・ガバニに至る三八〇〇キロにも及ぶ鉄道建設だ。この工事は早くも一九三八（昭和十三）年に始まり、全線開通は一九八四（昭和五十九）年だった。永久凍土地帯に鉄道を通すのだから路床工事が大変で、そこに良質かつ組織化された北朝鮮の労働力が投入された。BAM鉄道そのものが軍事機密扱いだったから、ソ朝の契約がどうだったのかは明らかではない。

もう一つが、シベリアでの木材伐採だった。一九六七年三月、ソ朝間でシベリアにおける伐採関係協定が結ばれた。北朝鮮の労働力で毎年一二〇万立方メートルの木材を切り出し、それをソ連六割、北朝鮮四割で分ける。当初、北朝鮮は軽犯罪者を主にして送り出していたが、すぐに人気の職場となり、これに選ばれるには賄賂が必要になった。手取り額は月に三〇ドルから四〇ドルだが、ソ連の市場で買い物ができるのがなによりの魅力だった。最盛期は一七個のキャンプがあったが、協定は一九九三年十二月に期限切れとなり、現在では臨時協定で毎年二〇万立方メートルを伐採しているという。[註36]

鉄道建設、木材伐採、どちらも酷寒地での重労働だから十分な給養が求められる。ロシア式の食生活で我慢しろとはいえず、主食のコメをシベリアに送り込むこととなる。そうでなくとも国内で不足していたコメなのだから、たちまち需給バランスが崩れてしまった。ここから北朝鮮の深刻な飢餓が始まったとされているが、いかに脆弱な食糧事情かがわかる。

このような細々としたソ朝関係を象徴するのが、一九六一年十月から八四年五月まで金日成はソ連を公式訪問しなかったことだ。一九八四年の金日成訪ソに先立ち、ソ連当局は、これまでソ連からどれだけ援助を受けてきたかを自覚するよう北朝鮮に働きかけていた。そして五月二十四日、チェルネンコ書記長に北朝鮮建国以来のソ連の支援を公式に認めさせられることとなった。「キム・イルソン神話」の全面的な見直しを迫られ、主体思想など論外ということとなった。その上でミグ23戦闘機、ＳＡ５地対空ミサイルなど新型装備の供与、購入が可能となった。首領自ら屈辱に耐えつつ補給闘争に勝利したということになろうか。[註37]

一九九〇年八月、韓国は三〇億ドルの借款を提供してソ連と国交を樹立した。一九九一年十二月にはソ連が解体し、九六年九月には五年の自動延長を重ねてきたソ朝友好協力相互援助条約が失効した。ソ朝関係は冷えきったのだが、北朝鮮が危機的な食糧事情をどうにか乗り切り、またロシアも混乱期を脱すると再びソ朝関係は緊密になる。二〇〇〇年二月、ロシアのイワノフ外相が訪朝して口朝友好善隣協力条約が締結された。この条約では一九六一年に締結し、九六年に失効した友好協力相互援助条約に記載のあった戦時の自動軍事介入条項は削除され、情勢が緊迫したならば双方が速やかに接触という程度にトーンダウンしている。

二〇〇〇年七月、沖縄でサミットが開催されることとなったが、就任直後のウラジーミル・プーチン大統領は中国と北朝鮮を訪問してから沖縄に乗り込むこととした。七月十九日、プーチン大統領は平壌に入ったが、順安空港から迎賓館の百花園招待所までの一六キロを数十万人の人波で埋めて歓迎したという。これまで北朝鮮の元首は、いつも中国やソ連に呼び付けられるばかりで、両国の元首が答礼に訪れたことはなかったのだから、このプーチン大統領の訪朝は金正日にとって感激的な出来事だったろう。首脳会談では、金正日は他国からの技術供与を条件に弾道ミサイルの開発を放棄する用意があることを示唆したという。共同宣言では、相互協力の強化が謳われたが、これは極東部の開発を進めたいロシアにとっても必要なことだ。また二〇〇一年四月には、ロ朝軍事協力協定が締結されたと伝えられている。

そして金正日は、プーチン大統領の訪朝に対する答礼として二〇〇一年七月から訪ロすることとなった。それも専用列車で乗り込み、シベリア鉄道を使ってモスクワ、さらにサンクトペテルブルグにまで足を伸ばした二万キロ、二四日にわたる長旅だ。空路でなく鉄道を使うことについて金正日は、「シベリア鉄道を知らずしてロシアは語れない」とのたまい、伝え聞いたプーチン大統領がいたく感心したという。現代では珍しい超VIPの大陸横断鉄道の旅は、さまざまなエピソードを生んだが、同時にロ朝両国の将来構想もうかがい知ることができた。

平壌を出発した一五両編成の専用列車は、羅津、先鋒を通って旧満鉄北朝鮮線（上三峰～雄基、一八〇キロ）の洪儀付近から新線で東に進み、豆満江鉄橋を渡ってロシア領に入り、七月二十六日にハサン（下山）に至った。ここで専用列車はロシア広軌（軌間一六七六ミリ）の台車に交換し、ロシア軍警備隊を乗せた六両を増結した。なお、ハサンと羅津間の相互乗り入れが始まったのは二〇一三年九月からだった。

ハサンからのロ朝連結線は、ウスリースクでシベリア鉄道本線と接続する。七月三十一日には、ノボシビルスクに臨時停車し、前述したように一九四六年三月に起きたテロで金日成の命を救ったヤコブ・ノビチェンコ少尉の遺族を専用列車に招き、感謝の意と弔意を伝えた。北朝鮮の外交は芸が細かい。八月一日にはオムスクに立ち寄って戦車工場を視察した。戦車の生産ラインに案内された金正日は、その規模に驚いたそうだが、これはほんの一部で、稼働しているのは全体の一割にも満たないと聞いて絶句したことだろう。先軍政治、強盛大国と豪語してきた自分を恥ずかしく思ったはずだ。

ロ朝首脳会談がモスクワで開かれたのは八月四日だった。モスクワ宣言が出されたが、その内容は次の六項目だった。

一、ＡＢＭ（対弾道弾ミサイル）制限条約の重視
一、北朝鮮のミサイル開発計画は平和的な性格
一、北朝鮮とロシアの鉄道連結事業
一、朝鮮半島における南北対話の継続
一、在韓米軍の早期撤退要求をロシアは支持
一、アメリカ、日本と北朝鮮の関係正常化を期待

新味があり、かつ具体性があるのは、鉄道連結事業であり、金正日がわざわざ鉄道で訪ロした一つの理由が明らかとなる。モスクワ訪問後、金正日はサンクトペテルブルグの観光を楽しみ、ノボシビルスクの研究施設を見学した。こうして二四日にもわたる旅行を終えたが、全行程で特別警戒態勢がとられたためダイヤが乱れ、利用客のクレームが相次いだが、そんなことを気にする金正日でも、プーチンでもない。

ロシアの極東振興策と北朝鮮のロシアに向けた補給闘争とが合致したようで、金正日は二〇〇二年八月に再び訪ロし、ウラジオストクでプーチン大統領と会談した。この訪ロには、対外工作の責任者で朝鮮労働党秘書の金容淳と、朝鮮労働党組織部第一部長の張成澤という金正日の側近中の側近が同行したことが公表されて注目された。また、旅程も興味を引いた。八月二十日にハサンでロシアに入り、直路コムソモリスクナアムーレに向かいＢＡＭ鉄道を視察し、ハバロフスク経由で二十三日にウラジオストクに入って首脳会談に臨んだ。明らかに極東部の鉄道に重大な関心を寄せており、首脳会談でも鉄道連結事業が取り上げられたという。

二〇一一年十二月に金正日が死去したが、後継者の金正恩も経済的には対ロ重視路線を歩んでいると見られる。二〇一二年九月にロ朝債務調整協定が締結され、両国間の経済活動が進めやすい環境が整えられた。二〇一四年十月からロシアの協力による北朝鮮鉄道の改修・近代化工事が始まった。早急に改修が必要な路線三五〇〇キロを対象にロシアが二五〇億ドルを投資する「ポベダ（勝利）計画」だ。[註38] ロシアが目指しているのは、ハサンから日本海沿いの北朝鮮鉄道を近代化し、これを韓国鉄道と連結して浦項、蔚山、さらに釜山に至るアクセスの整備だ。

鉄道をまず押さえてから入り込むとは、なんとも古典的な帝国主義だが、ロシアの狙いは鉄道に併設される天然ガスのパイプラインにあるのだろう。シベリアと韓国の重化学工業地帯をパイプラインで結び、さらには韓国内に液化プラントを建設し、日本への輸出を可能にすれば、ロシアがエネルギー供給源となる環日本海経済圏が成り立つ。それが極東振興策を進めるロシアの目指すところで、北朝鮮はあくまでもアクセスの中間結節だということになる。

そもそも国際中間地帯にある中小国が、地理的接壌性のある大国とパワーゲームをするというならば、絶妙なバランス感覚を備えた外交手腕が求められよう。現在、北朝鮮にそれだけの人材がいるとは思えない。朝鮮の古諺に「虎に肉をくれという」のがある。強欲な人になにかくれといっても無駄の意だ。それどころか、虎すなわちロシアの餌食にされかねない。そこで国際中間地帯の特性から、北朝鮮は中国がそれを座視しないと期待しているのかも知れない。

補給闘争の好餌となった朝鮮総連

北朝鮮を取り巻く各国の中で、日本は特異な立場に置かれている。中国東北部とロシア圏にも独自の言語と文化を失っていない朝鮮系住民も多く、結束の強いコミュニティーを保っている。しかし、あくまでもその国の公民だ。出入国から対外経済活動まで、それぞれの国の統制下にある。ところが日本に在住する朝鮮・韓国人は、北朝鮮もしくは韓国の国籍を持つ公民と日本国籍を持つ者が混在している。北朝鮮地域の出身だから北朝鮮国籍だというのでもなく、済州道や全羅道の出身で北朝鮮国籍という人も多い。両親は北朝鮮国籍だが、子弟は日本国籍というケースも増えている。日本の国内に複雑な情勢の国際中間地帯が持ち込まれた格好になっている。

日本は一九一〇（明治四十三）年から三五年間、朝鮮半島を支配したが、そこの人民の扱い方は不明確なものだった。外国から見れば日本政府の機能を代行する朝鮮総督府が統制する日本公民だが、長らく選挙権は与えられず、兵役義務も課せられない存在だった。このため日本本土を占領した連合軍は、日本に居住する二二〇万人から二四〇万人の朝鮮に本籍がある人民をどう扱ってよいかわからなかったのが実情だろう。進駐軍はこれを解放国民とはしたものの、場合によっては敗戦国の一員ともした。進駐軍の曖昧な解釈に戸惑った日本政府は、交戦双方のいずれにも属さない第三国の人民と認識し、「第三国人」と呼んだ。これは蔑称だと反発されたが、第三国人ならば敗戦国においては治外法権、日本の法令に服さないという雰囲気が生まれ、今日なおその名残りが感じられる。

日本国憲法施行の前日、一九四七（昭和二十二）年五月二日、最後のポツダム政令となる政令第二〇七号「外国人登録令」が施行され、日本に居住する朝鮮人は当分の間、外国人とされ、外国人登録証明書の国籍欄には「朝鮮」と記入するよう通達された。一九五二年四月末のポツダム政令の廃止に伴い、外国人登録法が施行された。すでに大韓民国、朝鮮民主主義人民共和国が独立しているため、外国人登録令で国籍「朝鮮」としていた者は、韓国か北朝鮮のいずれかを選ぶということになった。当時、国籍を朝鮮としていた者は六五万人といわれるが、韓国と北朝鮮それぞれほぼ半分ずつに分かれたという。そして今日、韓国居留民団（民団）と在日朝鮮人総聯合会（総連、朝鮮総連）が並列することとなった。

日本が降伏すると、すぐさま在日朝鮮人の組織化が始まった。一九四五（昭和二十）年八月二十日、関東地方で朝鮮人会が結成され、九月一日には国語教習所が設けられた。これらは政治色が薄く、同胞の帰国に備えての組織だった。十月十日、府中の刑務所に拘禁されていた徳田球一、志賀義雄、金天海ら日本共産党の中核が釈放されるが、これを刑務所前で出迎えた多くは朝鮮人だったという。府中刑務所の付属施設で国分寺にあった自立会に日本共産党再建臨時本部が設けられたが、この警備に当たったのも朝鮮人が主体だった。そして十月十五日に在日朝鮮人連盟（朝連）が結成される。

一九四六年に入ると、二月に在日本朝鮮人商工連合会が結成され、四月には国語教習所が初等学院に改組され、在日朝鮮人独自の初等教育が始まる。この日本の教育行政から離れた民族教育をめぐって日本当局と激しく衝突し、一九四九年九月に団体等規正令によって朝連は解散を命令され、同年十月には朝連系学校が閉鎖された。日本はまだ主権を回復する前で、駐留軍が存在していたから強権を発動できたわけだ。一九五二（昭和二十七）年四月、日本が主権を回復し、同年七月には破壊活動防止法、公安調査庁設置法が公布されたが、在日朝鮮人の活動を効果的に統制することはできなかった。

朝鮮戦争中の一九五一年一月、日本共産党と連合した戦闘的な在日朝鮮統一民主戦線（民戦）が結成された。翌五二年六月、同和信用組合（朝鮮東京信用組合）、五三年十一月には在日朝鮮人信用組合連合会（日本朝鮮信用組合協会）が生まれ、経済的な組織が整備された。朝鮮戦争後、民戦の極左冒険主義が批判され、一九五五年五月に解散したが、同時に結成されたのが朝鮮総連だった。なお、朝鮮総連系の信用組合は二〇〇二年に破綻して解散となった。このようにして生まれたコミュニティーを北朝鮮は、補給闘争の前進基地として十二分に活用することになる。

そこに在日朝鮮人の帰国事業が始まった。一九五八年八月、神奈川県の朝鮮総連川崎支部中留分会で「祖国を知る集い」が開かれた際、北朝鮮への集団帰国が決議され、金日成へ要望書簡が出されることとなった。これは自然発生的なものだったのか、同年九月の北朝鮮建国一〇周年に向けての朝鮮総連の過剰忠誠の演出だったのか、それとも労働力を得るための北朝鮮当局の指令によるものだったのか、今となっては確認する術はない。北朝鮮の反応は素早く、建国一〇周年紀念慶祝大会において金日成は、在日朝鮮人の帰国を歓迎するとし、新しい生活条件を保障することは「民族的責務」とまで言明した。

在日朝鮮人を巡る治安問題に苦慮していた日本政府はこの動きに乗り、一九五九年二月に在日朝鮮人の北朝鮮帰国を閣議で了承する運びとなった。帰国第一船は、一九五九年十二月十四日に帰国者九七五人を乗せて新潟港を出港し、十六日に清津港に入港している。北朝鮮は労働者の天国、経済成長も目覚ましく、すぐにも日本を追い抜くといった日本人ジャーナリストの宣伝効果もあり、一九六一年までに七万五〇〇〇人が北朝鮮に帰国した。ところが帰国した人たちからの手紙で北朝鮮の凄まじい窮乏が知られることとなり、帰国者は激減して一九八二年までの帰国者は総計九万三〇〇〇人に止まった。[註39]

どのような判断から北朝鮮が帰国希望者を受け入れたかは定かではないが、最初からこれが北朝鮮の体制維持の観点から危険な存在になることを認識していただろう。思想的な問題や出身地はさておき、日本では北朝鮮よりもはるかに豊かな生活を送っていた、ただそれだけでも大問題だ。それまで北朝鮮当局が宣伝これ努めてきた地上の楽園を全面的に否定する多数の証人が入ってきたのだから、これは大変な事態だ。そこで帰国者は「帰胞」と差別され、よくて動揺階層、多くは敵対階層に分類されて監視対象となった。

しかし、北朝鮮当局はこの厄介な集団が持ち込んだ生活用品、衣類、そして円やドルに目をむいた。そこで抗日パルチザン時代に得意とした究極の補給闘争、人質を取っての恐喝だ。帰国した人たちは手紙で凄まじい生活苦をほのめかし、せめて古着でも、一万円でもと日本に残った親戚縁者に懇請する。これはまさしく往時、満州の匪賊が人質の小指に墨を塗らないで手形を取って送り付け、要求をのまないと次は薬指だぞと脅かした手口と同じだ。今度は人質自身が自発的に手紙を出すのだから、より効果的だ。こうしてできたパイプから出てくる金品を見た北朝鮮当局は、このパイプをより太いものにして日本の富のおすそ分けにあずかろうと考えたに違いない。

日本と北朝鮮とは国交がないため、帰国する在日朝鮮人は出国時に外国人登録証を出入国管理事務所に提出してしまえば、再び日本に居住する外国人として入国することはできない。北朝鮮に渡ってから万一、出国が認められ、どうにか旅行者として日本に入国できても、日本に居住することはできない。このような一方通行の細いパイプをより太くして、かつ往来できるようにするにはどうしたらよいか、そこが北朝鮮の思案のしどころだ。

一九六五（昭和四十）年六月に日韓基本条約が署名されたこともあり、同年十二月に入国管理令の特例として、在日朝鮮・韓国人の出国に際して再入国許可証を交付することになった。本来ならば国交のある韓国国籍の人に限るべきだろうが、そこに差別や人道という問題がからんで拡大解釈され、北朝鮮国籍の人でもこの特例が適用されることになった。この手続きは、出国時に外国人登録証を窓口に提出し、代わりに再入国許可証の交付を受ける。帰国時はその逆となる。一九六五年十二月末、二人の在日朝鮮人がこの制度で日朝間を往来したが、これが第一次祖国訪問団ということになる。以来、この再入国制度によって朝鮮総連は北朝鮮当局の直接統制下におかれることとなった。

日朝間の往来は、中国、ロシアといった第三国経由もあるが、主力は日朝関係の象徴ともなった万景峰号による海路だ。ちなみに万景峰号は、朝鮮総連の資金で建造され、一九七一年五月に就役、三三〇〇総トンの貨客船だった。これを更新したのが万景峰92号で、金日成傘寿の献上品としてこれまた朝鮮総連の献金で清津で建造され、一九九二年六月から新潟~元山航路に就役した。万景峰92号は、五六〇〇総トン、乗客三五〇人の貨客船だ。足となる船まで朝鮮総連持ちにするとは、北朝鮮の補給闘争は徹底している。二〇〇六年七月、北朝鮮は日本海に向けて七発のミサイルを発射、日本はこれに対する制裁措置として北朝鮮船籍の船舶の入港を制限した。この措置は延長と制限の追加を重ね続け、今日では北朝鮮船籍の船舶の日本寄港は全面的に停止されている。

祖国訪問団などが北朝鮮の船舶で盛んに日本海を往来していた頃、どんなことが行なわれていたのか。ごく一般的な祖国訪問団の一員でも、北朝鮮で生活している親類縁者に現金二〇〇万円、三〇〇万円相当の品物を贈っていたという。おおよそ一年に一万人が往来していたのだから、五〇〇〇億円相当の金品が北朝鮮に持ち込まれていたことになる。北朝鮮当局、主に朝鮮労働党対外連絡部は、これに満足することなく、祖国訪問団の一人一人に現金や施機材の寄付を求める。親戚縁者を飢えの恐れがない平壌に引っ越しさせてやる、職場で昇進させてやる、子弟を大学に通わせてやるからから寄付をしろと迫り、一億円も差し出した人も珍しくないと語られていた。朝鮮の古諺の「金さえあれば鬼神も思いのまま」、すなわち「地獄の沙汰も金次第」ということになる。[註40]

北朝鮮船籍の船舶が日本の港湾に入港すると、朝鮮総連の要員は港湾関係者としての特権が与えられる、そして朝鮮総連は公認の金融機関としての朝銀信用組合を抱えているとなれば、経済活動はなんでもやれる。外国為替法などなんのその、ダンボール箱に詰めた一万円札、兵器の部品として使える電子部品や特殊金属材料などの輸出も簡単なことだ。日本は朝鮮総連を通す形でどれくらい北朝鮮に経済援助をしたことだろう。一九九〇年代、年間三六〇億円から六〇〇億円ぐらいだろうという民間の推定があったが、日本政府当局の試算によると年間一八〇〇億円から二〇〇〇億円に達するとされた。朝鮮総連とは経済力のある組織だと感心するほかないし、日本の経済力を実感させられる。

当時、北朝鮮の国家予算支出総額は三〇〇〇億ウォンから四〇〇〇億ウォン、公定レートで一米ドル＝一〇〇ウォンだったから、日本から流れ込んだ金品が北朝鮮経済のいかに大きな部分を占めていたかがわかる。北朝鮮という国家が延命し、その上、核武装までさせてしまったことの責任は、朝鮮総連ひいては日本にもその一端があるということも事実として認識しなければならない。

前述したように一九九五年六月から二〇〇〇年十二月までの日本による対北朝鮮食糧支援は、合計コメ一一八万二〇〇〇トン、無償二六九億円に達した。その多くはＷＦＰ（世界食糧機構）を通じての国際社会と連帯した人道支援だった。日本としては対話の糸口にしようと考えていたにしろ、直接の見返りなどまったく求めていなかった。ところがこの善意は、北朝鮮には通じなかった。そうでなければ、北朝鮮の高官が「くれるというから受け取ったまでのこと」とうそぶくはずがない。また、新聞で「金正日将軍様が呪文を唱えるや、元山の浜の砂が白米に変わった」などと笑い話にもならないような報道をするとは絶句させられる。

それまでの北朝鮮は、朝鮮総連を通して日本に補給闘争を仕掛けてきたが、この食糧支援では人道の美名の下、直接日本に対する補給闘争となる。しかも、抗日パルチザン当時そのままの遣り口で、日本人拉致問題すらもその材料として活用している。二〇〇二（平成十四）年九月、日朝首脳会談が開かれ、北朝鮮は日本人拉致を認め、十月には拉致被害者五人、二〇〇四年五月には家族五人が帰国したが、これも北朝鮮の補給闘争の一つだったとしたら、裏面でどのような金銭取引が行なわれたのか知りたいものだ。

さらには日本にとって最後に残った終戦処理と国交正常化を餌として、とてつもない経済援助を求めてくることは確実だ。もちろん各種の援助によって北朝鮮がまともな国家に変身すれば結構なことかも知れない。ところがこの特異な性格の国家は、吸い取った援助をもとに建設的なことをしようとはしない。補給闘争だといってなんでも吸い込むが、それがどこに行ったかわからないことから、北朝鮮はバキューム集団とも語られている。そしてそれを食い尽くせば、新たな補給闘争の手段を編み出す。中国東北部における抗日パルチザンの時代から今日まで、この繰り返しだった。

日本海を挟んでこのような性格の国家に対する日本としては、どのような姿勢であるべきなのか。日本は長らく国連中心の外交と標榜してきた。国連そのものが形骸化したことも事実であろうし、いつまでたっても日本は安保理の常任理事国になれないにしろ、原則は原則として堅持することは大事だ。一九四八年十二月十二日の第三国連総会決議で、大韓民国政府が朝鮮における唯一の合法政府とされた。また、北朝鮮は一九五〇年六月二十五日と二十七日の安保理決議、そして一九五一年二月一日の第五国連総会決議で侵略国との烙印を押されている。一九九一（平成三）年九月、韓国と北朝鮮は同時に国連に加盟したが、これら諸決議が失効したとの宣言はない。依然として北朝鮮を侵略国とするのが法理だろう。

より重要なことは、二国間条約すなわち一九六五（昭和四十）年六月二十二日に署名された日韓基本条約の存在だ。その第三条では、大韓民国政府が朝鮮にある唯一の合法的な政府であるとした第三国連総会決議を日韓両国で再確認している。さらに第四条では、国連憲章の原則を指針とし、それに適合して協力することに合意している。次項で取り上げるように、韓国の対北政策は揺れ動いてきたが、日本としてはこの日韓基本条約に沿うのが国際信義であり、大きな過ちを防止する最良の行き方のはずだ。

揺れ動く韓国の対北姿勢

大韓民国と朝鮮民主主義人民共和国のどちらに正統性があるのかはさておき、朝鮮半島には体制を異にする二つの国家が向き合っている事実を事実として認めなければ話は始まらない。ところが、そうとは考えていないのが当の北朝鮮だ。北朝鮮にとって韓国とは、朝鮮労働党の対南事業担当秘書が所管する一つの地域だとしている。それだからこそ一九七二年十二月まで北朝鮮の憲法では、首都は平壌ではなく、ソウルだと定めていたわけだ。現在のところ朝鮮半島南部では、北朝鮮の政体に反対する集団が立法、司法、行政の三権を行使しているだけのことと認識している。そしてそこには北朝鮮当局の統制下にある政治団体、たとえば全国連合（民主主義民族統一全国連合）や韓民戦（韓国民主主義民族戦線）といった有力な政治団体があるとしている。現在の政権与党の「共に民主党」の「共に」とはなにかと思えば、金日成最後の全集『世紀とともに』からとったものと聞けば、現政権の考え方がわかる気もする。

どうにも北朝鮮の対韓国観は理解しにくいのだが、日本に引き写してみると、こんなことになるのだろう。自民党の政権下で、日本共産党の党員が首長となった地方自治体が生まれたとする。いかに革新的な主張を繰り返したとしても、日本の主権の下にあり、多少は値切られても地方交付税は与えられる。この中央政府と地方自治体とは、日本国憲法の遵守という共通項があり、しかも日本の場合、革新勢力ほど憲法を遵守しようとする姿勢が強いから、落ち着くところに落ち着くのだろう。朝鮮半島の場合、共通項はなにかと考えれば、それは「同一民族」

ということに行き着く。主義主張は大きく違っても、民族主義の堅持という一点で連帯でき、手を携えて朝鮮半島から外勢を追い払おうという結論になる。

このような独善的な観念に支配されている北朝鮮に対する韓国の方策は、李承晩大統領が主張し続けた「北進統一」のほかにない。それは国際正義の具現であり、同胞を圧政から解放しようという民族の心意気でもある。李承晩大統領は最後まで「北進統一」を高唱していたが、一九五一年四月にダグラス・マッカーサー元帥が解任されてからは、心の底で断念したといわれている。「北進統一」（プクジョン・トンイル）は語感もよいから、軍隊はもとより保守派のスローガンに好適と思うが、李承晩時代が終わってからは、使われなくなった。強い意味だから、北朝鮮を刺激するという配慮が働いているのだろう。

一九六一年五月、クーデターを決行して権力を手中にした朴正熙は、生粋の軍人出身だから当然のこと「北進統一」を呼号したかっただろう。しかし、クーデター直後に財務当局から韓国の外貨保有高は二〇〇〇万ドルと聞き、これでは中国とソ連を後ろ盾にする北朝鮮との軍事対決は無理と判断し、経済発展に舵を切った。これは賢明な策であったことは歴史が証明している。おそらく一九七〇年を境にして北朝鮮の経済的な優位は崩れ、それ以降、南北の経済格差は広がるばかりとなった。また、朴正熙は強権を発動して事実上、金日成と同じく永久執権を可能として開発独裁体制を整えた。共に永久執権だが、一九一七年十一月生まれの朴正熙は金日成よりも五歳若く、それが韓国の強みともなった。

一九七二年二月、ニクソン米大統領が訪中し、米中接近は確実なものとなった。この国際環境の大きな変化に応じ、同年三月の韓国陸軍士官学校の卒業式で朴正煕大統領は、南北平和統一の話し合いの前提として、北朝鮮の武力赤化統一政策の放棄など五項目を示した。これが契機となり、同年五月に韓国中央情報部長（ＫＣＩＡ）の李厚洛、北朝鮮第二副首相の朴成哲が相互に平壌とソウルを訪問しあって協議がもたれた。こうして同年七月四日、次の祖国統一三原則が発表された。

一、外部勢力に依存せず
一、武力によらず平和的な手段により
一、思想・制度を超えて民族的大同団結をはかる

これによって一九七二年十一月から南北調整委員会が開催される運びとなった。ところが一九七三年八月に東京で金大中拉致事件が起こった。北朝鮮はこのような事件を画策したＫＣＩＡのボス、李厚洛とは交渉できないとして、一方的に南北対話を中断した。この三原則はなんとも漠然としたものだが、とにかく最初の南北合意であることに違いはない。何事もすぐに破約する体質の北朝鮮だが、金日成が死去してからは動かすことのできない「遺訓」となったはずだ。これを破棄できるのは、故人となった金日成主席その人しかいないからだ。そして現在、主席は空席だ。事実、それからの南北対話の基調は、この三原則に沿ったものとなっている。

一九七九年十月、朴正煕大統領は腹心だった中央情報部長の金載圭に殺害された。その混乱

の中で保安司令官の全斗煥が主導する粛軍クーデターが起こり、一九八〇年八月に彼が大統領に就任した。全斗煥は正規四年制陸士の一期生で空挺部隊育ち、軍内の私的結社として知られるハナへ（一の会）の会長とこわもてのイメージが強い。しかも一九八三年十月、訪問先のラングーンで北朝鮮特殊部隊による爆弾テロに遭い、間一髪で難を逃れた。さぞや強硬な対北姿勢だったと思いきや、ベトナム戦争にも従軍し、戦争の怖さを知る軍人らしく慎重だった。極端なトップダウンの北朝鮮が相手だからと、全斗煥政権は南北首脳会談を追い求めた。

一九八四年四月、第一回南北体育会議が板門店で開かれ、これを契機に南北経済会議、南北赤十字予備会談が七年ぶりに再開された。このような背景があり、一九八五年の新年の辞で金日成主席は、「南北会議が順調に進めば漸次より高いレベルの会議に発展し、さらに高級政治会談ができる」と述べ、首脳会談の可能性を示唆した。一方、全斗煥大統領は同月の施政方針演説で、「金日成との首脳会談の早期開催、南北対話と交流促進のためにソウルと平壌に常設連絡代表部の設置」を提案した。これだけでも南北が首脳会談に向けて水面下で接触していたことは明らかだ。

続く韓国の大統領は、全斗煥と陸士同期の盧泰愚となった。彼は少尉の頃から朴正熙と顔見知りで、情報畑の育ちだった。彼は温和そうに見えるが、一九七九年十二月の粛軍クーデターの時、ソウル西郊の第九師団長で隷下の一個連隊をソウルに入れて決起の成功を導いた。盧泰愚は大将まで上り詰め、ソウル・オリンピック誘致を成功させ、国会議員も務めたことがある。

一九八八年二月、大統領に就任した盧泰愚は、オリンピックを目前にした同年七月、南北間の交易、北朝鮮と日本・韓国、韓国と中ソの関係改善を骨子とする七・七宣言を発表した。これによって韓国は北方外交を展開し、一九九〇年九月に韓ソ国交樹立、九二年八月に韓中国交樹立となった。その間の一九九一年九月には、南北同時国連加盟を実現させた。さらには東欧各国からモンゴルとも国交を結び、まさに「遠交近攻」（遠きに交わりて近きを攻む）の実践だった。これで地図の上では、北朝鮮は全周包囲されたのだが、国際中間地帯独特の力学から、完全に孤立することにはならなかった。

このように北方外交を進めた韓国は、北朝鮮との対話も重ね、一九九一年十二月十二日に次の四項目を骨子とする「南北基本合意書」に署名した。

一、相互の体制を認め合い、干渉・中傷・転覆活動を停止する
一、現在の休戦状態を確固たる平和状態に転換する。これが達成されるまで、朝鮮戦争休戦協定を順守しながら努力しあう
一、相互間で武力を行使せず、信頼構築措置と大幅な軍縮をはかる
一、経済・文化・科学の交流、離散家族間の自由な通信、南北分断線で切断された道路・鉄道の再開をはかる

この合意書に対する誠意の証しという意味からか、同月十八日に盧泰愚大統領は、韓国領域からの核兵器及び生物・化学兵器の全面撤去を宣言した。一九八九年九月のアメリカによる海

外基地からの戦術核の撤去宣言と合わせて、朝鮮半島南半分の非核化は完全なものとなった。そして同月三十一日に南北で次の三項目を骨子とする「朝鮮半島の非核化共同宣言」となる。

一、核エネルギーの平和的利用
一、核再処理施設等の不保有
一、南北による核査察

この二つの宣言は、一九九二年二月の第六回南北首相会談で正式に発効した。そして北朝鮮がＩＡＥＡ（国際原子力機構）との保障措置協定を拒否する理由がなくなり、一九九二年一月に保障協定を締結するが、その破約によって戦争かという場面を招来することになる。

一九六一年以来、韓国は軍人出身の大統領が続いたが、それに終止符を打った金泳三が就任したのは一九九三年二月だった。その直後の三月に北朝鮮はＮＰＴ（核兵器不拡散条約）脱退を宣言して朝鮮半島の危機は高まった。翌九四年三月、板門店での南北対話の席で北朝鮮代表は「ソウルは火の海になる」との暴言を吐き、六月にはＩＡＥＡからの脱退を表明、もはや戦争かという事態に立ち至った。金泳三大統領は、戦争に傾くアメリカの首脳部に強く働きかけて戦争を回避させたと回顧している。[註41] もちろん戦争回避はそれだけが要因ではないにしろ、金泳三の必死の努力があったことは事実だ。

ところが、そのすぐあとに金泳三は外交音痴を露呈してしまった。一九九四年六月十六日、特使として訪朝したジミー・カーター元大統領は金日成と会談して、核開発の凍結と南北首脳会談の開催で合意した。カーター特使は帰途、ソウルに立ち寄り、これらを金泳三に伝えた。金泳三は性急に事を運ぶことが多いので、その政治手法は「瞬間芸」と揶揄されていた。この時もそうで、すぐさま七月二十五日に南北首脳会談を平壌で開くと決定した。そもそも先に訪問することは降伏にも等しいし、北朝鮮では朝鮮戦争勃発の六月二十五日から休戦協定成立の七月二十七日までを「戦争紀念月間」としてさまざまな行事が行なわれる。そんな時に平壌を訪れれば、北朝鮮がいうところの戦勝紀念の式典に連れ出されることは確実だ。韓国は最大級の外交的な失点を印すところだったが、七月八日に金日成が死去したため韓国は救われた。

韓国の対北政策を一変させたのが、一九九八年二月に第一五代大統領に就任した金大中だった。彼による「太陽政策」(サンシャイン・ポリシー)はイソップ物語の引用として知られるが、正式には「対北和解協力政策」といい、西ドイツが東西統一のために展開した東方政策をモデルにしたものだとされる。これに沿って二〇〇〇年六月、金大中は韓国大統領として初めて訪朝し、金正日国防委員会委員長と首脳会談を行ない、次の四点を骨子とした「六・一五宣言」が出された。

一、統一問題の自主的な解決
一、離散家族問題などの早急な解決
一、経済交流など各分野の交流の促進

一、早期に対話を開始し、適切な時期に金正日が訪韓

この訪朝によって朝鮮半島の緊張が大きく緩和されたとして、この年のノーベル平和賞は金大中に贈られた。米朝関係も進展した。二〇〇〇年十月には、国防委員会第一副委員長の趙明禄が訪米し、軍服姿でビル・クリントン大統領と会談し、朝鮮戦争の終結や国交正常化を目指す共同声明が発表された。そして同月、マデレーン・オルブライト国務長官が訪朝して金正日と会談した。当時の予測では、続いてクリントン大統領の訪朝か、少なくとも国交正常化のため相互に連絡事務所を設けるなど米朝関係が進展するだろうとされていた。そうなれば南北交渉もあおられ、それも北朝鮮主導で事が進みかねないと危惧されていた。ところがクリントン大統領の任期切れが迫り、またパレスチナ問題を優先したこともあって、クリントン訪朝はなく、米朝関係の進展はそこまでとなった。

二〇〇〇年六月に行なわれた初の南北首脳会談は、高く評価されたものの、その裏面が明らかになるにつれ色あせたものになった。会談が行なわれる寸前、不可解な事が起きた。首脳会談は六月十二日~十四日に行なわれると発表されていたが、北朝鮮当局は六月十日に準備不足のため十三日からに変更すると一方的に通告してきた。首脳会談が直前に日程変更とは考えられない事態だ。そこでソウルの消息通の間では、「裏で金が動いている」ともっぱらだった。韓国からの送金が遅れた、もしくは送金が確認されないから日延べしたのだというわけだ。まさかそんなことがと思われようが、すぐにも裏金が動いたことが明らかになる。ようするにこ

の南北首脳会談とは、韓国がドルで買ったもので、北朝鮮にすれば補給闘争がまんまと成功したということになる。

二〇〇三年二月、退任を目前にした金大中は記者会見で、「二億ドルを北朝鮮に送金した」と認めた。それは現代財閥の現代商船による送金であり、この問題を追及することは国益に反することと言明した。また、現代グループが五億ドルを北朝鮮に送金したが、それは金剛山観光開発や開城工営など七件の事業権を獲得するためのものだとし、南北首脳会談とは直接的な関係はないとした。そしてこの記者会見の二日後、現代財閥の総帥、鄭夢憲が記者会見で、「二〇〇〇年六月、北朝鮮に五億ドル送金したが、それが南北首脳会談開催に寄与した」と発言した。

この二つの発言をまとめると、韓国は二億ドルから五億ドルで南北首脳会談を買ったということになり、北朝鮮が得意の補給闘争に成功したことが証明された。そして結末だが、鄭夢憲は二〇〇三年八月、ソウル中心部にある現代本社ビルから投身自殺した。この交渉に当たった朝鮮労働党秘書で対南関係の責任者だった金容淳は同年十月、交通事故で死去したとされ、それも労働新聞のベタ記事で報じられるという不可解なことが起きた。巨額なドルを巡って、なんとも陰惨な結末となった。

さまざまな疑惑を抱えつつ、大統領退任後も影響力を保つため金大中が後継者に選んだのが、政治歴も浅い人権派弁護士の盧武鉉だった。盧武鉉は金大中の意のままになると見られていたが、そうはならなかった。金大中政権の対北送金事件を追及する特別検事制を盧武鉉政権が認め、これで金大中勢力と政権との間に決定的な溝が生まれた。それでも盧政権は太陽政策を継承することとなり、金剛山観光事業の継続、開城工営も進められることとなった。このような対北宥和政策を進めるためには、アメリカの反発をかわないようにしなければならない。そこで韓国は、二〇〇三年四月から二〇〇八年まで師団規模でイラクに出兵、二〇〇七年六月には韓米自由貿易協定（ＦＴＡ）を発効させた。

今にして好意的に振り返れば、盧武鉉政権はアメリカと北朝鮮の間に立って両者を仲介し、安定した朝鮮半島を築こうとしたのだろう。この外交政策は、盧武鉉と古くからの同志、政権時には秘書室長を務めた文在寅に引き継がれて現在に至っていると思われる。国際中間地帯にある勢力がよく採る政策にせよ、関係各国のいずれとも良好な関係をとなると、思うようには行かず、本当の友好国というものがなくなる可能性がある。それが国際中間地帯にある国家の苦しいところだ。

これまでの韓国の政策が今日の米朝関係をもたらしたとは思えない。北朝鮮の過激な行動、すなわち黄海側でのたび重なる海戦、砲撃、そして長距離弾道ミサイルの開発と実験、さらにはどこの国も行なわなかった水爆の地下実験、これらによってのみ米朝首脳会談が開催されたのではなかろうか。韓国が介在する余地はあっても、ごく限られている。そのあたりを認識しなければ、朝鮮半島の将来を見通せないはずだ。

韓米間にある不協和音

クーデターを容認しない米軍の体質

韓国軍と米軍は、長い歴史を共有している。一九四五年九月に沖縄から米第二四軍団が朝鮮半島に入って終戦処理に当たった以来、今日まで七五年にもなる関係だ。一九四九年六月、米軍は韓国から撤収するが、米国務省所管の軍事顧問団五〇〇人が残った。そして朝鮮戦争が勃発して一九五〇年七月に米第二四師団の先遣隊が釜山に入り、今日まで米軍地上部隊は師団規模で韓国に存在し続けている。中国軍が朝鮮半島に入ったのは一九五〇年十月、撤収は五八年十月だったから、国共内戦時を含めても中朝の軍事的関係より、米韓間の方がはるかに深いということになる。

この長い米韓両軍の関係は、米軍が韓国軍を「助けるに価する軍隊」と認識していることに基盤がある。それでも言葉の壁や韓国の強い民族主義、さらには追求する国益の相違もからんで、米韓両軍の間に不協和音が生まれたこともたびたびだった。

そのもっとも深刻な場面は、朝鮮戦争の休戦を目前にした一九五三年六月十八日に起きた反共捕虜の釈放だった。韓国軍の憲兵が、国連軍が管理している捕虜収容所の外柵を切り開くなどして、北朝鮮への送還を望まない捕虜二万七〇〇〇人を脱走させた事件だ。妥結目前の休戦会談がご破算になりかねないほど深刻な出来事だった。[註42]

韓国としては休戦に反対であり、休戦後の韓国の安全保障についてアメリカに責任を持たせようという李承晩大統領の最後のカードがこの反共捕虜の釈放だった。この実施部隊は韓国国防部が直轄する憲兵総司令部で、これは国連軍の指揮下にないので、大統領の命令を遂行できたわけだ。

反共捕虜の釈放は、最高統帥権者である大統領の命令を遂行したまでとはいえようが、そこに軍人の政治関与という色合いもある。アジア全般にいえることだが、軍人が政治色を帯びやすい。李承晩時代には、軍人の社会も与党の自由党と野党の民主党とに分かれていたという。軍人にも支持政党があることは当然だが、それを軍隊という組織に持ち込むことは英米系の軍隊では考えられないことだろう。一九四九年六月、李承晩の最大の政敵といわれた金九を暗殺したのは現役の陸軍少尉だった。しかもその少尉は、一年ほど収監されていたが、朝鮮戦争が始まるとすぐに現役に復帰し、少佐にまで昇進している。また一九五六年十一月、陸軍特務部長の金昌龍少将が暗殺されたが、その背後に中将の軍司令官がいたことは軍法会議で明らかになっている。

軍人の政治関与が行き着く先は、クーデターとなる。韓国軍は、一九六一年五月と七九年十二月の二回、クーデターを成功させて現役の軍人が政権を奪取した。外国の軍隊が駐留している国は、国家権力の行使が制限されているから、「権力への一撃」というクーデターの定義からすれば起きえないというのが定説のようだ。[註43] ところが軍司令部を有する在韓米軍の存在をものともせず、しかも作戦指揮権を握られているのに、韓国軍はクーデターを二回も成功させたことは政治学的にも興味のある事例だ。

一九六一年五月十六日に突発した朴正煕少将による通称「五・一六軍事革命」は、前年の学生革命（四・一九学生義挙）による政情不安と左傾化の収拾、そして韓国に奇跡的な経済発展をもたらしたという観点から、好意的に語られる場合が多い。しかし、米軍人の多くはクーデターというものを生理的に受け付けない。そのように教育されているからだ。また、内政不干渉という原則からクーデターを座視したり黙認する軍人がいるとしても、連合体制の枠内での規律の保持、任務の確行を求めるだろう。まして在韓米軍は北朝鮮軍と直接対峙しているのだから、いつクーデターを起こすかわからない韓国軍人というお荷物を抱えているわけにはいかない。

五・一六軍事革命に参加してソウル市内に突入したのは、次の部隊だった。第一海兵旅団の歩兵大隊一個と戦車中隊一個、空輸団の空挺大隊一個、予備師団の第三〇師団と第三三師団のそれぞれ歩兵中隊一個、そして第六軍団の軍団砲兵団の歩兵中隊五個相当だった。空輸団と予備師団は、韓国陸軍本部（参謀本部）の直接統制下にある。第一海兵旅団は米第一軍団の作戦指揮下にある。第六軍団は米第一軍団と連合して米第八軍の作戦指揮下にある。第一海兵旅団は金浦半島の先端部から江華島と対敵第一線に布陣している。第六軍団は臨津江中流部からその支流の駅谷川正面を担当しているが、ここは最重要正面だ。当時、国連軍司令官兼第八軍司令官だったコートニー・マクルーダー大将が、第一海兵旅団と第六軍団砲兵団の原隊復帰を強く求め、それに従わない場合には即刻鎮圧を参謀総長の張都暎中将に求めたのは当然だった。[註44]

韓国人の間では、たとえ小部隊でも最初に野戦部隊をソウルに入れた方が勝ちという意識がある。すでに三個大隊がソウルに入っているから、実力を発揮しての鎮圧をなかなか決心できない。尹潽善大統領は、国軍同士の流血は避けてもらいたいと軍に要望する。張勉国務総理は命の危険を感じてか雲隠れ。マクルーダー軍司令官も、作戦指揮権を行使しての武力鎮圧に踏み切れない。これでは鎮圧の準備を進めていた第一軍の李翰林司令官も動きがとれない。時間の経過は既にソウルに入っている決起側に有利に働き、勝ち馬に乗る動きが活発になってクーデター成功となった。

クーデターなど非合法な手段で政権を奪取した側の宿命だが、その権力の正統性が常に問題とされる。そのため強権を発動しなければならない場面もあり、そこでまた権力の正統性に疑義が生じるという悪循環にはまる。一八年にもわたる朴正熙政権も、この悪循環から逃れることはできなかったように思われる。対外的、特に対米関係において、この政権の正統性が常に問題にされた。朴正熙が非合法のクーデターによって権力を手中に収めたことを、米政府と米軍は忘れなかった。

米韓の軍事的な関係は、李承晩大統領時代の一九五三年十月に調印された米韓相互防衛条約によって規定される。軍人出身の朴正煕大統領がその関係をより深化させたことは認めなければならないし、ベトナム派兵という最大級の友好関係を世界にアピールしたが、アメリカはそれを素直には受け止めなかったように見受けられる。歴代米政府は、民主党、共和党を問わず朴正煕政権には冷たく、金大中など反体制派の政治家に温かい手を差し伸べていたという印象はぬぐえない。そこに北朝鮮が付け入り、金王朝が三代存続してしまったと結論付けるのは早計だろうか。

このような朴正煕大統領の苦悩と苦闘を間近に見ていた側近が同じようなことを仕出かすとは、それが朝鮮半島の政治的な風土なのかと思われてくる。正規四年制陸士一一期生（通算一一期生）の全斗煥、盧泰愚、白雲澤らを中心とする軍内結社の「ハナへ」による一九七九年十二月十二日の粛軍クーデターだ。個人的にも恩義がある朴正煕大統領の暗殺事件を徹底的に解明しようとした忠誠心からか、混乱する政情を憂慮したからか、その動機は明らかではない。一説によると、軍内に私的結社があることが問題となり、すぐにもハナへ解散の法的措置が採られるという噂があり、それも決起の動機となったという[註45]。

朴正煕大統領が中央情報部長で腹心の金載圭に射殺されたのは一九七九年十月二十六日、すぐ全国に非常戒厳令が布告された。戒厳司令官は陸軍参謀総長の鄭昇和だった。その下に保安司令官の全斗煥を長とする合同捜査本部が置かれ、大統領暗殺事件の背後関係などを捜査していた。その過程で事件当時、鄭参謀総長が暗殺現場の敷地内にいたこと、金載圭から金品を受け取っていたことが明らかになり、金総長を事情聴取することとなった。相手が陸軍参謀総長なのだから、十二月六日に選出された崔圭夏大統領の同意を得て任意同行を求めるなり、穏便な措置をとるべきだろう。ところが合同捜査本部は、憲兵一個中隊を率いた大領（大佐）二人が総長官舎で銃撃戦まで演じて金参謀総長を連行し、取り調べをあえてした。この下克上から粛軍クーデターと呼ばれることとなる。

参謀総長が連行されたとの急報で戒厳司令部は、首都警備司令部と空輸特戦団司令部に鎮圧を命じた。この二つの司令部は、一九七八年十一月に創設された米韓連合司令部の作戦統制下にはなく、韓国独自の判断で運用できる。首都警備司令部の隷下には、連隊規模の警備団二個と憲兵団があり、ソウル市内に張り付いていた。空輸特戦団司令部の隷下には、空輸旅団三個があり、金浦空港などのソウル近傍にあった。命令系統が守られれば、戒厳司令部側が圧倒的に優勢だった。

ところがハナへの横断的な結合を駆使した合同調査本部側が有利な立場になった。首都警備司令部隷下で景福宮にあった警備団は、ハナへの会員や合同調査本部側の指揮所となってしまった。空輸特戦団も司令官が銃撃を浴びるなどして指揮できず、三個旅団が背反してしまった。さらに合同捜査本部側は、米韓連合司令部の作戦統制下にある韓国第一軍団の第九師団の一個連隊と第二機甲旅団をソウルに入れ、これが決定打となった。この時の第九師団長は盧泰愚だった。こうして、どれが決起部隊でどれが鎮圧部隊か判然としないままソウル市内で対峙したが、北朝鮮という重大な脅威を抱える韓国軍としては、早期に妥協して原態勢に戻らなければならない。結局はハナへの人間関係がものをいい、粛軍クーデターは成功した。

粛軍クーデターによって、一九九三年二月まで「新軍部」の時代となり、大統領は全斗煥、盧泰愚と続いた。そして第一四代大統領が文民の金泳三となり、軍部は大きな変革を迫られた。金泳三は大統領就任直後から半年の間に、一五〇人といわれたハナへの会員を陸軍から一掃した。陸軍中枢部が大掃除されたため、新たに昇進、任命された将官の階級章が足りなくなるなど大騒ぎだった。この電撃的な政治手法は「瞬間芸」と語られた。もちろん軍内に私的な結合があることは好ましくなく、その点では金泳三の大英断だったといえる[註46]。

一九九五年十一月から十二月にかけて、全斗煥や盧泰愚らが逮捕されて起訴された。罪名は巨額収賄、粛軍クーデターでの反乱首魁、光州事件（五・一八事件）での内乱首魁というのだから大事だ。一九九七年四月に言い渡された大法院での判決は、全斗煥は無期懲役、追徴金二二〇五億ウォン、盧泰愚は懲役一七年、追徴金二六二九億ウォンだった。粛軍クーデターや光州事件の鎮圧に加わった新軍部の主要メンバーも処罰された。韓国の民主化に寄与したといえば聞こえはよいが、その本質は正統性がある政権の連続性を新たな政権が否定したという奇妙な出来事だった。

この裁判は政治的報復、政権の人気取り、単なる思いつきの瞬間芸とさまざまに語れるだろう。どのような性格のものであれ、法治国ならば判決を厳正に執行すべきだ。ところが一九九七年十二月、大統領選挙で金大中が当選すると、金泳三との合意の下、全員を赦免し、釈放となった。これは金泳三が報復を恐れ、金大中は軍部を懐柔するために行なったことは明らかだ。そして問題は、巨額な追徴金が完納できるかという点に矮小化された。この一連の動きを北朝鮮の目には、どう映ったことだろうか。韓国の軍部は一枚岩ではないことを確認したはずだ。そしてより重要な着目点は、韓国の政治を動かす世論というものは、より単純なプロパガンダで左右できるということだったろう。

青瓦台襲撃事件とプエブロ号拿捕事件

一九六五年七月、三人の南派武装工作員がソウルの北方、楊州郡で韓国警察に捕捉され、一人は逮捕、二人は逃走した。この事件はかなり大きく報道されたが、韓国国内の固定スパイとの接触、連絡が目的だと判断されたようだ。ところが、とんでもない任務を負っていた。朴正熙大統領を暗殺する計画を具体化するために、大統領官邸のある青瓦台一帯の偵察だった。この三人は、民族保衛省（現在の人民武力部）の特殊偵察局が管理する二八三軍部隊の大尉だった。[註47]

逃走に成功した二人は、青瓦台一帯を撮影したフィルムを持ち帰り、それをもとにして襲撃計画の立案を進めた。当初の計画では、北朝鮮に親族がいて青瓦台付近に居住している者を捜し出して抱き込み、その家に迫撃砲をすえ付けて大統領官邸に集中射撃を浴びせるというものだったとされる。作戦に好適な家は見つかったが、そことの連絡に向かった工作員が韓国の治安当局に自首してしまい、この計画は断念することとなった。そこで青瓦台に肉薄して対戦車手榴弾で攻撃することとなった。迫撃砲の代わりに肉弾でということだ。

この特攻作戦のために一九六七年四月頃、特殊部隊は改組され、二八三軍部隊は朝鮮労働党対南事業総局の下に入り、戦闘部隊は一二四軍部隊に集約されたとされる。一二四軍部隊は猛訓練で知られ、基本装備二〇キロのほかに対戦車手榴弾六発六キロなどを携行して夜間、山道を一時間で一〇キロ走破できるといわれていた。[註48] 一九六八年一月二十一日、ソウルに侵入した一二四軍部隊の特攻組は三一人とされるから、五人一組の六個組編成となるだろう。このような特攻組を十数組ＤＭＺ（非武装地帯）沿いに待機させ、先遣隊が青瓦台襲撃に成功したならば、一斉に潜入して破壊工作を行ない、それを「南朝鮮愛国青年の武装蜂起」と宣伝して、正規部隊の南侵の口実にする計画だったという。

青瓦台襲撃の特攻部隊は、臨津江正面の漣川郡、米第二師団が警備を担当しているＤＭＺを察知されることなく突破した。米軍は先端技術を駆使して警戒監視をしているので、南派ゲリラの通過は不可能と豪語していたから、この失態は強く批判された。事件後の検証によると、各個に突破したのではなく、三一人そろってＤＭＺを突破したことが判明して、米軍の面目はさらに失墜した。またＤＭＺの南限界線からソウルまで、特攻部隊は隊伍を組んで徒歩行軍したが、どこの検問線にも引っ掛からなかった。いくら韓国軍に偽装していたにしろ、韓国の警備態勢にも穴があることがはっきりした。

そして一九六八年一月二十一日の午後十時頃、青瓦台まであと数百メートル、西大門区弘済洞洗劔のバス停で警察官に捕捉された。銃撃戦の結果、工作員一人の身柄を確保、二七人は射殺もしくは自爆、不明三人となった。不明のうち一人は確実に帰還し、将官にまで昇進したとされる。韓国側の被害は、軍人、警察官、一般市民合わせて死者三四人と記録されている。[註49]

特攻部隊の集団浸透を許した米第二師団の不手際はさることながら、同盟国の大統領が暗殺されかねなかったという深刻な事態にもかかわらず、米韓連合軍司令部はなんの動きも見せなかった。監視態勢（ウォッチコン）は朝鮮半島ではⅣがノーマルだがそのまま、防衛即応態勢（デフコン）もⅣのままだった。これがベトナムに二個師団も派遣している友邦に対する態度かと韓国が反発するのも当然だ。事件当夜、朴正熙大統領は米国大使を呼び出して、「これ以上、我慢できない。近日中に平壌に決死隊を送り込む」と通告した。もちろん朴大統領は、米大使がこれに反対することは予期しており、その代わりに米韓連合体制の強化と韓国の独自性を認めさせるという狙いがあった。

米韓関係が緊張する中、同月二十三日に米情報収集艦プエブロ（満載排水量八四五トン）が、日本海の元山沖で北朝鮮に拿捕された。横須賀を出港したプエブロは、佐世保を経由して日本海に入り、ソ連海軍や北朝鮮軍の無線を傍受していた。プエブロは元山前面の永興湾に入り込みすぎたのか、北朝鮮海軍は領海を侵犯してのスパイ行為としてこれを攻撃、拿捕した。この攻撃で米兵一人が死亡、八二人がスパイ容疑で拘束され、元山に連行された。

米海軍の艦艇が乗員もろとも捕獲されるとは、この一世紀の間になかったことだったから、アメリカはいきり立った。米韓連合軍司令部はデフコンをⅣからⅢに引き上げ、外出や休暇が止められた。おりから佐世保を出港してベトナムに向かっていた空母エンタープライズは急ぎ反転して日本海に入った。さらに嘉手納の戦闘飛行隊二個が烏山基地に入り、海軍と空軍の予備役一万五〇〇〇人が召集され、戦時突入かといった雰囲気が横溢しだした。アメリカの世論も沸騰し、すぐさま爆撃しろ、元山港を封鎖しろとの声があがった。

これは戦争かと思われたが、米政府は乗員の早期送還を第一とし、なんと韓国の頭越しに板門店で交渉を始めた。これは韓国に対する背信行為と受け止められても仕方がない。そして休戦会談の国連側首席代表の米海軍将官が領海侵犯を認めて謝罪する文書に署名し、抑留された乗員は一九六八年十二月二十三日に釈放された。わずか二日前に起きた青瓦台襲撃事件とはまったく違ったアメリカの対応は、韓国を強く刺激した。[註50] 前述したように、この時の国連軍司令官兼米韓連合軍司令官だったチャールズ・ボーンスティール大将は、第二次世界大戦終結時、北緯三八度線を米ソの分割線と決定した陸軍省の実務チームの一員だった。

韓国側は大統領に始まり、あらゆるレベルでアメリカを非難した。崔圭夏外務部長官は、「青瓦台襲撃よりプエブロ事件を重視するアメリカの政策に強く反対する」との異例の声明を発表した。韓国の世論もアメリカに反発し、ソウルでは米大使館にデモ隊が押しかけた。さらに学生のデモ隊は、米朝交渉が行なわれている板門店に向かおうとして米軍と衝突、威嚇射撃で負傷者を出す事態となった。

韓国との関係悪化を憂慮した米政府は、二月十一日に元国防次官のサイレンス・エバンスを特使としてソウルに派遣した。エバンス特使は韓国側の強い姿勢に圧倒され、その要求の多くを飲まざるをえなかった。この時の交渉で韓国は一億ドルの追加軍事援助、DMZ一帯の警戒監視器材三〇〇〇万ドル相当の緊急援助を受けた。またF４戦闘機一個飛行隊分の一八機も受け取ることとなった。韓国側の全面勝利かと思えたが、韓国が強く求めた北朝鮮の侵略に対す

る即時報復を可能にする米韓相互防衛条約の改定は、アメリカが難色を示して合意に達しなかった。[註51]

青瓦台襲撃事件とプエブロ拿捕事件とで見せたアメリカの対応の違いから、朴正熙大統領は「アメリカ頼むに足らず」と判断したようで、自主国防路線に大きく舵を切った。早くも一九六八年四月に総兵力二五〇万人の郷土予備軍が創設された。これは北朝鮮の労農赤衛隊に相当するもので、予備役の組織化と動員速度の向上を図るものだ。そして装備の国産化も進められるようになった。そして今日、韓国陸軍の装備のほとんどはKシリーズとして知られる国産で占められるに至った。

このように韓国とアメリカの間に不協和音が生じたことを好機と捉えたのは、もちろん北朝鮮だった。プエブロの乗員を人質にした北朝鮮は、韓国とアメリカの緊張を高みの見物ときめこんだ。宣戦布告と同じことの元首へのテロもすぐに忘れられたようになり、ただ米帝国主義と正面切って対決する北朝鮮という構図となった。そして米韓の緊張関係の露呈を利用しての対南武力工作を全面的に発動した。

一九六六年の一年間でＤＭＺや韓国国内で起きた南北紛争事件は合計五〇件だった。それが一九六七年になると五六六件、六八年には七五九件と急増した。もちろん北朝鮮の対南工作の指導が朝鮮労働党から北朝鮮軍に移ったことも関係しているが、韓国とアメリカの緊張関係も大きく影響している。ところが韓国はたじろがず、南派ゲリラ禍を封殺した。すると一九六九年には南北紛争が一一一件、七〇年には一一三件、七一年には四七件、七二年には三件と激減した。明らかに北朝鮮は、対南工作を以前の路線に戻し、韓国国内における地下党の再建が主な目標になったことがうかがえる。[註52]

韓国とアメリカの間に意見の相違がなく、一致団結して北朝鮮の不法行為に対処する姿勢を示しただけで、北朝鮮はヘナヘナと腰が砕ける。そのおそらく唯一の例が、一九七六年八月に板門店の共同警備区域で起きた米兵惨殺事件、いわゆるポプラ事件だ。

だれもが戦争を覚悟した朝

今日、朝鮮半島で世界的に著名な地名は、ソウル、平壌、そして休戦会談場のある板門店となるだろう。二〇一八年四月、南北首脳会談が板門店で開かれ、ひょっとすると米朝首脳会談もここで行なわれるのではないかとされた。そして二〇一九年六月三十日、ドナルド・トランプ大統領が板門店を訪問してMDL（軍事分界線）を越えたことで、いやがうえでも板門店の知名度が高まった。ここは京畿道長湍郡で、現在のところ京義本線の韓国側終点となっている都羅山駅から北へ五キロに位置する。往時は義州街道に面するノルムン里という寒村だった。ノルムンは韓語で「板戸」の意味で漢字標記では「板門」と当てて、小さな茶店もあったことから板門店という地名になったとされる。

朝鮮戦争の休戦会談は一九五一年七月十日に開城で始まったが、すぐに中立侵犯などの問題が生じ、八月には中断された。十月に再開される際、両軍の接触線の中間地点での会談が望ましいとされ、また双方の往来の便から開城と汶山のほぼ中間地点となる板門店に落ち着いた。当初の会談場は、現在よりも西に五〇〇メートルの地点にあり、今は北朝鮮の戦争博物館となっている。一九五三年七月二十七日に休戦となるが、MDLが画定したので、それを尊重して屋内でもMDLを挟んで会談することとなり、現在の位置に移転して今に至っている。

この付近のMDLは、臨津江の支流となる沙川江の流線を北にさかのぼり、会談場のある岡を上って東に伸びている。沙川江に架かる二〇メートルほどの仮設橋が有名な「帰らざる橋」で、中朝軍側が会談場に入るには、この橋を渡って国連軍側のDMZを通らなければならない。国連軍側の地域を通過するということから、不測の事態を防止するため、直径約八〇〇メートルの地域を共同警備区域（JSA）として、互いに将校五人、下士官兵三〇人が立ち入ることができるとした。このために国連軍側の地域内に中朝軍側の哨所四カ所が設けられることとなった。相手側の地域を通る必要のない国連軍側は、中朝軍側に哨所を設けなかった（図5参照）。

「帰らざる橋」のたもとにある国連軍側の第三哨所は、敵対勢力ともっとも接近して位置していることで知られており、問題が起きるとすれば、この周辺だと語られていた。そのため高台にある国連軍側第五哨所から常時監視していたが、その視界をポプラの枝葉が遮るようになった。そこでこの枝葉を剪定することにした。伐採、草刈、剪定といった作業はそれまで互いに問題なく行なってきたので、国連軍側は休戦会談の警備将校会議に通告することなく作業に取り掛かった。

一九七六年八月十八日、午前十時三十分頃から国連軍側の警備兵四人、作業員六人が問題の

図5　1976年8月、ポプラ事件当時の板門店共同警備区域

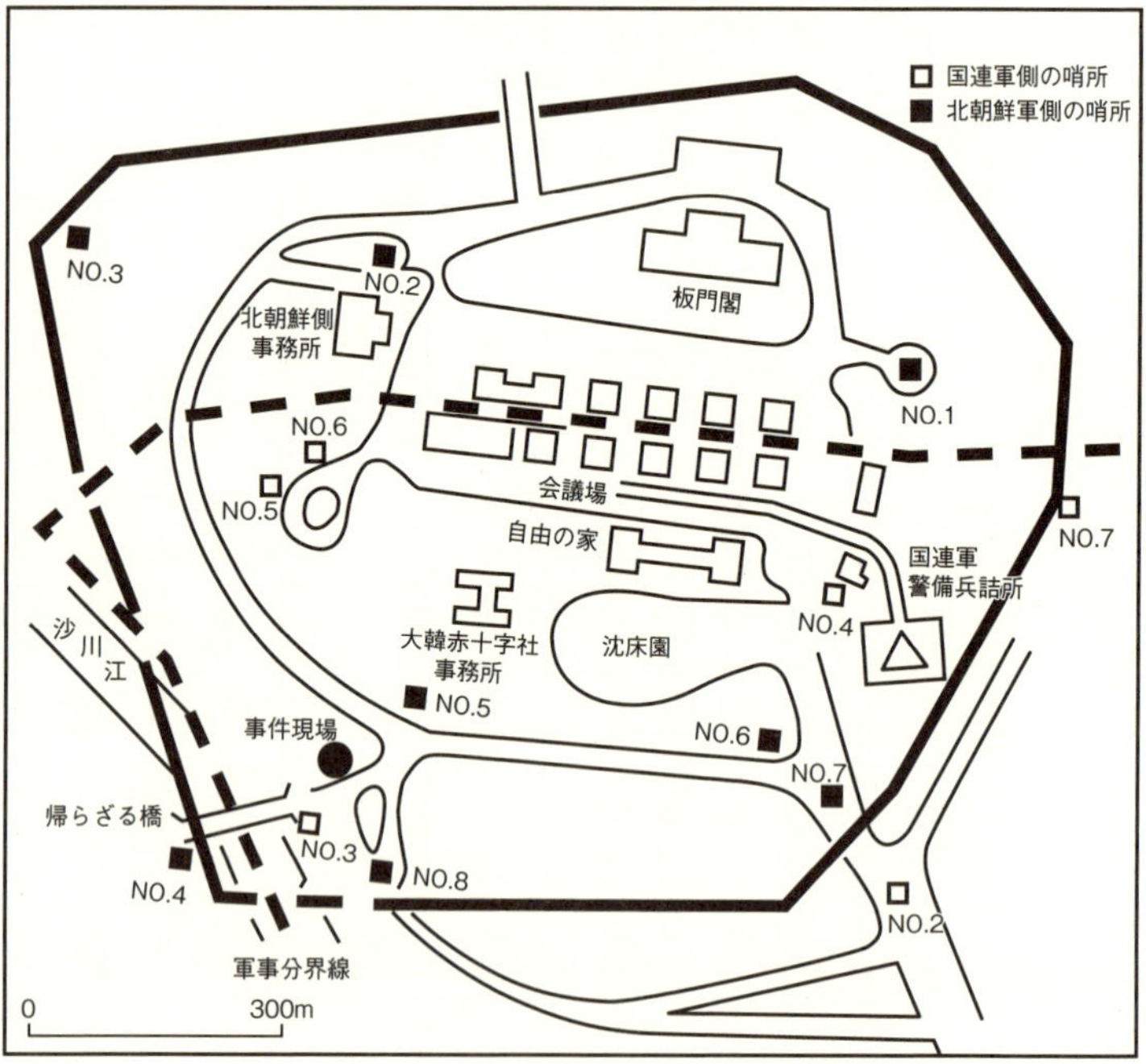

ポプラの木の下に集まった。そこへ北朝鮮軍の中尉と九人の警備兵がやってきて作業の内容を尋ねた。剪定作業が始まると北朝鮮軍の中尉が作業の中止を求め、伝令を出して増援を呼び寄せた。そして北朝鮮軍側が三〇人ほどとなると突然、国連軍側に襲い掛かり、奪った手斧で米軍将校二人を惨殺、ほか米軍四人、韓国軍四人が負傷する惨事となった。北朝鮮側の負傷者などは明らかになっていない[註53]。

板門店の警備大隊は、双方共に訓練周到な最精鋭で編成されている。特に北朝鮮軍側は、全員が下士官兵は偽装した将校で、長らく朝鮮戦争の戦死者の遺児が選ばれていた。そのため米軍に対する敵愾心には特別なものがあり、トラブルが絶えなかった。それでも自衛武器を携行しているのに、それを使わずに手斧を奪って凶行に及ぶとは、個人的な敵愾心だけでは説明が付かない。かなりの高級司令部から、板門店で世界の耳目を集めるような事件を起こせとの指令もしくは慫慂があったからと考えることもできよう。

では、国際情勢にどのような影響を及ぼそうとしたのか。たしかに一九七六年には、さまざまな動きがあった。六月六日には、民主党大統領候補のジミー・カーターが、五年以内に在韓米軍を撤収させると声明した。七月二十二日には、ヘンリー・キッシンジャー国務長官が南北同時国連加盟と米中韓朝の四者会談開催を提案した。たいして影響力があるとは思えないが、八月十二日～十四日には東京で「朝鮮問題に関する緊急会議」が開かれた。同月十六日～十九日には、コロンボで第五回非同盟諸国首脳会談が開かれている。

米軍が韓国に駐留しているから、このような事件が起きるのだと世界にアピールしているのだとしても、逆効果になるだろうし、北朝鮮自身もそうなりかねないと自覚して板門店ではある程度は自制していたように見える。そこで国内向けの効果を狙ったのではないかとの憶測が生まれる。繰り返しになるが、一九七六年は金正日の権力世襲が北朝鮮の権力層の間で認知された年とされる。三月七日には南日副主席の不可解な交通事故死、四月二十九日には金一首相が辞任し後任が朴成哲、人民武力部長が崔賢から呉振宇に代わったのは五月十日だ。

権力世襲を確実なものとした金正日自身、もしくは過剰な忠誠心を発揮しなければならない側近が、世界に衝撃を与えるデビューをということで板門店で大事件を引き起こすということも、北朝鮮という国ならば十分にありうることだろう。事件直後に流布された分析には、金正日は自ら欠けていると自覚している革命家としてのカリスマ性を身に付けるため、あえて革命的姿勢を誇示するために凶行に及んだというものすらあった。[註54] それにしても不思議なことだが、この事件後、金正日は北朝鮮のメディアに登場することがなくなり、代わって金日成の妻の金聖愛が多く登場するようになった。そして金正日の再登場は、一九七八年九月の建国三〇周年紀念大会からだった。

ポプラ事件当日の八月十八日、国連軍司令官兼米韓連合軍司令官のリチャード・スティルウェル大将は、たまたま防衛庁の招待で京都を観光していた。スティルウェル司令官は、すぐさま米韓連合軍をデフコンⅢ（勤務員全員警戒態勢、行動準備完了、休暇取り止め）の態勢に移行するよう命令して急ぎ帰任した。なぜ準戦時態勢に移行する決心を下したのか。スティルウェル司令官の決心は、北朝鮮側の警備将校は自衛武器を携行しながら、相手の手斧を奪って攻撃したということは、まず計画的、しかも野蛮、こういう行為には懲罰を加えなければならないということだった。

事件翌日の八月十九日、軍事休戦委員会本会議が国連軍側の要求で開かれた。その席で国連軍側首席代表は、北朝鮮の公式な陳謝、死亡した将校の家族に対する補償などを記載した文書を提示して、これを朝鮮人民軍最高司令官の金日成に直接渡すよう求めた。これに対する北朝鮮軍側だが、剪定作業は協定違反、人を殺せるような手斧をＤＭＺに持ち込んだことで起きた事件だと、責任をすべて国連軍側に転嫁した。これでは軍事休戦委員会での話し合いは成立しない。

この事件に関してヘンリー・キッシンジャー国務長官は、テレビのインタビューで「われわれは侵略的な独裁者が一方的にアメリカ人を襲撃しても無事にすませることができるという前例を残してはならない」と語った。朴正熙大統領は代読された第三士官学校卒業式の式辞で、「われわれの忍耐にも限度があり、狂犬をあしらうのには棍棒が必要である」と強調した。[註55]八月二十日、朴正熙大統領とスティルウェル司令官が直接協議し、全面的な合意に達した。これで米韓両国が真に団結して北朝鮮に対することとなった。

具体的な作戦構想だが、まずは国連軍の面目を賭けて問題のポプラの木を切り倒す。これは米神話にある巨人の樵の名前からポール・バニヤン作戦と命名された。もし、これに北朝鮮軍側が少しでも妨害したならば、米韓連合軍は一挙に攻勢を採り、臨津江と礼成江を連続的に渡河して、延白平野（延安と白川）まで席巻するというものだった。まず、臨津江の右岸に橋頭堡を確保している韓国第一軍団、そして臨津江中流部の韓国第六軍団、米第二師団が西に向かって押し出すわけだ。そして鉄原盆地正面の韓国第五軍団から以東は防勢、これがいわゆる当時よく話題になった「一方攻勢、他方防勢」構想だ。[註56]

韓国軍の近代化が完成して、北朝鮮軍の戦力を凌駕したと思われる八〇年代前のことであり、この作戦構想が形になったのだろうか。当時を知る人は、全線で平壌〜元山の線にまで押し出すのは無理だったかもしれないが、礼成江までは押せたはずだと語る。この構想は朝鮮戦争中の一九五一年初夏頃から研究されていたが、休戦会談場となった開城を中心に半径五マイルの中立地帯が設定されたため、この正面での積極的な作戦は控えなければならなくなった。また、当時は国連軍の渡河資材が不足しており、漢江、臨津江、礼成江を渡河する補給幹線が形にならなかったので、西部戦線での積極的な作戦は抑制された。このように長らく研究されていた作戦であり、圧倒的な航空戦力に裏付けられた構想だから、勝機は十分にあった。そしてなにより、アメリカがその気になったことが決定的だったのだという。

問題のポプラの木を伐採するのは、米第二師団第二工兵大隊、これを直接掩護するのは韓国第一空輸特戦団の六四人、全員がテコンドー四段以上の猛者だ。共同警備区域には国連軍警備大隊が入り、その後詰めが米第二師団第九歩兵連隊の第二大隊だ。板門店付近のＤＭＺには、韓国第一師団の偵察中隊が潜伏展開する。米第二師団航空旅団からは、武装ヘリコプター八機、汎用ヘリコプター二〇機が出動する。さらに米第二師団の機甲部隊は東豆川のキャンプ・ケーシーに集結し、状況によっては板門店に進出する計画となっていたという。[註57]

米海軍は、横須賀にあった空母ミッドウェーをすぐさま出港させた。そして空母レンジャーとエンタープライズも朝鮮海域に向かうこととなった。空母航空団三個だけでも、北朝鮮空軍を圧倒するには十分以上の戦力だ。さらに念を入れて米空軍は、アイダホ州マウンテン・ホーム基地からF111戦闘爆撃飛行隊一個、嘉手納基地からはF4戦闘飛行隊二個が烏山基地などに向かった。さらにグアム島のアンダーセン基地からB52爆撃機二機が板門店上空に飛来する手配も整えた。

強大な戦力の集中を見てアメリカの決意を確認しうる立場の韓国政府関係者は、準備が整う二十一日には戦争が始まると覚悟したという。もちろんそれは韓国にとって悲劇だが、同時に韓国の安全保障環境を根底から改善するチャンスでもある。DMZからソウル外郭部まで直線距離で最短四〇キロだ。旧ソ連軍のドクトリンによれば、師団レベルの躍進一回で克服されかねない距離だ。それに対して平壌までは一七〇キロある。京義本線で見ると、ソウルから臨津江まで五二キロ、開城から平壌まで一八七キロだ。もし、米韓連合軍がソウルから一二五キロ、礼成江の右岸、ウラン鉱山で知られる平山まで押し出せば、少なくとも距離の面で南北パリティーとなる。

一九七六年八月二十一日、午前四時に韓国第一師団偵察中隊に非常呼集が掛かり、六時四十五分に国連軍側警備大隊長が北朝鮮軍側当直将校に十八日の作業を再開する旨を通告した。そして午前七時に米韓連合司令部はデフコンⅡを発令した。このデフコンⅡは事実上、戦争状態を意味し、機動命令が出され、各員に実包が配布され、各隊は完全充足が求められる。

今日までのところ、米韓連合軍がデフコンⅡの態勢に入ったのは、この時だけとなる。[註58]そして午前七時に伐採作業に入り、四十五分には作業完了となった。この間、一回だけ「帰らざる橋」のたもとに北朝鮮軍の将兵が姿を見せたが、沙川江を渡る姿勢は一切見せなかった。

これに先立つ八月十九日、米韓連合軍がデフコンⅢを発令したことに対応して、北朝鮮軍最高司令部は全軍に戦闘態勢を下令、発簡符号は「台風三号」だったという。これで少なくとも平壌〜元山以南の前方地域では、北朝鮮軍が実包、携行食糧を持って対空疎開をしつつ防御配置に付いた。挑発には絶対に乗るなと厳命されていたろうが、八月二十一日の朝には唖然としただろう。臨津江の上空には、武装ヘリコプターに掩護された輸送ヘリコプター群、すぐさま近接支援に当たるＦ４戦闘機、阻止攻撃に出るＦ111戦闘爆撃機、そして巨体のＢ52爆撃機と四重の編隊が乱舞している。もちろんＭＤＬを越えたものもあっただろうが、そんなことを気にするパイロットはいない。これでは挑発に乗るとか、乗らないという話ではなくなり、ただ息をひそめるしかない。この日、平壌〜元山以南の地域で離陸した北朝鮮軍の航空機は一機もなかったという。

そして八月二十一日正午から、板門店の会談場で双方の首席代表が非公開で会談し、北朝鮮軍側は朝鮮人民軍最高司令官としての金日成によるメッセージを伝えた。その内容は以下の通り。[註59]

「永らく板門店には大きな事件がなくすごしてきた。これは好ましいことだった。今度の板門店共同警備区域の事件は遺憾なことである。今後、こうした事件が再発しないようにすべきである。そのためには双方とも努力しなければならない。われわれはあなた方に挑発しないよう求める。われわれは絶対、先に挑発しない。挑発された時だけ自衛的措置を講ずる。これはわれわれが終始一貫して取り続けた立場である」。

これが金日成が公式に謝罪した最初で最後になった。どこか他人事のような内容はさておき、挑発したのは国連軍側だと言わんばかりの内容だ。しかし、北朝鮮特有のどぎつい言葉が使われていないことから、一応は反省しているのだろうということになった。これだけの言質を取り付けるために、空母三隻、B52爆撃機までを持ち出さなければならなかったのだから、北朝鮮はなんとも扱いづらい国だ。

もちろん国連軍側もこの金日成のメッセージには不満だった。そこで八月二十五日に開かれた軍事休戦委員会本会議において、国連軍側はさらなる明確な謝罪、共同警備区域内での国連軍側要員の安全保障、事件当日の北朝鮮軍側当直将校の処罰を求めた。これに対して北朝鮮軍側は、共同警備区域での双方の人的接触を断つことを提案した。これに国連軍側も同意して、共同警備区域は廃止され、MDLの南側にあった北朝鮮軍側の哨所四カ所が撤去された。「帰らざる橋」が閉鎖されたため、北朝鮮はその上流に架橋したが、七二時間で完成させたので「七二時間橋」と呼ばれるようになった。共同警備区域でのMDLを示す標識はなかったが、その廃止によって周辺では一〇メートルごとに高さ一メートルのコンクリート柱で表示し、会談場地域では高さ五センチ、幅五〇センチの突起をアスファルトで造り標識とした。一九七六年九月十六日から現在まで、この状況が続いている。

二〇一八年四月二十七日、南北首脳会談が板門店で開かれたが、文在寅大統領と金正恩労働党委員長はＭＤＬの標識を挟んで握手、次いで文大統領が標識をまたいで北に入り、それから二人して南に入った。友好関係を演出する即興劇といったところだ。さらに二〇一九年六月三十日、ドナルド・トランプ米大統領が板門店を訪問し、これまたＭＤＬの標識を挟んで金正恩委員長と握手してからトランプ大統領はＭＤＬを越え、少し歩いてから金委員長と南に戻り、韓国側の施設で会談をした。これまたサプライズな演出だが、なにをやろうとも深刻な休戦状態にあることには変わりない。

米韓連合体制の変遷

朝鮮戦争が勃発した時点でアメリカと韓国の間の軍事協定は、共に一九五〇年一月二十六日に調印された米韓相互防衛援助協定と米軍事顧問団設置協定だけだった。そして韓国軍の師団には中佐、連隊には大尉の軍事顧問が配置され、その人員数は一九五〇年六月の時点で四八六人だった。軍事援助をする側、それを受ける側という関係だから、米政府が所掌するのは国防総省ではなく国務省だった。

米極東軍司令部と韓国軍の間には公式なチャンネルはなく、ただ李承晩大統領とダグラス・マッカーサー元帥との個人的な関係だけが頼りといった状況だった。このような関係だったから、北朝鮮軍の南侵が始まるとすぐに、米軍事顧問団は撤収してしまった。ところがマッカーサーが指揮する極東米軍はすぐさま介入した。慶尚北道大邱に進出した米第八軍司令官のウォルトン・ウォーカー中将は、韓国に展開しつつある米陸軍部隊に対する指揮権を一九五〇年七月十三日に発動した。その際、戦闘中の韓国軍部隊との関係をどう律するかの問題が浮上した。

第一次世界大戦における連合軍は、それぞれの国の命令系統を保った「協同（コオペレーション）」の関係にあった。このため動きが鈍くなったりしていらぬ損害を出した。そこで米軍は、単一指揮の「連合（アライド）」を追求して第二次世界大戦を戦って勝者となった。そしてまた、最大の戦力を差し出した者が指揮権を握るという原則にも忠実なのがアメリカだった。朝鮮半島でもこの原則を貫くこととなり、米軍が韓国軍を指揮できるようにするため李承晩大統領の同意を求め、その返事のマッカーサー宛書簡が七月十四日付で出された。忠清南道の大田から発信されたため「大田協定」とも称されており、次のような文面だった。[註60]

「大韓民国のために国際連合が共同の軍事努力を行なうにあたって、韓国内または韓国近海における作戦中の国際連合の陸海空軍すべての部隊が貴下の統率下にあり、かつ貴下が最高司令官に任命されたことに鑑み、本職は、現作戦状態が継続される間、一切の指揮権を委譲されるようになったことを喜びとするものであります。かような指揮権は、韓国内または韓国近海において貴下及び貴下が委任した其他司令官によって行使されます。

韓国軍は貴下の麾下において服務することを光栄に思います。また、韓国国民及び政府が任命した優秀なる軍人として、われらの愛する国土の独立と保全のため、卑劣な共産侵略に対抗します。これに協力した国際連合軍最高司令官である貴下から全体的指揮を受けることは光栄であり、かつ激励されることであります。

一九五〇年七月十五日

李承晩」

ここにある「指揮権」とはコマンド・オーソリティーであり、これを委譲することによって両軍の間に隷属関係が生まれる。ところがマッカーサーは、作戦指揮権＝オペレーショナル・コマンド・オーソリティーの委譲を受けるとし、七月十七日にこれを米第八軍、極東海軍、極東空軍の各司令官に委譲した。これで韓国軍全軍は米軍の作戦指揮下に入ったが、隷下に入ったのではないことに注意すべきだろう。人事や給養などに関する行政権は、韓国国防部、各国の参謀本部に相当する各軍本部が行使する。少なくとも人事権を保持していれば、国軍としての自主性や権威が保てることがポイントになる。

また、米軍の各級司令部が韓国軍に対してダイレクトに作戦指揮権を行使するというものでもなかった。米第八軍司令部が発する作戦命令は、まず韓国陸軍本部に伝えられる。陸軍本部で韓国語に翻訳されたり、細かい点を調整したりしてから、陸軍本部の前進指揮所に通報され、そこから各師団に下令される。すなわち間接的な作戦指揮権の行使だったことになる。言葉の問題や韓国軍の事情があるため、このような間接的なものとなったのだろうし、面目を重んじる東洋の風土を知るマッカーサーの配慮があったとも思える。

韓国第一師団の場合、戦線の推移によって一九五〇年九月十三日から米第一軍団の戦闘序列に入り、休戦まで米軍司令部の直接指揮下にあった。言葉の壁に始まり、異民族の指揮を受けることそのものの困難や米軍らしいドライな統率への対応と苦労が多かったはずだが、韓国第一師団の戦果は常に特筆すべきものだった。一九五〇年九月、洛東江線で攻勢に転移した米韓両軍で北朝鮮軍の防御線を最初に突破したのは韓国第一師団だった。同年十月、米第一騎兵師団と並進していた韓国第一師団が平壌一番乗りを果たした。

どうしてこのようなことが可能だったのか。洛東江線での攻勢転移の際から、韓国第一師団は米第一〇高射群の支援を受けることとなった。平壌への攻撃時には最新型のM46中戦車二個中隊の支援を受けた。「米軍と同等の火力と機甲力の支援を受ければ戦果は上がって当然だ。そもそもこれは、われわれの戦争なのだから、われわれが率先して戦わなければならない」というのが当時、第一師団長だった白善燁将軍の回想だ。一九五一年四月、韓国第一師団はソウルの西郊で中国軍の主攻を向けられたが、ここでもまた米第一軍団、第八軍の絶大な火力支援を受け、その火海戦術で中国軍の人海戦術を撃退した。

一九五一年五月、中国軍は太白山脈伝いで第六次攻勢を発起した。この正面には米第一〇軍団に編合されていた第五師団と第七師団、韓国第三軍団の第九師団と第三師団、そして韓国第一軍団の首都師団と韓国軍師団が並列していた。ここに中国軍は四個軍を投入した。戦場は険しい山岳地帯で地形が錯綜しているため、中国軍の小部隊が潜入し、韓国第三軍団の補給幹線を遮断した。これに過剰に反応した韓国第三軍団は重装備を放棄して後退、建制を失って壊乱した。これで中東部戦線に三〇キロ以上の大穴があいてしまった。

この戦線に生じたポケットもすぐに閉塞されたものの、第八軍司令官のジェームズ・バンフリート中将は事態を重く見て、韓国軍の全野戦部隊を第八軍司令部の直接指揮下に入れた。これで韓国第三軍団は解体、韓国第一軍団は存続したものの、ほかの韓国師団は米三個軍団にそれぞれ編合されることとなった。これで韓国陸軍本部は、人事と教育、補充と補給を所掌するだけとなった。[註61]

一九五三年に入ると、依然として高地の争奪戦が続いていたが、再び機動戦が展開されることなく休戦に至ると考えられた。そこで休戦後を見すえた韓国軍の戦力整備計画が進められることとなった。人口、アメリカの援助、予想される休戦線の長さなどを勘案して、現役二〇個師団整備が計画の骨子となった。休戦後の一九五三年十一月までに現役二〇個師団体制が達成された。これと並行して軍団司令部、軍団砲兵の増設が進められ、一九五四年三月に韓国軍野戦部隊を統括する第一野戦軍司令部が昭陽江沿いの江原道冠袋里に設置された(半年後に江原道原州に移動)。国連軍、第八軍の作戦命令は、第一野戦軍司令部を経由して韓国軍団、師団に伝えられる体制となり、これで一九五一年五月以前の体制に戻ったことになる。続いて一九五四年十月、韓国が全責任を負う後方全般を統括する第二軍司令部が慶尚北道大邱に置かれた。

一九五三年十月一日、米韓相互防衛条約が調印され、翌五四年十一月十七日に発効した。[註62]これに伴い取り交わされた米韓合意議事録によって国連軍司令部は韓国軍を作戦統制(オペレーショナル・コマンド=OPCON)すると定められた。「作戦指揮」から「作戦統制」だから、米軍と韓国軍の関係は一歩対等な関係になったといえよう。そして今日まで、米韓両軍はこの作戦統制によって律せられている。

韓国軍の戦力整備と近代化も進み、一九七三年七月に第三軍司令部が創設され、京畿道龍仁に置かれた。これで嶺東高速道沿いに第一と第三の軍司令部が並列し、一五五マイル（二四八キロ）の休戦ラインを韓国軍独力でカバーできる態勢となった。この態勢をチーム・スピリットなど連合演習で検証を重ね、一九七八年十一月に米韓連合軍司令部（ＣＦＣ）がソウル・龍山に置かれることとなった。

創設当初の米韓連合軍司令部は、司令官は国連軍司令官兼第八軍司令官の米軍大将、副司令官は韓国軍大将、司令部に勤務する参謀は、米軍と韓国軍が半分ずつ差し出していた。このような人事措置によって米軍と韓国軍は対等な関係にある。また、地上軍構成軍、海軍構成軍、空軍構成軍それぞれの司令部があり、連合司令部であると同時に陸海空の統合司令部でもある。一九九二年十二月、米韓連合軍司令官は地上軍構成軍司令官の職を韓国軍将官に、第八軍司令官の職を他の米軍将官に委譲した。また、連合海兵隊司令部も常設となり、韓国海兵隊司令官が兼務することとなった。そして一九九三年十一月の第二五回米韓安保協議会（ＳＮＣ）の決定により、九四年十二月一日に米韓連合軍の平時における作戦統制権は、韓国合同参謀本部議長に委譲された。

次なる問題は、韓国では「戦作権」と略される戦時における作戦統制権が韓国に委譲されるかどうか、それがいつなのかという問題だ。単一指揮系統の連合で複数国の軍隊を律する場合、最大の戦力を差し出している国の軍人が作戦指揮権なり、作戦統制権を行使するのが一般的だ。二〇一七年末現在で米地上軍（陸軍と海兵隊）の現役兵力は六五万七〇〇〇人、韓国地上軍は五二万四〇〇〇人となっている。韓国が戦時動員すれば、第一線兵力は最大でこの二倍に達するといわれる。また、米軍が現役兵力のすべてを朝鮮半島に投入するとは考えられない。従って地上戦力だけから見れば、韓国軍将官が「戦作権」を行使してもおかしくはない。

最終的な戦勝の決を握るのは地上戦力としても、朝鮮半島戦時を想定すると、それに至る過程において決定打となるのは、米軍が発揮するエア・パワーであることは明らかだ。まずは米空軍だ。第五空軍（東京都横田）、第七空軍（全羅北道群山）、第一一空軍（アラスカ州エルメンドルフ）を基幹とする太平洋航空軍が対処第一線部隊となる。これが重爆撃機部隊の第八空軍（ルイジアナ州バークスデール）など米本土からの増援部隊を受け入れる。そのためには第一八空軍（イリノイ州スコット）の空中給油部隊が太平洋に橋を架けなければならない。

事態が切迫し戦争が避けられないと判断されれば、米海軍は朝鮮半島近海に空母機動部隊三個を展開させることは既定の事実として語られている。この搭載機合計二四〇機だけで、北朝鮮空軍を圧倒できると見積もられている。実際、米空母機動部隊が朝鮮半島近海に現れると、いつも言いたい放題の平壌放送が急に言葉を選ぶようになるそうだ。加えて米空母機動部隊が発揮するのは航空火力だけではない。空母一隻、巡洋艦一隻、攻撃型潜水艦一隻、駆逐艦四隻といった一般的な編成の機動部隊は、最大で巡航ミサイル一四四発を発射できる。さらにこれに海兵隊のエア・パワーが重なる。

これら航空戦力によって、まずは敵防空態勢の制圧・破壊、航空優勢の確立・維持に始まり、敵の機動に対する阻止攻撃、近接航空支援、重要施設に対する精密攻撃などと重層的な作戦を展開する。万全な補給体制を維持し、地上作戦と密接にリンクさせる。そんな複雑な作戦を統制するには、権威の点からだけでも米軍将官でなければ務まらない。従って平時の作戦統制権は韓国軍将官に委譲しても、「戦作権」は国連軍司令官兼米韓連合軍司令官の米軍将官が行使するという常識的な線に収まった。民族主義から韓国が自主性を強調しても、できることと、できないことの区別があるということだ。

二〇〇二年十二月、第一六代韓国大統領に当選した盧武鉉の安保・外交方針は、自主国防、韓米対等、北東アジアのバランサー、そして対北独自路線といったものだった。国際中間地帯にある立場からすれば、採るべき路線だろう。しかし、国際中間地帯にある勢力が二分され、しかもそれが鋭く対立しているとなると、この路線がすぐに形になるはずがない。解決には長い時間がかかる問題だが、人権派の弁護士出身で安保、外交の知識が浅い盧武鉉は性急に事を運ぼうとした。

まだ大統領当選者という立場だった盧武鉉は、平時における作戦統制権を行使している韓国合同参謀本部に対し、在韓米軍の撤収についての研究を始めるよう指示した。いくら自主国防を追求するといっても、一足飛びに在韓米軍の撤収とは性急にすぎ、朝鮮半島どころか北東アジア全体の安全保障環境に混乱をもたらす。事の重大さを熟知している合同参謀本部は、在韓米軍撤収を表面には出さず、その前提条件となる「戦作権」の問題から検討することとした。これが「戦時作戦統制権還収」と呼ばれるものだ。

この問題について二〇〇五年の第三八回米韓安全保障協議会で検討が始められた。二〇〇七年五月には合意に達し、二〇二〇年末までに「戦作権」の委譲を完結させるとした。ところが二〇〇七年十二月の選挙で第一七代大統領に当選した保守系の李明博は、「戦作権」の委譲を五年延期するとした。さらに二〇一三年に第一八代大統領に選ばれた朴槿恵は、無期限延期を求め、二〇一四年十月の第四六回米韓安全保障協議会において、次のような条件付きで「戦作権」委譲を延期することに合意した。

一、本来の指揮機構を基盤とする新しい連合防衛体制を構築し、韓国軍が主導しうる能力を備える。
二、北朝鮮の核とミサイルの脅威に対応しうる同盟の能力を備えることによって、韓国軍の初期対応能力と米国の拡大抑止手段及び戦略資産を提供、運用する。
三、安定的な「戦作権」転換に符合する韓半島及び域内安保環境を管理する。

二〇一四年の時点で、韓国軍の能力向上計画は二〇二〇年代中盤に達成見込みとされていたから、この条件からすれば韓国が「戦作権」の委譲を受けるのもその頃となる。しかし、北朝鮮が急ピッチで核兵器と弾道ミサイルの開発を進める中、いまさら「戦作権」の委譲問題を論じても意味がないようにも思える。そもそも「戦作権」を米軍が握ってきたから、北朝鮮はある一線を越えようとはしなかったのか、それともほかの理由で自制していたのかがわからない。そしてまた韓国軍人が「戦作権」を握れば、韓米連合軍の性格は大きく変わろうが、それはどういうものなのか、正直なところこれまた皆目わからない。
二〇一七年三月、憲法裁判所は朴槿恵大統領の罷免を宣告した。同年五月の選挙で文在寅が大統領に選ばれた。彼は盧武鉉の長年にわたる同志であり、大統領秘書室長も務めた。保守系大統領が二代続いて「戦作権還収」を先延ばししたのだから、革新的な文在寅大統領はこれを早めたり、さらには盧武鉉が構想した在韓米軍撤収まで踏み込むかと思いきや、二〇一九年に入っても、そういった動きは見られない。その代わりなのか、北朝鮮とアメリカの間をとりもつという際立った役回りを演じている。

[註1] 黄民基編『金日成調書　北朝鮮の支配者、その罪と罰』光文社、一九九二年三月、八〇頁〜八二頁。
[註2] 金学俊著『北朝鮮五十年史』朝日新聞社、一九九七年十月、一八五頁〜一八九頁。
[註3] 林建彦著『北朝鮮と南朝鮮　一つの朝鮮への道』サイマル出版会、一九七一年十月、八〇頁。
[註4] 和田春樹著『北朝鮮　遊撃隊国家の現在』岩波書店、一九九八年三月、一一七頁。
糟谷憲一、並木真人、林雄介共著『朝鮮現代史』山川出版、二〇一六年七月、二七〇頁。
[註5] 宮本悟著『北朝鮮では、なぜ軍事クーデターが起きないのか?』潮書房光人社、二〇一三年十月、一〇三頁〜一〇四頁。
[註6] 塚本勝一著『超軍事国家　北朝鮮軍事史』亜紀書房、一九八八年六月、八一頁〜八二頁。
[註7] 李命英著『四人の金日成』成甲書房、一九七六年十一月、一七八頁〜一八〇頁。
[註8] 金学俊著前掲書、二六九頁。
朴斗鎮著『北朝鮮　揺れる金成恩のゆくえ』花伝社、二〇一六年三月、七八頁。
[註9] 林建彦著前掲書、一五六頁〜一五七頁

［註10］塚本勝一著前掲書、九〇頁～九三頁。

宮本悟著前掲書、一二八頁～一三〇頁。

［註11］尹大日著『北の公安警察』講談社、二〇〇三年十一月、一二四頁～一二六頁。

［註12］孫光柱著『金正日レポート』ランダムハウス講談社、二〇〇四年九月、一三七頁～一四〇頁。

［註13］孫光柱著前掲書、一六九頁。

［註14］金日成主席傘寿記念出版会編『主席金日成　生誕八十周年記念』同出版会、一九九二年二月、六七頁。

［註15］小牟田哲彦著『アジアの鉄道の謎と不思議』東京堂出版、二〇〇五年七月、一五七頁～一五九頁。

［註16］呉基完著『北朝鮮諜報機関の全貌』世界日報社、一九七七年二月、八八頁～八九頁。

［註17］宋奉善著『金正日　徹底研究』作品社、二〇〇五年二月、一二六頁～一二七頁。

［註18］宋奉善著前掲書、一二八頁～一二九頁。

［註19］孫光柱著前掲書、二七四頁～二七七頁。

［註20］ジャスパー・ベッカー著『ならず者国家　世界に拡散する北朝鮮の脅威』草思社、二〇〇六年九月、二八七頁。

［註21］崔光石著『北朝鮮』光明文化社、一九七六年十二月、九四頁。

アンドレイ・ランコフ著『民衆の北朝鮮　知られざる日常生活』花伝社、二〇〇九年十二月、一九一頁。

［註22］金萬鉄著『悪夢の北朝鮮　亡命船「ズ・ダン」号が伝える謎の国の実態』光文社、一九八七年六月、一八五頁。

［註23］金萬鉄著前掲書、一八七頁～一九六頁。

［註24］尹大日著前掲書、九六頁～九八頁。

［註25］塚本勝一著前掲書、一〇八頁～一〇九頁。

［註26］金元祚著『凍土の共和国　北朝鮮幻滅紀行』亜紀書房、一九八四年三月、一八八頁。

［註27］ジャスパー・ベッカー著前掲書、二九一頁〜二九二頁。

［註28］朴斗鎮著前掲書、付録。

［註29］市川正明、神川彦松共著『韓国統一への道』心情公論社、一九六二年十二月、二頁〜四頁。

［註30］東潮、田中俊明編著『高句麗の歴史と遺跡』中央公論社、一九九五年四月、一三八頁〜一三九頁。

［註31］林建彦著前掲書、一二五頁。

徐大粛著『金日成　思想と政治体制』御茶水書房、一九九二年一月、二二三頁〜二二六頁。

［註32］韓国国防軍史研究所編『韓国戦争第三巻』かや書房、二〇〇二年十二月、二七四頁〜二七五頁。

［註33］和田春樹著前掲書、一六六頁。

［註34］和田春樹著前掲書、一六八頁。

［註35］金学俊著前掲書、三五三頁。

［註36］李相哲著『金正日秘録』産経新聞出版社、二〇一六年八月、二三〇頁〜二三四頁。

［註37］アンドレイ・ランコフ著前掲書、二七七頁〜二八〇頁。

［註38］金学俊著前掲書、三七四頁〜三七六頁。

［註39］アジア経済研究所編『アジア動向年報2015』アジア経済研究所、二〇一五年五月、一一〇頁〜一一一頁。

［註40］金元祚著前掲書、三二四頁。

［註41］金元祚著前掲書、二八二頁〜二九〇頁。

［註42］朴永圭著『韓国大統領実録』キネマ旬報社、二〇一五年十月、三三八頁。

［註43］韓国国防軍史研究所編『韓国戦争第六巻』かや書房、二〇一〇年十二月、一三三頁〜一四一頁。

［註43］エドワルド・ルトワック著『クーデター入門　その攻防の技術』徳間書店、一九七〇年二月、五一頁。

［註44］金潤根著『朴正煕軍事政権の誕生』彩流社、一九九六年六月、三八頁～三九頁。

［註45］朴永圭著前掲書、二二七頁～二二八頁。

［註46］朴永圭著前掲書、三二三頁～三二五頁。

［註47］呉基完著前掲書、一一四頁～一一五頁。

［註48］塚本勝一著前掲書、八四頁～八六頁。

［註49］アンドレイ・ランコフ著前掲書、三〇一頁。

［註50］林建彦著前掲書、一五九頁～一六二頁。

［註51］林建彦著前掲書、一六二頁～一六三頁。

［註52］塚本勝一著前掲書、八四頁。

［註53］ウェイン・カークブライド著『板門店　韓国民族分断の現場』翰林出版社、二〇〇九年四月、七六頁～七七頁。

［註54］金学俊著前掲書、三四七頁。

［註55］金龍洙編『海外からみた北朝鮮』コリア・ヘラルド社、一九七六年十一月、三四頁～三六頁。

［註56］黄民基編前掲書、一一一頁。

［註57］ウェイン・カークブライド著前掲書八〇頁～八三頁。

［註58］韓国国防部編『韓米連合と在韓米軍』韓国国防部、二〇〇二年五月、五七頁。

［註59］菊池正人『板門店　統一への対話と対決』中公新書、一九八七年十二月、七〇頁。

［註60］民族問題研究所編『朝鮮戦争史　現代史の再発掘』コリア評論社、一九六七年三月、三四四頁。

［註61］韓国国防軍史研究所編『韓国戦争第四巻』かや書房、二〇〇四年九月、二二一頁～二二二頁。

［註62］韓国国防部編前掲書、三九頁。

第四章

継続する脅威と期待できない体制変革

金正恩朝鮮労働党委員長とドナルド・トランプ大統領、板門店の軍事分界線をはさんで
（2019年 6 月 30日）

外交と補給闘争の混同

「九四年危機」の演出と目的

板門店の会談場は悪口雑言が飛び交うことで有名だ。休戦状態にあるのだから、双方共にエキサイトするのも無理からぬことにしろ、外交官がここまで口にしてはおしまいだと思うのがこれだ。

「ここからソウルは遠くないのだ。戦争が起こったらソウルは火の海だ。宋先生もおそらく生きていないだろう」。

一九九四年三月十九日、第八回南北特使高官実務協議の席上、北朝鮮の朴英洙首席代表が韓国の宋栄大首席代表に向かってこう言い放った。つい興奮しての放言というのならば、わからないでもない。しかし、朴首席代表はスーツの内ポケットからメモを取り出して悠然と読み上げたのだから、一時の興奮からの暴言ではない。明らかに労働党中央が協議の進行を想定し、この場面ではこの発言をとのシナリオ通りに演技させている。

これは第二次朝鮮戦争かと世界が緊張して朝鮮半島を注視したが、それがこの発言の目的だった。インパクトの強い発言で外交の場を劇場化させ、先制の利を得ようとするのが北朝鮮の外交手法だ。そしてある一定の利益を手にしたと判断すれば急転直下、妥協に応じる。では、その協定を順守するかと思えば、言い値を吊り上げてまた補給闘争に乗り出す。この「九四年危機」を振り返ると、補給闘争と密接にリンクした北朝鮮の外交のパターンを知ることができよう。

一九八五年十二月、北朝鮮がソ連の勧告に従ってNPT（核兵器不拡散条約）に加盟したことから話が始まる。それによってIAEA（国際原子力委員会）による査察を受けなければならないが、北朝鮮は七年もの間、ノラリクラリして査察を受けなかった。その理由について金日成は、日本のメディアにこう説明していた。それによると、まず「われわれには核兵器を開発する意思もなく、能力もない」と語る。そして反対しているのは核査察そのものではなく、国際正義に反して一方的にわれわれにたいしてのみ核査察を強要しようとする不当な振る舞いに抗議しているのだとする。[註1]

ＩＡＥＡは一九九三年二月二十五日に一カ月の回答期限付きで北朝鮮に対する特別査察決議案を採択した。北朝鮮はこれに異様なまでに強硬な反応を示した。三月八日に準戦時体制を宣布して動員の構えを見せ、十二日にNPT脱退を宣言した。そして四月七日から九日までの最高人民会議第九期第五回会議で金正日を国防委員会委員長に選出し、準戦時体制を強化すると同時に権力世襲の問題も解決させた。ちなみに金正日の肩書は、二〇一一年十二月に死去するまでこの国防委員会委員長で、主席に就任することはなかった。

一九九三年四月一日、ＩＡＥＡは北朝鮮が特別査察の受け入れを拒否している問題を国連安保理に付託した。そして五月十一日、国連安保理は北朝鮮のＮＰＴ脱退の再考、特別査察の受け入れ要請を決議した。賛成は日本を含めて一三カ国、反対なし、棄権は中国とパキスタンだった。またこの問題について、六月二日からニューヨークで米朝高官協議（米朝協議第一ラウンド）が始まり、続いて七月からは場所をジュネーブに移す。一九七四年三月、北朝鮮は平和協定締結のため米朝直接会談を求めて拒否されて以来、ようやくアメリカとの直接対話を実現した。これは北朝鮮にとって大きな戦果であり、ＮＰＴ脱退という恫喝によってすぐさま形になったことになる。[註2]

米朝高官協議が始まる直前の一九九三年五月二十九日と三十日（日本時間）、北朝鮮は咸鏡北道吉州郡のミサイル実験場から日本の能登半島方向に四発の弾道ミサイルを発射した。そのうちの一発は、のちにノドン一号と称される新型で、ほか三発はスカッド改C型と見られた。ＮＰＴ脱退という恫喝に、より切迫感を加えるための演出であることは明白だ。奇妙なのは、この北朝鮮の弾道ミサイルの連射についての日米の分析と対応だった。[註3]

この頃は日本の監視態勢も整っておらず、北朝鮮の弾道ミサイル実験の情報は、米軍に頼るほかなかった。米軍が提供した情報によれば、新型の弾道ミサイルは限界まで上昇させてから弾道に乗せるロフティッド軌道で発射されていたため射程は五五〇キロに止まっているが、これを飛翔距離を最大に伸ばせる通常のディプレスト軌道で発射すれば最大射程一〇〇〇キロに達するということだった。射程一〇〇〇キロに達するとすれば、西日本全域が射程内に入ったこととなる。それほど重要で衝撃的な情報だったからか防衛庁は報道管制し、発表したのは米朝協議が終わってからの一九九三年六月十四日だった。さらにはこの時すでに、日本列島上空を通過して太平洋に弾着していたという噂も広まり、その真偽のほども明らかになっていないというのも奇妙なことだ。

六月二日から始まった米朝高官協議の米代表は国務次官補のロバート・ガルーチ、北朝鮮代表は第一外務次官の姜錫柱だった。ガルーチ次官補は核不拡散問題の専門家とされていたが、朝鮮半島に関する基礎的知識に欠けると評されていた。姜次官は平壌国際関係大学フランス語科卒業、中国留学、ユネスコ代表部駐在のキャリアがある外交官で、金正日が外国要人と会談する際にはかならず同席するという側近だ。これでは役者の格が違いすぎて、話はまとまらないというのがソウル消息筋のもっぱらの見解だった。

六月十一日に発表された米朝共同声明は、相互に核の脅威を与えないと保証し、北朝鮮はNPT脱退を保留し、IAEAの特別査察受け入れについて継続協議するというものだった。この協議の主要テーマだったはずの北朝鮮が核兵器開発を中止するのかどうかという点については触れていない。ソウルの消息筋が危惧していたように、外交手腕と格の違いでアメリカは北朝鮮にしてやられた形となった。

次の米朝高官協議は九月に開催予定とされていたが、北朝鮮とIAEAの協議が進まず、また南北対話も進展しないことから、日程は宙に浮いていた。その間、北朝鮮は米朝国交樹立、一九九四年の米韓連合のチームスピリット演習の中止要求など、あらたな問題を提起していた。そのような情勢の九月から十月にかけて、北朝鮮の食糧危機や人権弾圧が国際問題になったことも関係してか北朝鮮の姿勢が軟化し、条件付きながらＩＡＥＡの特別査察を受け入れると声明した。これで好ましい方向に動き出すかと思いきや、すぐにその期待は裏切られた。

一九九四（平成六）年一月、恒例の新年の辞で金日成は次のように声明した。

一、米朝合意による核問題の解決
二、南朝鮮の金泳三政権に期待しない
三、農業、軽工業、貿易第一主義の方針で今後三年間は緩衝期とする

交渉相手はアメリカだけで、韓国の政権そのものを認めないというかたくなな姿勢に変わりはない。ただ、第三項はこれまでと違って国内の窮乏を率直に認めたものと思われる。このような事態に追い込まれると、国外に敵を作り、国内の団結を固めるというのが北朝鮮の常套手段だ。「米韓連合軍が攻めてくるぞ。不平不満を口にしている場合ではないぞ」と国民を脅かして、反政府思潮の芽をつむわけだ。食糧事情が悪化する一月から三月にかけてこの傾向が現れる。北朝鮮という国家の動向を予測するには、農事カレンダーが必要なわけはここにある。

一九九四年三月に入り、北朝鮮はＩＡＥＡによる査察を受け入れた。しかし、それは非協力的な姿勢であり、なんとも奇妙な論理を振りかざしていた。まず、北朝鮮はＮＰＴ脱退を一時

的に停止している特殊な地位にあるのだから、ＩＡＥＡの協定に従う義務はないとする。しかし、この事態が解決するまで原子炉に監視カメラを設置するなどＩＡＥＡの査察措置には協力する。また、ＩＡＥＡはアメリカの偵察衛星を使って情報を得ているようだが、これは国際機関としての公正性を欠くものだと強く非難していた。このような姿勢だから、北朝鮮はＩＡＥＡの査察を妨害し続けた。さらなる問題は、以前にＩＡＥＡが施した原子炉などの封印が毀損されており、プルトニウムの抽出が追跡できなくなっていたことだ。

ＩＡＥＡの査察問題は、米朝二国間協議では解決できない情勢となり、加えて前述した暴言問題で南北対話も中断した。そこで一九九四年三月二十二日から、問題は再び国連安保理に付託されることとなった。そして三月三十一日に次のような安保理議長声明が出された。すなわち、北朝鮮にＩＡＥＡの査察を円滑に受けることと、南北対話を再開することを求め、安保理はさらなる検討をするというものだった。さらなる検討とはなにかといえば、経済制裁であることは、だれの目にも明らかだった[註4]。

これで事態は沈静化すると思いきや、北朝鮮の瀬戸際外交はより大胆なものとなった。五月八日に北朝鮮は、平安北道寧辺郡分江労働者区にある電気出力五メガワットの試験原子炉から八〇〇〇本の使用済み核燃料棒の取り出しを始めた。これで北朝鮮はＩＡＥＡの管理下から脱し、しかもプルトニウムを十数キロ入手できる計算になる。この事態を受けてアメリカは、北朝鮮の核武装阻止に動き出し、軍事力を行使した場合の損害見積りを始めることとなった。

当時の米国防長官はウィリアム・ペリー、統合参謀本部議長はジョン・シャリカシュビリ陸軍大将、米韓連合軍司令官兼国連軍司令官はゲーリー・ラック陸軍大将、CIA長官はジェームス・ウルシーだった。シャリカシュビリ大将はポーランド生まれで、米軍で最初の外国生まれの大将として知られる。ラック大将は、攻撃ヘリコプターのパイロット出身で積極的な性格の人とされ、一九九一年の湾岸戦争では第一八空挺軍団長を務めている。そして大統領はビル・クリントン、副大統領はアル・ゴアだ。

協議の結果、武力発動の場合、前段で在韓米軍を増強するため陸軍一万人、戦闘機四〇機、ステルス爆撃機数機、空母一隻を急派するとした。情勢がさらに悪化すれば後段となり、陸軍四〇万人を派遣する。米軍は戦力の五〇パーセントを朝鮮半島に投入する計画が固まっていたともいう。[註5] 五月十九日の国防総省の見積りによれば、緒戦の九〇日間で米軍の死傷者は五万人、韓国の軍人、一般市民の死傷者は四九万人に達し、戦費は六一〇億ドルと算定されたとされる。三年間にわたる朝鮮戦争では、米軍の戦死傷・行方不明は計一四万二〇〇〇人、戦費は五〇〇億ドルだった。一九九一年一月十七日から二月二十八日までの湾岸戦争では、多国籍軍の戦死傷・行方不明は計四六八人、米軍の戦費は戦後処理も含めて四〇七億ドルだった。この数字からしても、アメリカが朝鮮半島での全面的な武力発動をためらうのは当然だろう。

そこでアメリカは、軍事力行使の前段階としての経済制裁を模索しだす。これを見越して北朝鮮の駐中大使は、六月四日に「経済制裁は宣戦布告と見なす」と警告した。当面、北朝鮮にとって一番痛いのはこの経済制裁だとの告白にほかならない。このアメリカによる対北経済制裁は、朝鮮戦争以来のことで、一九八三年十月のラングーン事件（全斗煥大統領爆殺未遂事件)、一九八七年十一月のKAL機爆破事件など事あるたびに発動されてきた。対外的に目新しいことではなく、「それは宣戦布告に等しい」と凄んだところで、それほどのインパクトはない。そこで北朝鮮はさらに一歩踏み込んだ瀬戸際外交に出て、六月十三日にNPT脱退を表明した。アメリカは十五日、北朝鮮に対する経済援助を全面的に停止し、経済制裁を課する決議案を国連で公表した。

この前後が一九七六年八月の「ポプラ事件」以降、朝鮮半島情勢がもっとも緊迫した時だった。米空母機動部隊が日本海に入り、搭載機を発進させれば三分二〇秒で平壌に到達するところまで接近していたという。この事態を平和裡に収拾しようとしたのが、韓国の金泳三大統領だった。戦争となればもっとも深刻な被害に見舞われるのは韓国だから当然だ。金泳三大統領は、自分が韓国軍の統帥権者なのだから、自分が命令しない限り韓国軍七〇万人は動かないし、動員も行なえないとクリントン大統領を説得し続けた。[註6]

危機的な情勢を打開するため、米政府はジミー・カーター元大統領を私的な立場で訪朝させることとした。民主党政権としては、特使にカーター元大統領という人選は当然だろうが、彼を選んだということは、アメリカが朝鮮半島の実情を理解していないことの現れだ。一九七六年の米大統領選挙時、公約の一つに五年以内に在韓米軍を撤退させることを掲げたのはカーターだった。これには韓国のみならず米軍すら反発していた。

そして一九七九年六月から七月にかけてカーター大統領は訪韓したが、朴正熙大統領と在韓米軍の問題で鋭く対立し、共同声明が出せないのではないかと危惧された場面すらあった。結局は一九七九年七月、在韓米地上軍の撤収は凍結ということに落ち着いた。さらには韓国の人権問題を指摘し続けたのもカーターだった。[註7] この経緯からしても、カーター元大統領は韓国に良い印象を持っていなかったことは明らかだ。それだから北朝鮮は、カーター特使を受け入れたともいえよう。

一九九四年六月十五日、韓国経由で北朝鮮に入ったカーター特使は、翌十六日に金日成主席と会談した。その席ですぐに、北朝鮮の核開発凍結、南北首脳会談の開催について合意に達し、加えて朝鮮戦争中に戦死した米軍将兵の遺骨返還も行なわれることとなった。この遺骨返還について、金日成は少しためらったそうだが、金聖愛夫人に促されて合意したという。そして両夫妻は遊覧船で大同江を観光し友好ムードを高めた。とにかく北朝鮮は外交巧者というほかない。

そもそも北朝鮮が仕掛けたNPT脱退宣言に端を発する第一次核危機は、国際情勢をよく読んだ上での絶妙な外交だった。アメリカでは一九九三年一月からクリントン政権となるが、これは一二年ぶりの民主党政権だった。韓国では二月からなんと三二年ぶりの文民政権となる金泳三政権だ。北朝鮮としてはほとんど意識していなかったろうが、日本では八月から連立の細川護熙政権となった。どれも以前と比べ、多少なりとも北朝鮮にソフトに出ることが期待できる政権だった。

それにしても国際中間地帯にある国家としては、危険きわまりない外交施策だった。中ロを含む全周包囲からの攻撃というシナリオもまんざら絵空事ではない。それに踏み切ったのは老練な金日成ではなく、若さゆえの性急な金正日の独断専行だとする見方も有力だった。カーター訪朝で進行中の危険な事態を知った金日成は、すぐさま収拾策を講じたということだ。これは北朝鮮からの亡命者が口にする、「金日成の時代はましだった。問題は若い金正日だ」に符合するだろう。しかし、多額の予算を必要とする核兵器の開発まで金日成が知らなかったとは思えない。ともあれ金日成は、一九九四年七月八日に平安北道の妙香山にある特閣（別荘）で死去し、この危険なゲームの結末を見ることはなかった。

今日なお「九四年危機」とはなんであったのかとさまざま語られている。あれを瀬戸際外交と評するのは間違いではないが、より直截的に核兵器をもてあそびつつの補給闘争だとした方が理解しやすいのではなかろうか。実際に北朝鮮は、後述するＫＥＤＯ（朝鮮半島エネルギー開発機構）から利益を吸い上げるまでになった。核兵器疑惑を武器とした補給闘争の成功だ。また、同時に北朝鮮外交の一つのパターンをも世界に示した。

金正日時代となってから盛んに提唱された先軍政治、それに対応する先軍外交、瀬戸際外交というものについて紹介したいのは、張誠珉の著作にある「先制攻撃型圧迫外交」という手法だ。これは次の五段階に分けて考えられるという。[註8]

第一段階　軍事的攻撃を通じての危機醸成
第二段階　相手に対する先制攻撃
第三段階　交渉話題の先制独占

第四段階　相手のフレームの無効化
第五段階　劇的妥結

これは的確な分析だが、なにも金正日による先軍外交、瀬戸際外交にだけあてはまるものではない。「九四年危機」における北朝鮮の動きも、この先制攻撃型圧迫外交で説明することができる。まず第一段階は一九九三年三月十二日のNPT脱退宣言だ。軍事的な攻撃ではないにしろ、危機を醸成したことには違いない。第二段階の先制攻撃は、一九九三年五月末の弾道ミサイルの発射と見ることができよう。第三段階では宣伝効果が行き渡り、北朝鮮が話題を独占する。第四段階は、これまでアメリカは北朝鮮との直接交渉を避けてきたが、そんなこともいっていられなくなる、すなわちフレームの無効化だ。そして第五段階、金日成の登場で急転直下、劇的な事態収拾となる。

このような外交手法には、補給闘争を最優先させる路線、そして過剰忠誠分子によるより過激な言動や虚偽報告がからんで複雑になる。さらにまたこの外交手法は、中途で打ち切ったり、一段階を飛び越えたり、さらには補給闘争の成果を追い求めすぎて収拾が付かなくなり、第五段階に至らなかった場合もある。後述のＫＥＤＯや六者会合がその失敗例となろう。問題は、金日成や金正日の時代は、このサイクルを回すのに時間をかけていたが、最近は事を性急に運ぶところに問題と危惧がある。

ＫＥＤＯを巡る補給闘争の結末

北朝鮮のＮＰＴ脱退宣言によってアメリカは、基本政策である核兵器の拡散を防止することを第一とした。そこで米朝直接交渉を拒否してきたアメリカだが、事態を重く見て北朝鮮と接触し始めた。一九九三年六月からはニューヨークで、七月からはジュネーブで会談が行なわれた。結論が出されたのは一九九四年十月二十一日で、「米朝枠組み合意（ジュネーブ核合意）」といわれるものだ。

そこでの合意点は次のようなものだった。北朝鮮が保有している原子炉は、黒鉛減速・炭酸ガス冷却式のコールダーホール型だが、これは核兵器用のプルトニウム239を効率よく生み出す。そもそもこの型の原子炉は、イギリスが核装備を進めるためにプルトニウム生産用として開発したものだ。そこが問題なのだから、これを破棄させる。その代償として民生用でプルトニウムを効率的に生み出さない軽水炉を提供する。北朝鮮としても、核兵器の開発を進めているわけではないことの証明として、これを受け入れることとなった。北朝鮮が得意とする補給闘争の成功だ。

ここまでは、韓国や日本は近隣諸国として納得しなければならないとは思う。しかし、それから先はアメリカのご都合主義、大国の驕りを感じざるをえないものだった。米国務省当局がいうには、共産主義国に対する援助停止に始まり、経済制裁を加え続けているアメリカが北朝鮮に軽水炉を提供することは、米議会が認めないため、密接な地理的接壌性がある韓国と日本が主体となって経費を負担してもらいたいという。当時、韓国はまだ北朝鮮を「主敵」としていたから、敵に塩を送るようなまねは心外だったろう。しかし、米韓相互防衛条約の手前もあるし、それで北朝鮮が核兵器の保有を断念すれば結構なことだとアメリカの意向に沿う姿勢を示した。

日本はまったく事情が異なる。日本には、北朝鮮と国交を樹立して戦後の総決算をしたいと願う勢力もあるだろう。しかし、日本には一九六五（昭和四十）年六月署名の日韓基本条約というものがある。その第三条で「大韓民国政府は、国際連合総会決議第一九五号（Ⅲ）に明らかに示されているとおりの朝鮮にある唯一の合法的な政府であることが確認される」とある。戦前からの流れで日本国内には約二〇万人の北朝鮮国籍の者が居住してはいたが、その北朝鮮との往来を一九六五年十二月から認めているという関係だけだ。

しかも一九九三年五月二十九日、前述したように北朝鮮は日本に向けて弾道ミサイルを連射した。そんな北朝鮮がなにやら火遊びをしているが、アメでもやっておとなしくさせるので応分の協力をしろといわれても、日本としては納税者へ説明できない。ところが朝鮮半島の事情と北東アジアの歴史にうとい米国務省のプロジェクト・チームは、日本にゴリ押しを続ける。北朝鮮が発射する弾道ミサイルの問題はあくまで地域的なものであり、核兵器の拡散は世界的な問題に発展するから日本は応分の協力をすべきだとの奇妙な論理を振り回す。結局、一九九四年九月に村山富市首相は、核兵器開発の完全解決の保証という前提条件を付け、「軽水炉提供の国際的支援に参加する用意がある」との親書をクリントン大統領に送った。[註9]

こうして一九九四年十月二十一日、ジュネーブでの米朝協議で「米朝枠組み合意」なるものが成立した。その内容は次のようなものだった。二〇〇三年までに一〇〇〇メガワットの軽水炉二基を北朝鮮に提供する。その見返りとして、寧辺にある黒鉛減速・炭酸ガス冷却型原子炉三基を凍結、解体する。提供する軽水炉が稼働するまで毎年、重油五〇万トンを提供する。北朝鮮はNPTに止まる。そして米朝国交正常化の交渉を続ける、というものだった。

一九九五年三月、KEDO（朝鮮半島エネルギー開発機構）が発足した。ところがこの局面になっても、北朝鮮はさらなる補給闘争をやめようとはしない。まず北朝鮮は、韓国製の原子炉を拒否した。しかし、北朝鮮の食糧事情は最悪の状態に陥っており、各国の人道支援にすがるほかなくなっていた。北朝鮮はまず日本の食糧支援を当てにしたが、日本は韓国の理解が必要だとしたため、南北会談が始まり、その経過の中で六月に「アメリカの設計と技術による改良型」という韓国製の導入が決まった。[註10] 同年八月に日米韓の三カ国で第一回KEDO総会がニューヨークで開催され、十二月にはKEDOと北朝鮮が協定を締結し、すぐに最初の重油が咸鏡北道の先鋒に到着し、勝利製油所の貯油施設に収められた。

北朝鮮に提供される原子力発電所は、咸鏡南道新浦市の琴湖里に建設されることとなった。新浦市は咸鏡本線で元山から二一〇キロ、日本海に面しており、対岸は北朝鮮海軍の潜水艦基地がある馬養島で、最近SLBM（潜水艦発射弾道ミサイル）の実験もこの付近の海域で行なわれている。以前、北朝鮮はソ連の援助でここに六三五メガワット三基を備える原子力発電所を建設する予定だった。どうしてここに原子力発電所なのかだが、地盤の関係と咸興、興南の工業地帯への電力供給から選定されたのだろう。

総工費は四六億ドルと見積もられ、韓国が七〇パーセント、日本が二〇パーセント、EU諸国が一〇パーセントをそれぞれ負担するとされた。アメリカの負担はないが、その代わり二〇〇三年まで毎年、重油を五〇万トン供給するから、その負担はおよそ年六五〇〇万ドルほどとなる。新浦市での建設工事の着工は一九九七年八月だった。工事が始まった当初は、南北の工事関係者は互いに警戒しあっていたが、すぐに打ちとけて親しくなり、北朝鮮側からは殺虫剤や風邪薬を求めてきたという。北朝鮮当局も気を遣い、韓国の工事従事者の休養施設まで用意したとされる[註11]。

このようにNPT脱退という恫喝に始まった北朝鮮の補給闘争は、大きな成果を収めた。二〇〇〇メガワットの原子力発電所はもとより、北朝鮮にとっては年五〇万トンの重油も大変な贈り物だ。一九七五年以来、鴨緑江を横断する中朝友誼送油管によって送られてくる年間最大三〇〇万トンの原油が北朝鮮の命の綱だった。それも中国の気分次第でバルブを閉めたり、開けたりとハラハラさせられてきたのだ。そして北朝鮮にとって願ってもないことは、長年の夢だったアメリカとの直接交渉が形になったことだ。

これほどの成果を手にしたのだから、それが確実なものになるまで情勢を静観しているのが北朝鮮にとって得策なはずだ。毎年重油を五〇万トンもらいながら、原子力発電所が稼働するまでは動かないということだ。ところが苦労知らずの二代目の金正日は、もって生まれた性急な性格からか、それとも大きな成功に酔ってしまったのか、すぐに戦果拡張に乗り出した。その第一弾が新浦市での原子力発電所着工の翌年、一九九八（平成十）年八月三十一日の長距離弾道ミサイルの発射だった。

日本海に面する咸鏡北道花臺郡大浦洞もしくは舞水端里から発射された長距離弾道ミサイルは、三段式のものだった。一段目は能登半島の北西約五〇〇キロの日本海上に落下し、二段目は日本列島上空を通過して三沢沖の太平洋上に落下し、三段目も洋上に落下したと見られた。北朝鮮は九月四日にこれを人工衛星の打ち上げで、打ち上げロケットは白頭山一号、人工衛星は光明星だとし、三段目に内蔵された光明星は地球周回軌道に乗ったと発表した。のちの推定によれば、一段目はノドン（芦洞）、二段目はスカッド、発射地点の大浦洞からテポドンと呼ばれることとなる。北朝鮮が主張する人工衛星だが、地球周回軌道には見当たらず、三段目と共に落下したとされる。

当然のことながら、北朝鮮には各国と同様、宇宙を平和利用する権利がある。宇宙空間ならば、他国の上空を通過する形になっても問題はない。北朝鮮の場合、他国の上空を通過しなければ、宇宙の平和利用はできない。テポドンの場合、日本上空で高度一〇〇キロを超えるから、日本も抗議はできない。しかし、打ち上げの日時、飛翔経路、一段目や二段目の落下予想地点などを世界に通報して安全を図る義務は課せられる。ところが北朝鮮は、このような手順を踏まず、突然打ち上げておいて、衛星から放送している「金日成将軍の歌」が聞こえるだろうというのだから話にもならない。日本の怒りは当然だが、米国務省は九月十一日に「人工衛星の打ち上げ失敗」との見解を発表し、日本の立場はやるせないものとなった。[註12]

核兵器の開発疑惑がまだ払拭されていないのに、なぜ北朝鮮は世界を刺激するようなことをしたのか。北朝鮮という国は、無駄なことは一切しないという見地から考えてみよう。まずは、九月九日の建国五〇周年紀念の祝砲だ。「耳を澄まして聴け、これが宇宙からの『金日成将軍の歌』だ」というわけだ。また考えられるのは、九月五日から開かれる最高人民会議第一〇期第一回会議での憲法改正、国家主席制の廃止を印象付けるためとしても間違いではないはずだ。だから北朝鮮は九月四日に人工衛星打ち上げを発表したとすれば平仄は合う。

案外と迷信深く、旧習を捨てられないのが北朝鮮という国だから、ミサイル打ち上げは爆竹と同じだとも思える。金日成が死去してからは天災、食糧危機と苦難が続いたから、ここでお清めだとしてもおかしくはない。より深刻にその意図を探れば、新たな補給闘争開始の号砲となる。これまでの核兵器開発を武器にした補給闘争が成功したから、これに運搬手段の弾道ミサイルを加えてセットにすれば、より大きな戦果が期待できるとの発想だ。まさしくこれが、二〇一七年末までの北朝鮮の動きなのではないだろうか。

人工衛星の打ち上げだったとしても、事前通告もしないとなれば、頭の上を通過された日本が反発し、態度を硬化させるのも当然だ。一九九八（平成十）年七月に発足したばかりの小渕恵三政権は、すぐさま厳重抗議の意を表明し、国連安保理が非難決議をするよう働きかけを始めた。また、日本政府はＫＥＤＯへの資金供出協定に調印拒否も表明した。それからの経緯を見れば、日本の対応こそが正解だったが、国際世論、特に米政府の見解は、弾道ミサイルの問題は限られた地域の問題であるとした。国際的な見地から日本はＫＥＤＯから離脱しないよう説得し、結局は十月二十一日に日本もKEDOの合意文書に署名することとなった。

弾道ミサイルを向けられた日本の憂慮と憤りをよそに、事態は北朝鮮に有利な形で進展した。韓国は一九九七年二月から対北宥和の太陽政策を掲げる金大中政権となった。同年十一月から金剛山観光事業が始まり、北朝鮮は安定したドル収入が見込めるようになった。そして二〇〇〇年に入り、二月には朝ロ友好善隣協力条約が締結され、五月末に金正日は訪中して江沢民国家主席と会談した。このように態勢を整えた北朝鮮は、二〇〇〇年六月十三日から初の南北首脳会談に臨むこととなった。当初は成功したと思われた金大中の対北政策も、金正日のソウル答礼訪問が実現しないため完結しなかった。北朝鮮としては、南北首脳会談に同意することで、まず二億ドルもしくは五億ドルを手にし、金剛山観光事業、続いて開城工営による収入と、対韓補給闘争は大成功ということになった。

ちょっとした報道も北朝鮮は補給闘争の材料とした。一九九八年八月、ニューヨーク・タイムズは、平安北道大舘郡金倉里（金昌里）に核施設が存在している可能性を報じた。アメリカとしては、この問題を米朝枠組み合意に関わるものとして調査を求めた。すると北朝鮮は、立ち入り調査は国家主権の侵害であり、調査を行なって疑惑が解消されたならば相応の補償をすべきだと、露骨な補給闘争の姿勢を示した。

一九九九年五月、調査団が現地に入ったが、巨大なトンネルはあったものの核施設の存在は確認できなかった。これで北朝鮮がアメリカから得たものは、WFP（世界食糧計画）を通して食糧五〇万トン、アメリカのNGOを通して種ジャガイモ一〇〇〇トン、その栽培をする者

向けの食糧一〇万トンだった。このジャガイモこそが、これまでの北朝鮮の生存を支える柱となった。[註13]

二〇〇〇年中にクリントン大統領が訪朝すれば、朝鮮半島を巡る情勢は大きく動くと語られていた。朝鮮半島では「五」の倍数の年を「定周年」、そうでない年を「平周年」とし、定周年がラッキーだとする。二〇〇〇年に北朝鮮もおおいに期待していたはずだ。[註14]ところがクリントン大統領の訪朝は実現しなかった。なぜかといえば、任期切れが迫っており、残る時間を中東和平にあてたからと説明されている。しかし、本当の理由は韓国の全域を火制しているスカッド・ミサイル、さらには日本に届くノドン・ミサイルの問題で交渉が行き詰まったからと語られている。また、北朝鮮としては二〇〇〇年十二月の米大統領選挙の様子見ということで、交渉を急がなかったとも思える。そして二〇〇一年からアメリカはジョージ・ブッシュの共和党政権となり、しかも九月には同時多発テロが起き、北朝鮮に有利な潮目が大きく変わることとなった。

北朝鮮を取り巻く国際環境が根底から変わったことは、二〇〇二年のブッシュ大統領の年頭教書によく現れている。この教書では、イラク、イラン、北朝鮮を「悪の枢軸」とした。さらにブッシュ大統領は、北朝鮮を「ならず者国家」と公言し、さらには金正日を「ピグミー（小僧）」とまで侮蔑した。ここまで悪しざまに扱われると金正日は激怒するし、周囲はそれ以上に激高しないと忠誠心が疑われることとなる。そんなことで北朝鮮全体が我を忘れたため、とんでもない事態に発展した。

北朝鮮当局者は、二〇〇二年十月三日から五日にかけて米朝協議のため訪朝していたジェームズ・ケリー国務次官補に核兵器の開発継続をほのめかしたばかりか、「もっとすごいものを持っている」と放言した。もっとすごいものとは、核兵器そのものか、それともすぐに核兵器を組み立てられる高濃縮したウラン235のことではないかと推測された。アメリカはこれを十月十六日に公表した。これでKEDO存立の理由はなくなり、十一月十四日に十二月分の重油提供を中止し、十二月に入って全面停止されることとなった。

補給闘争の獲物を奪われた北朝鮮は、理性を失って猛反発した。十二月十二日、北朝鮮外務省のスポークスマンは、「電力生産に必要な核施設の稼働と建設を即時再開する」と発表した。北朝鮮は同月二十一日、原子炉の封印を撤去し、監視カメラに覆いを付けた。そして二十七日、IAEAの現地査察官の追放を通告、三十一日に退去となった。二〇〇三年に入り、一月六日にIAEA特別理事会は、北朝鮮に核施設監視設備の復旧を要求した。これに対して北朝鮮は、NPTからの脱退とIAEAの査察協定からの離脱を宣言した。

これではKEDOの機能は停止するほかない。二〇〇三年十一月四日、KEDO理事会は軽水炉建設事業の中断を決定する。そして二〇〇五年十一月に開かれたKEDO理事会は、事業の放棄と組織の解体で合意し、二〇〇六年五月には正式にKEDO解散となった。この時点までに日本はKEDOに四億ドルを支出していた。そして同年十月九日、北朝鮮は咸鏡北道吉州郡の豊渓里で最初の核実験を行なった。続いて同月十四日、国連安保理による初の北朝鮮制裁決議となり、今日までの大枠が定まった。

交戦状態にあった黄海正面

海上での衝突だから、すぐさま全戦線に波及する可能性が低いということからか、黄海正面での事態は、さほど大きく報じられることはなかった。しかし、黄海での衝突の規模と烈度は、陸上のDMZ沿いでは見られないものであり、しかも朝鮮戦争の休戦処理の問題もからむから、深刻な問題に発展してもおかしくはなかった。また、朝鮮戦争の前から知られていたことだが、西で騒ぎを起こして注意を向けさせておいて、東で密かに地下工作を行なうという戦術を北朝鮮は多用してきた。その逆もまたしかりだ。

一九五三年七月二十七日午後十時に発効した朝鮮軍事休戦協定では、両軍の接触線をもとに軍事分界線（MDL）を設け、そこから双方二キロずつ後退して北方限界線（NLL）と南方限界線（SLL）とし、それに挟まれる地域を非武装地帯（DMZ）とした。これはあくまで陸上についてのみ、すなわち日本海側では鑑湖の南側一キロから、黄海側では汶山西南側八キロの臨津江河口部までの一五五マイル（二四八キロ）だ。

では海上はどうなっているのか。東海岸でMDLが日本海に入る地点は、北緯三八度三七分、東経一三三度、ここから東に緯線沿いに一二海里、韓国の領海までをNLLとした。黄海側でのMDLは、臨津江と漢江の流水部の中間線とし、漢江河口部の喬桐島で終わっている。そこから西ではMDLが設定されず、国連軍が一方的にNLLを設定した。その理由は、国連軍の制海権は絶対的なものだから、海上においては中朝側と協議する必要はないからだとした。[註16]

圧倒的な海軍力を背景に、国連軍が京畿湾の島嶼すべてを韓国領としたわけでもない。古くから「西海五島」と呼ばれる白翎島、大青島、麒麟島、倉仁島、巡威島のうち後者三島は北朝鮮領土と認めた。朝鮮軍事休戦協定第二条で韓国領とされたのが「最北五島」と呼ばれる白翎島、大青島、小青島、延坪島、隅島だ。NLLはこの島嶼の間をぬうように伸びて白翎島に至り、北緯三八度三分、東経一二三度四五分を基点に緯線沿いに一二海里がNLLとなる。

もちろん、一方的に限界線を設定された北朝鮮は不満だが、海上での対抗手段がないから黙認するほかない。ところが一九七三年八月の金大中拉致事件で南北対話が中断した頃から、北朝鮮は黄海上のNLL無効を主張するようになった。そして一九七七年八月に北朝鮮は二〇〇海里の経済水域を設定し、それに伴い日本海と黄海に独自の境界線を設定したが、国連軍に無視された。また北朝鮮は海軍力が足りず、経済水域の実効支配することができなかった。

北朝鮮の海軍力が微弱のうちは問題も起きなかったが、それなりの沿岸警備力が形になると紛争が起きる。また、京畿湾の北部海域はワタリガニの好漁場であることも問題を複雑にした。ワタリガニの漁期が始まる初夏から、北朝鮮の漁船が頻繁にNLLを侵犯し、韓国の警備艇が出動して警告放送や威嚇射撃、放水で追い払うといったイタチごっこが繰り返された。北朝鮮の経済事情が悪化して、海軍自体が独立採算の自力更生ということで漁労を始めたので、砲火の応酬に発展しかねないと危惧されていたが、それがすぐにも現実のものとなった。

一九九九年六月十五日、北朝鮮の警備艇四隻に護衛された二十数隻の漁船がNLLを越えて南へ一海里にまで入ってきた。これに対して韓国の警備艇十数隻が出動し、警告放送をしたところ、北朝鮮の警備艇が体当たりした上に機関砲を発射した。韓国側も応戦して交戦状態に陥り、北朝鮮側は魚雷艇一隻沈没、警備艇一隻大破、三隻小破だったが、韓国側は沈没なし、七人負傷、第一次黄海海戦は韓国の勝利となった。金大中政権が太陽政策を推進している最中に、どうしてこのような衝突が起きたのか。ワタリガニだけが理由ではないはずだ。そして同年九月二日、北朝鮮は国連軍が設定したＮＬＬは無効と宣言し、独自の海上分界線を設定したが、韓国との協議は不調に終わった。

次の大きな衝突は、二〇〇二年六月二十九日、ちょうど韓国がワールドカップ三位決定戦に出場した日に起きた。北朝鮮の警備艇が突然、韓国の警備艇に向けて発砲した。この衝突で韓国側は警備艇一隻沈没、死傷者二五人の損害を被った。北朝鮮側の損害は、警備艇一隻中破、死傷者三十数人と推定された。これまたワタリガニの漁期の六月の出来事だが、ワールドカップでおおいに盛り上がっている韓国に冷水を浴びせようという意図があったとしか思えない。[註17]

二〇〇三年二月から金大中政権よりも対北宥和的な盧武鉉政権となる。いつのことか明らかではないが、金正日は黄海側のＮＬＬ問題を取り上げ、この一帯を共同漁労水域、もしくは平和水域にするよう提案し、盧武鉉もこれに同調したという。このようなこともあり、ＮＬＬを侵犯する北朝鮮の漁船団や警備艇が増えたが、韓国側は実力をもって排除することなく、威嚇射撃に止めていたという。

二〇〇八年二月から韓国は保守派の李明博政権となり、再び朝鮮半島の情勢が緊張した。二〇〇九年四月五日、北朝鮮は日本上空を通過する弾道ミサイルを発射した。この時、日本は初めて自衛隊に対して弾道ミサイルの破壊措置の行動命令を下令した。そして五月二十五日、北朝鮮は二度目の核実験を行ない、七月四日には日本海に向けて弾道ミサイル七発を連射した。このような情勢の切迫は、黄海正面でも例外ではなかった。

二〇〇九年十一月十日、大青島付近で北朝鮮の警備艇一隻がNLLを越えた。これを韓国の警備艇二隻が捕捉したところ、北朝鮮側は発砲した。北朝鮮の警備艇は五〇発撃ったというが、韓国警備艇は三分間で四〇ミリ機関砲約六〇〇〇発も撃ち返して圧勝し、北朝鮮の警備艇は大破して遁走した。韓国海軍はこれを「大青海戦の大捷」と呼んでいる。この圧勝は、高価なスタビライザー付の砲座と照準装置が決め手であったという。もちろん、装備の優越性を見せつけられた北朝鮮は歯ぎしりした。そこで十一月十三日、北朝鮮は板門店の本会議で、重々しく「無慈悲な軍事的措置が下されるであろう」との文書を手渡した。

二〇一〇年三月二十六日、白翎島の南西で韓国海軍の哨戒艦（コルベット）「天安」が突然、爆沈した。乗組員一〇四人中、四六人が死亡・行方不明となった。爆沈の原因については、機関部や火薬庫の事故、機雷、座礁などさまざま考えられた。韓国、アメリカ、オーストラリア、スウェーデン、イギリスによる五カ国合同調査委員会を立ち上げて真相究明が始まった。

船体を引き揚げての調査が進められたが、底曳き漁船が回収した魚雷の推進部と機関部で、北朝鮮が輸出もしていたCHT02D音響追跡型で、音響・磁気に複合感応する長魚雷であることが判明し、これが決定的な証拠となった。待ち伏せしていた北朝鮮の小型潜水艦が魚雷を発射したとしか考えられない。この調査結果は二〇一〇年六月、国連で発表された。[註18] 前年十一月十三日に北朝鮮が表明した「無慈悲な軍事的措置」とはこれだったことになる。また、過剰忠誠の発揮を求められる国だから、弾道ミサイル、核兵器の実験に海軍も続けということもあろうが、韓国海軍の艦艇に向かって魚雷を撃つとなると、最高統帥部や労働党中央の指示もしくは認可がなければやれることではない。

黄海正面における北朝鮮の挑発はまだ続く。二〇一〇年十一月二十三日、北朝鮮軍沿岸砲兵部隊は、ＢＭ21多連装ロケット中隊一個、六両をもって延坪島を砲撃した。これによって韓国の軍人、民間人合わせて二三人が死傷した。これが朝鮮戦争休戦以来、最初の民間人居住地域への砲撃となった。ＢＭ21一両は一二二ミリロケット弾四〇連装で、射程一一キロから二〇キロだ。一個中隊の斉射となれば、偶発的な事故ではないし、出先の独断専行でもないだろう。

休戦状態にあるのだから当然にしろ、北朝鮮軍は米韓連合軍の実動演習に敏感で、さまざまなチャンネルを通じ、北朝鮮の領土、領海に着弾すれば、すぐさま厳重な対抗措置をとると警告していた。また、北朝鮮軍の沿岸砲兵部隊は女性で編成される場合が多く、エキセントリックで融通がきかず直線的に行動しがちとも語られている。この延坪島への砲撃も、韓国海兵隊による実弾演習で、たまたま一発がＮＬＬを越えて着弾したため、応射したのではないかとも語られていた。しかし、韓国海兵隊のＫ９一五五ミリ自走榴弾砲が応射を始めるには二〇分ほどかかったといわれるから、韓国軍は実弾演習中ではなかったことになる。[註19]

この事件の背景として考えられるのが、金正恩の動静との関係だ。二〇一〇年九月二十七日、金正恩の大将就任が公表され、翌二十八日には彼が中央軍事委員会副委員長に就任し、ここに金正日の後継者はその三男である金正恩であることが確定した。そこで過剰忠誠心の発露ということで、黄海正面で祝砲という説明もまんざら的はずれではなかろう。

ここ半世紀以上にもわたって南北の軍事情勢を注視してきたソウルの消息筋によると、「西でなにか目立つことをしている時、必ず東でも水面下でなにかを画策している。その逆もまたしかり」が北朝鮮の習性だとする。朝鮮戦争前、まだ北緯三八度線で分断されていた頃、北朝鮮は開城から延白平野、さらに西の甕津半島で軍の支援のもと、コメや家畜の強奪、すなわち活発な補給闘争を展開し、さらには国境紛争を仕掛けてきて、韓国はその対応に追われていた。その時、北朝鮮は東海岸から武装工作員を送り込み、太白山脈中に人民解放区を設けようとしていた。

では、二〇一〇年の韓国哨戒艦「天安」撃沈、延坪島砲撃と世界の耳目を集めた派手な動きの陰で、北朝鮮はなにを進めていたのか。核兵器の開発と地下核実験場の建設、弾道ミサイル実験場の整備、弾道ミサイルの地下格納施設の建設を進めていたことになる。そしてそれが形になり、誇示することによって、また新たな補給闘争に乗り出したという構図だ。

大量破壊兵器の開発と実戦化

休戦状態にある国の核武装

「わが国は、核兵器をつくる能力も意志もない。財力もない」、というのが金日成の口癖だった。また、「核実験ができる場所もない」とも付け加えて真実味をもたせ、もっともな話とだれもが納得していた。これがまったくの虚言だったことは、二〇〇六年十月九日の第一回核実験で証明されたのだが、北朝鮮の内実を知るのが遅すぎたというほかない。常識的に考えれば、ソ連・ロシアと中国という二つの核の傘の下にいる北朝鮮が、わざわざ近隣諸国を刺激してまで独自に核兵器開発を進める必要はないとの結論になるだろう。そもそも古典的な国際政治学からすれば、国際中間地帯にある中小国が重武装しようとすれば、周辺の大国がそれを阻止するというのが定説だった。

一九九一年十一月二十五日、北朝鮮は朝鮮半島からの核兵器撤去と南北同時核査察受け入れを提案した。これを受ける形で十二月十三日、「南北の和解と不可侵および協力・交流に関する合意書」が調印された。十二月三十一日には、「朝鮮半島の非核化共同宣言」で同意に至った。これが盧泰愚大統領による北方政策の頂点となるものだ。[註20] そして翌一九九二年一月六日、米韓首脳会談でジョージ・ブッシュ大統領は、韓国に配備した核兵器を全面撤去すると言明した。前述したように、一九九三年二月二十五日、IAEAが一カ月の回答期限付きで対北核特別査察決議案を採択すると、北朝鮮は準戦時体制を宣布してNPT脱退を宣言した。隠し通せるとたかをくくっていた核兵器開発だったが、暴かれそうだと察知するとすぐに北朝鮮は強行突破に出たということになる。

核兵器について、ことさら無関心を装う金日成の態度は、師匠ともいうべきスターリンや毛沢東とよく似ている。一九四五年七月のポツダム会談中、トルーマン大統領はスターリンに、「大威力のスーパー爆弾の実験に成功した」と伝えると、スターリンは「なんと幸いなことだろう」と儀礼的な返答しかしなかった。アメリカは機密が漏れていないと安心したが、ソ連はマンハッタン計画の概要は承知していた。広島に原爆が投下された翌日、スターリンはソ連の代表的な核物理学者五人に対して、経費を無視しての核開発を指示した。そして一九四九年九月二十五日、ソ連は核兵器の保有を公表し、その八カ月後に朝鮮戦争となる。

一九四六年八月、米記者のインタビューを受けた毛沢東は、「原子爆弾はアメリカの反動主義者たちが人民を脅すために使用する張り子の虎である。恐ろしいものに見えるが、実はそうではない……戦争の結果は『人民』によって決定されるものであって、一つ二つの新型兵器で決定されるものではない」と語り、広く世界に報道された。一九五四年九月、訪中したフルシチョフにも「核兵器、張り子の虎論」を語り、フルシチョフがあきれたという。[註21] しかし、これは対外的な発言で、国内向けには「ズボンをはかなくとも核兵器を」とキャンペーンしていた。そして中国は、一九六四年十月に原爆実験、六七年六月に水爆実験を成功させた。これによって中国は、一九七一年十月に国連代表権を獲得し、安保理常任理事国となって国際的な発言力を持つに至った。核保有がなかったならば、考えられないことだ。

朝鮮戦争は核脅威下で戦われたのだから、金日成はより切実な問題意識を持たざるをえなかった。北朝鮮人民軍が錦江～小白山脈の線を突破した一九五〇年七月、米軍は核兵器の使用を検討し始めたとされる。これは金日成も知らなかったはずだ。前述したように中国軍の第二次攻勢中の一九五〇年十一月三十日、トルーマン大統領は記者会見で、「必要と思われるすべての手段をとる用意がある」と言明し、核兵器の使用をほのめかした。この発言はＮＡＴＯの第一線にある西欧諸国をいたく刺激し、すぐさまの使用ではないとのコメントが出されて沈静化が図られた。

しかし、米軍は核兵器の使用を断念したわけではなかった。一九五二年五月、米極東軍司令部が策定した「核標的分析」の中に、中部戦線の平康へＴＮＴ換算二〇キロトンの核兵器を投下する計画があった。当時、平康にあったのは中国軍だったが、これを核攻撃で一掃し、平元線沿いに国連軍が北進、金剛山系にあった北朝鮮軍主力を包囲して、殲滅するという計画だったから、まさに北朝鮮に突き付けられた刃だったが、これを北朝鮮が知っていたかどうかは不明だ。[註22]

朝鮮戦争の休戦を公約にして当選したドワイト・アイゼンハワーは、一九五三年一月に大統領に就任した。前線からの報告を受けたアイゼンハワーは、開城一帯への核攻撃を研究するよう指示した。開城で休戦会談が開かれた際、開城を中心に半径五マイルの中立地帯が設定され、また一九五一年十月に会談場が板門店に移された時、開城を中心に半径三マイルの中立地帯が設けられた。中朝軍はこの中立地帯を活用し、開城一帯を補給幹線の端末地域とし、兵員や装備、資材を多量に集積していた。

これに対する核攻撃は、中国軍の戦力を大きく減殺し、中朝軍に与える精神的ショックは多大なものとなる。しかも放射能汚染によって無人地帯が形成され、ソウルへの圧力は劇的に軽減されよう。除染がうまくできれば、礼成江や延白平野への進出も容易に達成できる。この核攻撃計画に加えて米政府は、ＮＳＣ28／2を改定し、核戦略を前面に押し出したＮＳＣ147も取り混ぜて、ソ連や中国の耳に入るよう工作した。[註23]

当時、ソ連はＢ29爆撃機のコピー機Ｔｕ４を実戦配備しており、核兵器の運用は可能だった。これがもしベルリン、プラハ、ブダペストといった中部ヨーロッパの枢要部ならば、ソ連は核の傘を差しかけただろう。しかし、朝鮮半島の平壌、開城となると、あえて冒険するまでの必要性を見い出せない。中国はそんなソ連の動きを察知し、核兵器に対する対抗手段を見い出せないまま休戦に傾く。そこに一九五三年三月にスターリンが死去し、これを潮時と中国は休戦に応じたのだろう。

このような休戦に向かう流れの中で、金日成には意見を述べる機会すら与えられなかったように思われる。どうにか休戦まで休戦会談の首席代表が南日であったことだけが、北朝鮮の面目を保たせていた。戦争の当事者であることを無視され、なにごとも頭越しに決められる屈辱感から金日成が得た結論は、独自の核武装であったことは容易に想像できるのではなかろうか。国際中間地帯にある中小国、しかも休戦状態にある国が核保有国となれば、複雑な問題を引き起こすことは無視し、なにはともあれ核兵器をと北朝鮮は走り出した。もちろん、原子力発電が電力事情を劇的に改善すると期待していたことも事実だったはずだ。

まだ朝鮮戦争中の一九五二年、北朝鮮は原子力研究所の設立を決定し、休戦後の五四年、人民軍司令部に核武装防衛部が設けられた。同じ頃、政府内に原子力委員会が立ち上げられ、核兵器開発と核平和利用の併進路線となった。組織は作ったものの、北朝鮮中を探しても核物理を本格的に学んだ者などいるはずもない。そこで研究者の育成から始めることとなった。早くも朝鮮戦争中の一九五二年五月、北朝鮮はソ連と高等教育に関する協約を結び、朝鮮戦争後には科学協力協定を結んだ。これによって委託教育が始まることとなり、一九五六年三月から基幹要員がモスクワ郊外にあったドゥブナ原子力研究所に派遣されて研修を受けることとなったが、教育を受けた者は通算二五〇人だったとされる。[註24]

このようにして北朝鮮の受け入れ態勢が整備され、一九五九年九月にソ朝原子力平和利用協定が調印された。この協定によって、まず研究用の原子炉二基が供与されることとなり、平壌の金日成総合大学と金策工業総合大学の核物理学研究所に設置された。続いて本格的な研究用実験炉として出力二メガワットのものが平安北道寧辺郡分江労働者区に建設されることとなり、一九六三年から工事が始まり、六五年八月に臨界に達したとされる。この原子炉は、黒鉛減速・炭酸ガス冷却型のもので、核燃料のウラン濃縮度を高め、出力を二メガワットから五メガワット、さらに八メガワットまで向上させた。なお、この核施設の所在地は平壌特別市中区中城洞と偽装されている[註25]。

本来ならば、北朝鮮の原子力開発はソ連、中国の統制下で進められるべきものだった。ソ連、中国としても、国境を接する北朝鮮が核武装をすることは、好ましいことではないと認識していたはずだ。技術は供与しても、核燃料のウランや原子炉の構造材などの面で北朝鮮を制御できるとソ連と中国は考えていたのだろう。ところが朝鮮半島は世界的に知られる「鉱物の標本国」だから、ほぼすべて自国でまかなうことができるので、問題は複雑かつ深刻なものとなった。

朝鮮戦争前、ソ連は北朝鮮全域にわたって地下資源の探査を行なった。ところがその結果は北朝鮮に知らせなかったという。しかし、道案内や作業員の口からおおよそのことはわかる。そして一九六〇年代に入ってからとされるが、戦後復興援助の一環として、中国は地下資源の探査に協力した。この結果、七カ所で有望なウラン鉱脈が確認された。平安北道博川郡、平安南道順川郡、咸鏡北道先鋒市（旧雄基）、咸鏡南道では新浦市と咸興市興南地域、黄海北道の平山郡と金川郡だ。なお、平山と金川の鉱脈はつながっているとされる。

現在稼働中のウラン鉱山は順川、平山、金川の三カ所とされ、それぞれ傾斜地に設けられた選鉱所の写真を見ることができる。順川で採取される鉱石は燐酸ウラン鉱、平山、金川のものは高品位の瀝青ウラン鉱（ピッチブレンド）とされ、コバルト、ニッケル、モリブデンといったレアメタルも含まれており、副産物として抽出も可能だ。全推定埋蔵量は精鉱換算で二六〇〇万トン、品位は〇・八パーセントと推定されており、核分裂を起こすウラン235はその また〇・七パーセントとされる。北朝鮮が核武装するに十分な量だ。

ソ連から供与された原子炉は、黒鉛減速・炭酸ガス冷却型のもので、穴の開いた黒鉛のブロックを積み上げ、その穴にジルコニウムの合金でできた核燃料棒を挿入する構造だ。そこでこの型の原子炉を築造する場合、良質な黒鉛が入手できるかどうかが鍵となる。その点、北朝鮮は恵まれていた。朝鮮半島は古くから黒鉛の産地で知られており、世界でも珍しい結晶体の鱗状黒鉛が産出する。咸鏡北道金策市（旧城津郡）鶴城里は、戦前から最高品位の黒鉛鉱山として知られていた。この金策市から吉州に向かう咸鏡本線の西側に黒鉛鉱脈が走っているという。その反対の東側に弾道ミサイルの実験場がある。軍需工業の中心地とされる慈江道江界市付近にも黒鉛鉱山があるという。ちなみにミサイルのノズル、噴流舵には黒鉛が使われる。註26

このような恵まれた諸条件を背景として、北朝鮮は自力で原子炉の建設に乗り出した。この第一号は一九七九年に寧辺で着工され、八六年一月から稼働したとされる。この原子炉はソ連から供与されたものと同じく黒鉛減速・炭酸ガス冷却型だが、イギリスのコールダーホール型をモデルにしたものとされる。独特な形状の冷却塔から、このように推察されたのだろう。イギリスはこの型の原子炉でプルトニウムを生産して、独自の核兵器体系を築いた。それからもわかるように、この黒鉛減速・炭酸ガス冷却型の原子炉は、効率よくプルトニウムを生産することができ、そこに北朝鮮を巡る核疑惑が生まれた。

自力で原子炉を建設したものの、北朝鮮はソ連に核関連施設の供与を求め続けていた。年表から推測できる交渉の経過は次のようなものだ。一九八四年五月から七月にかけて金日成の訪ソ・東欧、同年十一月のソ連外務次官訪朝、翌八五年三月のチェルネンコ書記長葬儀参列のため姜成山首相訪ソ、同年八月のソ連第一副首相訪朝、ソ連艦隊元山入港、ソ連軍代表団訪朝、そして十二月に訪ソ中の姜成山首相が「ソ朝原子力発電所建設等の経済・技術協力に関する政府間協定」に調印する。ちなみにチェルノブイリの原発事故は一九八六年四月に起きたが、この原子炉は黒鉛減速・軽水冷却型のもので、北朝鮮に供与する予定のものはこの型だったのだろう。[註27]

この交渉で北朝鮮が求めたのは、原子炉三基もしくは四基だったとされる。一説によると出力四四〇メガワットの原子炉四基を備えた発電所を咸鏡南道新浦市の琴湖里に建設する予定だったとされる。この計画が出力六三五メガワット三基になったとか、建設地が寧辺、平安北道泰川郡、そして琴湖里の三カ所に分散されたともいわれている。一九八六年に泰川で着工された出力二〇〇メガワットのものは、このソ朝政府間協定によるものだろう。一九八四年に寧辺で着工された出力五〇メガワットのものは、北朝鮮独自の計画によるものと考えられる。もちろんこれは無償供与ではなく、鉱産物やシベリア開発の労働力提供などとバーターだったはずだ。

北朝鮮の要求の執拗さからソ連当局は、北朝鮮は原子力発電を主な目的としておらず、真の目的は核兵器の開発ではないかとの疑念を抱いた。このまま北朝鮮の要求を受け入れていれば、核兵器の拡散に力を貸しているとソ連が国際的な批判を浴びかねない。そこでゴルバチョフ書記長は、原子炉供与の条件としてNPT加盟を北朝鮮に強く求めた。仕方なく北朝鮮は一九八五年十二月、NPTに加盟することとなった。

したたかにも北朝鮮は、NPT加盟の見返りをソ連に強く求めた。その要求の根拠がおもしろい。NPTに加盟すれば、IAEAの査察を受けなければならない。それによって北朝鮮の原子力関連施設の正確な位置、規模、内容のすべてが明らかとなる。そうなると完璧な防空体制がなければ、北朝鮮の安全保障は成り立たない。そこで、NPT加盟を求めたソ連に補完措置として防空体制の強化に協力してもらいたいという論理の運びだ。なんとも身勝手な要求だが、当時のソ連としてはなにかしなければならなかったようだ。

交渉の結果、ソ連はMiG23MLフロッガーG戦闘機四六機もしくは五八機、要地防空用の長射程対空ミサイルSA5ガモン七二基を同盟国価格で北朝鮮に引き渡すこととなった。NPT加盟すらも補給闘争の手段にしたということだ。北朝鮮空軍は、このMiG23戦闘機をもって航空師団一個を編成し、北朝鮮最大の火力発電所がある平安南道北倉郡の基地に配備した。黄海正面には、价川、順川、北倉、黄州という航空基地が連なって防空コリドー（回廊）を構成していたが、新型のMiG23の導入によって強化された。

北朝鮮はNPTに加盟する前後から、核兵器の開発を本格化的に進め始めたが、まずは偽装だ。それまで内閣にあった原子力委員会は、一九八七年に原子力工業部と改称された。また寧辺の核関連施設は、第五機械工業総局が管理運営することとなった。原子力の平和利用を装ったわけだ。各施設は以下のような秘匿名称で呼ばれるようになった。なお、呼称の暦月は、金日成が建設の指令を下した月からとっている。[註28]

・一月企業所＝黄海北道平山郡海月里、ウラン鉱山
・二月企業所＝平安北道寧辺郡分江労働者区、北朝鮮が独力で建設した出力五メガワットの原子炉
・四月企業所＝平安北道雲田郡東三里、順川鉱山産出のウラン鉱石の処理施設
・八月企業所＝平安北道寧辺郡分江労働者区、核燃料棒加工
・十二月企業所＝平安北道寧辺郡分江労働者区、放射化学実験所、プルトニウム抽出の再処理施設
・南川化学連合企業所＝黄海北道新坪郡南川里、平山鉱山産出のウラン鉱石の処理施設、バナジウム、モリブデン、ニッケルの回収
・富興貿易＝平壌特別市、資材、部品の輸入代理店

これら核関連や弾道ミサイル関連の諸施設の建設には、正規の工兵部隊が投入された。それもDMZに張り付いている東から第一軍団、第五軍団、第二軍団、第四軍団の独立工兵旅団から抽出し、四〇番台の工兵旅団七個を新編した。一九八五年、これを労働党中央委員会直属の第一三一指導局の傘下に入れ、戦略環境の整備に充当した。これら前方軍団の独立工兵旅団は、

一九七一年九月からDMZを横断する南侵トンネルの掘削を進めていた（秘匿名称は九・二五作業）。今日まで一七本の南侵トンネルを完成させたとされるが、その多くが正確な位置を韓国軍に探知されたため、運用が難しいということで掘削作業は中断し、それを重要施設の建設に向けた。

これら工兵旅団の中でも坑道掘削専門部隊として知られ、モグラ部隊と呼ばれるのが第四九工兵旅団で、平山ウラン鉱山の拡張工事、平安北道大舘郡金倉里（金昌里）で大規模な地下工事を行なった。掘削機のロッドなどは、スウェーデンからの輸入に頼っているという。咸鏡北道花臺郡舞水端里の弾道ミサイル実験場や吉州郡豊渓里の核地下実験場は、第四七工兵旅団が担当したという。部隊番号まで知られているということは、工事の規模が大きいため秘匿できなくなった結果と思われる。[註29]

前述したように北朝鮮は硬軟織り交ぜた対応を続け、国際社会の対応を誤らせ、結局は核兵器を手にしてしまった。一回目の核実験は二〇〇六年十月九日に北朝鮮が発表、二回目は二〇〇九年五月二十五日で、これは日本でも地震波が観測された。三回目は二〇一三年二月十二日に北朝鮮が発表した。四回目は二〇一六年一月六日で、北朝鮮は水爆実験と発表したが、それが本当ならば世界で最初の水爆地下実験を強行したことになる。次いで二〇一六年九月九日、五回目が行なわれ、そして弾道ミサイルを乱射する中、二〇一七年九月三日に六回目が行なわれ、それもTNT換算出力一六〇キロトンから二五〇キロトンと推定され、明らかに水爆であると確認された。

北朝鮮は核保有国となり、しかも次に述べるように弾道ミサイルの射程が延伸し続けている。これは重大な危機と見なされ、現状打開のため二〇一八年六月十二日、シンガポールで米朝首脳会談が開催され、「朝鮮半島の完全な非核化が目標と確認」とされた。では、一九九一年十二月三十一日の「朝鮮半島の非核化共同宣言」はなんだったのか。北朝鮮が破約したことが明らかになっただけの話だで済ませてよいのだろうか。

そしてまたもや北朝鮮は、この新しい舞台で補給闘争を試みている。米朝首脳会談の前、五月に地下核実験場の一部を爆破し、弾道ミサイル発射台一カ所を解体し、非核化をアピールしてから、おもむろに要求した。寧辺の核関連施設を凍結もしくは解体する見返りとして、朝鮮戦争の終結宣言、人道支援の再開、米朝国交樹立に向けた米朝連絡事務所の開設を求めている。これはドルを求めての補給闘争にほかならない。北朝鮮にとって有利に進んでいたKEDOを空中分解させたのは北朝鮮自身だった。なにが不満で、なにを求めていたのかと考えれば、補給闘争をすること自体が目的で、それでいくらかでもドルや燃料を手にすればよいという破滅的な性向が北朝鮮の特徴なのだ。これでは北朝鮮との対話は成り立たない。

今回の米朝直接対話については、まだ語るのは早いだろう。報道だけを見ての単なる感想は以下の通りだ。双方がどのような思惑を抱えていたのかは定かではないにしろ、とにかく二〇一八（平成三十）年六月十二日に史上初の米朝首脳会談がシンガポールで開催された。双方が示したカードは、北朝鮮側は人道支援の再開、国交正常化のために平壌に連絡事務所を設置、朝鮮戦争の終結宣言、南北経済協力の容認、アメリカ側は長距離弾道ミサイルの廃棄、平安北道鉄山郡の東倉里にあるミサイル関連施設（西海衛星発射場）の永久廃棄、寧辺の核関連施設の廃棄と査察受け入れだった。そしてまとめられた共同声明の要旨は次の通りだった。

・アメリカは北朝鮮の体制を保証する
・北朝鮮は朝鮮半島の完全非核化を約束する
・両国は朝鮮戦争での戦死米兵の遺骨回収で合意する

史上初の米朝首脳の顔合わせとの鳴り物入りの会談だったが、なにか成果があったのかという疑問の声もあった。しかし、トランプ大統領がいうように、核実験は二〇一七年九月三日以降、長距離弾道ミサイル実験は同年十一月二十九日以降、行なわれていないことは事実であり、これは大きな成果だ。

前述した北朝鮮の外交パターンに合わせて見ると、水爆実験と長距離弾道ミサイル発射が第一段階の「軍事的攻撃を通じての危機醸成」だ。そして二〇一八年四月二十七日と五月二十六日の二回の南北首脳会談が形の違った第二段階の「相手に対する先制攻撃」だ。そしてシンガポール会談で朝鮮半島の完全な非核化を約束したことは第三段階の「交渉話題の先制独占」となるだろう。ここまでは、北朝鮮はうまくやったといってよいだろう。

ところが第四段階の「相手のフレームの無効化」で北朝鮮はつまずいた。この場合、相手のフレームとは、国連安保理の対北制裁決議だ。これは二〇〇六年六月の弾道ミサイル実験非難に始まり一七年十二月の石油精製品輸入九割削減まで一一本あった。二〇一九年二十七日と二十八日にハノイで開催された米朝首脳会談で北朝鮮側は、このうち二〇一六年から一七年にかけて決議された五本（石炭・鉄鉱石輸出制限、非鉄金属輸出禁止、石炭・鉄鉱石輸出禁止、繊維製品輸出禁止、石油精製品輸入九割削減）の解除を求めた。その見返りとして寧辺の核施設を完全廃棄するということだった。アメリカ側は、北朝鮮が解除を求めている制裁は安保理制裁の核心部であり、寧辺以外の施設も廃棄しなければ応じられないとして交渉は決裂した形となった。明らかに第三段階から第四段階に移行する際、性急に事を運んだことで失敗したということだろう。

では、この第四段階をクリアーしたならば、第五段階の「劇的妥協」にどんなものを用意していたのだろうか。それはともかく、二〇一九年六月三十日の板門店では、まずトランプ大統領が金正恩委員長に誘われてMDLを越え、次いで二人でにこやかにMDLを越えて会談に入った。休戦状態にあることを双方が忘れているかのように見える。正しい歴史認識なきまま、話が進めばその先により深刻な事態があるように思えてならない。

核開発とリンクした弾道ミサイル開発

北朝鮮人民軍は、建軍当初から今日まで旧ソ連地上軍の教義（ドクトリン）に則った軍隊だ。その教義の基本はなにかといえば、敵の全縦深を同時に制圧することの追求だ。そのためには、より長大な遠戦火力が必要となる。これを朝鮮半島に引き写せば、北朝鮮軍は射程五〇〇キロの超遠戦火力を求めるということになる。これをもって開戦劈頭、DMZから麗水、馬山、釜山、浦項といった朝鮮海峡沿いの港湾を火制できれば、北朝鮮に勝機がもたらされるだろう。

ところがソ連は、慧眼というべきか、政治的センスが鋭いというか、北朝鮮に超遠戦火力を供与しなかった。北朝鮮に渡した最大の遠戦火力は、一九六七年に実用化された最大射程七〇キロの無誘導ロケットのFROG7（ソ連名ルナ）までで、三〇基ほどが供与されたにすぎない。この後継となる射程一二〇キロのOTR21トチカは、チェコスロバキアやシリアに供与されたが、北朝鮮には引き渡されなかった。ソ連地上軍では戦場支援ロケットに分類される射程四五〇キロで慣性誘導のR17（MATO名称は操作人員数から分隊＝スカッド）は、一九五〇年代中期に実用化され、六〇年代に入ってから東欧や中東諸国にまで供与されたが、北朝鮮には引き渡されなかった。

北朝鮮が保有する釜山まで火制できる装備は、ソ連のI1 28ビークルを中国がライセンス生産した轟炸5型爆撃機八〇機だけだった。一九八二年二月、黄海南道の苔灘、峨洋、漏川にあった休止状態の基地を再稼働させ、清津にあった轟炸5部隊が展開した。この動きに即応した米韓連合軍は、ウォッチコン（監視態勢）をⅣから一挙にⅡに上げた。ちなみに、一九九六年四月に北朝鮮軍が野戦部隊を板門店の会談場地域に入れた際もレベルⅡの監視態勢が発令されている。[註30] 轟炸5型は一九五〇年代に設計された年代もので、これで米韓連合軍の航空優勢を打ち破って釜山を爆撃するということは、今日ではまず考えられない。

たとえ核兵器を実戦化したとしても、それを遠方に運搬する手段がなければ、その運用の幅はごく限られたものでしかない。まず考えられるのは、接近経路の閉塞だ。米韓連合軍も鉄原付近で核地雷（人力搬送可能なリュックサック核）をもって北朝鮮軍の接近経路を閉塞する計画があった。[註31]北朝鮮軍が同じことをしようとすれば、その場所は中東部戦線では京元本線沿いでは元山の南六五キロの三防峡、京義本線沿いの西部戦線では平壌の南六五キロの新鳳山のギャップになるだろう。

また、核兵器を使った焦土作戦、拒否行為は、全世界へ向けての強烈なアピールになる。大同江の左岸、平壌特別市東大院区に金日成の古希を記念して建立された高さ一七〇メートルの主体思想塔がある。ちなみにあの塔のモデルはワシントンのワシントン記念塔なのだそうだ。塔の頂上には烽火のオブジェがあるが、あそこに核兵器をセットし、首都における拒否行為をする気なのかと思った人も多いはずだ。

核兵器は防勢的に使用しても大きな効果があるが、やはり敵の全縦深に脅威を及ぼしてこそ抑止効果も生まれる。しかし、その手段をいくらソ連にねだっても与えてくれない。周辺各国も安心して見ていたが、一九七四年夏頃から北朝鮮軍に弾道ミサイル部隊が創設されたらしいとの話が広まった。ミサイルをどこから入手したのかと思えば、一九七三年十月の第四次中東戦争のどさくさの中、エジプトからだった。

エジプトは戦争準備を進めていたが、ソ連との路線対立があり、ソ連の軍事顧問団が撤収することになり、その中に一〇〇人ほどの戦闘機パイロットがいたという。その穴埋めを引き受けたのが北朝鮮だった。さらにシリアにもパイロットを派遣し、実戦にも参加してイスラエル空軍機も撃墜したとされる。この見返りとして北朝鮮は、エジプトからスカッドB（R17E）を引き渡されたという。[註32]

戦火の下での補給闘争が成功し、北朝鮮は念願の弾道ミサイルを手にした。スカッドBは、発射台付きの八輪の大型車両（TEL）に搭載され、TEL一両には次発を搭載した輸送車が随伴する。本体の全備重量は六・四トン、弾頭一トン、液体燃料（ケロシンとガソリン）、酸化剤（硝酸と四酸化二窒素）、推力一三トン、一段式、最大射程は二八〇キロとされる。誘導方式は、発射されるとレーダーで追跡し、一定の高度と軌道に乗れば、無線指令でエンジンを停止させ、あとは弾道を描いて目標に向かい、本体ごと弾着するという簡単なものだ。旧ソ連地上軍では、R17を一二基から一八基でSSM（地対地ミサイル）旅団一個を編成し、軍に一個、方面軍に二個が標準の配備だった。

R17の本体とマニュアルを入手した北朝鮮は、独力で製作、改良に乗り出した。その手法はリバース・エンジニアリングと呼ばれるもので、細かく分解して部品一つひとつを計測し、材質を確認して設計図を引き、それをもって部品を製作して本体を組み立てるというもので、要するに模造、コピーだ。それでも北朝鮮の改良を加えながら製作する能力は、インドほどではないが、パキスタンやイランよりも優れているとそれなりに評価されていた。

一九八〇年代中期までに北朝鮮はR17の原型のコピーを完成させたが、試射はしたものの量産には入らず、改良を進めた。そして一九八六年までに射程を三二〇キロに延伸したものの量産に入り、イラクと交戦中のイランに輸出された。北朝鮮軍では、TEL三六基をもって師団を編成し、ミサイル教導指導局の隷下に入れた。旧ソ連軍の戦略ロケット軍、中国人民解放軍の第二砲兵（現在はロケット軍）と同じような位置付けになるだろう。最初の実戦部隊は、咸鏡北道清津市と黄海北道沙里院市の付近に配備されたとされる。

さらに改良が進み、射程が五〇〇キロに達した。これがスカッド改Cと呼ばれるもので、一九八〇年代末には各国に輸出されている。沙里院市から釜山まで直線距離で五〇〇キロだから、北朝鮮軍は宿願の全縦深同時制圧の手段を持ち、米韓連合軍の補給幹線の主端末を火制できることとなった。しかし、この虎の子をDMZに近接して並べておくわけにもいかず、用心深く鴨緑江や豆満江沿いの慈江道、両江道の山岳地帯に坑道陣地を構えて配備したい。そうなると射程は一〇〇〇キロ必要となる。そこでスカッドの胴体を延長し、燃料と酸化剤の搭載量を増やし、また弾頭を軽くすることによって射程を延伸させた。これはスカッドER（射程延伸型）と呼ばれる。北朝鮮での呼称だが、おそらくは火星五型もしくは六型となっているのだろう。

弾頭重量一トン以上、射程一〇〇〇キロ超の性能を安定して発揮させるには、一九五〇年代設計のスカッドの改良では追いつけない。そこで開発技術のブレイク・スルーが求められる。これは各国のミサイル開発の経緯からしても引き出せる推論だ。一九九〇年代に入ると、北朝鮮での技術革新の諸条件も整いつつあった。パキスタン、イラン、イエメン、シリア向けの弾道ミサイル輸出が順調に伸び、開発費にも余裕が生まれた。また、一九九一年十二月にソ連邦が解体した。それまで軍需産業に従事する者は、居住地まで厳重に管理されていたが、それが解放され、国外にも出られるようになれば、技術移転が行なわれ、秘密が秘密ではなくなる。実際に技術者の団体が北朝鮮に向かおうとして、空港で阻止された事件も起きている。

このような背景の下、北朝鮮は推力二六トンの新型ロケット・エンジンを開発した。R17のものの推力は一三トンとされるから、二倍のスケールアップを可能にしたブレイク・スルーだ。これを装着した弾道ミサイルは、発射重量一六トン、射程一〇〇〇キロから一三〇〇キロとなる。北朝鮮はこの弾道ミサイルを一九九三年五月二十九日、咸鏡北道南部から能登半島方向に向けて発射した。それを巡る動きについては前述した。

この弾道ミサイルは、発射地点からノドンと呼ばれていた。北朝鮮での呼称だが、おそらく火星七型としていると見られる。漢字の表記は芦洞だが、現在の北朝鮮の行政区画にはこの地名はない。米韓連合軍もかなり昔の地名表記を使っているようだ。以前は咸鏡本線で城津（現金策市）の北三五キロに芦洞という駅があったが、これをとったのだろう。芦洞駅のすぐ東に南大川という川が流れているが、その河川敷にミサイル実験施設があったはずだ。これがすぐに手狭になったため、花臺郡大浦洞からさらに東の岬一帯の舞水端里に移転して現在に至っている。ここにミサイル実験場が設けられた理由は、東京への最短距離に位置しているからだそうだ。

射程一三〇〇キロの弾道ミサイルを日本海側から発射すれば、西日本全域が射程に収まる。瀬戸内海の米軍弾薬庫群（広、川上、秋月）や関門海峡に脅威を及ぼせることに大きな意味がある。ところが北朝鮮はこれに満足することなく、さらなる長射程を追求する。限界にまで挑戦するのが真の技術者であることの証明であろうし、常に誇大妄想的になる独裁者の習性でもある。また、輸出先の国の要望もあるだろう。結局は核搭載のＩＣＢＭ（大陸間弾道ミサイル）となり、地球全体を火制するのだということに行き着く。国際中間地帯にある中小国がそこまで重武装したならば、大変なことになるという自覚など北朝鮮には無縁なことだ。

もちろんすぐさま射程三〇〇〇海里（五四〇〇キロ）超のＩＣＢＭというわけにはいかない。そこで北朝鮮は、二段式ミサイルの開発を進めた。その結果、推力二六トンのノドンを一段目とし、二段目は推力一三トンのスカッドとしたものを完成させた。一段目と二段目の結合部は、ソ連のミサイルによく見られた鋼管トラス構造となっている。このミサイルは、一九九八年八月三十一日に咸鏡北道花臺郡大浦洞から発射され、日本上空を通過して太平洋に着弾した。発射地点からテポドンと呼ばれるが、これまた現在の北朝鮮の行政区画にこの地名はない。北朝鮮では火星八型としていると思われる。

続いて推力二六トンのロケット・エンジンを四基まとめて装着した一段目、二段目は同じエンジンを一基装着した二段式のもので、これはテポドン２と呼ばれ、北朝鮮での呼称は火星九型と思われる。北朝鮮はこのテポドン２を二〇〇六年七月五日、花臺郡から発射したが、実験は失敗した。このテポドン２の弾頭部に小型の固体燃料エンジンと人工衛星を組み込んで三段式としたものを北朝鮮は、本体は白頭山一号、人工衛星は光明星一号と命名することになる。

二〇〇九年四月五日、北朝鮮は花臺郡から白頭山一号を発射し、日本上空を通過して三〇〇〇キロ飛翔、太平洋に着弾した。北朝鮮によると、これは人工衛星の打ち上げで宇宙の平和利用だと主張していたが、地球周回軌道に投入したものは確認されなかった。続いて二〇一二年四月十三日、今度は黄海側、平安北道鉄山郡東倉里の西海衛星発射場から白頭山一号を発射したが、これは打ち上げに失敗している。同年十二月十二日、再び東倉里から石垣島、ルソン島の西に向けて白頭山一号を発射、事前に通告していた落下区域に一段目や部品などを落下させながら、最大高度は五〇〇キロに達し、二五〇〇キロ飛翔してなにかを地球周回軌道に投入したと見られた。二〇一六年二月七日、前回と同じ軌道で飛翔させ、この弾道ミサイルの信頼性が高いことを証明した。

一九五〇年代に設計されたR17から始まった北朝鮮の弾道ミサイルの開発に、別の系統が導入された。おそらくはソ連邦解体後のことだろうが、一九九〇年代初頭にソ連製のSLBM(潜水艦発射弾道ミサイル)SSN6の技術が導入された。早くも二〇一五年五月九日にこの試射に成功したことから、現物を入手したとも考えられる。そして北朝鮮は、これをもってSLBMの保有を宣言し、これを北極星一型とした。この改良も進められ、二〇一六年四月二十三日に咸鏡南道新浦市付近の海上から発射されたものは、その噴射炎から固体燃料ではないかと推定され、これは北極星二型とされた。

北極星一型もしくは二型をTELに搭載して、陸上発射型とする開発も進められた。二〇一六年四月十五日、花臺郡舞水端里での試射は失敗したが、米韓連合軍はこの実験を監視しており、発射地点からムスダンと命名した。北朝鮮では火星一〇型と呼称しているようだ。

続いて同年六月二十二日、再び試射が江原道安辺郡で行なわれた。この時の弾道は、全力で上昇させて射程を局限化させるロフティド軌道で行なわれ、高度一四〇〇キロに達したという。これを通常のディスプレスト軌道に乗せれば、射程二五〇〇キロから四〇〇〇キロに達すると試算された。日本などを無用に刺激しないために射程をコントロールしたのだろうが、同時にこれは正確に誘導できるIRBM（中距離弾道ミサイル、射程一五〇〇海里までのもの）の完成を物語るものだ。

日本ではあまり報道されなかったが、無誘導のFROG7を代替するSRBM（短距離弾道ミサイル、射程五〇〇海里以下）の開発も進められていた。これは二〇〇六年三月に試射され、米韓連合軍はこれを「毒蛇」（トクサ）と命名した。これは北朝鮮が初めて開発した固体燃料の弾道ミサイルで一段式、射程は一二〇キロとされている。[註33] 旧ソ連軍の教義によれば、軍レベルの第一次目標までの距離が一三〇キロだ。朝鮮半島の西部では、現接触線から北緯三七度線までとなる。そこまでを火制するのが、このトクサということになる。北朝鮮は、このSRBMの改良を進めており、米朝首脳会談後も試射を重ねている。

北朝鮮による弾道ミサイルの開発は、二〇一六年から一七年にかけて集大成を迎えた。報道で知る限り、二〇一六年には一二回、合計一九発、一七年には一四回、合計一七発の弾道ミサイル実験が行なわれた。二〇一七年三月十八日には、平安北道東倉里の実験施設で新型のロケット・エンジンのテストが行なわれ、成功したと北朝鮮のメディアは大きく報道した。二〇一七年二月十三日と五月二十一日の二回、北極星二型の試射が行なわれ、その量産と部隊編成が決定されたと報じられた。そして弾道ミサイルを搭載する潜水艦の建造が清津で進んでいるとされる。これによって北朝鮮の戦略打撃力は多様化し、かつ残存性が高まり、第二撃能力を有するに至った。そして二〇一七年三月、ミサイルを運用する部隊を「戦略軍火星砲兵部隊」と呼称するようになった。

そしてまた射程の延伸にも目覚ましいものがあった。二〇一七年七月四日と二十八日に発射された火星一四型の射程は、それぞれ六七〇〇キロ九〇〇〇キロと推定され、ＩＣＢＭの保有が確実視された。同年八月二十九日と九月十五日に打ち上げられた火星一二型の射程は、それぞれ二七〇〇キロと三七〇〇キロとなっており、確実にＩＲＢＭを実戦化したと見られる。そして止めが、十一月二十九日に打ち上げられた火星一五号で、その射程は一万三〇〇〇キロと推定され、アメリカ本土を射程内に入れた。金正恩委員長は、これと九月三日の第六回目の核実験の成功とを合わせ、「核武力完成の歴史的大業」とした。さらに二〇一八年一月、恒例の新年の辞では、対米核抑止力の誇示を強調した。これによってアメリカの大統領を直接協議の場に引きずり出したというのが、北朝鮮の総括なのだろう（巻末の略年表を参照）。

化学兵器と生物兵器の陰湿な脅威

最近は核兵器と弾道ミサイルに目が向き、北朝鮮の化学兵器と生物兵器をつい忘れられがちになる。一九九〇年代までの韓国では、深刻な脅威として「化生放」（化学、生物、放射能）

と略され、この対応策が重視されていた。このどれも金日成の教示によるものであり、それが厳守すべき遺訓となったのだから、今日でも忘れてはならない。

一九六一年十月、訪ソした金日成は化学兵器に着目し、帰国するとすぐに「軍の化学化」を指示した。この年には東ドイツと通商航海条約を締結し、東ドイツの技術支援も期待できるようになった。こうして北朝鮮は、「貧者の核兵器」を追求し始めた。そして二〇一七年二月、金日成の孫となる金正男がクアラルンプールの空港で北朝鮮当局者の手によってVX（米軍コード）ガスで暗殺された。「軍の化学化」という指針は依然として生きていると考えざるをえない。

化学兵器が持つ脅威の一つに、容易に製造できるということがある。化学剤として高度なものとされる神経剤だが、オウム真理教事件で明らかになったように、大学生のレベルの知識と技術があれば、大学の研究所ぐらいの設備でも生成できる。一九九五（平成七）年三月、オウム真理教が地下鉄に散布したサリン（米軍コードはGB）は、戦前にドイツがジャガイモを殺菌するために開発した農薬がもとになっている。化学組成も炭化水素、リン、フッ素、酸素からなるものだ。農薬を生産できる国ならば、原材料を換えるだけで神経剤を大量生産することができる。それは技術拡散が容易なことを意味し、それこそが化学兵器の脅威となる。[註34]

北朝鮮の化学剤の生産もしくは生産が可能な施設の位置は、ほぼ特定されている。農薬、化学肥料の生産施設と同一だから、容易に特定できるわけだ。咸鏡北道では恩徳郡（旧慶興郡）の阿吾地化学と先鋒郡（旧雄基郡）の勝利化学だ。阿吾地化学は神経剤に不可欠のエタノールを生産しており、勝利化学は石油プラントに併設されている。咸鏡南道では咸興市の本宮総合化学だ。ここ咸興は戦前、日本窒素の工場があり、北朝鮮にとっても化学工業発祥の地だ。平安北道では新義州市の烽火化学、朔州郡の青水労働者区に化学工場がある。烽火化学は石油プラントに併設されており、青水は水豊ダム付近で電力事情に恵まれている。平安南道では順川市の明倫化学、安州市の青年化学だ。慈江道では軍需産業の中心地とされる江界市に化学工場があるとされ、これで八か所だ。[註35]

化学剤の貯蔵所もほぼ特定されており、韓国の公開情報によれば六カ所とされている。攻勢軸に沿って設けられるはずだから、その位置の特定は容易だ。黄海側の西部戦線では、平壌特別市兄弟山区域の新問里に始まり、黄海北道の黄州郡、沙里院市、そして開城直轄市だ。中東部戦線では、京義本線の汗浦から伊川を経由して京元本線と接続する新線の洗浦付近、そして最前線の江原道鉄原郡の王載峰（四六〇高地）の坑道にある。ここは韓国軍の瞰制下にあり、その出し入れの動きから貯蔵量は四〇〇〇トンと見積もられている。

化学剤の貯蔵所は規格化されているはずだから、六カ所で二四〇〇〇トンとなるが、生産施設にあるものと、後方の予備などを合わせると、最大で五〇〇〇〇トンあると見積もられている。ちなみに東西冷戦の最盛期、米軍は四万二〇〇〇トン、ソ連軍は三万五〇〇〇トンの各種化学剤を備蓄していたとされる。戦域の広さからすれば、北朝鮮軍は十分過ぎる化学剤を備蓄していることになる。しかも多くの化学剤は不安定で長期にわたる保管はできないから、常に生産して補給し続けなければならない厄介なものだ。それを克服して多量に備蓄しているというこ

とは、化学剤を投射された場合の報復手段ではなく、開戦第一撃からの攻勢的な化学戦を想定
しているのだろう。
　北朝鮮軍が緒戦で追求しているのは、米韓連合軍の航空基地使用を一定時間、無力化するこ
とだ。そこで北朝鮮人民軍の最遠戦火力だったＦＲＯＧ７の弾頭に、持続性のある糜爛剤のマ
スタード（米軍コードはＨＤ）や神経剤のＶＸを充填し、金浦、水原、烏山などの航空基地に
投射する。米韓連合軍の航空阻止攻撃や近接支援がない状況でＤＭＺを突破する。もちろんＤ
ＭＺの突破にも、即効性の化学剤も使われる。窒息剤のホスゲン（米軍コードはＣＧ）、神経
剤のサリン、ソマン（米軍コードはＧＤ、旧ソ連軍の標準化学剤）などの投射、散布も行なわ
れると想定せざるをえない。非常に危険な神経剤は、合成が完了する前の材料の形で収納し、
爆発の衝撃や熱で合成するというバイナリー（分離弾）の技術も北朝鮮は習得している。
　一方的に化学剤を投射、散布するにしても、化学防護や除染の機能が不可欠だ。自らが化学
剤で汚染させた地域を越えて進撃するとなれば、汚染の状態を把握し、地域を特定してマーキ
ングし、続いて除染してから部隊が突破して行く。このために化学偵察部隊、化学防護部隊が
必要となる。北朝鮮軍には、軍団レベルで化学偵察中隊が一個、師団レベルで化学防護中隊が
一個あるという。旧ソ連地上軍の編制では、化学偵察中隊は人員六八人、化学偵察車一五両、
化学防護中隊は人員三五人、化学偵察車二両、除染車三両となっていた。北朝鮮軍では、これ
ほど充実した化学部隊はないだろうし、あったとしても前方展開部隊だけだろう。
　化学戦は人道上の問題がからんで、過大に取り扱われがちだ。化学剤の効果は、天候や気象

に大きく左右される。風向きによっては、散布側が損害を被ることもあるだろう。また、化学防護の訓練を受けた部隊は、化学剤を奇襲的に投射されても容易にはパニックに陥らないともいわれている。しかも化学剤を使用すれば、全世界から厳しく指弾される。それに報復攻撃だ。その攻撃は同じく化学剤によるものか、それとも核兵器にエスカレートするものか、知っているのは報復側だけだ。こうなるといくら金日成の遺訓「軍の化学化」があっても、化学戦を積極的には追求できず、それならば核兵器の方が有利となったのではなかろうか。

生物兵器、細菌兵器は、朝鮮戦争中から問題になっていた。一九五一年に入ってからだが、中朝軍で発疹チフスが大流行した。綿入れの防寒服をすみかとするノミやシラミが媒介したのだが、DDTなどの殺虫剤もなければ、特効薬のテトラサイクリン系の抗生物質など望むべくもない。これではすぐさまパンデミックとなり、中朝軍自身がパニックに陥った。そこで中国と北朝鮮は、これは国連軍が細菌戦を仕掛けたからだとのキャンペーンを始めた。その状況証拠に使われたのが、旧日本軍の七三一部隊（関東軍防疫給水部、石井部隊）だった。

冷静になって考えれば、衛生状態が良好で、医療体制が整っている軍隊に細菌戦を仕掛けても効果はない。補給や機動の多くの部分を馬が支えていた時代ならば、馬に炭疽病や馬鼻疽病を蔓延させれば、効果は大きかっただろう。それでも大きな集団をパンデミックにするには、さまざまな条件が重ならなければならず、偶然が支配する領域だ。そういうものを作戦に組み入れるのは健全ではないこととなり、朝鮮半島でも生物兵器の脅威はあまり語られないようになった。

ところが一九八〇年十一月、金日成は労働党軍事委員会で、「毒ガスと細菌は戦争において有効に使いうる」と教示した。そして一九八四年五月から六月にかけてソ連・東欧各国を訪問するが、六月一日に東ドイツと友好協力条約と科学技術協力発展協定を締結した。そのなかに秘密協定として生物兵器関連の援助項目があったとされる。この協定によって東ドイツから細菌培養用の寒天製造機器が導入され、江原道文川市に設置されたという。

これはあくまで風聞だが、関東地方出身の在日僑胞で東京大学の生化学の分野に進んだ女性が大学卒業後、北朝鮮に帰った。彼女の高校時代の恩師がたまたま訪朝したが、この女性と連絡が付き、平壌で再会することとなった。約束の日、滞在していたホテルのロビーは、武装要員によって封鎖された。そこへくだんの女性が現れたが、拳銃携帯の将校によって厳重にガードされていたという。これはなにを物語るかといえば、生物兵器の研究者が最高の待遇で集められているということだ。

体制変革の可能性はありうるのか

平安道と咸鏡道の地域対立

ときおり映像が流れる北朝鮮軍の分列行進、まさに一糸乱れぬとはこのことだ。あれは最精鋭の姜健綜合軍官学校教導隊によるものといわれるが、それにしても凄いと専門家ほど舌を巻く。国賓などの歓迎行事で見せるマスゲームやカードセクションも北朝鮮ならではのものだ。ここまで統制のきいている国ならば、どんな暴虐な圧政でも、民衆の蜂起や軍の背反などが起きて自壊する可能性はないと思われてくる。一九七二年、朴正煕政権が南北対話に舵を切った理由の一つが、北朝鮮は完璧な統制社会だと認識したことだったとされる。

しかし、金属と同じく、硬さゆえの脆さがあるはずだ。どんな強靭な合金鋼でも、常に強圧が加えられていると、ちょっとした疵でも破断につながる。では、北朝鮮という地金の疵はどんなものなのか。それはまず、朝鮮半島特有の地域対立だ。韓国でいえば慶尚道と全羅道の緊張関係で、それは朴正熙と金大中の対決に象徴されていた。これとよく似た関係が、黄海側の平安道と日本海側の咸鏡道の間にも見られるという。あまり耳にしないことだが、それほどまでにこの平安道と咸鏡道の関係は疎遠だった。

地勢を見れば、平安道と咸鏡道が疎遠になるのも無理はない。古くは平安道と咸鏡道の道境は険しい狼林山脈で、それを越えると咸鏡道には蓋馬高原が広がっている。両道を直接結ぶ陸路は、平壌から東進して陽徳付近で道境を越え、咸鏡道の高原付近で海岸道に出る一本のみの時代が長く続いた。鉄道も平元線だけだ。八〇年代に入って満浦本線の江界から恵山線の恵山への新線が鴨緑江沿いに開通したが、東西の大動脈といえるものではない。これではヒトとモノとの流れが生まれず、それが敵意にも似た感情を醸成する。

朝鮮半島北部における地域対立の問題を複雑にしているのは、咸鏡道の特異性だ。ソウルでは咸鏡道を「アラスカ」と俗称していたこともある。もちろんなかば冗談だが、「咸鏡道は女真族の土地」、すなわち「化外の地」に住むオランケ（蛮人）と軽蔑することすらあった。さらには風土を表す四文字熟語で咸鏡道は「泥田闘狗」となる。これに対する平安道は「猛虎出林」だ。新羅の慶尚道、百済の全羅道という色分け以上のものが朝鮮半島の北部にはあるとされる。

朝鮮民族の美風としてもよいだろう辛苦精励は、咸鏡道の人によく見られるという。教育熱心もここの思潮で、家計を切り詰めてでも子弟を学校に通わせる。そして疎外感からか、同郷という絆を大事にし、ソウルにきても同郷の人としか付き合わないから、訛りが抜けないのが咸鏡道の人だ。そしてまた同郷の人が営む飲食店にしか入らないと徹底している。こういう話もソウルでは昔話になったが、北朝鮮ではどうなのだろうか。国内の旅行も自由でないのだから、地域を越えた交流が生まれず、それがあの国の疵になっている可能性は高いと思われる。

ともあれこの咸鏡道の気質は、精強な軍人を生む。日本統治時代の朝鮮半島では、昭和十三（一九三八）年に「陸軍特別志願兵令」が施行された。志願して訓練所で教習を受けてから、朝鮮軍の各部隊に入営する。旧日本軍は郷土部隊制をとっていたから、咸鏡道と江原道の志願兵は、咸鏡北道羅南に司令部を置く第一九師団の各部隊に入営することとなる。昭和十六年頃の話だが、咸鏡南道咸興に衛戍していた歩兵第七四連隊の各中隊に十数人ずつ志願兵が入営した。初めてこの志願兵に接した中隊長らは、言葉が不自由だろうから、部隊のお荷物になると思ったそうだ。

ところが入営してから三カ月、一期の検閲が終わってみれば、どの中隊でも成績上位十数人は志願兵が占めていた。この成績で予備少尉要員の甲幹（甲種幹部候補生）や下士官要員の乙幹を決定するのだから、甲幹、乙幹に日本人がいなくなってしまう。これには部隊も困り果て、成績を操作して日本人も上位に入れて体裁をつくろったという。このような話は、黄海側の第二〇師団（ソウル・龍山）では聞かないから、この咸鏡道は優良な兵員の供給地として突出していたことになる。

このような傾向は、今日の北朝鮮軍でも顕著だとされる。北朝鮮軍は郷土部隊制ではなく、米軍のように地域混成で部隊を編成しているが、すぐにも分隊長は咸鏡道出身者で占められるという。最近は、咸鏡南北道、両江道を合わせた人口は全体の二五パーセントほどだと推定されるから、分隊長を独占するとはその能力が抜群なことを示している。この北部出身の人は活動的で、常に全力投球し、そして団結するからすぐに頭角を現す。黄海道出身者は戦士としては問題外、平安道は北道ならば相手にしてくれるが、南道、平壌の者は動作がのろいと酷評されるという[註36]。

朝鮮半島の歴史をひもといても、咸鏡道の人は軍事的に優勢であることがわかる。高麗朝を滅ぼして朝鮮朝を立てた李成桂の本貫は、高麗朝の行政区画で江南道の全州だった。彼の一族は、当時の呼称で朔方道の北辺に移住した。今日の咸鏡南道の南部、金野郡（旧永興郡）だが、高麗時代にはここが北東正面の最前線で、ここから北はまさに「化外の地」だったのだろう。李成桂の父、李子春は中国の元朝にも仕えた武将だったという。李成桂は勇猛な咸鏡道の人を結集して武功を上げ、高麗朝の中枢部に入った。そして一三八八年、元朝支援のため出陣した李成桂は、鴨緑江の中洲、威化島で軍を転じて都の開城に向かい、クーデターに成功する。この故事は「威化島の回軍」として語り継がれている[註37]。

咸鏡道の人たちの戦闘力をもってクーデターに成功した李成桂だったが、心底から彼らを信用していたわけではない。権力を握ってから李成桂は、咸鏡道の人は謀叛気が濃厚だから、政権中枢には登用しないようにと教示したという。なんという忘恩ということで、咸鏡道の人たちの間に不満がたまり、団結を強固にして勇猛を誇る気風が定着したとされている。これは現代でも再現され、北朝鮮の疵になっているのではないかとの推測もまんざら的はずれではないはずだ。

時代が下り、反日武装闘争が盛んになると、その主力は咸鏡道の出身者だった。前述したように、「キム・イルソン」と自ら名乗ったり、そう呼ばれた人、すなわち金昌希、金光瑞、金成柱は明らかに咸鏡道の人であり、金一星も咸鏡道出身だろうと思われている。咸鏡道は険しい山岳地帯が広がっているからパルチザンにとっては格好な戦場だ。さらに徒渉が容易な鴨緑江の上流部や豆満江で満州の間島地域と接しているという地理的接壌性から、咸鏡道の人は東部満州で抗日パルチザン活動を展開したのだろう。それにしても、同郷人が挙兵したと伝えられると、すぐさま後援団体が組織され、軍資金や補充要員の募集が行なわれていたことは、それが咸鏡道の土地柄というほかない。また日本軍も驚くほど粘り強く戦うというのも、ここ咸鏡道の人ならではのことだ。

朝鮮戦争中、著名な韓国軍の将軍にも咸鏡道の人が多い。参謀総長を務めた丁一権は慶源（現在の新星郡）、第一軍団長として最北進した金白一は明川、第一師団長を長く務めた朴林桓は洪原、第三師団長として興南から海上撤収をした崔錫は新浦、名連隊長として知られる韓信は永興（現在の金野郡）、これみな咸鏡道の人だ。一九六一年五月の朴正熙将軍による軍事革命には、多くの咸鏡道出身者が加わった。ところが一九六三年三月、李成桂の故事にならったのか、朴正熙を中心とする革命主体勢力は、咸鏡道出身者の多くを切り捨てた。これをソウルでは、「アラスカ討伐作戦」と呼んでいた。[註38]

そして、金日成と金正日を軍事面で支えたのも、咸鏡道の人が主力だった。朝鮮戦争中に前線司令官で戦死した金策は城津（現在の金策市）、総参謀長と民族保衛相を歴任した崔賢は恵山、金正日の後見人で元帥の呉振宇は北青、二度も総参謀長を務めた崔光は厚昌（現在の両江道金亨稷郡）、護衛総局長が長かった李乙雪は甲山、これみな咸鏡道だ。細かい出身地は不明にしろ、北朝鮮軍の将星の四分の三は咸鏡道出身と見てよい。最近は出身地が明らかになると問題が生じるのか、あまり公表されていない。

韓国を併呑するまでは戦時という意識なのか、北朝鮮では「敵国破れて謀臣亡ぶ」とはなっていない。軍部こそが最後の拠り所ということか、インフレ気味の大量昇進、軍独自の第二経済を認めるなどと軍人を厚遇している。それは軍内に咸鏡道マフィアが存在していることを意味するし、その勢力が伸長していることをも物語る。それと平安道、特に平壌出身者とどう折り合いを付けるかが問題だ。この調整が失敗し、地域対立が表面化すれば、あの鋼鉄の規律にひびが入り、北朝鮮にとって致命的な疵となる。

このような地域閥の発生と伸長、そして地域間の抗争を未然に防止する重要性を金日成に助言した心配性の知恵者がいたようだ。そのため金日成は早くからこの問題を意識し、特に鴨緑江と豆満江の沿岸地域に注意を払っていた。ここ北部での道党事業で重要なことは、地方主義、宗派主義（分派主義）、家族主義の害毒を除去することと金日成は教示していた。この方針に沿った大きな施策は、慈江道と両江道の新設だった。この二つの道を設け、黄海道を南北に分けることによって、北朝鮮も韓国と同じく九道となる。これで行政単位数が対等となり、どういう形での統一でも対等な立場で交渉できるとの思惑が働いた結果でもある。しかし、より重要な狙いは、咸鏡南道と平安北道の去勢にある。

慈江道の新設は、朝鮮戦争前の一九四九年一月から始まっている。熙川から江界、満浦と満浦本線で一九〇キロを軸線とする平安北道の東北部に、狼林など咸鏡南道の一部を加えて慈江道とした。慈江道の面積は一万六〇〇〇平方キロ、新しい平安北道よりも四〇〇〇平方キロも広い。満浦と中国の輯安は鴨緑江に架る鉄橋で連絡しており、輯梅線経由で吉林、四平、瀋陽と結ばれている。また、前述したように八〇年代には、江界と恵山を結ぶ新線が開通した。このような交通事情から慈江道は、軍需産業の中心地となっている。

両江道の新設は、朝鮮戦争休戦の翌年、一九五四年十月から始まっている。恵山、甲山、三水といった鴨緑江上流部に面する咸鏡南道の北西部に、白茂線の白岩から天水を軸線とする咸鏡北道の一部を割愛し、合わせて両江道とした。これで咸鏡南道は一万八〇〇〇平方キロ、両江道は一万四〇〇〇平方キロとなった。北朝鮮でもっとも人口過疎の地域だが、民族の聖地、白頭山を抱えている。しかも、厚昌は金亨稷郡（金日成の父）、新坡は金正淑郡（金正日の母）、豊山は金亨権郡（金日成の伯父）と改名され、金一族の神格化を図る奇妙な地域となっている。

このような施策を講じても、軍内における咸鏡道優勢の傾向は変わらず、時間の経過によって同郷意識が薄れるのを待つしかない。より深刻な問題は、政治やイデオロギーの世界に咸鏡道マフィアが入り込んでくることだ。金正日は先軍政治を高唱し、なにか政治よりも軍が高位にあるかのようなキャンペーンをしていた。その影響だけではないだろうが、労働党幹部の四割、平壌に居住する特権階層の六割は、咸鏡道出身者とその係累だとささやかれている。平安道出身者としては、母屋を乗っ取られかねない事態だから、咸鏡道の出身者が政治に手を伸ばすと、ピシャリとやらざるをえない。

一九六九年一月から始まった北労党の党人派、甲山派の粛清は、前述したように対南工作の武力路線が失敗し、その責任追及であった。と同時に咸鏡南道出身者が主体の甲山派に対する平安道出身者の一撃だとした方が理解しやすいかもしれない。中国軍が重用し、金日成を放逐してその代わりになる可能性があった内務相の朴一禹は平安南道の出身だったが、一九五三年に粛清された。このような例はあるにしても、金日成と同郷の平安南道出身者は、あまり粛清されていないように見受けられる。

一九九七年十二月、労働党秘書、主体思想の提唱者、そして金正日の家庭教師だったこともある黄長燁は、訪日の帰途、北京で亡命して韓国で生活していた。訪日の帰途ということから、対日補給闘争に失敗して帰るに帰れなくなった結果の亡命という推論が成り立つだろう。それよりも、咸鏡北道朱乙出身の黄長燁が政権中枢部に入り込んで勢力を扶植していることを政権主流派の平安道出身者が危惧して権力闘争を挑み、その敗北の結果が亡命だとしてもおかしくはない。政権中枢の最長老は、最高人民会議常任委員長の金永南だが、彼は平壌の出身とされ、それならば生き残れて当然だ。しかし、金永南は咸鏡北道出身という説もあり、出身を明かさないのがあの国で生きる秘訣のようだ。

そして今日までのところ、地域対立の止めとなるのが二〇一三年十二月の張成澤の処刑だ。なぜ金正恩は父、金正日の義理の弟、すなわち目上の伯父を極端な形で排除したのか、さまざまに語られている。承知のように張成澤は、金正日の実妹、金敬姫と金日成総合大学で同窓、周囲の反対を押し切って恋愛結婚して、ロイヤル・ファミリーの一員となった。そして金正日に能力を認められ、権力の中枢部に入り込んだ。それは、王族の外戚が権力を握るという朝鮮の歴史によく見られた「勢道政治」に発展しかねない。しかも張成澤は実の兄弟を通じて軍部にも勢力を伸ばし、彼自身も大将だった。

そもそも、恋愛結婚、勢道政治は、朝鮮半島の風土からすれば好ましいことではない。そこで若き独裁者を押し立てての宮廷クーデターの結果、文字どおり張成澤を吹き飛ばしたわけだ。理由は推測できるが、もしも張成澤が平安道の出身だったならば、どうなっただろうか。権力中枢からは排除されるにしても、あのような極端な形にならなかったはずだ。張成澤は咸鏡北道清津の出身だ。そこに重大な要因が隠されている。

世代交代による体制変革の可能性

世代交代が進めば、北朝鮮も体制の変革に迫られるはずだと長らく語られてきた。まず、金日成が死去すれば、それは革命第一世代の退場を意味する。これといった後継者が見当たらないのだから、ソ連でよく見られたトロイカ制、労働党、政府、軍部の三頭政治となり、政策も徐々に常識的な線に収まるのではないかとの観測が有力だった。もちろん金日成とその取り巻きは、権力世襲を画策しているとの話が広まったが、社会主義を標榜しながらの世襲は無理だとする声が多かった。そもそも父親のような神話を持たない金正日では、あの難しい国を統治できるはずがないと思われていた。

ところが世襲が強行されると、大方の予想と違って、どうにか収まってしまった。金正日は先軍政治なるものを唱導して軍部の頭をなでながら強盛大国というスローガンを掲げ、苦労知らずの革命第二世代の取り巻きに囲まれて安泰だった。しかも世襲してから五年ほど、北朝鮮は大飢餓に襲われて餓死者続出という惨状に陥ったが、抗日パルチザン時代の神話「苦難の行軍」なるキャンペーンで乗り切った。朝鮮民族の特性、「逆境に強く、順境に弱い」を十二分に利用し、かつ権力者に過剰なまでに忠誠心を発揮する民族性も金正日に有利に働いた。

この二代目の成功を見て、次も世襲となることはだれもが予想した。この三代目の金正恩だが、どこかで聞いた話のように、「自分は生まれながらの将軍様だ」と思い込んでいる。それでなければ、目上の叔父を処刑したり、腹違いとはいえ長兄を暗殺などしないだろう。そして怖いもの知らずで弾道ミサイルを連射し、水爆の地下実験を強行する挙に出た。遺憾なことに国際政治というものは、パワーで動くもののようで、この北朝鮮の強硬な姿勢は、まず韓国の宥和を引き出し、さらには米朝首脳会談にまで至った。これまでのところ、三代目も成功を収めつつある。

このような経過を見ると、この北朝鮮という国には世代交代による社会の変革というものがないといわざるをえない。さらには、世代の交代というものそのものがないのではないかと思えてくる。それは、金日成が半世紀にわたって築き上げた封建性の化石のような体制による結果だ。全国民を出身成分と社会成分によって五一階層に区分し、それも三代前までさかのぼって決められ、よほどのことがない限り、個人の努力では変えられない。そしてその成分がその人の将来を決定してしまう。この体制は具体的にどうなっているのか、高等教育と軍隊で見てみよう。

現在のところ北朝鮮の学制は、幼稚園三年、人民学校（小学校）四年、高等中学校（中高一貫校）六年、これが無償の義務教育だ。韓国や日本の義務教育よりも長いことが北朝鮮の自慢の一つになっているが、女性の労働力を動員するために幼稚園を義務教育化しただけのことだ。ここまでは地域的な格差はあるにしても、制度上は全国一律だと思えるが、実はそうではない。その家庭の「成分」と学業成績によって、高等中学とはまた別のエリート・コースがあり、その修了生が将来の支配階層となる。

一般の高等中学校に対する超エリート校は革命学院と呼ばれており、万景台、海州、南浦、外国語の四校とされ、どれも高等中学と同じ六年制だ。平壌特別市にある万景台革命学院は、金日成の生地に隣接しており、革命学院の本校という位置付けだ。黄海道海州市にある革命学院には、人民学校の課程が併設されている。南浦直轄市にあるのは女学校、そのため金日成の母の名をとって康盤石革命学院と呼ばれている。外国語革命学院は平壌にあり、平壌外国語大学の予科という位置付けで、外交官の養成機関だ。どれも全寮制で、小隊、中隊といった軍隊組織となっており、生徒は軍服着用、ズボンには赤いストライプが入っている。万景台革命学院は、一学年九〇人が定員だ。

この革命学院の始まりは、一九四五年十月に創設された監理革命遺子女学院で、抗日運動に加わって死亡した者の遺児の育英を目的としていた。その点からすれば、各国の幼年学校に相当する。朝鮮戦争の遺児も優先的に入学させていたが、それもいなくなると今度は家庭の「成分」が問題とされ、核心階層の中でも核心でなければ応募すらできない。結局、革命学院に入学できる者は、労働党、政府機関、軍の高官の子弟ということになり、これでは「成分」がより固定化され、世代交代による社会の変革は望めない。

万景台と海州の革命学院の生徒は、軍官（将校）に進むことが期待され、多くが平壌特別市の順安区域にある姜健綜合軍官学校（士官学校）に進学し、さらには金日成軍事大学に通い、将官への道をひた走ることになる。もちろん適性や視力、体力によっては、一般大学に進む者も少なくないようだが、革命学院卒となれば、金日成綜合大学や金策工業綜合大学といった超一流大学への進学が期待できる。こうなると行政機関、労働党、軍部の中枢に革命学院の同期、同窓という横断的な結合が生まれる。そこに「成分」のより一層の固定化とその純化が進む。これでは世代交代したところで、その内容には革新というものがないことになる。

もちろん一般の高等中学校から一流大学に進むこともできる。核心階層しか居住が許されていない平壌の高等中学校、それもロイヤル・ファミリーの一員も通うという南山高等中学校ならば、すんなりと金日成綜合大学に進学というケースも多いだろう。ところが地方の高等中学校となればそうは行かず、卒業してすぐに大学に進学できるのは卒業生の一割ほどだという。この選にもれても大学進学を希望する者は、企業所に数年間勤務し、そこの推薦を受けて受験となる。そこでまた「成分」が問題となり、学業成績がよくても進学を断念するケースが多い。

このような息苦しく、がんじがらめの世界から抜け出す最良の手段は、皮肉なことに軍隊に入ることだ。北朝鮮では高等中学校四年次に、各自の志望を書類にして提出する。第三希望までであるそうだが、多くの者はそのどれかに「軍人志望」と記入するとされる。そして五年次、男性は全員が身体検査を受けるが、これが徴兵検査と同じものになる。高等中学校を卒業して、すぐに大学に進んだ者は軍隊との縁はなくなる。その一方、大学に進めなかった者のほとんどは、軍隊を志望しているのだから、入隊が命じられる。そんなことで北朝鮮は志願制といわれるが、実質は選抜徴兵制となる。

都市部の高等中学校を卒業した者の六割以上が入隊する。ところが農村部では、これが一割以下となる。これは農村部の労働力が不足していることを物語っている。同時に農民という階層を固定化させる目論みも透けて見える。また、過去に貧農、小作農だった家系を核心階層としながらも、それを農村に縛り付けていることになる。なお、北朝鮮軍の服務年限は一三年だったこともあるが、現在は一〇年とされている。もちろん定員との関係で一〇年未満で除隊となるケースも多い。

一般階層の子弟が貧乏クジを引いて、軍務に服するということでもない。政府や労働党の高官の子弟が戦士（二等兵）として入隊という話もよくある。進んで軍務に服し、それから大学に進んで労働党に入党し、そして社会に出るという経歴は、核心階層のそのまた核心の望ましい経歴となる。楽な生活をしていた高官の子弟が、厳しい軍務が勤まるのかと思うが、朝鮮半島は伝統的に情実社会だからどうにでもなる。毛並みのよい者は、山また山の江原道、その対敵第一線に配置されることはなく、大都市付近の部隊となるだろうし、上官に付け届けを怠らなければ休暇も与えられて快適な軍隊生活を送ることができよう。

北朝鮮軍では、原則として全員が兵卒から軍務を始める。各国のように高等学校から士官学校など将校の養成コースに入ることはない。兵卒の階級は現在のところ、戦士、初級兵（一等兵）、中級兵（上等兵）、上級兵（兵長もしくは伍長勤務上等兵）の四つとなっている。年功序列で進級するのではなく、命課された職務をクリアーしたと認められて昇進する。狙撃兵（歩兵）の場合、小銃手に始まり擲弾発射器付小銃手、機関銃副手、機関銃手、対戦車擲弾手、副分隊長と進みつつ昇級し、下士官候補となる。そして軍団に設けられている下士官教育隊に入り、下士（伍長）に任官し、いわゆる職業軍人となる。下士官の階級は下士、中士（軍曹）、上士（曹長）、特務上士（特務曹長）と各国と同様で、命課された職務をクリアーしながら進級することは兵卒と同じだ。

勤務精励、体力旺盛、戦技抜群、知能も優れているとなれば、軍官（将校）適となり、陸軍に一三校ある各兵科の軍官学校に送られ、二年の課程を終えて少尉に任官する。この選抜は競争試験によるものではなく、軍団、師団の人事部署の判定によって決定される。もちろん「成分」の問題はここでも関係するが、軍隊には軍隊独自の論理がある。いくら「成分」がよくても、機関銃手が勤まらないとなると、これを軍官にするわけにはいかない。実力というものが大きな部分を占めるとなれば、競争の原理が働き、本当の意味の世代交代があり、そこから革新、変革という意識が芽生える。それだから北朝鮮軍が北朝鮮の体制変革をリードするのではないかと期待されるわけだ。

もっとも優秀な軍官候補生は、姜健綜合軍官学校に入校する。ここは陸上自衛隊でいえば幹部候補生学校と戦闘職種の総合学校とされる富士学校が合体したような教育機関であり、一般は二年課程、一学年は二〇〇〇人という大規模なものだ。この姜健綜合学校を修了すれば、少佐で大隊長までが保証される。それ以上となると、金日成軍事大学に進まなければならない。そうなると軍事的な識能以上に「成分」が問題となる。軍部が独自に変革することを防止する歯止めがそこにある。なお、北朝鮮軍の軍官の階級は、尉官、佐官、将官ともに少、中、上、大の四階級と次帥、元帥となっている。

兵卒のままで満期除隊した者にも、もちろん恩典がある。軍務の一つとして、社会主義教養講座を受講して、検定試験に合格すれば、労働党入党が容易になり、労働党、政府機関、企業所に初級の管理職員として就職できる。勤務が厳しい戦闘兵科などの場合、大学卒業と同等な扱いを受ける場合もある。また、各師団当たり毎年五〇人から七〇人の大学入学枠が与えられる。もちろん平壌にある超一流大学ではなく、地方の大学や単科大学にしろ、そこを卒業すればそれなりに将来は開かれる。より重要なことは、評価の低い「成分」から脱出できる可能性が生まれることだ。

自壊と変革の別れ道にある北朝鮮

情報化の波が北朝鮮にも及べば、あのかたくなで好戦的な体質に変化のきざしが現れるのではないかとの希望的な観測も有力だ。北朝鮮の支配層から一般大衆までが、自分の国が世界に占める位置、その国力の実態、そして世界からどう見られているのかを実感し、援助してもらうにはどうしたらよいかを考えるようになれば、社会そのものの変革が行なわれるはずという考え方だ。インターネットで世界と結ばれ、ケータイやスマホで情報資料（インフォメーション）が行き交えば、その社会に変化が生じるというのは今日の常識だろう。

そこで考えなければならないことがある。これまでの北朝鮮は、情報資料の伝達が完璧に統制された社会だったかどうかだ。前にも述べたように、朝鮮民族の特質の一つには、情報センスの鋭さがある。国際中間地帯に生きる人たちの特性で、どう統制しても噂という形で情報が広まる。北朝鮮国内でも世界の大きな出来事ならば、その日のうちにとはいえないが、報道されなくとも翌日には口コミで知ることができるという。情報資料の洪水に翻弄されている社会よりも、なにが重要かをすぐ知ることができる北朝鮮の方が真の情報化社会ともいえそうだ。

このような社会で情報を統制しようとしても、それは不可能だ。ラジオを購入すると役所に持って行ってチューナーをハンダ付けして封印、登録されるという。完璧な措置のように思うだろうが、抜き打ち検査が行なわれない限り、情報統制したことにはならない。抜き打ち検査をするだけの人手がないことは、だれでも知っているからハンダをはがせばよいだけのことで、それで中国や韓国、日本の放送を聞くことができる。中国からの行商人も有力な情報源だが、北朝鮮の官憲が彼らの口を塞ぐことはできない。管理所（政治犯の収容所）や教化所（一般の刑務所）の囚人ならば、情報から切り離されているようだが、そこにも看守の口があり、新入りの口がある。

そして情報の分野の常識だが、より高度な秘密は政権や権力の中枢部から漏洩する。北朝鮮の公開情報源の中心は労働新聞だが、これには一般向けの黒刷り、初級幹部向けの赤刷り、高級幹部部向けの青刷りがあり、さらに上位の者には世界各メディアの週間ダイジェストが配布されている。これは他言無用なのだが、自分の地位を誇示したいがために、つい口外してしまう。そして秘密が秘密でなくなり、噂となって駆け巡る。そんな実状を知れば北朝鮮もそれなりに現代的な情報化社会といえなくもない。

十分な質と量の情報資料が入手できたとしても、それがすぐに社会や体制の変革にはつながらず、多くの時間と専門的な手順が求められる。まずは情報資料を精査して利用できる情報（インテリジェンス）とする。それを判断材料として、変革の具体策を練り始める。対象が国家となれば、個人の力ではどうにもならず、それ相応のチームを組まなければならない。

その動機がなんであれ、出身成分が極上の特権階層であっても、そのようなチームを組むこと自体、北朝鮮では宗派主義とされ、「十大原則」の第九項に抵触する重大な犯罪行為となり、まさに三族誅戮となる。多くの粛清の理由もこのようなことだったのだろう。恐怖で金縛りになっているから、広く情報に接している者たちも社会や体制の変革を求めようとはしない。

従って北朝鮮においては、情報化がいくら進んでも変革はありえないとの結論にいたる。

では、唯一絶対の若き独裁者自身が変革を言い出せばどうなるのか。そうなれば、変革の可能性は生まれるだろうが、そこには難問がつきまとう。どういう形の変革にしろ、それがアメリカに対する妥協、弱腰と受け止められたら、軍部などが黙ってはいない。まして日本に妥協したと思われたならば、憤怒の波が荒れ狂って収拾がつかない騒乱状態に陥る。権力層がたじろいだと思われると、すぐさま追い落とされる。大きな変革というものは、社会状況が最悪の時ではなく、少し上向きとなって権力層に隙が生まれた時に起きる。一七八九年のフランス革命、一九一七年のロシア革命もそうではなかったか。北朝鮮の軍部は武力ばかりでなく、第二経済という独自の機能を持つ強力な組織なのだから、これが現政権は弱腰だと批判し、代わりがいるではないか、金正恩の実兄の金正哲をとなれば、簡単にクーデターは成功して、どういう形にせよあの体制は変革する。

二〇一八年六月の米朝首脳会談の前後から、北朝鮮は軍備優先の先軍政治とか強盛大国という看板を降ろして、併進路線に転換したとされる。軍備は維持しつつ経済復興も目指すということだが、これ以上の軍事的挑発は致命傷になると考えたのか、軍隊の給養が悪化して不満が鬱積、不測事態が起きかねないと危惧した結果なのかはわからない。北朝鮮にとっては都合のよい政策だが、二兎を追っているとの印象はぬぐえない。

経済面での改革開放は、中国という良きモデルがあるにしても、北朝鮮の病状はきわめて重いので、中国の政策をただ踏襲するだけでは、成果は得られない。そもそも「経済」とは単なる生産活動や銭勘定のことではなく、その語源「経世済民」（『文子中』）からすれば「世を治め、民をすくう」を意味する。すなわち国民を飢えさせないことこそが経済の基本だ。ところが北朝鮮は非道にも長らく、この「飢え」を武器として国民を統御してきた。その武器を放棄すれば、核兵器と同じく北朝鮮にとっての最後の拠り所をなくすことを意味する。

どのようにして北朝鮮は、食糧によって国民をコントロールしてきたのか。まず、基本的な考え方は、三〇〇万人といわれる労働党員とその家族だけが満足に食べられれば、それでよしとする。もう少し範囲を広げて、出身成分が核心階層に含まれる約三〇パーセントの国民が飢えなければ望ましいとする。主食、副食共にその供給は、国家が統制する配給という形で行なわれる。日本でも長らく米穀通帳が各家庭に配布されて統制されていたが、あれを思い出せば北朝鮮のシステムが理解できよう。もちろん無料配布ではなく、代金を支払うのも日本の場合と同じだ。

国が供給してくれる食糧とは、どれほどのものなのか。一応の決まりは、勤労者一人当たり一日に白米で六〇〇グラム、扶養者は三〇〇グラムとなっている。これを月に二回に分けて配給する。ところがこれが満足に供給されることはないし、いつのまにか白米三割、飼料用のトウモロコシ七割でも上等となってしまい、常にヤミ市に頼るほかない惨状に陥った。金日成、正日父子の誕生日には、豚肉一キロ、砂糖五〇〇グラムなどの特配があったというが、年に二回だけのことだ。

そんなものを配給するだけで国民を統御できるものなのかと疑問に思うだろうが、それは飢えというものを知らないからそういえるのだ。こんなものでも定期的に供給してもらえる集団と、そうでない集団との間には絶対的ともいえる格差が生じる。「俺たちは平壌に住み、飢えとは無縁だ」という意識は、すぐにほかと比較して優越感となり、権力層との一体感を生んで忠誠心を醸成する。その一方、満足な配給もない階層、地域の人たちは、慢性的な飢えと、それがもたらす劣等感や無力感によって、権力に従順にならざるをえない。そういう恵まれない人たちも、耳にする管理所の無残な生活と比べて、自分はまだましかと自らを慰めるしかないし、社会に順応して生きようとする。ようするに国民を分断して統治を容易にしているわけだ。

食い物を使って国民を統御するという残酷ながら巧妙かつ効果的な手法も、一九八〇年代後半からは各国の人道支援で食糧が入ってきたから、どうにか回っていた。それが連続する凶作、流通機能の破綻、そして経済制裁となり、この国民統御に致命的なほころびが生じた。軍隊における給養の悪化だ。一般国民を犠牲にしても、軍部を厚遇してきた。任務が厳しい軽歩兵部隊や偵察部隊が一級の給養で、一人当たり白米一日八〇〇グラム、食用油もそれなりに供給されてきた。給養が悪いため、軍人による騒擾事件も起きているから、エサを与えて頭をなでていたわけだ。そもそも軍人志望者が多かったのは、軍隊では飯が食えるからだった。

ところが一九九四年七月の金日成死去後の「苦難の行軍」以来、軍を特別待遇する力も失い、トウモロコシやジャガイモ主体の食事となった。兵卒の間でもっとも人気があるのは、カップラーメンだというのだから、いつもどのような食事なのかうかがい知ることができる。そこで中国人民解放軍もやっていた自力更生、野菜やトウモロコシの栽培、家畜の飼育、ついには肉が多そうだとナマズの養殖にまで手を広げた。その成果はさておき、軍人に副業をさせると士気が低下する。それはそれとして、軍事的な大問題は、戦時備蓄を食い尽くしてしまったことだ。規定によれば、大隊、連隊、師団の各レベルで一カ月分の糧食を備蓄するとなっていたが、現状では三日分から五日分しかないという。これでは戦争にならないと、高級軍人ほど危機感を募らせているはずだ。

軍備も表面的には体裁が整ったところで、経済すなわち「食べさせること」に焦点を当てて併進路線となった。食べることとなれば、農業の復興から振興だ。これがとてつもない大事業になると圧倒されて、諦めるのにそう時間はかからなかったろう。とにかく農村部の荒廃、疲弊ぶりには凄まじいものがあると伝えられている。田圃だったはずの場所は、一面砂利の河川敷と化しており、ところどころに一軒家ほどの巨岩が転がっている。これを復興させるには、治山、治水から始めなければならない。それにはまず幹線道路や鉄道の整備だ。北朝鮮が独力で成し遂げられる事業でないことを一番よく承知しているのは、北朝鮮の指導層だ。

水害だけが問題ではなく、凄まじい旱魃もたび重なる。二〇一五年には田植え後に旱魃となり、穀倉地帯の黄海南道の田圃の八〇パーセントが干上がって稲が全滅したとされる。このため急ぎ配給量を切り詰め、平均一人当たり一日三一〇グラムになったという。秋に入って多少は持ち直したといっても、配給量が三八〇グラムになった程度のことだ。なにかあれば、すぐさま飢餓線上をさ迷い出すのだから、抜本的な解決策はなにかと頭を捻るほかない。[註39]

さてどうするかだが、北朝鮮が得意とする補給闘争の発動だ。これについては成功体験があるから、北朝鮮は強気になっている。その成功体験とは、一九九四年十月の米朝枠組合意、翌九五年三月のKEDO（朝鮮半島エネルギー機構）の創設だ。あの時は、核兵器開発を放棄する代償として、四六億ドル相当の原子炉二基と発電施設、それが稼働するまで毎年六五〇〇万ドル相当の重油五〇万トンを得ることとなった。今度は核兵器を保有し、かつ長距離弾道ミサイルも整備しているのだから、これ以上の獲物が期待できるとしている。その第一段階として、北朝鮮はアメリカに朝鮮戦争の終結宣言と経済制裁の緩和を求めている。

朝鮮戦争が法的に終結したと確定しなければ、アメリカは北朝鮮に対する経済制裁を解除するわけにはいかない。本来は韓国もアメリカと同じ立場のはずだ。アメリカが経済制裁を解除しなければ、日本が経済援助に乗り出すことはない。朝鮮戦争の終結宣言のより大きな影響は、在韓米軍の存在理由が大幅に薄れることだろうし、その撤収ということに結び付く可能性がある。在韓米軍が撤収すれば、韓国を料理するのは簡単だという思惑が北朝鮮にあり、これこそが朝鮮半島の危機となる。

経済制裁の緩和は、すぐにも人道援助の増額となる。弾道ミサイルを乱射し、核実験を強行し、多くの政治犯を虐待しておいて人道援助を求めるとは厚顔無恥のきわみだが、多くの国は「人道」という言葉に弱い。しかし、この北東アジア全体から見ても、この人道援助は急務なのかも知れない。極度に劣悪な栄養状態と衛生状態、そして壊滅的な医療体制を放置しておくと、伝染病たとえばペストの蔓延というカタストロフィーの可能性すらある。とはいうものの、人道援助をむさぼるのは特権階層や軍隊で、それを必要とする弱者に届けられるようにするには、その社会の変革が必要だということにもなる。

ともあれ、米朝の直接協議が始まっているが、これがどう進展するかがはっきりするには、過去の事例からして二、三年はかかる。そして北朝鮮がなにかを手にすれば、六者会合がいつの間にか終わったようなことになる。北朝鮮が期待している経済援助が流れ込んだとしても、それがどこに消えたかわからず、各国が唖然とすることとなる。現状の北朝鮮という国家は、抗日パルチザン時代の行動規範で動くバキューム国家であることを認識しておかなければならない。


［註1］金日成主席傘寿記念刊行会編『主席金日成』同刊行会、一九九二年二月、二七六頁。

［註2］金学俊著『北朝鮮五十年史　金日成王朝の夢と現実』朝日新聞社、一九九七年一月、四三五頁。

［註3］藤田直央著『エスカレーション　北朝鮮VS安保理四半世紀の攻防』岩波書店、二〇一七年十二月、二五頁。

［註4］藤田直央著前掲書、二〇頁〜二一頁。

［註5］張誠珉著『金正日最後の賭け　宣戦布告か和平か』ランダムハウス講談社、二〇〇九年七月、一九五頁〜一九六頁。

［註6］朴永圭著『韓国大統領実録』キネマ旬報社、二〇一五年十月、三八八頁。

［註7］林茂夫著『駐「韓」米軍』二月社、一九七八年二月、二四一頁〜二四二頁。

［註8］張誠珉著前掲書、一六二頁〜一六五頁。

［註9］藤田直央著前掲書、二四頁〜二七頁。

〔註10〕和田春樹著『北朝鮮　遊撃隊国家の現在』岩波書店、一九九七年一月、二六九頁。

〔註11〕李美淑著『金正日　最後の賭け　北朝鮮の胎動』講談社、二〇〇〇年四月、一八八頁～一八九頁。

〔註12〕藤田直央著前掲書、三一頁～三二頁。

〔註13〕李美淑著前掲書、二六七頁～二六九頁。

〔註14〕高英煥著『平壌二五時　金王朝の内幕』徳間書店、一九九二年十月、二四三頁。

〔註15〕藤田直央著前掲書、三八頁。

〔註16〕韓国国防軍史研究所編『韓国戦争第六巻』かや書房、二〇一〇年十二月、二七一頁。

〔註17〕朴永圭著前掲書、四五七頁～四五八頁。

〔註18〕藤田直央著前掲書、一一二頁～一一四頁。

〔註19〕朴永圭著前掲書、四五七頁～四五八頁。

〔註20〕朴永圭著前掲書、二九一頁～二九二頁。

〔註21〕ニキータ・フルシチョフ著『回想録』タイム・ライフ・ブックス、一九七二年二月、四七六頁。

〔註22〕韓国国防軍史研究所編前掲書、一六七頁。

〔註23〕韓国国防軍史研究所編前掲書、一六九頁。

〔註24〕張誠珉著前掲書、一八二頁～一八三頁。

〔註25〕北韓研究所編『北韓総覧　一九八三年～一九九三年』北韓研究所、一九九四年五月、八七六頁～八八六頁。

〔註26〕權赫在著『韓国地理』法文社、一九九四年七月、二八〇頁。

〔註27〕ジャスパー・ベッカー著『ならず者国家』草思社、二〇〇六年九月、二六一頁。

〔註28〕金大虎著『核工場の真実　私が見た北朝鮮』徳間書店、二〇〇三年一月、一五頁～二〇頁。

〔註29〕李ジョンヨン著『北朝鮮軍AtoZ　亡命将校が明かす朝鮮人民軍のすべて』光人社、二〇〇九

年七月、二〇四頁。

［註30］韓国国防部編『韓米連合と在韓米軍』韓国国防部、二〇〇二年五月、五五頁。

［註31］林茂夫著前掲書、二〇八頁。

［註32］宮本悟著『北朝鮮ではなぜ軍事クーデターが起きないのか？』潮書房光人社、二〇一三年十月、一四八頁～一五五頁。

［註33］防衛省編『平成二十八年版　日本の防衛　防衛白書』防衛省、二〇一六年八月、二四頁。

［註34］国際戦略研究所編『ミリタリー・バランス81～82』朝雲新聞社、一九八一年十一月、二九三頁～三〇一頁。

［註35］環太平洋問題研究会編『韓国・北朝鮮総覧』原書房、一九八六年十二月、三五五頁。

［註36］李ジョンヨン著前掲書、二八頁。

［註37］宋讃燮、浩淳権共著『概説　韓国の歴史』明石書店、二〇〇四年一月、一六一頁。

［註38］金潤根著『朴正熙　軍事政権の誕生』彩流社、一九九六年六月、二〇六頁～二〇九頁。

［註39］アジア経済研究所編『アジア動向年報２０１６』アジア経済研究所、二〇一六年五月、九〇頁。

終章にかえて　核武装した北朝鮮の行方

新型短距離弾道ミサイルの発射（2019年７月25日）

二〇一八（平成三十）年一月、朝鮮労働党の金正恩委員長は、「新年の辞」で対米核抑止力を誇示し、核戦力の量産を宣言した。これは世界に対する宣戦布告かと危惧された。しかし今にして思えば、これが二〇一六年一月の核実験以来続いた危機のピークだった。これ以降、北朝鮮は外交主軸の路線に舵を切ったとする見方が有力だ。たしかにあれから米朝が三回、中朝が六回、ロ朝が一回の首脳会談を重ねている。国際中間地帯にある中小国が、大国相手にかくも華麗な外交を展開するとは驚きだが、やはり核兵器と長距離弾道ミサイルの保有効果は絶大だ。そして、それを一番実感しているのは当の北朝鮮だろう。

ところで、これらはいわゆる外交なのかと疑問に思う人が多いと思う。よく観察すれば、抗日パルチザン時代からの補給闘争の延長でしかない。舞台仕立ては派手になってはいるが、その本質には変わりがない。人質を取って身代金を求めたり、武力で恐喝して金品を強奪するという手口は、パルチザン時代と同じだ。北朝鮮は通常兵器だけでも、ソウル北部の住民を人質に取っているのが現状だ。そんな状態を放置しておいていいものなのか。

現在までのところ、北朝鮮がアメリカに強く求めていることは、朝鮮戦争の終結宣言、アメリカによる北朝鮮の現体制存立の保証、諸経済制裁の解除、米朝国交の樹立だ。そしてアメリカが対価として北朝鮮に求めるのは、その完全な非核化だ。取引が成立する可能性もあるように思えるが、現実を直視すれば北朝鮮が求めるものをすべて手にすることは、可能性としてきわめて薄いといわざるをえない。なぜならば、北朝鮮が国家存立の基盤とする核兵器とその運搬手段を放棄することは考えにくいからだ。

まず、未来永劫の完全非核化を実現させようとすれば、現在北朝鮮が保有、稼働させている核関連施設のすべてを国際原子力委員会（IAEA）に通告させなければならない。それは往時、中国東北部で遊撃戦を展開していた抗日パルチザンに、完全な人員表の提出を求め、山間部にある密営地の正確な位置と個数を通知せよと要求しているのと同じことだ。現在の情勢ですべての核関連施設の正確な位置と内容をIAEAに通報することは、空爆目標を世界に教えているのと同然だ。そして北朝鮮は、核兵器と弾道ミサイルを失えば、だれも相手にしてくれないことを知っている。

それでも万一、米朝交渉がまとまったならば、どういうことになるのだろうか。まずは人道的な見地から、食糧や医薬品の支援が本格化する。北朝鮮にとって補給闘争の大きな成果だ。次いで北朝鮮の核関連施設の解体、廃棄だ。その経費はだれが出すのか。そこでアメリカは奇妙な理屈をこね出す。北朝鮮の非核化でもっとも利益をえるに韓国と日本がこの経費を負担せよという。なぜわれわれが他人の火遊びの後始末をしなければならないのかと、両国は主張しなければならないはずだ。

そこで思い出すのが、一九九三（平成五）年三月からの北朝鮮を巡る核危機を収拾するために設けられた朝鮮半島エネルギー開発機構（KEDO）の破綻までの顛末だ。韓国、日本、EUの出資で北朝鮮に原子力発電所を建築することのどこが不満で、北朝鮮は計画を反古にしたのか、その理由は北朝鮮の特異な行動規範によるものとされていたが、北朝鮮による具体的な説明はなかった。今にして思えば、外勢排除の意識が根底にあり、これまた特異な補給闘争の算盤と、全体の行動規範たる「十大原則」のしからしむところだったのだろう。

とにかく勝手な論理を振りかざして、破約を繰り返すのが北朝鮮という国家だ。そもそも北朝鮮にはまともな外交をしようとする意思そのものがない。過去に三回も韓国の大統領が訪朝した以上、共同声明にも盛り込まれたように、金正日、金正恩がソウルを訪れなければならなかった。それが外交慣例だ。ところが金正日はソウルを訪れることなく死去し、金正恩は訪韓する気配すらない。しかもこの二人、北朝鮮の元首の地位に就こうともしなかった。このような無責任で非常識な国家は、常に戦争に訴える可能性があると見なければならない。

＊

北朝鮮は外交無視だが、外交音痴ではないから厄介なのだ。北朝鮮の外交官は粘り強く、外国語が達者、かつ常に冷静で各国の外交官からタフなネゴシエーターと高く評価されている。時には外交の場でふさわしくない暴言を吐くこともあるが、それはよく計算された発言で、本国の指示による演技なのだそうだ。また、より重要な対南、対日工作に当たる要員も素質はもとより、よく訓練された有能な人たちがそろっていた。実際、その実績はたいしたものだった。

一九九〇（平成二）年九月の三党合意（自民党、旧社会党、朝鮮労働党）で、日本は朝鮮半島植民地統治三六年間と戦後四〇年間にわたって北朝鮮に与えた損害を補償するとした。今日までのところ実現していないものの、北朝鮮による対日工作の成果には違いない。また、二〇〇〇（平成十二）年六月に行なわれた初めての南北頂上会談も、実は韓国がドルで買ったイベントとは驚かされる話だ。首脳会談をビジネスにするとは外交史上、特筆すべき出来事だった。こうなると外交交渉なのか、昔ながらの補給闘争なのか戸惑うが、交渉担当者の手腕であることはたしかだ。

これほどまで能力のある対外交渉の要員を擁しながら、どうしてより大きな成果を収められなかったかといえば、世襲によって権力を握った者の資質と、その取り巻きの阿諛迎合が阻害要因となっている。有利な条件で妥結しそうな案件でも、獲物はより大きい方がよいとして言い値を吊り上げたり、性急に事を運んで交渉決裂というケースばかりだ。先峰や新義州の経済特区の失敗も、欲をかきすぎた結果だ。そのきわめ付きは、二〇一九（平成三十一）年二月の第二回米朝首脳会談だ。北朝鮮は性急に事を運び、国連安保理による主要な経済制裁の即時解除をアメリカに求め、米朝交渉はなかばで決裂した。

どうしてここまで国際的な交渉に音痴かといえば、世襲した独裁者の金正恩が祖父の金日成、父の金正日の思考と行動パターンを踏襲しているからだと考えられる。だからこそ「金日成神話」の呪縛をとく方向で働きかけなければならないと痛感する。ところが一九七四（昭和四十九）年と二〇一三（平成二十五）年の「十大原則」によって、金日成と金正日の遺訓は神聖な戒律となったため、呪縛をとくこれといった方策も見当たらないのが現状だ。

そして困惑させられるのは、北朝鮮の行動パターンが、より性急にかつ過激になっていることだ。これは金正恩の側近や実務担当者のトップが忠誠心の競争をしているからだ。パルチザン時代から部下に強く求めてきた組織への忠誠心を全国民に強制し、それが競争になったならば社会全体がヒステリー状態に陥ってしまう。より過剰な忠誠心はより過激な発言をもたらし、それがその集団、社会全体を支配するようになる。そこに戦争の芽があるといえよう。

そもそもが、北朝鮮には個々人の考えを表明する機会というものがない。例えば朝鮮戦争の終結宣言を望むのならば、あの戦争を巡る国連の諸決議を振り返らなければならない。そして北朝鮮としては、少なくとも遺憾の意を表するぐらいの姿勢を示さなければ、交渉を始める糸口さえ得られない。ところがそんなことを口にしただけで、「十大原則」のすべてに抵触して、本人はもちろん家族もろとも粛清される。冷静な判断力を失った国家は、容易に戦争へと傾く。

＊

これから北朝鮮は、どのような方向に進むのだろうか。悲観的かも知れないが、当分の間、現状維持の公算が高い。インドやパキスタンのように潜在的な核保有国扱いとなり、永久的な非核化施策は見送り、米本土に届く長距離弾道ミサイルの開発、実験は自粛という状態での現状維持だ。北東アジア戦域向けの中距離、短距離の弾道ミサイルの保有は事実上認め、その実験を黙認するという日本や韓国にとっては、大きな不満と不安が残る軍事情勢になりかねない。

しかし近々、北朝鮮は体制そのものの変革に迫られることも否定できない。米朝交渉がどのように進むにしろ、三回も首脳会談を重ねた以上、食糧や医薬品といった人道支援は本格化するだろう。一握りのトウモロコシが人々の関心を集めているところに、万トン単位のコメが入ってきたならば、社会全体の騒ぎとなる。それまでは、物がないのだから仕方がないと諦めて黙っていたが、物が入ってきたとなれば、だれもが色めき立つ。その配布はだれもが納得する公平なものでなければならず、「足らざるを憂えず、等しからざるを憂える」ということになり、なかなか問題解決の名案も浮かばないだろう。

具体的な話になると、さらなる難問が待ち構えている。支援物資をどうやって国内に配布するのか。それなりの輸送力を持っているのは軍だから、それに頼るほかない。すると常に食糧配布が優先されてきた軍は、既得権益としてその多くを自分たちが確保するだろう。戦時備蓄は不可欠だという大義名分もある。そのため国民にコメが渡らなくなれば、政府と労働党の面目は失墜する。そこで政府諸機関を動員して、支援食糧を輸送、管理、配布するとなると、今度は軍が黙って見てはいない。輸送中のものの臨検、押収に始まり、備蓄倉庫の襲撃となる。これは過去に何度かあったことだ。

支援された食糧配布の問題に限らず、騒乱が起きる理由は社会の至るところにある。もちろん強圧的な手段で騒乱を封じ込める準備は整っている。しかし、軍が鎮圧に賛意を示さない限り、武力を全面的に発動しての鎮圧は現実のものとはならない。金正恩が粛清の刃を最初に向けたのは、軍だったことを高級軍官ならば忘れてはいない。しかも金正恩はまだ三十代と若く、正規な軍歴もない。あの難しい国の軍隊を完璧に掌握しているとは到底思えない。しかも軍は分隊長から咸鏡道出身者が占め、出身地によるいわゆる分派主義に染まっている。

原因はなんであれ、大規模な騒乱となった時、独裁者とその側近、そして労働党中央が鎮圧に躊躇し、たじろいだと見られれば、すぐさま分裂、分派抗争となる。恐怖によってのみ統制されてきた社会、組織の末期によく見られる現象だ。そこには即刻南進を主張する超強硬派、中国に駆け込んで事態収拾を要請する事大派、戦う前から降伏して援助を請う実利派などが混在することとなる。それでも権力にしがみつくとなれば、これまで北朝鮮がよくやっていたように、外敵の存在を強調して国内を固めようとするだろう。当初は国内向けのプロパガンダだが、戦争の危機を高唱しているうちに、その本人がその気になってしまうというケースは、このアジアでよく見られることだ。

*

深刻な権力闘争に陥ったため、一九五〇年のように戦争を強く意識したとしても、いざとなるといくら好戦的な北朝鮮でも、逡巡を重ねるだろう。まず、韓国の政治情勢の判断だが、明らかに行き過ぎた対北宥和政策を採る文在寅政権のうちが北朝鮮にとって好機かに見える。しかし、北朝鮮はそう受け止めていないようだ。アメリカのメッセンジャーボーイの役回りを演じている文政権に北朝鮮は疑念を抱いており、あの好意は罠ではないかと疑っているふしがある。不思議なことに社会主義国には、資本主義国での学生運動で活躍した人、社会主義運動家を信じない思潮がある。そこに朝鮮半島特有な地域主義が働き、あの咸鏡道の血が流れる文在寅がそんな、お人好しのはずがないと決め付けて信用しない。

韓国の政治情勢はさることながら、戦争を計画するとなればなにより軍事情勢の分析と彼我の戦力比較だ。韓国が北朝鮮を「主敵」としなくなって久しいが、米韓連合体制による警戒は厳重で、一九五〇（昭和二十五）年六月のような戦略、戦術の両面での奇襲は望めない。念願の核兵器とその運搬手段を手にしたが、立ち止まってよく考えると、韓国と日本にはアメリカが核の傘を差し掛けている。こちらの都合ばかりで核兵器を使うことはできず、使った時に自分が破滅することを北朝鮮は知っている。

では、北朝鮮には戦争に打って出ないかといえば、依然として通常戦力による戦争の可能性は残っている。それでもあの疲弊した経済では、戦争を仕掛ける力はないと分析する識者は多い。しかし、戦争という不可解な生き物にはさまざまな顔があり、戦争は絶対に起きないとは断言できない。軍事力というものを模式化すると、諸要素がそれぞれ一枚の鋼板状のものとなり、それが幾重にも積み重なりながら、一枚ごとに不規則に回転している。完璧というものはありえないのだから、その鋼板のどこかには穴がある。その穴がたまたま重なって、向こう側が見通せる時があり、そこを狙えば弱者にも勝機はある。

一九五三（昭和二十八）年十月に締結された米韓相互防衛条約が経年劣化を起こしてあいた穴。米韓連合軍の戦時作戦統制権の問題がそれだ。日米韓三カ国の連携が崩れてあいた穴。日本と韓国が大同団結できない今がそうかもしれない。他正面で危機が高まり米軍が移動してあいた穴。イラン情勢が緊迫すればそうなるだろう。一年のうちで韓国軍の戦力が最低になる時にあいた穴。徴兵制を採る国にはこの問題が付いて回る。天候不順で航空優勢にあいた穴。今日なお航空作戦は天候に左右され、米韓連合軍が航空優勢を確保できなければ切り札を欠くことになる。

このように、相手の戦力構造に穴が重なる時を見積もることは可能だ。それに北朝鮮の事情を重ね合わせる。稲の植え付けが終わり、麦の収穫を迎える頃が北朝鮮の狙い目となるだろう。一九五〇年六月と同じことだ。そして戦争決意を固めた国や集団は、ことさら平和的な姿勢をアピールし、異様なまでに静かになるのが常だ。もちろん無線封止をするから静かに見えることもあるが、まさに「嵐の前の静けさ」で、決心を固めると人は多くを語らなくなるようだ。いつも騒がしい北朝鮮が背筋を伸ばして寡黙になった時、それが本格的な危機の予兆となる。

北朝鮮があの特異な体制である限り、いつでも補給闘争を武力闘争に切り替えることは可能だ。それを認識しておくことは大事だが、北朝鮮はすぐにも武力を全面的に発動すると短絡するのは問題だ。一九五三年七月の休戦協定締結以来、前述したように朝鮮半島での戦争は、実際的な選択肢ではなく仮定的な選択肢となっている。北朝鮮もそう考えているのかどうかを探ることがより重要だろう。

（二〇一九年八月記）

北朝鮮関連　略年表［一九九〇年以降］

一九九〇年［平成二年］
三月十四日　江沢民総書記、訪朝
八月二日　イラク軍、クウェートに侵攻
九月二十七日　自民党、社会党、朝鮮労働党、平壌で三党共同声明
　三十日　韓国とソ連、国交を正常化
十月三日　東西ドイツ統一

一九九一年［平成三年］
一月十七日　多国籍軍、イラク、クウェート空爆開始（砂漠の嵐作戦）
　三十日　日朝国交正常化第一回本会議、平壌で開催
四月十一日　湾岸戦争、停戦
九月十七日　韓国、北朝鮮、国連に同時加盟
十二月二十四日　金正日、北朝鮮軍最高司令官に就任

一九九二年［平成四年］

四月二十一日　金正日、呉振宇、元帥に昇進

五月二十二日　北朝鮮軍、中部戦線の軍事分界線（ＭＤＬ）を侵犯

　二十五日　国際原子力機関（ＩＡＥＡ）、北朝鮮で初の特定査察を実施

七月十五日　北朝鮮、新通貨発行などに関する政令を発表

　十九日　金達玄副首相、訪韓

九月二十四日　韓国と中国、国交を樹立

十一月三日　米大統領選挙、ビル・クリントンが当選

一九九三年［平成五年］

二月二十五日　ＩＡＥＡ、対北朝鮮核特別査察決議案を採択

三月八日　北朝鮮、準戦時体制を宣布

　十二日　北朝鮮、核兵器不拡散条約（ＮＰＴ）脱退を宣言

五月二十九日　北朝鮮、日本海に向け新型弾道ミサイル（ノドン？）を発射。発射地点＝咸鏡北道吉州郡芦洞（旧地名）、飛翔距離＝五〇〇キロ（以下、同順）

六月十一日　北朝鮮、米朝協議第一ラウンドでＮＰＴ脱退を留保

十二月十二日　北朝鮮、ＩＡＥＡ査察を条件付で受け入れ

　十八日　韓国大統領選挙、金泳三が当選

一九九四年［平成六年］

一月一日　金日成主席、新年の辞で米朝合意による核問題の解決などを声明

二月十五日　北朝鮮、申告済みの七施設についてのＩＡＥＡ査察を受け入れ
七月八日　金日成主席、死去
十月二十一日　米朝協議、「枠組み合意（核合意）」ジュネーブで署名
十二月一日　連絡事務所開設のため、初の米朝公式接触
　一日　米韓連合軍司令官、韓国軍に対する平時作戦統制権を韓国に委譲

一九九五年［平成七年］
三月九日　朝鮮半島エネルギー開発機構（ＫＥＤＯ）、発足
五月二十六日　北朝鮮、日本に対して食糧援助を非公式に要請
八月一日　ＫＥＤＯ第一回総会、ニューヨークで開催
十二月十五日　ＫＥＤＯと北朝鮮、軽水炉供給協定に調印

一九九六年［平成八年］
二月二十二日　北朝鮮、米朝平和協定締結のための暫定協定締結を提案
四月四日　北朝鮮、非武装地帯（ＤＭＺ）での任務放棄を宣言
　五日　北朝鮮軍、休戦協定に違反して、板門店共同警備区域に侵入
九月十八日　北朝鮮潜水艇、韓国東海岸で座礁、乗員、韓国領に侵入

一九九七年［平成九年］
二月十二日　労働党中央委員会秘書の黄長燁、北京で亡命
七月十六日　北朝鮮軍、中部戦線でＭＤＬを侵犯、銃撃戦を展開

十月八日　金正日、朝鮮労働党総秘書に就任
十二月十八日　韓国大統領選挙、金大中が当選

一九九八年〔平成十年〕
六月二十二日　北朝鮮潜水艇、韓国東海岸に侵入、韓国軍が拿捕
八月三十一日　北朝鮮、テポドン1型を発射、日本上空を通過。咸鏡北道花臺郡大浦洞（旧地名）、一六〇〇キロ
　三十一日　日本、KEDO分担調印を拒否
九月一日　日本、日朝交渉を当面凍結
　二日　日本、北朝鮮に追加制裁、チャーター便運航を不許可
　五日　北朝鮮、憲法改正、主席制を廃止
十月二十一日　KEDO、調印
十一月十八日　金剛山観光ツアー、開始

一九九九年〔平成十一年〕
三月二十三日　日本、能登半島沖で不審船二隻を捕捉、海上警備行動を発令
六月十五日　北朝鮮警備艇、黄海で北方限界線（NLL）を侵犯、韓国海軍と交戦
九月二日　北朝鮮、黄海におけるNLLの無効を宣言
　十二日　長距離ミサイル発射自制など米朝合意（ベルリン合意）
　十七日　アメリカ、朝鮮戦争以来初の対北経済制裁緩和

二〇〇〇年［平成十二年］

二月九日　ロ朝友好善隣協力条約、調印
五月二十九日　金正日国防委員会委員長、訪中
六月十三日　金大中大統領、訪朝。平壌で初の南北首脳会談
七月十九日　プーチン大統領、訪朝
九月二日　韓国、北朝鮮工作員を含む長期囚を北朝鮮に送還
十月十日　趙明禄国防委員会第一副委員長、クリントン大統領と会見
十月十三日　米朝共同コミュニケ発表
十月二十三日　マデレーン・オルブライト国務長官、訪朝
十二月十八日　米大統領選挙、ジョージ・ブッシュが当選

二〇〇一年［平成十三年］

一月十五日　金正日国防委員会委員長、非公式に訪中
四月二十七日　ロ朝軍事協力協定、調印
五月十四日　北朝鮮、ＥＵと外交関係を樹立
七月二十六日　金正日国防委員会委員長、訪ロ
九月三日　江沢民主席、訪朝
　　十一日　アメリカで同時多発テロ発生
十月七日　米英地上軍、アフガニスタン攻撃
十一月二十七日　ＤＭＺで銃撃戦

二〇〇二年［平成十四年］

一月二十九日　ブッシュ大統領、「北朝鮮、イラク、イランは悪の枢軸」と発言
六月二十九日　ＮＬＬで銃撃戦
七月三十一日　日朝、米朝外相会議、ブルネイで開催
八月二十日　金正日国防委員会委員長、訪ロ
九月十七日　日朝首脳会談、平壌で開催。北朝鮮が日本人拉致を認める
　十八日　京義線、東海線、連結工事同時着工
十月十五日　日本人拉致被害者五人、帰国
　十六日　北朝鮮がウラン濃縮計画を認めたとアメリカ声明
十一月十四日　ＫＥＤＯ、北朝鮮への重油提供を凍結
十二月十二日　北朝鮮、核関連施設の再稼働と建設再開を発表
　十九日　韓国大統領選挙、盧武鉉が当選
　三十一日　ＩＡＥＡ査察官、寧辺から退去

二〇〇三年［平成十五年］

一月十日　北朝鮮、ＮＰＴ脱退、ＩＡＥＡ査察協定離脱を宣言
三月十日　北朝鮮、日本海に向けて対艦ミサイルを発射
四月二十三日　北京の米中朝三者会談で北朝鮮、核兵器保有と言明
八月二十七日　第一回六者会合、北京で開催
十一月四日　ＫＥＤＯ理事会、軽水炉建設事業の中断で合意
十二月十九日　日本、弾道ミサイル防衛システム導入を決定

二〇〇四年［平成十六年］

一月六日　米核専門家調査団、訪朝
二月二十五日　第二回六者会合、北京で開催
四月十九日　金正日国防委員会委員長、訪中
五月二十二日　日朝首脳会談、平壌で開催、拉致被害者家族五人帰国
六月十四日　日本、特定船舶入港禁止特措法を立法
　二十三日　第三回六者会合、北京で開催
十月六日　在韓米軍の三段階削減計画発表

二〇〇五年［平成十七年］

二月十日　北朝鮮、核兵器製造に関する声明を発表
五月一日　北朝鮮、日本海に向けて短距離ミサイルを発射
九月十九日　第四回六者会合、共同声明を発表
十月十二日　米司法省、偽ドル紙幣の製造元は北朝鮮と断定
　二十八日　胡錦濤主席、訪朝
十一月九日　第五回六者会合第一次会議、北京で開催
　二十一日　ＫＥＤＯ理事会、組織解体で合意
十二月十六日　国連総会、北朝鮮の人権状況について非難決議

二〇〇六年［平成十八年］

一月一日　ＷＦＰ（世界食糧計画）、北朝鮮の要求により人道援助全面停止

十日　金正日国防委員会委員長、訪中
二月四日　拉致問題、国交正常化、核・ミサイル問題ついての日朝交渉を開始
七月五日　北朝鮮、日本海に向けてスカッド、ノドンを六発発射。江原道旗対嶺地区、四〇〇キロ。テポドン2型を発射、咸鏡北道花臺郡
十月九日　北朝鮮、第一回目の地下核実験

二〇〇七年［平成十九年］
二月十三日　第五回六者会合、北朝鮮の全核施設の無力化で合意
三月二十三日　日本、弾道ミサイル等に対する破壊措置に関する緊急対処要領を作成
九月二十七日　第六回六者会合、北京で開催
十月二日　盧武鉉大統領、訪朝、平壌で南北首脳会談
十二月十九日　韓国大統領選挙、李明博が当選

二〇〇八年［平成二十年］
六月二十六日　北朝鮮、ＩＡＥＡに核計画を申告
七月十一日　金剛山観光で観光客を射殺、ツアー中断
十二日　第六回六者会合、プレスコミュニケを発表
十月十日　アメリカ、北朝鮮のテロ支援国家指定を解除
十一月四日　米大統領選挙、バラク・オバマが当選

二〇〇九年［平成二十一年］
三月二十七日　日本、弾道ミサイル破壊措置の行動命令を発令
四月五日　北朝鮮発射のテポドン2型、日本上空を通過。咸鏡北道花臺郡、三〇〇〇キロ
五月二十五日　北朝鮮、第二回目の地下核実験
七月四日　北朝鮮、日本海に向けてスカッド、ノドンの七発を発射。江原道旗対嶺地区、四五〇キロ
十一月十日　NLLで韓国軍と北朝鮮軍が交戦
　　三十日　北朝鮮、デノミ政策を実施

二〇一〇年［平成二十二年］
三月二十六日　韓国海軍哨戒艦「天安」、北朝鮮の魚雷攻撃を受けて沈没
九月二十八日　金正恩、労働党中央軍事委員会副委員長に就任
十一月二十三日　北朝鮮軍、延坪島を砲撃

二〇一一年［平成二十三年］
二月十六日　平安北道鉄山郡東倉里に新ミサイル基地完成と米報道
五月二十日　金正日国防委員会委員長、訪中
七月二十八日　米朝協議。北朝鮮、ウラン濃縮中止を拒否
八月二十日　金正日国防委員会委員長、訪ロ
八月二十五日　金正日国防委員会委員長、訪ロの帰途、訪中
十月十二日　ロ朝間、鉄道連結

十一月十七日　六者会合、日米韓、ウラン濃縮中止の見返りを拒否
十二月十九日　金正日国防委員会委員長、死去

二〇一二年〔平成二十四年〕
二月二十九日　北朝鮮、平安北道寧辺郡分江労働者区の核施設でのウラン濃縮、核実験、長距離ミサイル実験を一時停止。アメリカ、ＷＦＰ経由で二四万トンの対北食糧支援
三月十六日　北朝鮮、人工衛星打ち上げを予告。東倉里の西海衛星発射場から銀河３型ロケット（テポドン２型）で光明星三号を打ち上げ
四月十一日　金正恩、朝鮮労働党第一書記に就任
　十三日　北朝鮮、人工衛星打ち上げ失敗
　十三日　北朝鮮最高人民会議、憲法改正、核保有国と明記
十二月十二日　北朝鮮、人工衛星打ち上げ、二段目二六〇〇キロ到達

二〇一三年〔平成二十五年〕
一月二十四日　北朝鮮国防委員会、「高い水準の核実験」を予告
二月十二日　北朝鮮、第三回目の地下核実験（七・三キロトンと推定）
三月一日　米韓連合実動演習「フォール・イーグル」開始
　二十一日　北朝鮮、全土に空襲警報を発令
四月二日　北朝鮮、寧辺の黒鉛減速型原子炉の再稼働を表明
　三日　北朝鮮、開城工営への韓国側からの通行を遮断
五月三日　開城工営、事実上閉鎖

七月二十五日　中国副主席の李克強、訪朝
十二月十二日　前国防委員会副委員長の張成澤、処刑
　　十九日　韓国大統領選挙、朴槿恵が当選

二〇一四年〔平成二十六年〕
二月二十四日　北朝鮮警備艇、黄海上のNLLを侵犯
三月三日　北朝鮮、スカッド二発を発射。江原道元山市付近、五〇〇キロ
　二十四日　西部戦線で墜落した北朝鮮の無人飛行体（UAV）を発見
　二十六日　北朝鮮、ノドン二発を発射。平安南道粛川郡、六五〇キロ
五月二十日　北朝鮮警備艇、黄海上のNLLを侵犯
六月二十九日　北朝鮮、スカッド二発を発射。元山市付近、五〇〇キロ
七月九日　北朝鮮、スカッド二発を発射。黄海南道海州市付近、五〇〇キロ
　　十三日　北朝鮮、スカッド二発を発射。開城直轄市付近、五〇〇キロ
　二十六日　北朝鮮、スカッド一発を発射。黄海南道苔灘郡、五〇〇キロ
十月七日　北朝鮮警備艇、黄海上のNLLを侵犯
　七日　北朝鮮国連代表部、「政治犯収容所はない」と強調
十一月二十四日　映画『金正恩暗殺』の配給会社にサイバー攻撃

二〇一五年〔平成二十七年〕
一月九日　北朝鮮、米韓連合演習を中止すれば核実験中止とアメリカに申し入れ
三月二日　北朝鮮、スカッド二発を発射。南浦直轄市、五〇〇キロ

五月九日　北朝鮮、ＳＬＢＭ（潜水艦発射弾道ミサイル）実験に成功と発表
六月三日　韓国、射程五〇〇キロの弾道ミサイル実験に成功
七月二十二日　韓国、東倉里のミサイル実験場改修完了と発表
八月二十日　西部正面で韓国軍と北朝鮮軍が砲撃戦
　二十一日　北朝鮮、準戦時状態を宣言。二十五日解除
十月十日　朝鮮労働党創建七〇周年紀念行事を挙行

二〇一六年［平成二十八年］
一月六日　北朝鮮、第四回目の地下核実験（水爆実験と発表）
　八日　韓国、対北拡声器放送を再開
二月七日　北朝鮮、人工衛星打ち上げと称しテポドン２派生型を発射。東倉里、二段目で二五〇〇キロ到達
　九日　寧辺の黒鉛減速型原子炉、再稼働
　十一日　北朝鮮、開城工営を閉鎖、軍事統制区域に編入
三月七日　米韓連合演習「フォール・イーグル」「キーリゾルブ」開始
　十日　北朝鮮、スカッド二発を発射。南浦直轄市、五〇〇キロ
　十八日　北朝鮮、ノドン一発を発射。粛川郡、八〇〇キロ
　十九日　中国、六港で北朝鮮石炭運搬船の入港禁止
四月十五日　北朝鮮、ムスダン一発を発射。咸鏡北道花臺郡舞水端里、不明
　二十三日　北朝鮮、北極星ＳＬＢＭ一発を発射。咸鏡南道新浦市沖合、三〇キロ
　二十八日　北朝鮮、ムスダン二発を発射。元山市付近、不明

五月九日　金正恩、朝鮮労働党委員長に就任
　三十一日　北朝鮮、ムスダン一発を発射。元山市付近、不明
六月八日　韓国、北朝鮮が寧辺でプルトニウム抽出を再開と発表
　二十二日　北朝鮮、ムスダン二発を発射。元山市付近、四〇〇キロ
　二十九日　北朝鮮、国防委員会を国務委員会に改組
七月九日　北朝鮮、北極星ＳＬＢＭ一発を発射。新浦市沖合、数キロ
　十九日　北朝鮮、スカッド、ノドン三発を発射。黄海北道黄州郡、五〇〇キロ
八月三日　北朝鮮、ノドン二発を発射。黄海南道殷栗郡、一〇〇〇キロ、日本ＥＥＺ（排他的経済水域）に着弾
　十七日　北朝鮮の駐英公使、家族と共に亡命
　二十四日　北朝鮮、北極星ＳＬＢＭ一発を発射。新浦市沖合、五〇〇キロ
九月五日　北朝鮮、スカッドＥＲ三発を発射。黄州郡、一〇〇〇キロ、日本ＥＥＺに着弾
　九日　北朝鮮、第五回目の地下核実験（一一～一二キロトンと推定）
十月十五日　北朝鮮、ムスダン一発を発射。平安北道亀城市、不明
　二十日　北朝鮮、ムスダン一発を発射。亀城市、不明
十一月九日　米大統領選挙、ドナルド・トランプが当選

二〇一七年［平成二十九年］
二月三日　韓国、北朝鮮国家安全保衛部で大粛清と発表
　十二日　北朝鮮、北極星２型一発を発射。亀城市、五〇〇キロ
　十三日　金正男、クアラルンプールで暗殺

三月六日　北朝鮮、スカッドER四発を発射。東倉里、一〇〇〇キロ
七日　米軍、韓国にTHAAD高高度迎撃ミサイル・システム（THAAD）の配備を開始
十日　韓国憲法裁判所、朴槿恵大統領に罷免宣告
三月～四月　北朝鮮、四回のミサイル実験、詳細不明
五月九日　韓国大統領選挙、文在寅が当選
十四日　北朝鮮、火星12型IRBM（中距離弾道ミサイル）一発を発射。亀城市、八〇〇キロ
二十一日　北朝鮮、北極星2型一発を発射。平安南道北倉郡、五〇〇キロ
二十九日　北朝鮮、スカッド改一発を発射。元山市付近、四〇〇キロ
七月四日　北朝鮮、火星14型ICBM（大陸間弾道ミサイル）一発を発射。亀城郡、九〇〇キロ
二十八日　北朝鮮、火星14型ICBM一発を発射。慈江道前川郡舞坪里、一〇〇〇キロ
八月九日　北朝鮮戦略軍報道官、「グアム包囲射撃」を示唆
二十一日　米韓連合演習「ウルチ・フリーダムガーディアン」開始
二十九日　北朝鮮、火星12型IRBM一発を発射。平安南道順安郡、二七〇〇キロ、日本上空を通過
九月三日　北朝鮮、第六回目の地下核実験（一六〇～二五〇キロトン）
十五日　北朝鮮、火星12型IRBM一発を発射。順安郡、三七〇〇キロ、日本上空を通過
十一月七日　米韓首脳会談、ソウルで開催
十一日　米空母三隻と韓国海軍、日本海で連合演習開始

二十九日　北朝鮮、火星15型ＩＣＢＭ一発を発射。平安南道平城市付近、一〇〇〇キロ、日本ＥＥＺに着弾
十二月十三日　文在寅大統領、訪中
二十二日　国連安保理制裁、対北朝鮮石油九割禁輸

二〇一八年［平成三十年］
一月一日　金正恩労働党委員長、新年の辞でＩＣＢＭ実戦配備を宣言
九日　南北高官級協議
二月五日　韓国、仮想通貨にサイバー攻撃と発表
九日　平昌冬季オリンピック開幕
十日　北朝鮮高位級代表団、訪韓。文在寅大統領の訪朝を要請
三月五日　韓国特別使節団、訪朝。南北首脳会談で合意
二十五日　金正恩委員長、訪中
四月二十日　北朝鮮、核兵器、弾道ミサイルの実験中止、核実験場の破棄を表明
二十七日　南北首脳会談、板門店で開催
五月二日　王毅中国外相、訪朝
八日　金正恩委員長、訪中
二十四日　咸鏡北道の核実験施設を爆破
二十六日　南北首脳会談、再度、板門店で開催
六月十二日　初の米朝首脳会談、シンガポールで開催
二十一日　文在寅大統領、訪ロ

七月二十四日　DMZ内のGP（監視哨所、韓国側六〇カ所、北朝鮮側一六〇カ所）の段階的撤去に合意

二十五日　朝鮮戦争休戦紀念日。金正恩委員長、平安南道檜倉郡の中国人民志願軍烈士陵園に参拝

九月十八日　文在寅大統領、訪朝、三回目の首脳会談

十一月十二日　CSIS（米戦略国際問題研究所）、北朝鮮には未発表のミサイル関連施設が一三カ所あると報告

二〇一九年［平成三十一年、令和元年］

一月七日　金正恩委員長、訪中

二月二十七日　二度目の米朝首脳会談、ハノイで開催

三月六日　国連、北朝鮮の食糧事情を発表。二〇一八年の食糧生産は四九五万トン、ここ一〇年で最低。三八〇万人に緊急人道支援が必要との見積

七日　東倉里の西海衛星発射場、復旧工事を確認

四月十一日　米韓首脳会談、ワシントンで開催

二十四日　金正恩委員長、訪ロ。ウラジオストクで首脳会談

六月二十日　習近平主席、訪朝

六月三十日　三度目の米朝首脳会談、板門店で開催

著者略歴

藤井非三四（ふじい・ひさし）

軍事史研究家。1950年、神奈川県生まれ。

中央大学法学部法律学科卒業。国士舘大学大学院政治学研究科修士課程修了（朝鮮現代史専攻）。著書に「日本軍とドイツ軍」、「レアメタルの太平洋戦争」、「日本軍の敗因」（学研パブリッシング）、「二・二六帝都兵乱」、「日本の防衛10の怪」（草思社）、「陸海軍戦史に学ぶ負ける組織と日本人」（集英社新書）。「陸軍人事」、「陸軍派閥」、「なぜ日本陸海軍は共同して戦えなかったのか」（潮書房光人社）、「帝国陸軍師団変遷史」（国書刊行会）がある。

キーワードで読《よ》み解《と》く 北朝鮮体制《きたちょうせんレジーム》の起源《きげん》とその行《ゆ》く末《すえ》

2019年10月10日　初版第一刷発行

著　者　藤《ふじ》 井《い》 非《ひ》 三《さ》 四《し》

発行者　佐 藤 今 朝 夫

〒174-0056 東京都板橋区志村 1-13-15

発行所　株式会社 国 書 刊 行 会

TEL.03(5970)7421（代表）FAX.03(5970)7427

http://www.kokusho.co.jp

落丁本・乱丁本はお取替いたします。印刷・㈱エーヴィスシステムズ　製本・㈱ブックアート

ISBN978-4-336-06550-6